U0644761

COGNITIVE
MANAGEMENT

张胜 李平 著

从实践中来，
到实践中去

认知管理

九 州 出 版 社
JIUZHOUPRESS | 全国百佳图书出版单位

图书在版编目（CIP）数据

认知管理：从实践中来，到实践中去 / 张胜，李平
著. -- 北京：九州出版社，2021.11
ISBN 978-7-5225-0670-8

Ⅰ. ①认… Ⅱ. ①张… ②李… Ⅲ. ①企业管理—研
究 Ⅳ. ①F272

中国版本图书馆CIP数据核字(2021)第237944号

## 认知管理：从实践中来，到实践中去

| | |
|---|---|
| 作　　者 | 张胜　李平　著 |
| 责任编辑 | 王海燕 |
| 出版发行 | 九州出版社 |
| 地　　址 | 北京市西城区阜外大街甲 35 号（100037） |
| 发行电话 | (010)68992190/3/5/6 |
| 网　　址 | www.jiuzhoupress.com |
| 印　　刷 | 三河市兴博印务有限公司 |
| 开　　本 | 720 毫米 ×1020 毫米　16 开 |
| 印　　张 | 21.5 |
| 字　　数 | 340 千字 |
| 版　　次 | 2021 年 12 月第 1 版 |
| 印　　次 | 2021 年 12 月第 1 次印刷 |
| 书　　号 | ISBN 978-7-5225-0670-8 |
| 定　　价 | 58.00 元 |

★版权所有　侵权必究★

# 前　言

仅以此书献给在管理上追求卓越的朋友。

管理学诞生在西方，基于西方的传统文化及价值观，并发展于西方的工业革命。20世纪80年代以来，中国成了世界工厂，但却处于价值链的最低端，根本原因之一是缺少适合中国的管理思想体系，为此我们撰写了本书。

美国通用电气CEO杰克·韦尔奇曾指出："中国不应当受到西方管理理念的困扰，中国应当创立自己的管理体系，这种体系会使中国长久成功下去。"

2007年，美国当代管理专家明茨伯格教授在接受《英才》专访时也表达了类似看法，他说："对中国来说，最重要的是找到真正适合自己的管理方式，而非简单拷贝美国的方法。日本有很多成功的企业就没有单纯效仿美国，比如丰田，它历史悠久，却始终保持着开放的视野和心态，它是一家很成功的企业。这应该对中国企业有所启示，美国不是唯一的模板。"[1]

著名管理大师彼得·德鲁克曾对中国管理者说："发展中国家可以得到国外的技术，也可以吸引外资。但是，技术和资本仅仅是工具而已。它们必须通过有能力的管理者才能发挥作用和功效。中国发展的核心问题，是要培养一批卓有成效的管理者，去领导企业并促进它的发展，去激励员工和让他们的工作卓有成效。管理不同于技术和资本，不可能依赖进口。即便引进管理者也只是权宜之计，中国应自己培养管理者，熟悉并了解自己

---

① 　明茨伯格：《中国企业家应寻找适合自己的做事方法》，《创新科技》，2007年第7期。

的国家和人民，扎根于中国的文化、社会和环境当中。"①

从几位管理大师给我们的建议中，我们可以看到中国管理的方向，也应该为中国管理的升级付出自己的智慧和努力。目前，照搬西方管理是中国尽快提升管理能力的捷径，但是由于中西方文化与国情的不同，完全地照搬西方却未必能够达到最佳的管理效果，也未必能够长久。因此，管理创新才是中国管理者的出路。

我们期待通过本书促使我国的管理者有意识、有能力识别我们所处的环境、文化、认知方法、结构化方式等决定管理的软条件，并在此基础上提出、建立和实施适合中国企业的管理体系或管理模式，使中国式管理更精准、更有效，能够为企业创造最大效益。

最后，期待所有的管理者共同研究适合于中国文化的管理思想，并且一定要取得成功！

2021 年 10 月

---

① 丁军：《德鲁克管理思想剖析》，《工业技术经济》，2006 年第 5 期。

# 目  录

第一章　管理的性质……………………………………………………… 1

　第一节　管理定义的认知……………………………………………… 1

　第二节　管理的外核…………………………………………………… 8

　第三节　管理理论与管理实践………………………………………… 24

　第四节　管理的价值…………………………………………………… 27

第二章　管理的前提和假设……………………………………………… 33

　第一节　管理逻辑……………………………………………………… 33

　第二节　管理思维……………………………………………………… 43

　第三节　管理哲学……………………………………………………… 59

　第四节　价值判断……………………………………………………… 81

　第五节　人性评价……………………………………………………… 85

　第六节　人性假设……………………………………………………… 98

　第七节　知识和经验…………………………………………………… 110

第三章　管理系统………………………………………………………… 119

　第一节　管理的构成…………………………………………………… 119

　第二节　管理的结构…………………………………………………… 158

第三节 管理的功能、特性和寿命 ……………………… 161

第四节 管理角色 …………………………………………… 167

**第四章 管理行为** ………………………………………… 175

第一节 预划 ………………………………………………… 175

第二节 组织 ………………………………………………… 188

第三节 沟通 ………………………………………………… 201

第四节 实施 ………………………………………………… 207

第五节 监督 ………………………………………………… 236

第六节 激励 ………………………………………………… 241

**第五章 管理对象** ………………………………………… 247

第一节 人 …………………………………………………… 247

第二节 价值体系 …………………………………………… 271

第三节 资源 ………………………………………………… 277

第四节 管理信息 …………………………………………… 282

第五节 风险 ………………………………………………… 290

第六节 方法 ………………………………………………… 294

**第六章 管理的持续成功** ………………………………… 305

第一节 提升管理认知能力 ………………………………… 305

第二节 商业模式 …………………………………………… 314

**参考文献** ………………………………………………… 321

**后 记** …………………………………………………… 337

# 第一章　管理的性质

## 第一节　管理定义的认知

### 一、管理如何被定义

（一）主观对管理的定义

管理是一个很笼统、很复杂的活动，但是决策者的思维和认识决定了管理的流程，最终决定了管理结果。从个体的角度来看，如果决策者出身于技术部门，他做决策的倾向会是从技术领先的角度；如果决策者出身于质量部门，他的决策倾向往往是质量稳定的角度。也就是说，管理者对管理的主观定义大体符合这样一个规律：职业习惯决定管理思维的角度及思维方式。也就是说观念会决定对类似事物的态度和行为，因为这些固定观念就是你对事物的定义和判断，不仅个体如此，组织也是如此。总之，决策者的职业习惯、思维习惯决定了管理的方向。

2001 年，美国著名的光学器材生产企业宝丽莱破产，破产的主要原因之一是该公司的决策者迷信技术而忽视经营管理。华尔街评论宝丽莱不是一个公司，而是一个技术研究所，由于对技术的投入与市场利润增长不成正比，到 20 世纪 80 年代末，宝丽莱已经负债累累。到 20 世纪 90 年代初，当竞争者纷纷投入大量资金研发数字影像产品的时候，宝丽莱公司的决策者仍把即时成像看成宝丽莱不可动摇的核心业务，而数码相机的出现则彻底粉碎了宝丽莱的未来。[①]

---

① 蔡恩泽：《美国数字超级公司倒闭的警示》，《管理与财富》，2002 年第 9 期。

微软高层认为：微软的产品不是靠销售人员卖出去的，而是靠微软的技术与品牌。所以微软技术人员的薪酬高于销售人员的薪酬。

上述两个案例说明：决策是管理的行为之一，而决策是基于对事物的认知做出的。在等级制度下，处于决策位置的个人或组织其主观上的态度和看法已经自动排除了某些意见和行为，即使这些意见或行为后来被证明是正确的。因此，决策者对管理的定义不同，处事方式也就不同，最终导致不同的行为并造成不同的管理结果。

（二）客观对管理的定义

审视一下周围的世界，到处都是"全球化""智能化""物联网""大数据"之类的新概念与技术的竞争态势。随着经济的全球化，我们必须认识到：全球化客观上是一个外部环境约束和规范我国各类管理决策和管理行为的过程，尤其是对于有国际业务的组织。虽然类似的约束和规范或许并没有规定得很具体，但也给日益复杂的管理理论和管理实践限定了条件，使得我们认识管理、制定管理政策和进行管理实践有了框架。

目前，国内外市场都在以各种标准或市场准入资格来界定、约束和提高企业管理，诸如 ISO、IATF 等标准。这些外部因素在客观上决定了你的管理必须符合一定的条件，这就是客观环境对管理的要求。达不到这些要求就无法获得目标市场的订单，企业也就无法取得发展。值得庆幸的是，随着中国市场成熟度的提升，目前国内很多组织的决策者已经认识到这个问题的重要性和必要性，并逐步采取了措施。

上述是主观及客观对管理的要求，那么要做好管理，首先要知道什么是管理，这样我们才能解决诸如管理什么、怎么管理、管理到什么程度等问题。否则，如果大家对管理的定义不同，那么思考问题的角度和问题处理的方式必然不同，管理效果肯定大打折扣。

（三）管理的典型定义

在历史上，许多中外学者从管理的过程、阶段、层次、立场等维度出发对管理做出了不同的定义。目前，比较典型的管理定义有以下几种：

1. 职能论。法国管理学家法约尔对管理这样定义：管理是所有的人类组织（不论是家庭、企业或政府）都有的一种活动，这种活动由五项要素组成，即计划、组织、指挥、协调和控制，管理就是实行这五项职能。这是从管理的过程来进行定义。[①]

2. 决策论。美国管理学家赫伯特·西蒙认为管理就是决策。他认为管理者总是面临着两难境地和多种方案进行决策，从组织管理的各个角度，诸如目标制定、方案选择、人员配备、组的构建、资的分配等方面都需要决策。决策需要权衡利弊，决策者需要识别并承担风险，决策是管理者与被管理者最大区别。[②]

3. 效益论。美国管理学家泰勒从价值角度研究管理，他认为：管理就是管理者使用所有资源（人、机、料、法、环等要素），追求最大效益的活动。泰勒指出了管理分为管理主体（即管理者）和管理客体（即资源），管理的目的是追求效益，其管理实践以"分工"为主要方式实现效益。泰勒让管理更具体、更实用、更量化，满足了可感知、精确性的人性需求，因而其理论广受欢迎，至今很多管理理论和工具都是围绕"效益"展开，企业的组织形式也是"分工制"。

4. 协调论。美国当代管理学家哈罗德·孔茨认为：管理的核心就在于协调。他认为管理就是要协调好人与人、人与组织、部门与部门、局部目标与整体目标间的关系。在他看来，协调不是一般的职能，而是贯穿整个管理过程的，通过激励和沟通激发人的积极性，以实现共同目标的一种活动。[③]孔茨是从人际关系的角度认识管理，有其合理性。

5. 目标论。美国当代管理专家德鲁克这样定义管理：管理就是界定企业的使命，并激励和组织人力资源去实现这个使命。他认为界定使命是企业家的任务，而激励与组织人力资源是领导力的范畴，二者的结合就是管理。[④]德鲁克从结果角度理解管理，也是管理的一个属性。

此外，还有认为管理就是按预定目标进行有效控制的"控制论"，认

① ［美］赫伯特·西蒙:《管理决策新科学》，北京：中国社会科学出版社，1982年，第56页。

② ［美］赫伯特·西蒙:《管理决策新科学》，北京：中国社会科学出版社，1982年，第57页。

③ 曲玉波:《管理逻辑学》，大连：东北财经大学出版社，2006年，第16页。

④ 林根祥:《管理学基础》，武汉：武汉理工大学出版社，2006年，第52页。

为管理是促使系统产生最大效益、实现整体优化的"系统论"等观点，都是从不同角度理解了管理的一部分，使管理者对管理的认识与应用由模糊走向结构清晰、由单一走向系统、由简单走向复杂、由单调走向互相关联，大大推动了管理的创新与发展，推动了社会财富的增长和社会文明的发展。

但是，众多的定义也使得管理者在分析、研究与总结管理时产生很大的困惑和迷茫，不知道自己在具体的管理活动中到底该如何把握重点、如何根据不同情况选择自己的政策、如何确定和平衡管理各类行为之间的关系以取得成效、如何在组织或部门内部取得一致认识以正确思维与决策，所以我们完全有必要探讨管理的定义。

（四）管理定义的原则

在"什么是管理"这个问题上，西方的管理理念认为这是个别性的抽象概念，需要回答的是"哪些个别的东西属于管理"这个范畴，是解决管理的外延问题。

在"管理是什么"这个问题上，西方的管理理念认为这是一般性的抽象概念，需要回答的是"管理这个概念其本质到底是什么"，是管理的内涵。

如果把西方的这种定义方式称为"逻辑定义法"，日常我们所接触的"管理"基本上都是属于"什么是管理"这个范畴，属于"个别"的管理。大体来说，属于管理范畴的个别性事物包括这样几类：管理意识、管理理论、管理技术、管理能力等等。管理意识是指每个人对管理的认识和理解，只要能想到"管理"这个概念，就应该属于管理的范畴；管理理论是指形成系统、见诸文字的各种管理流派和学科；管理技术是指具体的管理活动中所用到的所有管理方法、技巧、工具、标准等等；管理能力主要是指管理者运用管理理论和管理技术的修养和素质。[①]

科学的建立和发展以逻辑思维科学作为基础进行发展和创新的，不仅包括数学、物理、化学、机械、电子学、生物、医学等自然科学，也包括哲学、心理学、历史等社会科学。也就是说，只有掌握了逻辑分析的基本方法和原则，才能进行精准的理论研究和实践探索。比如自然科学最重要

---

① 曾仕强：《什么是管理与管理是什么》，《中国式管理》，2016 年第 9 期。

的两个支柱是观察和逻辑推理，通过对自然的观察进而推理出自然规律，将这些规律用于生产、生活的社会实践并推动人类文明和社会的发展。

管理的定义应遵循逻辑学的规律。逻辑学认为概念是反映客观事物的一般的、本质的特征，定义是对概念的内涵所做的简要而准确的描述。比如我们可以认为个人管理是管理，但我们不可以说管理是个人管理，因为个人管理不能抽象地概括管理的普适的、本质的特征。前文所述各个管理学家对管理的不同定义，可以说是以不同的社会发展阶段、组织、工作、环境背景为前提，从不同的角度来透视管理并做了概括。但是，这些定义基本是对管理的某个具体方面进行的定义。

管理可以应用于个体及各种类型的组织，比如企业、政府组织、军事组织、教育组织、公益组织等。同样也是由于管理的广泛性，因此管理进行了进一步的划分，比如被划分为社会管理学、经济管理学、行政管理学、教育管理学、企业管理学、军事管理学等不同领域。而且，管理不仅包括复杂的组织活动，也包括很简单的个体活动。比如某个人对自己的行为活动进行短期或长期的规划属于管理的范畴，我们可以称之为"自我管理"。这些简单的管理活动并不涉及创造利润、人际协调、完成组织使命等议题；再比如政府或公益团体这类组织也不涉及利润这类议题。因此，如果仅局限在企业这类组织的角度去考虑管理问题，就会给管理下出基于特定条件下的定义，就会"只见树木不见森林"，这不是管理核心的具有普遍性的定义。

也正是因为管理的复杂性和广泛性而导致至今还没有一个统一的、能够被所有管理者都认可的管理定义。但是，如果不能准确地界定管理的含义，在具体进行管理时所做的决策往往是片面的、模糊的、不统一的。比如不少管理者给下属下达要求时往往是大概，缺乏细节、注意事项、权限配置、资源调度、沟通协调等内容，因此也是不严谨的。因此，下属往往是猜着上层管理者的意思进行决策，在执行过程中难免会有偏差甚至与上层的期望南辕北辙，这也给组织造成了巨大的浪费。因此为了探求管理的定义，我们首先了解管理的本质与核心。

## 二、管理的本质与核心

（一）管理的本质

无论是个体的自我管理还是组织管理，都是为了实现一定的目标，这个目标可能是大目标，也可能是小目标。比如定时整理书橱是为了摆放有序、整齐，查找方便，这种管理活动是小目标。再比如企业中的销售管理、计划管理、采购管理、生产管理、质量管理等都是为了完成组织的战略目标而对组织活动进行的管理，这就是大目标。

管理是一种行为，不是思想或态度，比如计划、组织、协调和控制都是行为。管理也是一个过程，都是从开始到结束。在实践中，管理要适度，不能因为降低成本而打击了人的积极性；也不能为了提高客户的满意度而不考虑利润；不能把员工当成恶人，而作过度的监督和控制。因此，对管理行为和过程的要求是适度。此外，人类可以发现规律并在此基础上形成理论用于指导思想和行为，能够自我实现和自我管理，能够主动预测和避免失误、浪费并推动管理进步，在此基础上又形成新的理论，这是一个螺旋上升的过程。[①] 基于以上认识，我们可以给管理下一个具有一定普遍性的、最能揭示管理本质或核心的定义：管理是为实现一定目标采取适度行为的过程。这一定义包含着以下四重含义：

1. 管理是服务于组织目标的，是有意识、有目的的活动。

2. 管理是一种行为，包括计划、决策、指挥、激励、协调、控制等。没有行为的不是管理，只是观念、思想、态度或理论。

3. 管理是一个过程。这个过程的表现是各种资源输入进来，最后转化为预期的结果，输入可以是资金、人力、物力、信息等；输出则是输入的直接结果。人类对管理的认识和应用又是不断深化、不断拓展、不断系统化的过程。

4. 管理有度。管理的行为和过程都需要把握一个度，过度或不足都无法实现目标。

我们可以用上述含义构建自己的管理定义，一个统一的管理定义对组

---

① 史璞：《管理咨询：理论、方法与实务》，北京：机械工业出版社，2004 年，第 80 页。

织运营和人际沟通具有重要意义。当然，这里的管理定义不仅仅指管理的概念，也包括管理的内涵和外延，也就是说组织的各层管理者需要在管理的内涵和外延上进行界定并进行沟通与理解，取得一致。

个体对管理的认识不同，那么个体对管理决策的原则和方式就有不同的见解。比如"平衡计分卡"，尽管世界 500 强企业中有 80% 以上的公司都在使用平衡计分卡，但平衡计分卡的创立者卡普兰教授却断言：这些企业有一半以上都是用错的！我们可以用一个形象的比喻来说明平衡计分卡的作用：平衡计分卡如同飞机驾驶舱内的导航仪，通过这个"导航仪"的各种指标显示，决策层可以借此观察并判断企业运行是否良好、战略执行存在哪些问题、哪一方面需要改善、改善的方向如何把握等等问题。[①] 因此，平衡计分卡是一个加强公司战略管理的工具。如果把考核分为两个层次：面向公司的监测（对公司决策层经营业绩和经营能力的考核）和面向部门与个人的考核，平衡计分卡就适用于面向公司的监测，其功能在于识别和监控企业战略管理的精准性、有效性。但部分企业却错误地将平衡计分卡这一管理工具应用在部门和个人的考核中，以解决考核和奖金发放问题，而不是首先以支撑公司经营目标的实现为目的，与平衡计分卡的初衷已经背离了。[②] 实际上平衡计分卡应用的前提是：企业必须有可执行的战略以及良好的学习和成长平台！可是相当一部分企业在实际应用时却背离了平衡计分卡的设计初衷。实际上，相当一部分管理者并没有理解透彻所学习的管理工具，往往是基于自己的片面理解或利益片面地应用这些工具，因此在管理上未必会取得正向的效果。

（二）管理的核心

对任何事务的分析和研究要抓住核心，通过核心来决定资源的分配，管理也是如此。在各类管理活动的背后，一定隐藏着一个核心，那就是"利益"，所有的管理活动及围绕"利益"这个核心而存在、展开。因此，利益决定管理，管理的核心就是获取利益。比如可以将利益划分为民族利益、国家利益、团体利益、部门利益、个人利益等等。组织内部复杂的管理关

---

①　张心宇：《浅析平衡计分卡在企业中的运用》，《中外企业家》，2013 年第 1 期。

②　王珍珍：《浅析平衡记分卡》，《大众科技》，2008 年第 3 期。

系，就是这一切利益的交织和综合体。管理出现动荡通常是因为这些利益关系没有处理好的缘故。

企业主关心管理是因为管理可以带来更多的利益，比如财富和社会地位。员工则首先希望从管理中获得稳定的收入来源，其次是受尊敬、成长与发展的空间，良好的人际关系等或明或暗、或多或少的利益。自古以来，管理就是为了获取利益而产生的。

多数企业的决策层并不赞同管理利益这种说法，这是由于这种理念会鼓动员工要求更多的利益，容易造成雇主与雇员之间的矛盾或冲突，不利于企业稳定。但在决策层的内心世界，却深信利益。他们在现实管理中无时无刻不是围绕着利益，自身、股东、员工、客户的利益关系始终贯穿在其管理活动中，他们活动的主要目的就是不断地进行着各种利益协调。

一个好的管理者，必须懂得利益管理，其核心是公平和共赢。正如同自由市场经济所信奉的基本原理：每个人经济行为的出发点都是自己的私利。而正是对私利的追逐，决定了一个管理者必须公平地对待各方的利益，否则会冲突遍地。因此，管理必须紧紧围绕利益矛盾这个核心，勇敢地面对和解决利益矛盾，脱离了此点，任何管理都是空中楼阁。[1] 相比于国内企业而言，刚毕业的年轻人多数倾向于进外企工作，之所以普遍有这样的想法，其核心原因就是相对于国内企业，外企普遍薪酬水平高、福利待遇好、发展机会多。但这些外企也并非从一开始就这么关注员工利益，历史上"血汗工厂"最早就是出现在西方的，把工人当作机器使用的也是西方。但随着工业程度的逐步提高，这些公司后来都会越来越人性化，也更关注员工的利益，是因为管理者意识到人性化的管理可以给组织带来更大的利益。

## 第二节　管理的外核

管理对于我们来说，就如同一个果实，有其外核。了解管理的外核，对于如何识别管理和做好管理，同样具有决定意义。

---

[1]　俞雷：《管理的本质是管理利益》，《现代营销》，2007 年第 6 期。

　　管理的外核包括管理的形式和本质、管理的过程和结果、管理的文化性、管理的阶段性，共计四个方面。管理利益这个内核决定如何管理，管理的外核决定了管理结果。管理的形式和本质，是从管理的横向来抽象地认识管理；管理的过程和结果是从管理的纵向来抽象地认识管理；管理的文化性是用层级的观点来抽象地认识管理；管理的阶段性是从管理的历史来抽象地认识管理。[①]

　　管理的外核，说得具体和形象一点，就是指组织、部门或个人围绕管理利益而具备的游戏规则。中国的企业为什么总是照搬西方的管理方法，为什么没有形成扎根于中国文化的管理思想？为什么现在的企业管理层遇到问题总是想向管理顾问、专家学者寻求帮助而不是靠企业自身？归根结底还是没有明白如何进行科学、有效管理，简言之就是没有弄懂游戏规则。

## 一、管理的过程和结果

　　国际标准化组织对"过程"的定义是：一组将输入转化为输出的相互关联或相互作用的活动。[②] 比如生产过程是将原材料、辅助材料、客户要求等输入转化为半成品、成品、客户满意等输出的活动，在这个活动中包含计划管理、生产管理、人员管理、物料管理、设备管理、安全管理、客户沟通等相互关联、相互作用的活动；人力资源过程是把人的智力和知识等输入转化为效益增加、效率提高、产量增加、成本降低等输出的活动，在这个活动中包含招聘、工作分析、岗位评估、培训、考核、员工关系管理等相互作用、相互关联的活动；财务管理是将资金或固定资产、债券、股票等输入转化为更多资金、固定资产、债券、股票等输出的活动，其中包含着填制原始单据和凭证、记账、对账、编制财务报表、财务分析和决策、投资等相互作用、相互关联的活动等等。由此可以看出过程的定义对任何领域都适用。

　　那么管理的过程是什么？简言之：管理思维决定管理哲学，管理哲学

---

　　①　中国企业联合会：《企业管理咨询理论与方法新论》，北京：企业管理出版社，1999年，第78页

　　②　刘书庆，杨水利：《质量管理学》，北京：机械工业出版社，2004年，第87页。

决定管理观念，管理观念决定管理态度，管理态度决定管理行为，管理行为决定管理结果，管理结果反馈管理思维开始新的循环，这就是管理的过程，管理的过程把管理的结果很自然地纳入到管理活动之中。当然，这是从抽象的、一般的角度来回答管理的过程是什么这个问题；从具体的、形象的角度来回答问题，管理过程就是指管理的计划、组织、协调、控制、监督、反馈等有形活动，而管理思维、管理哲学、管理观念、管理态度等无形的活动融合在管理计划这个有形的活动之中，共同构成管理的过程。

仔细思考一下，我们在做出任何决策之前，内心都会有自我争论、自我否定或困惑等心理活动，有时候甚至还会受到其他人的影响，只是因为我们没有在心理活动上进行深入的分析和研究，更缺乏清晰的逻辑方法，所以才不会意识到原来在决策中还有管理思维、管理哲学、管理观念、管理态度等这么多复杂的概念和划分。

（一）管理思维决定管理哲学

人类在从猿猴进化到完整意义上的人的过程中就不断进行思维和思维创新，哲学则是人类社会发展到一定文明阶段以后才产生和发展起来的，因此思维的历史早于哲学的历史。哲学是探索思维和存在关系的问题。思维是哲学的基础，哲学是思维的结果，有什么样的思维方式，就有什么样的哲学。用"过程"的定义来解释思维和哲学的关系就是：抽象的客观世界是输入，思维是对输入的加工方法（工具、手段），哲学是思想意识的输出。

众所周知，东西方存在着巨大的文化差异，这是由于东西方思维的不同造成了东西方不同的社会、生活哲学。西方是外向思维，外向思维造就了西方以"动""变""争""斗"为特点的生活哲学和行为哲学，产生了重视个体自由、强调平等、个体至上等观念和行为；中国是内向思维，因内向思维产生了"静""稳""忍""和""仁""义"等生活哲学和行为哲学，所以产生了顾全大局、注重礼节、关注和谐等观念和行为。西方是解析思维，喜欢把问题做到具体、细致、完整，符合逻辑和规律。中国人是整体思维，遇到问题从表面形式和整体结构分析，因而对主体与客体的关系把握较好。总之，思维决定哲学，应用到管理上就是管理思维决定管理哲学。①

（二）管理哲学决定管理观念

哲学是世界观、价值观和方法论，是指导人如何取舍与行动的智慧学科。没有哲学作为思想指导，个体和组织的存在与发展就没有了灵魂，就会迷失方向。管理哲学就是研究管理领域的世界观和方法论，个体的成功、企业的成功首先要具有正确的哲学思想。一位记者在访问海尔集团总裁张瑞敏时曾问道："一个企业家首先应具备何种素质？"张瑞敏回答道："首先要具备哲学家的素质吧！"简单地回答道出了管理哲学的重要。②

稻盛和夫先生认为：一个企业家所特有的哲学支配着其经营管理，也就决定着其事业的成败。在20世纪70年代，松下幸之助远离尘务潜心著述，将自己毕生的经营之道撰写成书，他为那部充满商战谋略和人生智慧的书起名为《企业经营哲学》。几乎在同一时期，英国著名管理学家克·霍金森在他的《领导哲学》一书中也提出自己的观点："倘若哲学家不能成为管理者，那么管理者必须成为哲学家。"在这一点上，大科学家、大艺术家、大企业家和大哲学家心性是相通的，都充满了哲人的思想和心性③。

不同组织的管理哲学不同，奉行的管理观念也各不相同，进而决定了不同组织的经营结果。哲学的辩证法告诉我们：内因是变化的根据，外因是变化的条件，外因通过内因才能起作用。因此，无论是个人还是组织都要练好内功，绝大多数的失败都是自己打垮自己，而不是被别人打垮④。

稻盛和夫确立了"敬天爱人"的人生哲学，所谓"敬天"，就是按事物的本性做事，这里的"天"是指客观规律，也就是事物的本性。所谓"爱人"，就是按人的本性做人，这里的"爱人"就是"利他"。"利他"是做人的基本出发点，利他者自利。在这种人生哲学的指导下，他抱定十二条企

---

① 中国企业联合会：《企业管理咨询理论与方法新论》，北京：企业管理出版社，1999年，第85页。

② 中国企业联合会：《企业管理咨询理论与方法新论》，北京：企业管理出版社，1999年，第87页。

③ 尹卫东：《企业家要懂哲学》，《读书》，1996年第3期。

④ 高尚全、迟福林：《再上新台阶：中国转型时期农村经济改革与发展》，北京：中国经济出版社，1996年，第52页。

业经营观念，即：明确事业的目的与意义、设立具体目标、心怀强烈的愿望、做出不亚于任何人的努力、销售最大化，经费最小化、定价即经营、经营由经营者的意志决定、燃烧的斗魂、临事有勇、不断创新、有同情心和真诚待人、始终怀抱梦想与希望。①同时，他也抱定从"自我本位"转向"他人本位"，以"他人"为主体，自己是服务于他人，辅助于他人的观念，一切为员工着想、一切为客户着想，赢得员工的付出和客户的回报，取得"多赢"的成功。任正非奉行"狼性"哲学，所以才会出现华为高工资、高压力、高效率的理念，人的积极性、智慧在这种机制下被最大化地激发出来，据此华为以咄咄逼人的态势迅速占领国际、国内市场，取得令竞争对手无法企及的成绩。

西方管理奉行逻辑哲学、实证哲学和个性哲学，以事实和法律、规则为依据，凡事要经得起推理和事实验证，以尊重个人权利和私人利益为准是西方管理的观念，西方不讲人情和权威，不看互相之间的亲戚友情关系和"面子"，只看利益；西方也不看领导眼色行事，看事实和规则行事。②西方的这些管理方式值得我们思考。

（三）管理观念决定管理态度

观念是支配人类行为的主观意识。态度是人或组织对事物支持、反对、中立、同情、喜欢、厌恶等的程度，是一种对人、事、物、观念等等的心理评价或决策。如"人性本恶"是一种观念，我们可以持赞成的态度用于组织管理，于是采取惩罚、监督等措施避免错误或损失，有基于这样的模式取得成功的组织；也可以反对这样的观念，对员工采取充分相信、充分授权的态度，通过团队的力量经营组织，同样也有取得成功的组织。

心理学告诉我们：先有观念后有态度，态度就是对观念的取舍。有什么样的观念就会有什么样的态度。比如"人生来平等"是一种观念，但是在实际管理中切实思考如何做到人人平等就是一种态度；"零缺陷"是一种

---

① ［日］稻盛和夫著，曹岫云译：《稻盛和夫经典系列：经营十二条》，北京：中信出版社，2011 年，第 69—70 页

② 中国企业联合会：《企业管理咨询理论与方法新论》，北京：企业管理出版社，1999年，第 93 页。

质量观念，在管理中坚持采用各种手段确保高标准的产品质量就是质量态度。观念总是适合于特定的外部环境，而且观念总是在不断总结、演化中发展。

从人类观念和态度的形成过程来看，大部分人是受社会观念的影响和同化而持某一态度的，并不是自己亲力亲为后才形成某一态度的，亲历亲为的结果常常使我们改变原来的态度。[①] 比如一些做运营的管理人员吐槽销售人员什么订单都接，什么交期都答应，完全不考虑生产的实际情况，其本身所持有的态度是"一切为了生产服务"。但是当转岗到销售部门时，却发现做销售应该具备"客户第一"的理念，没有了客户也就没有运营管理。因此，做运营管理要有市场观念，做运营管理应该具备的态度应该是"客户导向"，必须能够在客户需要的时候提供给客户需要数量的且符合要求的产品，也就是成本、质量、交期必须满足客户要求。

管理观念是抽象的、宏观的，相对比较稳定；管理态度则是具体的、有针对性的，且相对多变。如果说管理观念是定义做什么的问题，管理态度则是定义怎么做的问题。[②] 比如军人，入伍时接受的观念就是"服从命令"以及严格的军事化管理，即使退伍多年后，参过军的人也很容易分辨出来，这就是严格管理的观念对其行为的影响。

美国式管理思考的基础是人的经济性、社会性、复杂性，美国人强调自我、个性，管理者更注重职务、权利、个人声誉，因此美国组织中的最高主管往往个性鲜明。而日本的管理不仅考虑人的经济性、社会性、复杂性，也考虑人的组织性，强调组织利益。日本人认为"和为贵"，因此管理者重视团体的和谐和团队精神，也重视个体之间的和谐及信赖，因此日本组织中管理者却往往与组织融为一体。正像日本经营大师稻盛和夫所说："互相信任的同仁共同于事业，无疑任何困难都是可以战胜的。"[③]

---

① 史璞:《管理咨询：理论、方法与实务》，北京：机械工业出版社，2004 年，第 87 页。

② 史璞:《管理咨询：理论、方法与实务》，北京：机械工业出版社，2004 年，第 88 页。

③ 袁秀华:《日本管理哲学模式探析》,《经济要参》，2001 年第 9 期。

（四）管理行为决定管理结果

不少人说：在中国，20 世纪 90 年代只要带几千元进股市，现在一定是千万富翁；或者几百元去摆地摊，现在应该也是企业主了。不错，在当时这些人的能力或许比别人强、资金或许比别人多、经验或许比别人丰富，但就是因为没有做，今天依然没有实现财务自由。实际上，20 年后复盘现在，也许现在同样是遍地都是机会的时代。鲁迅告诫后人："与其每天想一百件事，不如每天做一件事"就是说的这个道理。[1] 如果等一切准备充分后才去做，往往已经时过境迁，机不再来。有些人则具备部分条件后就立即行动，最终获得了巨大成就。行动不一定有结果，但不行动一定不会有结果。成功学中有一句重要的话叫"心动"不如"行动"，理论再好，如果只是坐而论道，永远也不会成功。

成功是每个组织、个人的终生追求，但是成功是自己的"内功修炼"的结果，组织要靠"道"取胜，而不是靠"术"自立。想想一些组织，不扎实地强化"内功"却到处寻找"窍门"和"捷径"，结果付出了巨大的代价。比如：曾辉煌一时的秦池、三株等企业坚持"广告第一"的企业管理战略，结果"成也萧何，败也萧何"。麦肯锡咨询公司也曾经兵败实达，总结起来就是因为实达内部对变革的难度估计不够，准备不足，这一点也为当时的实达电脑总裁叶龙、副总裁贾红兵自己所承认。

蒙牛总裁牛根生坚持"财聚人散，财散人聚"的理念。在伊利时，牛根生就把公司给自己买车的钱拿出来买了四辆面包车，用来接送职工上下班。创立蒙牛后，有人给他总结：他轿车不如副手的贵，办公室不如副手的大，工资不如副手的高。也就是这种"散财"的做法使他收获了一大批精兵悍将。"散财"的结果又帮助他跑出了"火箭的速度"，进而成就蒙牛的辉煌。[2] 海尔集团张瑞敏始终坚持"争第一"的行动，无论"日清日结"方法还是"斜坡球"理论都是为了实现第一的目标，结果创出中国少有的"世界名牌"，类似例子不胜枚举。

---

[1] 王瑞清：《让注意力为我们领航》，《心理健康》，2002 年第 12 期。

[2] 梁莹莹：《"穷人"牛根生》，《当代经理人》，2006 年第 18 期。

### 二、管理的形式和本质

西方 MBA 教学的一个最大特点就是案例教学，理论联系实际。在西方的 MBA 教育中，学生学习的案例都是实际发生的，案例本身描述的情况是客观的，西方人的观念就是求真、求实，力求案例反映当初的真实情况以及处理方式，进而引发学生对该案例的思考以及其他可行的对策。MBA 学生经过案例学习后，再遇到类似的情况时很容易就知道事情该如何处理。

中国的 MBA 也是采用西方的案例教学法，然而中国多数大学的 MBA 教育和西方的 MBA 教育却是形似神不似。这是由于西方是实证主义，所以用此案例确实能证明彼案例，用此事实确实能证明彼事实，案例本身不存在虚构，现实情况也不掺杂太多的复杂因素、隐含因素。但是中国的调和主义、中庸思想包含了太多复杂的内容，所采用的案例往往截取了其当时所处环境部分信息，并往往经过了修饰美化。因此中国的 MBA 案例分析，往往只反映了表面的、形式的描述，对事物本身隐含的、本质的、前提性的东西却没有反映出来，而这些内容在现实中却是起决定意义的。所以，中国的 MBA 学生即使学习了再多的案例，遇到类似情况时往往还是不会处理，最终效果也还是要看其本人对中国式思维的悟性和具体态度。是什么原因造成了这样的结果？是我们不了解管理的形式和本质。[①]

（一）管理的本质是思想

1. 管理的本质不是实践。德鲁克曾经说过："管理是一种实践，其本质不在于知而在于行，其验证不在于逻辑而在于成果；其唯一权威就是成就。"德鲁克的思想得到很多人的赞成，尤其是得到中国很多人的赞成，大凡赞成"管理的本质是实践"的人，大都奉行实用主义哲学。实用主义哲学的信条是：把确定信念作为出发点，把采取行动当作主要手段，把获得实际效果当作最高目的。[②] 总结来讲就是：有用即是真理，无用即为谬误；真理、信念或理论等思想不过是行动的工具，掌握真理不是目的，而是因为真理是有用的，它能引导人达到目的。如实用主义的代表詹姆斯就说："科学和

---

① 中国企业联合会：《企业管理咨询理论与方法新论》，北京：企业管理出版社，1999 年，第 99 页。

② 全增嘏：《西方哲学史》（上册），上海：上海人民出版社，1985 年，第 309 页。

宗教都有实用价值，都是达到人生目的的工具。"

德鲁克是一名实用主义者，他认为："管理是一种器官，是赋予机构以生命的、能动的、动态的器官。没有机构就不会有管理。但是，如果没有管理，那也就只会有一群乌合之众，而不会有一个机构。而机构本身又是社会的一个器官，它之所以存在，只是为了给社会、经济和个人提供所需的成果。"[①] 在德鲁克的著作中，用得最多的也是"绩效""成果""贡献""成效""目标"等反映成果、效用的词语。德鲁克"目标管理"学说中的"目标"概念，正是基于实用主义所说的"信念"提出的。

实用主义哲学是利己主义世界观的直接体现和结果，即关注行动本身是否能给个人或个人所在的组织带来某种利益和效用。比如在德鲁克的著作《公司的概念》一书出版后，在当时的美国没有被引起重视，但日本人却接受了这套理论，用于管理实践，并创造了经济上的"日本奇迹"。但是，这却让德鲁克感到失望，他提出这套理论的本意是想帮助美国企业有更好的发展，结果超出了他本人的设想，反而被竞争对手学了之后反过来对付美国。[②]

1983年《公司的概念》一书再版的时候，德鲁克在该书的跋中写道："我一直认为，有经理观念的员工和自行管理的工厂是我最重要和最有创意的思想，也是我所做出的最大贡献。不管这些概念在日本有多大影响，通用汽车公司及其主管人员拒绝采纳它们，结果使得这些概念对我所在的国家毫无影响，这是我遇到的最大和最让我感到羞辱的失败。"[③] 那个时候他老人家已是74岁高龄，并早已赢得了"现代管理学之父"的荣誉。

实用主义的缺陷是只相信自己能看见的东西，而不愿意从更广泛的角度或者整个"人类共同体"的角度决定取舍，它很容易导致短期利益或局部利益。比如，改革开放以来中国的一些个人或组织疯狂地掠夺自然资源，忽视了可持续发展及子孙后代的未来利益；再如，近20年来中国的房地产

---

① 王瑶：《德鲁克的失败与伟大》，《商周刊》，2005年第6期。

② 中国企业联合会：《企业管理咨询理论与方法新论》，北京：企业管理出版社，1999年，第105页。

③ 王瑶：《德鲁克的失败与伟大》，《商周刊》，2005年第6期。

也由于利润较高，因此大量制造业进入房地产，因此导致制造业空心化、边缘化，这是忽视了未来企业的长远发展空间；很多领导者重视结果不重视过程，结果真正在背后做出贡献的人却得不到足够的尊重或奖励，这极大地挫伤了实干员工的积极性。

需要注意的是实用主义只是一种方法论，不是评价。同样一件事从不同的角度来看其评价结果迥然不同，比如办工厂，解决了一部分人的就业，给社会生产了产品，创造了税收，从这个角度看是好的；但是一些人却认为工厂造成了污染，影响了生态，从这个角度看是不好的。所以方法和评价应是有区别的，方法无所谓好坏，但是评价却有好坏，评价应基于最朴素的道德观去评价，而不应该站在短期、片面的角度去评价。

2. 管理的本质是思想。无论抽象的管理哲学、管理理念、管理理论还是具体的管理态度、管理方法，都是管理思想。管理思想决定了管理结果，比如管理计划的拟订、管理过程的控制、管理结果的产生，都是管理思想作用的结果和体现。管理思想是管理的出发点，这也是符合人类行为规律的论断。一个没有思想的人是无法实践的，同样，一个没有管理意识的人，也就不可能管理好公司。从实践来看，各类管理者总是自觉不自觉地将他们的实践经验加以总结，形成一定的观念或态度，或者形成一定的管理理论，以便以后更好地做好管理，于是管理思想产生了。所以我们说管理的本质是思想。

德鲁克就是从实践中形成管理思想的典型代表，以他为代表的经验主义学派主张用比较的方法，即通过对个体成功或失败的对比进行管理研究、总结，掌握有效的管理方法，比如德鲁克就写了《公司的概念》《管理实践》《卓有成效的管理者》等书，全面、深刻地表达他的管理思想和研究方法，形成德鲁克的管理理论。[①]

（二）管理的形式是实践

形成思想是为了应用，而且在应用的基础上进行检验、改进并加以传播。思想要能够用实践证明其有效性，如果一种思想仅仅是空想或假设，

---

① 中国企业联合会：《企业管理咨询理论与方法新论》，北京：企业管理出版社，1999年，第107页。

不具备实操性，那就是"空谈"。由此可见：管理的本质是思想，但管理的形式却是实践。

但是，因为国家、区域、民族、组织、文化的差异，在不同国家，管理有不同的形式。西方的文化是理性主义大于感性主义，表现在管理上就是：确立制约机制、按规则办事、强调团队、尊重个体和创新性、重视事实和证据等工作方式。中国则是感性主义大于理性主义，表现在管理上就是：集中机制、按情感办事、强调个人英雄和领导品能、提倡集体主义和服从。在西方发达国家的企业，普遍具有一套完整、规范的管理制度，是所有员工包括企业主都必须遵守的规范。在其他领域也是如此，比如美联储能独立于美国政府之外单独决定美国的金融政策。

目前中国所沿用的众多管理理论和工具均引进于西方，这是由于中国错过了19世纪的工业革命及20世纪的工业爆发时代，没有发展出完善的现代工业管理理论。因此，在实际操作中缺乏西方的已经实施过百年的管理实践经验。自20世纪90年代以来，虽然中国的工业已经有了长足的进步，但是在整个社会层面还处于学习阶段。不少企业还是奉行拿来主义，因此其管理往往是形式大于实质，并没有实质增强企业的综合竞争力。

现阶段中国企业缺乏技术及竞争力只是表现出的结果，根本的原因是缺乏正确、务实的管理实践。所以，中国企业目前的主要任务应该是理性的认识管理，减少对管理形式的重视和依赖，从而在管理的本质上解决一些问题。现在很多企业不认真进行战略规划、不认真进行技术研发和过程控制、不认真进行成本分析、不认真了解员工的实际需求等，而只是空喊诸如"技术领先""以人为本""求真务实"等口号，只会徒劳地增加企业成本，降低企业在员工心中的信誉。这就如同一个穿着华丽的拆迁户，如果没有格局、修养和学识等内在的本质，是无法真正实现长远发展的，其暴富只是暂时的，最终会还会沦落。

三、管理的文化性

（一）什么是文化

对"文化"的定义有很多种，至今，社会学界也没有在文化的定义上取得统一。我们姑且不探讨如何定义"文化"才能准确地界定文化的内涵和外延，暂将"文化"定义为：人类心理、行为及其活动结果的总和。根据这个定义，我们可以将组织及个体的心理、行为及活动结果，比如文字、绘画、音乐、舞蹈、体育、军事、政治、经济，当然也包括管理活动等统统看成人类文化，从而避免了文化的狭隘性，这样能够帮助我们从全部的文化形式上认识文化，从而对文化有个整体的、清楚的、准确的认识，而不是仅仅局限在某个方面，避免认识的片面性。根据文化的定义，我们可以把"文化"这个词看成一个高度抽象的概念，是对人类精神活动、物质活动、艺术活动等现象的高度的抽象概括，它是一种社会构成，反映了一种社会现象，不是指一种具体的事物。

就整体而言，文化有其自身的构成特点。无论是国家还是地区，抑或民族、种族、群体等，其文化的最直接体现就是该文化的象征物，如服装、语言、举止等，是人能够直接看见、直接感受到的部分，这是文化的最表层。文化的第二层是礼仪，是文化中对待人际关系的独特的表达方式，礼仪之于文化如同味道之于水果所起的作用。文化的第三层是品格，在一种文化里，人们崇拜并学习、模仿、具有的品格，就代表了该文化大多数人的品格，品格之于文化如同果肉之于水果所起的作用。文化的核心层是价值观和信仰，指人们所理解和相信的关于真、善、美，关于人性，关于责任和价值等社会事物的观念，这是文化中最深邃、最难理解的部分，价值观和信仰之于文化如同果核之于水果所起的作用。

任何一种文化，不管其表层、礼仪、品格等如何变化和不同，归根结底都是由该种文化的核心层即价值观和信仰所决定的。比如德国文化的特点是：逻辑性强，诚信、严谨、追求完美、注重实效。美国文化的特点是：注重绩效及个人能力的发挥；富于进取、创新；重视制度和流程；灵活、追求个性，这是由自由、冒险、平等、多元化的价值观所决定的。日本文化的特点是：表达委婉；坚韧、执著；重视着装、礼仪等职业形象，这是由日本民族高度认同、整齐划一，以"和"为贵，注重团队的价值观念决定的。

（二）管理的文化性

文化因人而生，因人而分，因人而新。我们可以根据国别、民族、家族、地域、组织等的不同，把文化分成不同的种类。不同的文化有不同的文化形态和心理特点、行为特点。在确定利益关系的前提下，对个人、团队或组织而言，任何一项文化活动，当然也包括管理活动，都是基于责任、价值和人性判断的延伸和具体展开，都是围绕责任、价值和人性判断而决策并展开活动的，这种责任观、价值观和人性观综合起来就是管理的文化性。明白管理的文化性并利用好管理文化是做管理和做好管理必须首先要解决好的问题。

西方管理文化的核心是人和物质的关系，西方文化是世界上所有文化中最强调物质的。这导致了西方国家物质发展上的成功，形成了时间观念、思维的分析观念、效率观念、成本观念、竞争观念、财富观念等。在伊斯兰世界，宗教居先，其核心管理文化是人与真主的关系，由真主提供了管理行为的法则及生活其他方面的准则，个人或管理者必须遵守。在日本和韩国，其核心价值是人与集体的关系，倡导人为集体奉献自己。在非洲，其核心价值是对家庭、亲戚关系的重视，在招聘员工时，家庭、亲戚关系和所属部落要比竞争能力重要得多。在西方人看来，这是裙带关系；而对非洲人而言，西方的做法冷酷而缺乏人情味。在非洲，即使是"正式"组织也受亲戚关系的影响。

西方管理的一个基本理念就是人是不可靠的，应该用流程制度来约束人的行为，以确保管理的稳定性，其核心是流程制度。而中国管理的核心在于人，其表现就是人际关系。长期以来，家族血缘和门生故吏是中国传统的两大利益相关群体，在人事任免及各种业务活动中一直与此有着或明或暗的关系。也因此，在中国的组织里，"情治"（靠人情关系进行治理）管理和"家治"（家长管理孩子、亲属的方式）管理较多，也造成了较多的派系争斗和人事更迭现象。

文化也决定了个人行为。我们从先人那里继承文化，在此基础上还有一定的调整或创新，先人的文化通过教育或环境就影响了管理决策和管理行为。文化人类学的研究成果表明：文化与人类行为的关系是非常密切的，不同的文化塑造和规范着不同的行为方式、精神及性格，它不仅决定人的价值观念，而且决定人的行为准则。比如新人进入一个执行力很强的组织中也会有很强的执行力，这是受组织文化的影响。从实践上看，决策者从事管理活动，都自觉或不自觉地受文化价值观的制约。

德鲁克在论述管理的性质时也指出：管理并不是同文化无关的，管理是一种社会职能，因而既要承担社会责任又要根植于文化之中。[1] 管理受到文化的影响，同时管理方式和管理人员又会影响文化的形成，文化与管理之间是相辅相成的。受到众多组织热捧的组织文化建设就是基于这个背景产生并逐步发展起来的。所以，管理具有文化性。

经历过多次失败的巨人集团总裁史玉柱也深刻认同了管理的文化性，他在一次对话节目中说："我觉得管理主要看组织文化，组织文化要人性化、要朴素、踏实、奖罚分明，要有完善的体系和制度。"[2]

### 四、管理的时代性

追踪管理的历史，管理理论、管理文化和管理行为总是在不断创新、不断调整的，直到在某一个相对稳定的阶段适应当时的社会文化，然后又产生新的管理需求，从而与新的管理需求相适应的管理理论、管理文化和管理行为再次创新、调整，进入新的管理时代，这就是管理的时代性。从社会、历史发展的过程来总结，管理的时代性有代际差异以及科学和技术的变革。

（一）代际差异

我们在研究人类历史的过程中发现这样一种现象：在人的传宗接代中，每一时代的人都对父辈人的想法、做法感到不满，也就是所谓的"代沟"，这是我们曾经深刻体验的感受和社会现象。为什么会出现这种情况？这是因为每一时代的人都对父辈人所处的环境和文化不了解，对他们所经历的事情不了解而又习惯以自己所处时代的环境、经历和文化来评价父辈人的

---

[1]　杨利民，王俭平：《信息经济时代的人力资源开发》，《陕西经贸学院报》，2002 年第12 期。

[2]　史玉柱：《冒险者生存》，《中国商人》，2008 年第 4 期。

观念和行为，所以父辈人总是习惯怀旧，总是对后一代人的思维和做法有这样那样的不满；后一时代的人也总是习惯喜新厌旧，人类就是这样一代又一代地循环、重复和向前推进的。

不同时代的人也存在差异，比如中国20世纪六七十年代出生的管理者认为：八零后员工缺乏忠诚感、个性较强、经济利益至上、难于沟通和服从，把组织与员工的关系看成一种纯粹的雇佣关系，忠诚度低，只在意自身资本的积累和发展。相对而言，八零后接受了更多的西方思想，譬如美国人讲求个人权利和自由，追求物质，注重维护自身利益；同时也关注契约文化，不存在人情。但是，美国经济也在发展，美国式管理也在被很多国家学习甚至模仿。因此，我们需要了解八零后的价值观、财富观、行为观、人际观、责任观等，我们应该发挥他们的优点而非拒绝他们。一代人有一代人的文化，一代人有一代人的组织。八零前受中国传统文化影响较多，他们的心态和方式是适应环境；而八零后员工讲究公开、公平、公正，他们的心态和方式是寻找环境、创造环境和改变环境，这正是他们进步的地方。我们不要站在我们的角度去评价和我们不是一个时代的人，那会造成误解和偏见。

我们可以把以上两种差异统统称为"代际差异"，代际的差异，造成了管理的时代性。每个时代的管理者都要主动地跟踪、了解所处环境的代际构成和代际特点。要和不同的代际和谐共处，通过沟通和调整达到融合、互相适应和理解，从而达成一致的目标和管理追求。一味地批评和拒绝只能造成误解和矛盾加深，造成冲突和不信任加剧，这不是年长一代人的心理预期。蒙牛人力资源总监张文认为："考虑到八零后员工的热情、灵活和聪明，我们常把他们放在销售、营销等位置。"某项针对八零后的调查发现，一些管理程序细致到位的企业，更容易让他们留下来，工作也更容易上手。①

由此可见，在解决管理的代际性问题上，我们还有很多工作要做，还有很长的路要走。可以想象，在不远的将来，当八零后进入管理层后，他

---

① 郝棠棣：《拿什么留住你，80后和90后》，《全球瓦楞工业》，2011年第8期。

们也会和九零后产生代际矛盾，也希望他们能够明白管理代际性的道理，能够比我们更好地解决这个问题。

（二）科学和技术的变革

自 20 世纪以来，在世界范围内掀起了一场以信息技术、生物技术、自动化技术和网络技术为代表的新技术革命，使得不同国家、民族、组织、个体之间的文化开始广泛地接触、交流和融合，各类文化、思想和行为重新被认识、评价和组合，也形成一些新的文化和行为。比如电脑技术提高了办公效率；即时通讯技术方便了管理沟通；网络技术实现了信息共享，为信息分析和决策提供了便利；传感和自动化技术能够使管理者实现远程监督和控制；ERP 的实施，对企业的战略规划、职责划分、流程再造和基础数据提出了新的要求；原来的人工考勤被指纹考勤机所代替。类似科学和技术的发展，促进了人类认识世界、改造世界的能力。

在传统的商业模式下，人们在办公室、商场等地方集中上班；就城市公共交通来说，增加公交车，就要增加司机、服务人员、维修保养人员；使用私家车，增加了运输量、道路建设、交通管理、维修保养服务等，以上几个方面都是增加全球石油、铜、铁等矿的运输与消费。但 2008 年比尔·盖茨在拉斯维加斯向人们展示：人们可以在家里通过一个大的电视屏幕，利用触摸屏实现人机交流，从事开会、诊断、沟通等管理活动，可以在家里从事买书（网上阅读）、买菜、付款等商务活动，不用去商场，在家里就能实现大部分管理工作和商业活动，给员工、管理者带来极大的工作便利。这种新模式目前已经部分在中国得到普及并在一定程度上改变了部分企业的管理模式，同时也部分减少了石油等能源的消耗。

而且，从最近几十年科学和技术发展的历史来看，每一项具有深远和重大意义的新技术出现的时间间隔在逐渐缩短，从而由此造成的社会时代的更替间隔也在缩短，大家从电脑技术、手机、家电、生物克隆、机器人技术等科技日新月异的发展中可以看出这个特点来。科学技术的每一项新成果和变革，都不可避免地推动社会时代的发展，推动管理时代的更替。

# 第三节　管理理论与管理实践

管理理论近半个世纪以来迅猛发展，与此相应的管理工具、管理方法也花样繁多、使人目不暇接，进入百家争鸣的状态。这种状况有力地推动着管理理论和实践的发展，然而，它也使人们在实践管理时感到无所适从和迷茫，不知道该采用哪种管理理论、管理方法或管理工具。在实践中，每一种管理理论总是出现无法用该理论进行解释的情况，或者太理想化，不切实际；要么就是在被中国的管理者引用后失败的情况居多。那么，我们该如何面对和解决这些问题？这需要我们能完全理清管理理论和管理实践的关系。

## 一、理论来源于实践

历史学通过对客观存在和过程及其规律的描述和探索，对我们的文化和行为有借鉴意义，这是历史学对人类社会的贡献和作用，正所谓"以史为鉴，可以知兴替"。管理的历史告诉我们：每一种管理理论和管理工具的产生，都由当时的生产力发展和管理需求决定的，因管理需求引起管理者或研究者的思考、分析和总结，从而产生新的管理理论，管理理论来源于实践。

在 19 世纪上半叶，随着科学技术的突破，生产力得以快速发展，企业不断扩大生产规模，生产技术愈趋复杂，企业管理也变得更加复杂；加上社会文化和人类文明的进步，劳资矛盾也日益加深，所有这些，都要求管理者提高管理能力，调整管理方式，原来的"经验管理"和"以师带徒"的管理方式明显不能适应企业规模扩大的需要。企业迫切需要建立和应用系统化、标准化和程序化的管理方式，在这种情况下就要将以前积累起来的管理经验加以总结、概括，使其具有普遍的适用性。于是以泰勒为代表的科学管理理论出现并获得了发展。

二战后，随着经济的发展，企业的经营活动已不仅局限于一个地区，而是扩大到全世界。企业经营的产品种类也更加复杂；技术更新速度进一步加快，对技术、设备和工艺的更新、改造提出更高的要求；民主、自由、平等、环保、社会责任等意识的觉醒。因此企业不得不面对更高的客户要求和社会责任，这对企业管理提出了新的要求：

1. 要求运用更先进的管理方法和管理手段。

2. 要求管理理论和方法能充分调动人的积极性。

3. 要求企业更多地关注客户需要，关注服务并进行超越。

在这种管理需求下，以研究人的行为规律的行为科学管理学派和企业文化学派（目的是调动人的积极性）、以研究决策方法为主的管理科学学派和决策理论学派、以研究科学管理为目的的流程再造理论、学习型组织和精益管理理论、以研究企业经营为目的的营销管理、供应链管理、企业重组、领导力理论等学派和理论相继出现，这些理论和学派无不体现了新时代对管理提出的需求。这也突出了经营决策的重要性，管理者需要深刻理解"管理的重心在经营，经营的重心在决策"。

### 二、实践与理论的差异

如果对以往管理活动的效果进行复盘就会发现：管理实践与管理理论是有差异的，造成这些差异的主要原因有两个：第一是很多管理理论的建立是在一定阶段，采用一定的方法，在一定范围内，对一定的对象进行调查、研究、总结，并进一步抽象概括出得出的结论，因此具有一定的特殊性，并不一定具有普遍的指导和应用意义。第二个原因是管理者没有真正弄清楚相应管理理论的实施背景、实施目的、适用对象、适用条件和前提等内涵和外延等因素，就直接对管理理论进行应用、照搬，结果导致很多管理活动的失败，这实际上是管理者不熟悉管理研究和应用的方法所导致的。

目标管理基于三大理论进行设计和实施：动机激发理论、人性假设理论和授权理论。[①] 以三大理论为基础，目标管理要求管理者对下级采取参与管理、权力下放的管理方式，要求员工能够"自我控制"。但是目前有几个企业可以实现参与管理和权力下放，有几个企业达到员工能够自我控制的水平呢？在 20 世纪 80 年代，美国银行制定目标考核激励奖罚制度，即以

---

① 邓大松，李珍：《社会保障问题研究》，武汉：武汉大学出版社，2001 年，第 132 页。

发放贷款的金额对贷款员的业绩和能力进行评价。结果是美国银行的贷款获得了巨大增长，但同时出现了大批的坏账，这个结果是银行没有预料到的。只看贷款金额，而不考虑风险、客户忠诚度等深层因素，是一种肤浅的管理方法。纽约交通警察局曾经实施目标管理法，即警察的晋升、奖励要靠逮捕罪犯数量决定，尤其是由逮捕的重罪罪犯的数量决定。该法实施的结果是：警察的白人种族主义者乘机滥用权力，他们用非法、残忍的手段迫害、逮捕少数民族裔人和黑人，部分警察因此得到了奖赏，但他们对社会和警察局造成了巨大的损害，民众尤其是少数民族裔人和黑人对警察和执法人员失去了信心。①

伦敦商学院著名教授苏曼德拉·戈沙尔很早就发现了管理理论与管理实践的差异，他指出：管理学的研究方法不能照搬自然科学的研究方法，否则容易陷入形而上学和机械唯物主义。戈沙尔提出，主流管理理论对实践的破坏作用主要来自两个因素：一是不顾学科差异，把自然科学的研究方法全盘移植到管理学研究中；二是对人性和世界的错误假设。前者抹杀了人的主观能动作用，后者导致管理学假定人和组织都是自私自利的，忽视了人性中道德和伦理的一面。他说：在过去50年中，很多管理学家大量引入自然科学的研究方法去研究管理中的规律。人在其中的作用被认为是完全受经济、社会定律来控制，这种研究方法导致对"人的主观能动性"、道德和伦理的否定。如果商学院教授的思想是不能信任公司的员工，一旦这种思想被融入经理人的日常行为和思考方式中，那么这些似乎"不涉及道德"的管理学理论，会在不知不觉中销蚀了商学院学生和企业经理的道德责任心。②

戈沙尔指出：同物理学不同，管理学理论能够"自我实现"。比如在物理学中，一个关于微观粒子的理论，无论正确与否、影响有多大，并不会影响到真实世界中这些粒子的运动；而一个被经理人接受的管理理论，即

---

① 原创力文档知识共享存储平台：《为什么放弃绩效考核》，2020年3月27日，https://max.book118.com/html/2020/0327/8066013037002104.shtm，2020年10月5日。

② 张小翠，王杰：《权变管理理论下开放式实训室的管理研究与探索》，《中国市场》，2016年第2期。

使不正确，也会使得经理人的行为思想发生变化并逐渐与这个理论契合，从而变成现实。实证研究表明，如果一个管理理论假定"人都会投机逐利"，由此发展出的管理措施和手段会导致更多的投机逐利行为。而基于"不能信赖经理人"这个前提制定的公司治理方案会让经理人变得更加不可信。实际上人类的行为有着更为复杂的动机，人类在面对诸如利他主义，比如自愿服务乃至照顾孩子、捐款等诸多情况时，人的自私假设就显得苍白无力。如果管理学的理论假设能够承认人性的多样化，既看到人的逐利性，又看到其他倾向，管理理论和管理实践就会有很大的不同。[①]

通过上述管理理论与管理实践的关系和历史的探讨，建议管理者在认识和实践管理时能够把握一个原则：一定要了解和关注每一个管理行为或管理活动的背景、需求、前提假设和具备条件，这样我们就能够轻松地应对管理。

## 第四节　管理的价值

价值是客观事物能够满足人的需要的意义，是人类评价和取舍客观事物的根本依据。事物对人类来说因其价值而存在，不然会被人类抛弃、反对和破坏。比如煤可以为人类提供热量，这是煤炭的价值；石油可以作为化工产品的原料，这是石油的价值；伦理能够评价和约束人际关系，预防和约束社会关系的紊乱，这是伦理的价值等等。管理也不例外，也有其价值，管理的价值应该从现实价值和历史定位两个方面来体现。

### 一、管理的现实价值

从管理理论创立至今，管理对个体或组织来说，都是为了实现一定目标（利益）而策划并开展有关活动的，这个目标能够实现，就是管理的现实价值；否则就是管理的失败，就没有价值。管理的现实价值因其管理需求、管理背景不同而各有不同，但是无论哪种具体的管理现实价值都可以按下述方式定性归类。

---

① 金岳辰：《坏的管理论搞垮了好的管理实践》，《北大商业评论》，2005 年第 5 期。

（一）管理的六个价值

从维护组织和团队利益的角度，管理有六个价值：

1. 解决问题。比如管理者出面协调两个人的矛盾，这是解决问题，也是管理最基本的价值。但管理是动态的，解决了旧的问题，新的问题就会出现，这是管理必须面对的现实，需要我们持续去解决问题，实现管理的价值。

2. 提高质量。质量分为产品质量和工作质量。产品质量很明确、很具体、很直观；工作质量则相对隐含、抽象和复杂，从思维方法、管理哲学、管理思想、决策方法等抽象、隐含的管理文化，到实施措施、人员安排等等管理行为，都是工作质量的范畴。管理的目的还体现在其对产品质量和工作质量的提升和改进上。比如通过质量小组活动改进产品质量，通过绩效管理提高工作质量，通过工作丰富化、弹性工作时间等管理提高工作生活质量等都是管理价值。

3. 提高效率。提高效率是泰罗科学管理思想的出发点，科学管理的目的就是要挖掘每个工人的才干，使每个工人尽他天赋之所能，达到最高的效率。[①] 追求管理效率，主要体现是单位时间内人均产出的提高，比如生产300个零件原来10个人用3天时间，换成流水线后10个人仅用1个小时，这就是效率的提高。通用电器公司总裁杰克·韦尔奇曾说过：速度就是一切，它是竞争不可或缺的因素。[②] 美国思科公司总裁钱伯斯也说：新经济时代，不是大鱼吃小鱼，而是快鱼吃慢鱼。[③]

4. 提高效益。效益是组织，尤其是企业组织的追求及存续的基础。提高效益主要依靠降低成本费用和增加现金收入，也就是开源节流。克莱斯勒汽车公司总裁李·艾柯卡曾经说过："多挣钱的方法只有两个：不是多卖，就是降低管理费。"[④] 在市场经济环境下，竞争的激烈导致了市场价格的透明。在这样的背景下，管理的核心任务就是不断降低成本。降低成本是管理的

① 杨静平：《非寿险精算》，北京：北京大学出版社，2006 年，第 128 页。
② 胡世良：《速度模式 - 移动互联网的制胜关键》，《邮电经济》，2013 年第 3 期。
③ 林夕：《诺基亚的经营战略与投资战略》，《中外企业文化》，2001 年第 2 期。
④ 林跃之：《管理学原理》，北京：人民邮电出版社，2012 年，第 305 页。

核心价值之一，比如日本人对汽车工业的最大管理贡献之一就是开创了"丰田生产方式"，也就是用精益求精的态度和科学的方法来管理汽车的技术开发、工程技术、采购、制造、贮运、销售和售后服务的每个环节，从而达到以最小的投入创造出最大价值的目的。[①]

5. 降低风险。管理存在管理风险，管理风险的特点在于其不可预知性。管理风险产生的原因在于组织、个体或者决策者知识、水平、能力和认识的有限性，沟通的有限性以及思维方法的有限性，这样的现实情况导致了我们一致认为完美的管理方案、管理措施或管理活动在实施起来并不完美，而是存在很多我们无法想象和缺乏应对措施的例外情况。很多企业因为无法正确地进行风险管理，导致企业经营失败或巨大的市场损失。风险管理理论及实践就是在这样的背景下和满足降低或消灭风险的管理需求而产生的。

6. 价值增值。人类对于价值的追求首先是创造价值，其次就是价值增值。解决问题、提高效率、提高质量、提高效益等活动创造了价值，满足了人类的一定需求。但是，人类的需求远不止于此，人类有更高的管理需求，有不断超越和提高的管理需求。为了满足人类更高的、不断超越和提高的管理需求，需要管理的创新，这就是管理的价值增值，所以管理要能够引导创新，否则管理就是没有实现价值增值的失败。

以上价值，是中高层管理人员应该经常反复思考的问题，任何一项活动都可以在以上方面做出努力并取得成绩。如果一个中高层管理者不了解管理的价值，不知道应该在哪些方面做出努力和投入，只是每天做重复性的工作而没有取得改进、提高或创新，那么这样的管理者是不称职的。如果他不具备以上能力，至少应具备建立组织内部合理化建议及员工激励机制的能力，让员工负担起改进、提高和创新的管理价值。

（二）管理的价值是让个体自我满足

从个体的角度考虑，管理的价值就是要能够让个体自我满足。个体是组织或团队的成员，是团队或组织业绩的创造者和贡献者，他们把团队或组织看成一种依靠和支持，他们和组织所有者一样关注组织或团队的利益，

---

① 杨晓静：《日本丰田窥视全球汽车业头把交椅》，《市场报》，2004 年第 27 期。

并期望通过劳动和组织的机制获取自我满足，这就是个体的心理预期。作为组织的决策者，不能不了解这种心理，也不能对这样的需求熟视无睹，而必须采取一定的措施，力求在组织和个体之间寻求一种平衡和公平，让个体和组织都能获得期望的结果，尤其是让个体获得自我满足。如果仅仅满足了团队或组织的利益或需求，而不考虑个体的需求与满足，对组织来说就是一种灾难，因为个体会以更加自私的态度和行为来"回报"组织的自私，他们会随时随地地对组织中存在的各种成本费用、风险、损失听之任之，他们也会对管理中的任何组织行为采取拖延、浪费、敷衍、无动于衷等态度和行为，这会导致组织运营的高成本费用、高风险损失、低工作效率、低工作质量、低凝聚力，给组织造成巨大的损失。对个体满足的程度是组织管理者需要经常检讨、分析的。在国内，部分民营企业主，只顾企业眼前利益，在劳动保护、劳动保险、工资报酬等方面不肯付出，造成员工流失率高、质量不稳定等状况，这就是不懂得"先舍后得"的道理，最终吃亏的是自己。相反，在国内的外资企业则在这方面比较好。

IBM 创始人托马斯·沃森说："自始至终把人放在第一位，尊重员工是成功的关键。"[①] 这里面包含了一个朴素的事实：你尊重员工，员工就会对尊重你；你对员工负责，员工就会对你负责。你在员工身上的每一份投入，必然会带来更多投入。杰克·韦尔奇在与中国企业家的对话中也反复强调：如何让你的员工满意、如何保持你的员工的激情、如何让员工分享组织财富才是一个企业重点关注的核心问题。组织在尊重员工的态度和行为上，需要达到松下幸之助所说的要求：除了心存感激还不够，还必须双手合十，以拜佛般的虔诚之心来领导员工。

## 二、管理的历史定位

### （一）认识社会学

管理离不开社会学。社会学是从社会整体出发，通过社会关系和社会行为来研究社会的结构、功能、发生、发展规律的综合性学科，是一门横

---

① 吕国荣：《影响世界的 100 条管理名言》，北京：人民邮电出版社，2005 年，第 32 页。

跨政治、经济、历史、人类学及心理学等学科的综合性学科。社会学一方面研究社会群体的特征、群体间或成员间的互动影响及社会特征对日常生活的影响，这些研究成果能够协助教育、法律、行政、社会工作等各类管理人员解决社会问题。另一方面，社会学研究也朝着微观的专题研究发展，研究诸如种族、阶级、性别、家庭、犯罪、离婚、家庭暴力等社会现象和社会关系，通过研究社会关系以预测社会变动。

那么我们该怎么给社会学定位呢？孔德和斯宾塞认为：社会学是各种社会科学的根本科学，其原理具有普遍性。政治学、经济学、法学、教育学等是对社会学的某一方面的研究，各门社会科学的原理仅适用于单一的社会现象，社会学与其他各门社会科学的关系是一般与特殊的关系。它是多种交叉学科和边缘学科的基础，也极具指导功能，比如：能提供社会管理、社会行政与保障、企业管理等方面的知识；它所进行的关于社会发展的战略研究、关于具体社会问题的综合调查研究、关于社会运行状态的综合评估，都可以为科学化的政府管理提供依据。中国著名社会学家孙本文也赞成这种观点，他还进一步论证说："任何人不能没有社会行为，经济行为、政治行为、道德行为等都不能脱离社会行为。"如此看来，社会学所研究的原理，就是一种普通的根本的原理。①

（二）社会学与管理学的关系

管理学是社会学的分支，社会学为管理学提供一般原理的指导，为管理实践提供信息和依据；管理学则是社会学思想和行为在管理上的反映。

但是，社会学具有无私性，其研究成果为人们熟悉和掌握后，为社会秩序、社会安定和社会生活提供服务和指导，或者直接提供信息与依据。比如关于性别问题的研究有利于正确处理男女关系，促进社会和谐；关于犯罪问题的研究有利于维护社会安定；关于家庭暴力问题的研究有利于家庭和谐和社会稳定；关于社会福利、就业、工会等问题的研究有利于提高社会生活水平等等。而管理具有自利性（有利于组织或个体自身），其体现是便利性（如关系协调、气氛融洽、取用方便等）和功利性（如追求利润、

_____

① 易益典:《社会学教程》第 2 版，上海：上海人民出版社，2007 年，第 139 页

名利、效率等）。

古典管理理论侧重于从职能、组织方式等方面研究管理的效率问题；[①]科学管理理论的中心是提高生产效率；行为科学理论则侧重于研究人的心理、行为等对高效率地实现组织目标的影响作用；管理科学学派探求最有效的工作方法或最优方案实现最大的效率等等。可见，管理学是在经济逻辑和效率、利益最大化的前提下进行研究的，是对社会效率的研究。

（三）管理的历史价值

在社会生产力不发达、人类思维与文化需要继续融合、人类价值层次差异需要进一步缩小的情况下，社会资源和财富不可能合理分配，社会必然存在竞争和贫富差异，这个状况至少还将持续一个世纪，这是世界经济、社会和文化发展规律决定的。只要存在竞争和贫富差距，管理就不可避免要发挥其效率作用，社会学仍然是社会学，管理学仍然是管理学。但是，我们也能预计到：随着全球经济的发展、文化的融合和价值层次差异的缩小，人们的思维和价值观会发生变化，人们对于付出劳动和获取财富的观念，以及人们对于幸福和人际关系的理解将更理性、更深刻、更真实，那时效率将变得无足轻重，管理也因此完成其历史使命逐渐退出历史舞台，社会学将继续存在并有更好的成果运用到人类社会实践中，为社会创造更多的价值。

---

① MBA 智库百科：《林德尔·厄威克简介》，2017 年 10 月 9 日，https://wiki.mbalib.com/wiki/%E6%9E%97%E5%BE%B7%E5%B0%94%C2%B7%E5%8E%84%E5%A8%81%E5%85%8B，2020 年 7 月 3 日。

# 第二章  管理的前提和假设

在实际的管理活动中，作为管理者需要经常思考：哪些信息会影响战略或策略、哪些因素影响了资源配置、哪些因素会影响组织架构及人员配置、哪些东西会影响实施的过程及结果等等。对这些问题的回答应该是管理逻辑、思维方法、哲学观念、价值判断、人性评价、知识经验六项因素共同决定了管理决策和结果。在本章我们重点介绍这六项因素的作用和性质，以及它们如何发挥作用。

## 第一节  管理逻辑

### 一、什么是逻辑

研究管理逻辑，首先要研究逻辑学。逻辑学是一门以抽象的概念、判断和推理作为思维的基本形式，以分析、综合、比较、抽象、概括和具体化作为思维的基本过程，研究推理决策过程的一般规律的学科。所谓"逻辑"，指的是在思维活动中存在并起作用的规律，也叫思维规律。逻辑体现着人的思维活动的内在本质和必然趋势，通过思维的各种形式特别是推理形式而显现其作用。[①]

逻辑学看起来枯燥、抽象，但是逻辑却实实在在地影响和决定我们的生活。比如人们进行思考或描述问题时，逻辑就变得非常重要：合乎逻辑的思维是条理清晰的，易于被人们理解、接受；反之，不合逻辑的思维则

---

① 中国企业联合会：《企业管理咨询理论与方法新论》，北京：企业管理出版社，1999年，第163页

是紊乱的，无法表达清晰，更不容易被理解。《福尔摩斯探案集》这本书一面世就受到世人的疯狂追捧，这是由于其中在破案环节的严密推理，毫无疑问这是成功地运用逻辑的典范。

基于不同的角色及价值观，每个人的逻辑观不一样。比如有些人在某些场景之下的逻辑是金钱至上，其行为表现就是在思考问题时，重点考虑有没有金钱收益，比如客户与供应商的关系。也有人终生的逻辑是服务于社会，并不认可金钱或权势，比如"杂交水稻之父"袁隆平。有些人是经验主义逻辑，相信自己的直觉经验胜过数据，但是西方多数企业领导人是数据逻辑，即基于数据和市场调研信息来做决策，这是决策逻辑不同。

作为一个管理者，有时候我们很难做出决策或选择，比如市场出现牛市时，持有的资产是继续购入、持有，还是卖出。有些人秉持赚到客户的最后一分钱，也有的人持见好就收的逻辑，比如李嘉诚就秉持"不赚最后一个铜板"的原则，多次在风险来临之际顺利脱身，一直是世界顶级富豪且稳如泰山。相比之下，国内有相当一部分房地产商则是风光之后，哀鸿遍野。

人在日常生活中处理诸如人际关系、事业发展、家庭、组织、经济、政治、法律等各个方面有着各种各样的逻辑，包括生活逻辑、决策逻辑、人际逻辑、价值逻辑、表达逻辑等等。每个社会个体，都或多或少地有这样或那样的逻辑，这些逻辑构成一个模糊的、容易受影响而改变的、抽象的逻辑体系，存在于每个人的大脑之中。人与人不同，逻辑体系不同。这些逻辑体系，就像指挥官一样，决定和影响我们的心理和行为，所以我们认识人、评价人或组织人，首要的前提是要认识人的逻辑和逻辑体系。[①]

## 二、逻辑的模式与假设

逻辑形成的一般模式是：假设—推理—判断。比如一个爱好音乐的人常常这样确定自己基本的人际关系逻辑：如果找一个同样喜欢音乐的朋友，他就能和我共同探讨和发展音乐，这对我的音乐才能的提高是有帮助的，

---

① 中国企业联合会：《企业管理咨询理论与方法新论》，北京：企业管理出版社，1999年，第163页

所以我要找一个同样喜欢音乐的人做朋友，于是他的人际观逻辑就形成了。在这个例子中，"如果找一个同样喜欢音乐的朋友"就是问题的假设和前提，没有这个假设和前提，也就没有后面的推理和判断，也就不会形成最后的人际关系逻辑。"他就能和我共同探讨和发展音乐，这对我的音乐才能的提高是有帮助的"就是问题的推理，他这样推理：另外一个喜欢音乐的人也和自己一样希望提高自身的音乐水平和能力；另外一个喜欢音乐的人也和自己一样喜欢交流和探讨；另外一个喜欢音乐的人有自己独到的音乐才能是自己所不具有的，我可以向他学习；另外一个人愿意把自己独到的才能和经验拿出来分享而不是自己独有，经过这样的推理，他认为"这对我的音乐才能的提高是有帮助的"。"所以我要找一个同样喜欢音乐的人做朋友"就是推理后的判断（结论），实际上通过自学、向专业老师学习、向知名演员学习也是提高自己音乐才能的途径，只不过他没有意识到自己的逻辑假设是否全面而已。同样的道理和情况也适用于生活逻辑、文学逻辑、体育逻辑、政治逻辑、经济逻辑等其他简单逻辑的形成，这个模式是逻辑的基本模式。

以这个模式为框架，将假设复杂化，或者在推理中再进行假设、推理，或者将判断复杂化并进一步推理、判断，就形成各种复杂的逻辑和逻辑体系。还以上面的例子说明，如果这个爱好音乐的人又提出了诸如和音乐教师或者音乐教授交往、拜著名音乐家为师、参加音乐培训班、参加音乐俱乐部等这样的假设，那随后的推理和判断又会复杂；如果在推理中又进行了假设，如这个爱好音乐的人认识到了"另外一个喜欢音乐的人也和自己一样喜欢交流和探讨"这个假设的不确定性，所以他会做出"这个人不喜欢探讨"的假设，并在这个假设的前提下进行推理并判断自己的应对方法，依此类推，一个复杂的人际逻辑和逻辑体系就形成了。任何人的单一逻辑和逻辑体系的形成都是按照这个模式，但是因为个人假设的多少不同、复杂程度不同、思维方法、哲学方法、人性评价、知识经验等的不同，导致人的推理和判断也各不相同，从而人的各类逻辑和逻辑体系各有差异，做管理工作必须清楚这一点。

根据逻辑的一般模式，可以说没有假设就没有推理和判断，或者说有什么样的假设就会有与之适应的推理和判断，假设是推理和判断的前提，无论对谁而言都是如此。

不仅如此，对于很多社会科学来说，都是建立在假设的逻辑基础之上的。如财务管理是基于三大会计假设而发展起来的学科，基于三大会计假设，财务管理形成一门严密的经济学科，为企业和国家间经济往来和经济核算提供了确定的原则和方法，为人类做出了贡献。微观经济学是建立在三个基本假设之上的，即完全理性、完全竞争、完全信息，微观经济学为个体和企业的经济活动提供了指导原则。[①] 心理学研究一般包括两个过程，假设的产生和假设的检验。物理、数学更是假设与推理的科学。当我们的假设与事实符合的时候，我们就能够实现预期的结果，但是当我们的假设与事实不符的时候，结果就会与预期出现大的偏差。

比如会计主体假设一般指企业本身，但是随着集团公司的出现，母公司和子公司均为独立法人，这时如果沿用原来的会计主体假设就无法反映集团公司的财务情况。信息时代造就的网上公司更是突破了会计主体假设的条件，因为网上公司属于虚拟公司，并以人力资源和知识产权为其主要资产，用传统的财务方法是无法对网络虚拟公司进行核算的，必须建立其他的核算方法和体系。[②] 会计的持续经营假设一直都受到批评，有人认为这种假设不符合事实，比如现在不断发生的公司合并或重组使企业必须能迅速变现，虚拟公司的经营面临风险，这导致企业经营呈现短暂性，而非持续经营。因此，以持续经营为假设的传统会计方法受到了挑战。经济学上的完全竞争假设不现实：比如市场上每个厂商提供的商品都不是同质的；资源也不具有完全流动性，很多资源被国家或利益集团垄断；市场信息也不完全，很多信息被利益集团保密或垄断，以至于价格根本无法被预测。[③] 所以，我们必须正确地识别和进行假设，才能做出正确的推理和判断。

---

① ［美］罗伯特·S. 平狄克，鲁宾菲尔德：《微观经济学》第 8 版，北京：中国人民大学出版社，2013 年，第 156 页。

② 吴溪：《会计研究方法论》，北京：中国人民大学出版社，2016 年，第 105 页。

③ MBA 智库百科：《会计假设》，2016 年 3 月 7 日，https://wiki.mbalib.com/wiki/%E4%BC%9A%E8%AE%A1%E5%81%87%E8%AE%BE，2020 年 2 月 5 日。

### 三、假设的来源

如果不加约束，我们可以建立很多假设，但是我们只需要正确的假设，这是我们的心理和实际需求。那么正确的假设从哪里来？如何进行假设才能产生正确的推理和判断？

假设的来源有两个方面：概念、知识和事实等确定性事物；经验、理论等经过一定验证的非确定性事物。正确的假设首先来源于确定的概念、知识和事实。概念是推理和判断的基础，没有概念，我们的推理和判断就无法形成；概念不确定，我们的推理和判断就会复杂化，甚至产生矛盾和失败，比如什么是"管理"；什么是"人才"；什么是"工作态度"、什么是"质量"等等。这些基本概念看起来很简单、很平常，我们也因此很少花时间和精力去关注或深入探究，但是问题真的这么简单吗？在实际管理中，如果随意调查 10 家企业对管理、人才、工作态度或质量的定义，一定有 10 种不同的回答或解释，即使在一个企业内部，你也会发现每个部门、每个人对这些概念的定义各有差异。在这些差异存在并且没有进行沟通，没有取得一致理解的前提下，我们再去讨论如何加强管理？如何招聘人才和留住人才？如何端正工作态度有意义吗？意义不大，因为大家所说的不是一回事情，而是各有所指。如果按照多数人的理解，把企业文化看成一种共同的行为准则和道德规范，则又可以产生什么是"共同的"，什么是"行为准则"，什么是"道德"等的概念疑问。"共同的"是指所有者还是指全体员工？如果指全体员工，那么所有者和普通员工是处于利益对立的态势，他们能够取得共同点吗？行为准则是按道德的标准还是按法律的标准衡量？

确定的知识是假设的又一个来源。如：一般情况下，水在 0℃时会结冰、成雪，但是盐会降低水的"凝固点"。我们可以把这个基本的物理知识作为假设，经过推理认定如果下雪时在雪中撒盐会使雪融化，经过实践检验也确实如此，于是我们就可以得出"盐可以使雪融化"的结论。同样的道理，如果我们熟悉思维学、心理学、逻辑学、社会学等的知识，我们对人的认识和评价就更客观、务实、准确。比如，不能把人看成完全的"经济人"，也不是完全的"社会人"；不能把人看成完全的善或恶，也不能仅通过金钱观断定一个人的好坏；不能仅看表面现象而应是深入调查研究，掌握事情的背景、起因、过程、方式、结果；不能"偏信"，而应"兼听"；不能只看结果不看过程等等。依靠这些知识，我们可以建立很多正确的假设，比如：每个人均有善恶与中立，人的善恶与中立因事、因时、因势、因人而变；人的思想及行为与其所处的时代背景、家庭环境、生活经历，以及价值观、道德观等多方面有关并且多变。因此，对人的认识和评价要从多角度、多层次进行。依靠这些假设，我们可以推理得出"人是复杂人、多样人"的结论，也基于该假设制定流程、标准、激励机制等管理体系。

事实是形成确定的假设的另外一个来源。事实具有无可争辩的证实效果，任何人都不可能在事实面前弄虚作假，所以事实是最好的假设。用事实做假设，进而进行推理和判断，得出的结论也最有效。比如劳动关系是界定企业和职工劳动争议的基本概念，劳动关系体现在法律上一般以书面协议或合同为准，这是大家熟悉的常识性知识。但是现实生活中也存在很多没有形成书面协议或合同的劳动用工，比如部分单位与劳动者不签订劳动合同，那么面对这种事实存在的用工关系却缺乏书面证据的情况，法院该如何判决呢？法院支持事实上的劳动关系等同于书面合同或协议的判决，这就是以事实为假设的例子。

经验、理论等经过一定验证的非确定性事物是确定性假设的另外一个来源。什么是经验？经验是根据事实归纳的直接的主观结论。根据这个定义，经验是用归纳方法形成的直接心理判断。比如基于历史上发生的做好事却得不到受益人善报的事件，人们总结出了"各人自扫门前雪，莫管他人瓦上霜"的谚语。再基于历史上衙门断案时钱大于法的案例，总结出了"衙门八字开，有理无钱莫进来"的经验。在招聘、用人上有过失败经历的企业，往往产生做背景调查的管理经验。现金管理中，当遇到现金紧张或者产生支付利息的情景时，就会逐步形成一定的支付原则经验，比如银行贷款、水电费、税金、职工工资等必须优先支付，基建工程款、大宗设备款、大宗原料款等可以根据情况拖延支付。因为经验直接来源于事实，并且是基于诸多类似事实推理出的结论，所以尽管经验带有一定的主观性，但是因为经验在一定程度上得到验证，所以还是可以作为假设的来源，只不过在用经验作为假设时需要慎重，要慎重地了解经验的外延，不要将一时、一定范围的经验推广到任何事情的假设上，否则很容易犯错。当然，经验具有个体性和针对性，是个体针对一部分事实或感觉得出的初步结论。当然，如果有一部分人拥有相同或类似的经验也很正常，那是大家的思维方式和知识技能比较接近的缘故。

理论是根据现象、事实、规律，经过推理形成的系统的高度抽象、概括的判断。比如达尔文在1859年出版的《物种起源》中提出了进化论，他指出：物种是不断变化的，物种是由简单到复杂、由低级到高级进化的。后来，达尔文在他的第二部巨著《动物和植物在家养下的变异》中以事实和严谨的科学推理进一步阐述了他的观点：进化的原因是大自然对生物采取了"优胜劣汰"的选择方式。他还注意到，生物界中普遍存在着个体差异；适应环境的物种可以滋生繁衍，不适应的则可能灭绝。经过多年的归纳和总结，他逐渐形成了一个系统的进化理论：生物界本来就存在着个体差异，在生存竞争的压力下，适者生存，不适者被淘汰；物种所保留的有利性状在世代传递过程中逐渐积累，经过性状分异和中间类型消失便形成新物种。

现在人们所了解的进化论已经由其他生物学家进一步完善和发展，但是其完善和发展过程也是在前辈理论的基础上不断修订、验证、完善后形成的，这一规律同样适用于其他各类学科、各种理论的形成过程。

### 四、管理与假设

现在市面上有许多管理理论及管理工具听上去"言之有理"，但是却不一定经得起事实的检验。众多咨询方案失败的案例、众多企业管理模式无法复制的事实、众多经理人"败走麦城"等证据都证实了这样的结论。这些管理理论、管理工具和管理者都有一个共同的缺点，就是没有把正确的假设融进去，因而很难取得成功。只有将假设融进管理方法、管理工具与管理过程，管理才更具有准确性、适用性与全面性。

马斯洛把德鲁克倡导的管理思想称之为"理想管理"。他说道："如果我们有一些进化良好的人类能够成长，并且很急切地要求成长，那么德鲁克的管理原理就好像很不错。这些原理是有用处的，可是，也只能在人类发展的顶层才有效。"这是因为德鲁克已经假定这些人已经满足了各种较低层次的需求，而能够激励他们的只能是自我实现这个最高层次的需求。①

马斯洛甚至认为德鲁克的管理思想事实上"可能起作用的只是那些相对健康的人、相对坚强的人、相对优雅和善良的人，有德行的人"。②而现实生活中我们的广大蓝领、白领都还在为自己的生存和劳动权益而努力奋斗。

在应用管理理论和工具时，管理者应该首先问自己：这种管理理论的假设是什么？这些假设存在吗？这种假设正确吗？哪些假设可以用于实践，具有可操作性？这些假设是普遍适用呢还是有条件适用呢？其适用条件是什么？事实上，假设贯穿于每一个可以分解的管理过程与流程中，即每从一个分解的流程或过程到达下一个可以分解的流程或过程时都应当进行假设分析以保持假设的持续有效。我们在使用假设时应当多提一系列相关问题，如：这个过程的上一级假设是什么？这些假设的本质是什么？它是稳定的还是变化的？变化的条件与范围是什么？怎样检测与检验？变化后将产生哪些影响？怎样做动态调整以适应变化？这个道理不仅适用于管理理论和管理工具，也适用于任何一个管理思想、管理决策。

除了不进行假设分析的、头脑发热的企业以外，绝大多数企业和管理者只进行简单的、直觉的假设分析，这种简单的、直觉的分析体现在：只是根据自己经历和掌握的经验得出结论和判断，并据此做出决策，只是一种感觉，而不是事实。在这种情况下的决策和结论就可想而知了，毕竟事实和感觉是两个概念，是两回事，我们应该坚持的原则就是尊重事实，而不是尊重感觉。我们自己不也是有很多感觉错误的经历吗？

事实上，很多人和企业清楚地知道假设分析的作用，只是因为假设分析过于抽象、过于复杂，所以很少有人去深入的、认真地思考，所以也就有很多人不清楚到底该怎样进行假设分析。假设分析其实并不难，如果我们了解了假设分析的方法和标准，我们的结论和决策就正确得多。

假设分析的方法就是提问法，上文已经做过阐述，在此不再赘述。但是，管理者要坚持一个核心标准就是假设分析正确与否，为此必须坚持以

---

① 许一：《目标管理理论述评》，《外国经济与管理》，2006 年第 12 期。
② 张小翠，王杰：《权变管理理论下开放式实训室的管理研究与探索》，《中国市场》，2016 年第 2 期。

下三个标准：

1.第一个标准：假设分析要符合逻辑。管理学主要使用的逻辑方法有两种：归纳法和演绎法。无论使用哪种方法，都不要陷入管理的"逻辑陷阱"，比如：

归纳法是由个别现象和事物推理得出理论或普遍性原理，其主要缺陷就是根据一些或多或少的同类现象推导出一个绝对的结论。如我们不能因为确实存在少数人曾经对服务过的企业进行过欺诈就认为每个人都会有欺诈的假设，从而过度对后来者做背景调查。

演绎法则以一些理论或普遍性原理为基础，推论出特定的个别结论，其主要缺陷是严重依赖于准确的前提假设以及明确的适用条件。管理理论之所以在应用的过程中出现不"水土不服"的情况，正是因为应用者忽略了该理论的前提假设以及适用条件。如不能因为360度评估对准确评价能力和业绩有一定积极意义就盲目推崇，认为所有企业都适用。

2.第二个标准：假设分析要客观，要符合事实。假设分析的客观性受两个因素的影响：主观原因和客观原因。主观原因包括管理者个人已知的局限性、思维角度不同、思维方式不同、管理者的价值取向不同等。管理者通常是凭借有限的已知（知识、经验、能力）去解释、判断复杂、多变的未知，常常站在不同的角度看问题，也常常尽量维护自己或对自己有利的利益。如很多译者因为缺乏专业背景在翻译国外的管理著作，有可能会导致其描述与作者的本意有较大差异，误导了管理理论和管理实践者的管理假设。

同样是一部《红楼梦》，革命家看到抗争，流言家看到宫闱秘事，[①]这是主观因素造成的认识不同。客观原因包括现象之间因果关系的模糊性、信息掌握的不完整性、信息的不真实性等因素。如很多社会现象之间是必然的联系还是偶然的联系，影响某一事物的因素到底有几个、影响方式如何、影响作用大小、影响频率如何、影响阶段如何等问题至今无法准确定论。如我们知道的历史和实际的历史事实存在差异，做销售的很难掌握准确的

---

① 刘成：《过分娱乐将使我们无美可赏》，《中国教育报》，2008年第6期。

财务信息，等等。企业战略管理案例中常常为人津津乐道的"本田的故事"给我们这样一个启示：不要过于相信什么战略，即使是最著名的咨询公司或专家提出的，一定要通过实践，从实践和事实中发现机会。所有这些事实都说明我们无法影响或很少有影响的客观因素阻碍了我们掌握真相，从而影响我们的正确假设。人类社会和科学发展的轨迹和趋势是逐步从多角度、多学科、深层次、分阶段地了解事实、事实之间的联系和其中的规律，尽量做到客观，这需要我们共同努力探索。

3. 第三个标准：揭示本质。管理的假设要能揭示事物的本质，这样才能抓住重点和核心，推理出正确的结论或做出正确的决策。"经济人"假设揭示了人的物质需求本质，"社会人"假设揭示了人的社会（关系）需求本质，"自我实现人"假设揭示了人的心理需求本质，"复杂人"假设揭示了人的不同需求本质同时存在于组织中。如果我们仅仅假设人是"经济人"，我们会采取惩罚加控制的方式去管理，现在的大部分企业和管理者采用的管理方式都属于这种情况；如果我们仅仅假设人是"社会人"，我们就会采用对员工比较尊重、关心、有激励作用的管理方式，目前的大部分企业都没有做到这一层次；如果我们仅假设人是"自我实现人"，我们就会采用"文化管理""自我管理"的管理方式，这对目前的企业来说还是一种奢望。汇率的技术分析假设就是，我们要把风险假设进行夸大，管理就会加强控制和监督，流程就会复杂、效率就会降低、成本就会加大；不专业的或者动机不良的企业或管理者把学历假设应用到管理上，只会考虑招收博士生，本科生和专科生就不会有机会；不专业的人把性格假设用到管理上也会坚定地认为内向的人不善于沟通，等等，这些做法都没有把握假设的本质，只是把握了假设的现象。

管理假设涉及的方面很多，比如服务假设、竞争假设、客户价值假设、价格假设、渠道假设、人性假设、技术设计假设、工作标准假设、采购可替代性假设、国际性假设等等，我们都需要认真分析。

## 第二节　管理思维

考察一下世界各国的社会发展史和科学发展史，能够在历史上留下位置的不多，正是这少部分精英推动、影响和决定了世界历史的发展。所有这些精英都有自己独特的思维，或许这些思维在他们所处的时代并不受当时的统治者甚至不受社会主流意识的赞同和支持，但是历史证明了他们的正确，后人记住了他们的贡献和价值，哪怕是他们思想和文化的正确性需要用几十年、上百年甚至几百年的历史来证明，历史给了他们应有的尊重。所有这些精英的成功，都离不开他们自身的大脑思维意识作用的发挥。马克思、恩格斯、毛泽东的价值是因为他们的唯物主义思维和辩证法思维；达尔文、法拉第、爱因斯坦等科学家的成功来源于他们的实证思维和逻辑思维；丘吉尔的成名在于他的"没有永远的朋友只有永远的利益"的唯利思维等。

中国有几千年的历史，有享誉世界的四大发明、茶文化、陶瓷文化、丝绸文化、中医中药、儒家思想等，但遗憾的是由于明朝中期的海禁政策导致了中国在这之后与西方的文化隔离，从而延缓了资本主义在中国的兴起，错过了西方的工业革命。这也导致我们并没有建立起一个基于资本主义的系统的、严密的、科学的管理理论体系，最终导致中国在近现代以来在管理上的落后。目前我们基本是在学习西方的管理理论，但未必完全符合中国的文化与国情。

可喜的是，近几十年来中国工业的快速发展，已经刺激了目前国内管理水平提升。目前已经出现了大量的管理理论与思想，但是这些管理理论与思想还多属于工具或技术一类范畴，相对比较零碎或片面，与具有普遍指导作用的管理思想和管理体系差之甚远。

但是，西方国家已经从理论上对人的思维问题进行了很多的探索和研究，在实践上也在开展这方面的教育和培训。这也是目前西方国家的综合竞争力依然全球领先的原因。因此，我们完全有必要对人的思维进行探讨。

一、认识思维

人的思维渗透在一个正常人存续的所有时期、所从事的所有活动，虽然看不见，摸不着，但是观察和处理问题的方式都反映出一个人的思维模式及态度。比如一个美国人给日本人写信，日本人看到信，心里多数情况会有抱怨。因为美国人常常会开门见山、直截了当地表述自己的意见，最后才讲些客套话。日本人为了保持心理平衡，看美国人的来信往往先看后面。而美国人看日本人的信，越看越糊涂，到信的末尾有几句才是对方真正要表述的意见，前面都是客套和寒暄。而且日本讲求委婉、含蓄的表述，遇到不同意或无法决定时，往往不直接拒绝，而是用委婉的话语表达出来，所以美国人读日本人的信也是倒过来看，这种不同的写法反映不同的思维方式。[①]

我们送给德国人礼品时，对方立即打开并表示感谢。我们会产生疑问：为什么他们都急不可耐地看礼品？是不是对我们送的礼品不放心？反过来，德国人给我们送礼品时，他们也有疑问：为什么他们不打开礼物看一看呢？实际上呢，是我们认为当面打开对客人很不礼貌；德国人认为当面打开是对客人的尊重。这些很小的问题，却反映了思维方式的差别。[②]

运用到管理上时，诸如是进行外部招聘还是内部选拔？是重视长远，做理性的分析，还是一看到利益就立刻决策？公司业务是统筹管理还是专业分工？对这些问题的回答和实际行动，都是思维的体现。

二、思维的分类

研究人员发现：思维的形成是本能、习惯（情感）和推理三个原因起作用的结果。于是，所有的思维都可以被分成本能思维、习惯思维和推理思维三大类。

有些思维是人类天生具有的、通过基因遗传不断传递给后代的结果，是人类自然进化的体现。比如怕冷热、怕疼痛、怕强光、喜新厌旧等。有

---

① 卢秋田：《外交官亲历：趣味中西思维》，《中国经贸导刊》，2001年第9期。

② 金振邦：《从传统文化到网络文化》，长春：东北师范大学出版社，2001年，第53页。

些天生的思维暂时没有被激活，但是经过适当条件的催化，又会被激发出来。如对狮子和老虎等凶猛动物的害怕。人类是由猿猴进化而来，本来是害怕、躲避狮子和老虎等凶猛动物的，但是由于大部分人的生活长期脱离自然环境，导致人类的恐惧基因被暂时隐藏起来，加上幼儿时期的大脑和智力发育不健全，所以幼儿时期对凶猛动物没有害怕的知觉，随着幼儿大脑和智力的发育逐渐健全，这种本能思维就会被激发出来。随着人类的不断进化，这些本能的思维也在不断变化、改进以适应生活环境。

有些思维是经过一次建立，再经过若干次强化后形成的，是习惯思维。严谨思维的形成就是人因为考虑问题或做事情欠周密而遭到了失败或做错了事情，导致了一个重大的损失或遗憾，这个重大损失或遗憾警示人以后事事周密考虑，做事到位，时间一长、次数一多，这个人严谨思维的风格就形成了。习惯性思维往往和人的情感伴生，所谓情感就是习惯性的心态，表现为厌恶与喜欢、痛苦与高兴、爱和恨等。在表现形式上，厌恶时就采用躲避、沉默、皱眉等冷淡的处理方式，喜欢时就采用主动、接近、热情等积极的处理方式；高兴时就笑，痛苦时就哭、发泄。拿厌恶情绪举例。当你刚刚认识一个人时，可能感觉不到这个人的缺点，可是经过几次接触和处事，你可能感到这个人很难沟通和处事，这就是你的思维。当恰巧有一个事情需要你和他协作去完成时，这时你的第一反应是心里很不舒服，常常不愿意主动、热情地和他沟通、协商，这就是你的习惯思维带动了你的厌恶情感。

如果遇到时间允许（事情不是很紧急），或者事情非常重大，或者事情复杂，或者人非常理智的情况时，推理就开始在思维中起主导作用。如对同性恋、克隆人、干细胞研究的态度和政策、措施，很多人面对这个问题的第一反应是反对同性恋、克隆人或干细胞研究，但是人们经过分析、推理，在一定的条件和范围内认可了这些事物的存在，承认了他们的价值，这是典型的推理思维。

无论哪种思维，一旦形成，就具有相当的稳定性，所谓"本性难移"就是这个道理。所以我们要进行管理调整或创新，首要的前提是转变现有人员的管理思维。如果管理思维不可转，就要换人，先请走不合适的人，再把合适的人请来。

### 三、思维的形成

一个具体的思维是如何形成的，其过程是什么？这牵涉到思维形成过程中的四个相互联系但又截然不同的阶段，这些阶段是人在思考决策时必经的，是人类思维的规律，包括：

1.感知：即人对事物和信息的理解及感受，是人对外界事物和信息的加工、分类过程。如感到刺眼、疼痛、热、冷、酸、甜、咸、茫然、麻木、头晕、吃惊、生疑等，都是人的感知。通常情况下，感知的方式是外界刺激和大脑已经存在的信息进行联系对比。

2.情感：即人对感知的第一评价。如高兴、难过、害怕、悲伤等，都是人的情感。

3.态度：即确定自己的选择。如支持、反对、中立等，都是人的态度。

4.动机：即确定自己的应对方式，包括是否做（即要实现什么目标）、做什么、怎么做、何时做。有了动机，接下来才会是具体的措施和行动。

面对不同的问题，人们有不同的感知。比如我第一次听到六西格玛时，感知是大脑茫然，因为我从未接触这个概念，无法在头脑中形成一个对六西格玛的初步认识（信息），当刺激出现时，无法将外界的刺激与已有的认识进行对比。如果接触过六西格玛，那么在头脑中就会形成一个六西格玛的初步认识（信息），当刺激发生时，大脑就会与现有的刺激进行对比，从而产生对现有刺激的感知。

在感知的基础上，人们会有不同的情感。比如面对金融危机大多数人感到失望、害怕、担心，比较乐观的人则会感到兴奋、激动，在他们看来，危就是机。

在情感的基础上，人们会有自己的态度。如绝大多数人和国家反对战争、否认战争，而有的人和国家则支持战争、推动战争。比如美国就是利用两次世界大战的机会强大起来的，美国的政治体制也和军工利益集团有着千丝万缕、割舍不断的联系，所以美国的政治价值从总体上是和支持战争联系在一起的。比如二战后发生的战争以美国发起的最多，比如朝鲜战争、越南战争、伊拉克战争、阿富汗战争、利比亚的战争、叙利亚战争等都是美国发起，如果不是因为国际环境和其他大国的反对和限制，美国要推动的战争更多。

确定态度以后，就要确定自己的动机。比如你支持战争，你要有支持战争的合适方式，不能说打就打，没有任何理由与借口，那从法律上、道义上和国际惯例上都说不过去，也就是说要"师出有名"。于是支持战争的人就开始考虑通过战争能获得什么利益？以什么借口开始战争？用什么方式进行战争？什么时候开始打？这些都是支持战争的动机。

### 四、思维的决定因素

说到这里，我们不禁要问：决定思维的因素有哪些？我们怎样才能改变人的思维？从思维相对稳定这一思维特性进行分析，我们发现人的思维受经历、环境和教育三大因素的影响。

经历是自己的亲身感受和总结，是无可争辩的事实，任何说教或理论如果与经历不相符，这些说教或理论就得苍白无力和不可信，即使这种说教或理论适用于10亿种情况但仅对经历过的1种情况是个例外也是如此。比如"经济人"假设认为人都是追求自身最大利益、为获取劳动报酬工作的。[1]但是这种理论却无法解释为什么还有那么多的志愿者进行无偿的社会服务的现象，因此所有的假设都会有一定的局限性。

一次唐山大地震就改变了当地一代人的观念：不管地震以前的人如何思维，地震以后的人一种普遍的感受是对事物的恐惧、焦虑、抑郁，对人生的看法是人的能力在自然面前实在是太小了，对生命充满了超出常人的渴望和珍惜，对金钱、物质反倒不看得那么重要了。一次911恐怖袭击，也能改变美国的思维和对外政策，一场海湾战争，也推动了中国的军事领域思维创新，这都是经历改变思维的实证。

环境对人有潜移默化的强化作用，促使习惯思维的形成。比如，当大家都说不要相信陌生人时，你也会接受这样的思维。在自然灾害频繁发生

---

① 陈宏友：《制度化与人性化的融合——高校教师管理的理想选择》，《教育与职业》，2008年第8期

的日本，人们普遍具有危机意识和自救能力，因为危机的环境促使他们不得不经常保持警惕并具备一定的自救能力和装备，否则就要受到更大的危害，政府也会主动宣传并训练人们形成这种意识和能力。你看地震发生时，日本人就能井然有序地应对并迅速展开自救，将地震危害降低到最小，这是一个自动自发的行为。你看中国人在面对地震时，普遍的表现是慌乱和不知所措，也没有自救知识和能力，伤亡很大，这和多数中国人的生活环境少地震有直接关系。

对一家组织而言，如果只强调下属的执行力而不强调高层的执行力，或者在执行力上"打折"，这样的"执行环境"决定了你的组织无论怎么抓执行力都不会有实际的效果，即使你采取"换人"的策略也不会有效，问题的关键在于由组织高层执行力决定的执行环境。

中国传统教育要求人们服从上级、维护领导的权威，所以在开会时，你很少看到下属对上级的意见表示反对，这是文化环境的影响。

经历、环境和教育不过是改变了内心的思维，内心思维最终还要通过语言或文字的形式体现（表达）出来，语言或文字是思维的载体。人是一种传承性的动物，比如今天我被某人骗了，我就会提醒其他人：小心某人。这种传承需要语言或文字来完成，后人可以通过语言或文字对这种思维进行学习和体会，形成自己的思维。在由思维转换成语言或文字、由语言或文字转换成思维的过程中都会造成一定的信息缺失和变化。比如我们头脑里想得很多，但我们说出来的就少多了，同时有些思维也不好表达、难以表达。我们经常说"只可意会，不可言传"说的就是这样的情况。再比如崔护的《题都城南庄》里面一句"人面桃花相映红"，仅仅7个字，却表达了很丰富的意境，用语言是很难描述。再看古代的文言文，也大都如此。

因此，基于个人的能力、知识和看问题的角度以及方法，我们对他人的理论和思想也有不同的认识和思维。比如平衡记分卡被提出来的本意是对企业总体经营进行监督和分析，而不是用于考核部门和个人的业绩和能力，现在的使用者大部分都误解了卡普兰教授的思维。所以，我们做管理要注意语言或文字带来的思维误导，千万不要照搬，要灵活、正确运用。

### 五、思维分类

管理具有文化性，文化差异本质上是思维方式差异的表现，因此在不同的文化区域其管理方式也是不同的。长期生活在不同区域的人，由于其不同的生存环境导致其生活方式不同，形成了不同的政治经济体制、生活行为方式、宗教信仰、语言文字等，以及不同的哲学观、伦理观、价值观，最终也具有了不同的思维方式，因而也形成不同的文化特征。从地理和文化的角度看，全世界可以分为东方和西方两大区域，东方以中国为代表，西方古代以希腊、罗马为代表，近现代以西欧和北美为代表。东方和西方属于两大不同的文化体系，因而形成两大类型的思维方式。①

（一）内向思维与外向思维

确定内外关系、内外利益，是人生来最初的、首要的问题，也是影响和推动其他思维产生的内动力之一。在看待内外关系、内外利益问题时，多数中国人的思维属于内向思维。其表现是：在遇到矛盾或问题时，首先反省自身的缺点或不足，其次才是分析和判定外界的不足和问题。如孔子倡导的"己所不欲，勿施于人"，就是教导人们首先要反省自己不愿意哪些事情发生，然后也不要把这些事情做给别人。

内向型思维导致求和、求稳、传统、保守和好静的心理及性格，行为上以"静""稳""忍""和"为主要方式。比如，处事平稳的人受欢迎，急躁冒进的人受批评；人际关系和谐的人比经常发生冲突和争论的人受欢迎；大众喜欢安静、听话、服从的人，反感吵闹、争论、持反对意见的人，这些都是内向思维的证明。

西方思维以人、以自身为中心，探求于外，遇到问题或矛盾，首先指向外界的人、事、物，对外界事物有很大的好奇心和征服欲望，注重维护人和自身的利益，渴望并践行认识外界、改造外界、征服自然，探求外物的真理、真相，寻求外界对自身有价值的东西为己所用，主观能动意识非常强烈，整个思维方式属于外向型。文艺复兴时期，西方人本主义得到了发展，个体主义者主张个性解放、人身自由的提法，反对宗教桎梏并取得

---

① 连淑能：《论中西思维方式》，《外语与外语教学》，2002 年第 2 期。

最终胜利的活动就是这种思维的具体体现。历史上，西方的殖民扩张也是这一思维的体现。

外向型思维导致了求变、外倾、征服的心理和好动性格，行为上以"动""变""争"为主要方式，嗜好冒险进取、弃旧迎新、流动变迁、争论攻击、寻求刺激、自我维护的心理。比如哥伦布的探险充满了征服欲，而郑和的七下西洋，则是彰显大明威仪与睦邻接好。

（二）实证思维和感性思维

以自己的知识、观念和经验（习惯）为判定标准，通过对事物或现象的观察，直接从内心感悟和评价事物，并自觉地认为这就是事物或现象的全部情况和真实情况，而不对事物的本质和真相做进一步探求、验证，这样的思维方式是感性思维。感性思维具有模糊性、概括性和描述性的特点。

相对西方而言，中国人偏重感性思维，比如我们会说这个菜好吃，但是我们很少有人说做这个菜要用多少克油，用什么佐料，各用多少克，火的温度要控制到多少度，要烧多长时间做出来才好吃。我们经常强调要"按时完成任务"，却很少有人在每个具体的事情上都向下属明确完成期限或时间以及完成标准和奖惩措施。当大家都是感性思维的时候，我们也就习以为常，也就根本感觉不出其实我们的思维存在问题。

近现代中国在自然科学方面的落后，部分原因也是由于东方文化的感性思维。中国现行的很多科学都是从西方引进或向西方学习后，逐步改造发展起来的，无论生物、电力、天文、气象、电子、机械、自动化、心理、航空、航天等哪一门自然学科都是如此。现在流行的各种管理理论也是在西方的基础上，通过不断总结和发展建立和完善起来的。在很多人眼里，管理就是说话、办事的技巧、方法、工具，是权谋、是艺术，但忽略了管理的哲学性、文化性和规律性，所以管理科学在中国至今也没有形成体系。

西方人属于实证思维。感性思维解决了"是什么"的问题，实证思维则是解决"为什么"的问题。西方人采用解剖、实验、推理、对比、分类、论证等方式和显微镜、仪器、量具等工具，在研究成果上以概念、定理、数据、公式、图形、符号、事实、统计分析为表现形式，有内涵和外延，讲究前提和假设，解释事物的本质、内容、结构、过程、因素、关系等真相，体系完整，逻辑严谨，论证充分、准确、具体。比如，对人本身的认识，中国人习惯看品德、性格、脾气、长相、身高、胖瘦等表面感觉。西方人除了观察这些东西，更是深入、细致地研究人的内部构成和人的活动规律、活动机理，从而创造出基因、细胞、遗传、变异、染色体等概念，也创立了近代各类自然科学理论以及管理学等人文学科。

不同的思维方式导致了不同的行为方式。西方是实用主义，讲求一切事物和行为实用，比如用人或做事，西方的思维是行就行，不行就不行；有意见就明说，有问题就提；行与不行要用事实、事例、数据来决策。中国则重视形式，关系与人情，比如中国人习惯以其背景和经历来判断一个人，也讲究同乡关系，说话含蓄等等。

（三）二分法与中庸思想

在外向思维和实证思维的推动和影响下，西方人经过演绎、推理，产生了二分法思维。二分法思维把每一种事物都分成互相矛盾的两个方面：如整体与个体、对与错、解决与不解决、精神与物质、朋友与敌人、本质与现象、内涵与外延等等。任何人必须二选其一，"非此即彼""非真即假"，在此基础上继续进行逻辑推理和对比验证，直至得出明确而准确的结果。比如电脑程序编写，总是用 YES 或者 NO 两种情况来做决定，如果是 YES 如何做、如何继续；如果是 NO，如何做、如何继续，依此类推。西方的管理习惯把人分成管理者和被管理者，将管理的方式分为人治和法治。面对问题的时候，西方习惯一分为二，问题只有"解决"和"不解决"两种选择；事情只有做与不做两种选择，要么做，要么不做。

同样在内向思维和感性思维的推动和影响下，中国的古人们形成了"天人合一"的思想，进而形成了中庸思维：不走极端，不搞对立和矛盾，求和、求同、求稳，不直接表达，调和甚至取消互相对立的矛盾。寻求人与自然、人与人、国与国的和谐、平衡、稳定。比如管理的方式，中国人不主张在人治和法治之中选择一种，采取"寓人治于法治"的模式，即说起来实施法治，运作时却有浓厚的人治色彩。[1] 面对冲突和问题，中国人往往

---

① 曾仕强：《中国式管理》，北京：北京联合出版公司，2015 年，第 97 页。

是尽量避开矛盾、争斗，讲求"和为贵""和气生财"的处世原则，遇到问题喜欢"大事化小，小事化了"。西方人认为战争就是战争，和平就是和平，战争与和平是对立的；中国人的战争概念，是以战止战，通过战争实现和平，目的在于和平，战争与和平是统一的。① 面对利益，西方对"是我"与"非我"划分得很清楚，中国却提出"搁置争议，共同开发"的原则。面对矛盾，西方只有敌人和朋友两种定义，要么是朋友，要么就是敌人。中国却有第三种定义，非敌非友。

（四）解析思维与概括思维

在二分法思维的推动下，西方产生了解析思维。解析思维是整体经过初次分析以后，再逐级解剖或分门别类，进一步深入地进行逻辑分析和验证，追根溯源，直至了解事物的全部构成、作用关系及本质规律。解析思维重事物的分析解剖和个体研究，由整体到部分再到具体，重视研究细节和个性，然后得出合乎逻辑的结论，逐步接近真相，变未知为已知，为我所用，最终形成一套完整的理论体系。恩格斯说："把自然界分解为各个部分，把自然界的各种过程和事物分成一定的门类，对有机体的内部按其各种各样的解剖形态进行研究，这是最近四百年来在认识自然界方面获得巨大进展的基本条件。"② 西方人发现了物质的分子结构，进一步分析后发现了原子结构，再进一步分析后发现了质子、电子和原子核结构，这就是解析思维的结果。西方人发现了生物的细胞，进一步分析后又发现了细胞壁、细胞膜和细胞核，进一步分析后又发现了生物的基因构造，也是解析思维的结果。西方企业对进入一个行业或市场，一定要进行长期、细致、扎实的市场调研，在有把握的前提下才决定投资。

中国的传统思维难以解决"为什么"的问题，但能从整体上解决"是什么"的问题，所以形成了概括思维，这种思维的特点是：注重评判整体的、综合的现象、形式或关系。比如中医以及针灸技术有西医望尘莫及的

---

① 丁雪枫：《伦理引导战争观念探析》，《武陵学刊》，2016 年第 16 期。
② 武林双：《西方形而上学思想的演变》，《河南师范大学学报（哲学社会科学版）》，2013 年第 9 期。

疗效，但其理论基础——经脉学说，至今仍然无法说明其原理。[①]

（五）集体思维与个体思维

在个人与集体的关系问题上，中国的意识传统是集体思维，即：集体利益高于个人利益，个人服从集体。其表现是：讲求以集体利益为重，顾全大局；集体思想和行为的高度统一；求同心理；服从心理；从众心理；强调奉献、付出，必要时牺牲个体利益；强调团队精神，倡导合作意识，这些意识都是中国传统伦理的基本价值取向。比如很多企业搞文化建设，要求统一服装，统一背诵企业理念、口号，统一做各类活动等；企业宣传和提倡奉献精神，表彰为公司利益牺牲个体利益的人，强调团队精神等都是集体思维。

集体思维导致了集权思想成为中国管理的核心思想，因此在中国的企业，决策权往往高度集中，缺乏监督机制。集权思想的确立，就使"服从"成为自然而然的要求，其表现是：个人服从集体、下级服从上级、地方服从中央、部分服从整体。在咨询过程中就询问具体方案的可实施性时，我一般先询问底层管理者的看法，最后才会问到总经理，其原因就是：在多数企业，如果企业主都同意了，就不会再听到反对的声音。最终获取的信息就是不全面、不客观的，那么在项目的咨询过程中就会碰到一片阻力。

西方社会是个体思维，其表现为：追求自由，敢于表达自我感受、自身诉求；靠法律和争斗等实际行动维护自我利益和自我诉求，不依附权贵、不盲目崇拜和服从，鼓励人的探索精神、批判精神和怀疑精神，提倡思想争辩；寻求自我展现和个人价值的实现；在人际关系上，不刻意照顾面子、感情或者迎合他人；追求独立与竞争。

但是，西方社会过度地强调个人权利，人和人在每件事情上都划分得一清二楚，这不可避免地导致个人主义盛行、人际关系的冷漠、孤立，并最终产生了造成众多矛盾和斗争，也产生了现代资本主义社会普遍的道德危机、信仰危机和人人孤独的状态。

个体思维，又推动西方社会形成了分权思想和制衡思想。比如西方政

---

① 霍春涛：《中国传统科学精神和传统文化对科技的影响》，《中国海洋大学学报（社会科学版）》，2002 年第 8 期。

治制度不主张集权，而普遍实行"三权分立"的制度，即立法、司法和行政三权分立，并且三权是互不隶属、互相制约的。[①]西方的企业管理，实行董事会、总经理、监事会三方分权的制度，三方制衡，共同保证股东利益和企业按社会契约合法运行。美国的各个州有很强的独立性，可以制定和实施自己的法律，联邦决定必须得到州的支持才能实施。西方国家普遍存在全民公决的政治决策制度，目的是让全部国民独立决定国家的重大选择。这些情况，都是西方个体思维的体现。

（六）义利思维

西方文化重视利益，一切关系的处理由此决定，也会因利益随时发生变化和调整。英国首相丘吉尔说过：没有永远的朋友，只有永远的利益。有一个案例可以反映西方的这种文化：一位加拿大籍华人有位白人邻居，这位白人邻居常常借这位华人的汽车用。这位华人有次想借他的白人邻居的汽车时，白人邻居却没有借给他并说道："你借给我车是自愿的，我不欠你什么，而我有权不借给你车。"再如美国的管理就是奉行"优胜劣汰，适者生存"的原则，以"竞争"为手段，拿"数据"作标准，分出胜负，判定死活。按照中国人的思维，这些事情完全违背仁义的原则。

中国人提倡重仁义、轻利益或仁义与利益兼顾的文化，但仁义是第一位的。所谓"仁"，就是对下级、子女、晚辈要关心、爱护，对待同事要团结、同情、帮助。所谓"义"，就是做事要讲究伦理道德，要感恩。比如，缺斤短两、贪污腐败、行贿受贿、欺行霸市、偷盗、诈骗等等都是"不义"，以怨报德、恩将仇报也是"不义"，"受人滴水之恩，必当涌泉相报"，"你敬我一尺，我敬你一丈"才是"义"。仁义始终是中国人处理各类人事关系的行动准则。

（七）法治和人治思维

西方社会是契约关系，根据事实和实用的原则来确定契约，以契约为人际关系的准则，这些事实包括利益、个性等等。西方是法治社会，反映到管理上是制度管理，这也是很多有外资企业、合资企业工作实践的人的

---

① 傅有德：《犹太哲学史》，北京：中国人民大学出版社，2008年，第122页。

切身感受。

中国是人治，主张是奉礼、重情、自觉。所谓"奉礼"就是要分尊卑，行礼节。所谓"重情"就是要讲感情，包括亲情、友情、人情。比如一个员工在企业干了一辈子，现在老了干不动了，你不能把他一脚踢开，不管不顾；遇到违反规则的事情，则是得饶人处且饶人。所谓自觉，就是要自我认识、自我改造，做到心性善良，这样才能保证信用和社会正常秩序。所以中国是人治社会，反映到管理上是人治管理，这一点在中国的内资及台资企业中表现尤为突出。"合情合理"是中国擅长并奉行的准则。人治大于法治，在管理中的表现就是制度常常处于第二的位置。

当然，不是说人治和法治就是东西方各自社会的唯一特点，而是指占该社会主流特点。

（八）直接表达与间接表达

思维是隐藏在心里的抽象事物，一个人、一个组织、一个国家、一个家庭的共同思维或特性思维，思维需要通过语言或文字当中的某种方式表达出来并加以记载和传承。中国人在语言或文字的表达、交流或记载中喜欢用暗示、含蓄的间接表达方式，目的是为了保持彼此良好的关系，照顾彼此的感情、关系、面子，这种间接表达方式需要你去意会、去领悟，正是所谓"此处无声胜有声"。如果意会不对或者意会不全面、不具体，在办事上就容易出错误，事后就要挨批评，无论父母对孩子、长辈对晚辈还是领导对下属，都是如此，所以中国人的心理复杂程度、领悟能力、人际关系能力普遍都比西方人高。

西方人则直接表达好与坏、喜欢与讨厌、行与不行、解决不解决、做到什么程度、喜与怒、具体要求和标准都会直接告诉你自己的要求，不会为了情面、关系去暗示、含蓄地表达；下属发现问题和遗漏也会直接向主管建议，不会为了明哲保身、人情脸面埋在心里不说。和西方人打交道，他们一般会当面指出问题，不管多难堪，但这并不妨碍他吃饭的时候跟你谈笑风生。西方人开会，会上可能有10种声音，但会后只有1种声音；中国人开会，会上没人说话，但会后可能有 10 种声音。[①] 有了问题，中国的领导者往往会采取婉转的手段说明，以尽量减少问题对关联人员的影响；但西方人的思维不这样，他们会采取直接表达的形式，并不一定会站在关联人员的角度去思考。

（九）思维定式

不仅行为有习惯和倾向性，思维也有习惯和倾向性，也就是思维定式。在环境、条件不变的情况下，思维定式使人能够利用已掌握的经验、方法和知识做出合乎实际的判断。而在情况和条件发生变化时，它就会成为准确判断的"绊脚石"。我们知道，变和差异是绝对的，不变和一致只是相对的，情况和条件随时、随地、随人都在发生变化，所以，绝大多数情况下，我们都要注意不要让思维定式左右我们的判断。

让我们先来看一些思维定式影响判断的实例。比如从以往年度或月度的销售额预测下一年度或月度的销售额，是受"因果性"思维定位影响的结果。影响市场的因素很多，包括企业自身能力、竞争对手、市场变化、政策走向、国际环境等等。这些因素变化非常普遍，每一项变化都会降低销售预测的准确性。如果以一个区域的销售额预测其他区域的销售额，这是受"相关性"思维定式影响的结果，由于不同区域有不同的消费习惯以及消费能力等因素，因此完全套用其他区域的销售预测并不准确。这里有一个故事说明思维定式：

一个教授向他的学生提出这样的问题：一个聋哑人到五金店买钉子，为了让售货员明白自己要买的是什么东西，他左手做出拿钉子的样子，右手做出拿锤子敲打的样子。售货员马上给他拿来一把锤子，聋哑人摇了摇头，右手指了指左手，于是顺利地买到了钉子。"那么，请问，如果一个盲人要去五金店买剪刀，有什么方法最简便呢？"教授问道。一个学生马上抢答："他只要伸出两个手指头作剪刀剪东西的样子就行了。"其他的学生也表示赞同。教授最后说道："他其实只要开口说自己想买把剪刀就行了。这个问题的目的就是要告诉大家，一个人要是被思维定式所困，就会走入思

---

① 孟海明：《中国小家电叫板国际品牌》，《企业家信息》，2005 年第 6 期。

维的死角。"

如果将思维定式进行分类，能够更清晰、更方便地帮助我们认识思维定式，避免判断的失误。思维定式包括以下几类：

1. 惯性思维定式：比如由于房地产市场连续 20 年处于上涨状态，就认为市场永远上涨。物极必反的规律是真理。

2. 盲信思维定式：书本上的东西都是带有一定的主观性，不能盲信。

3. 经验思维定式：经验是以往经历的总结，是成功的基础，但经验有时也会带来问题。

4. 从众思维定式：多数人的选择不一定正确，真理往往掌握在少数人手里。

5. 麻木思维定式：有的人缺乏主见，麻木麻痹，这是自己对自己不负责任。

6. 单一思维定式：仅从一个角度或方法考虑问题，得出的结论必然浅薄和片面。

7. 绝对思维定式：即坚持非黑即白、非此即彼的观念，认为事情只有唯一的选择。

8. 先导思维定式：别人的已经表达出来的语言或判断限制了自己的思维。

9. 过度思维定式：比如过于自信，不相信别人；或者过于谨慎，不相信自己；过于悲观，看不到希望；或者过度乐观，认为自己无所不能。

10. 距离思维定式：比如认为自己了解距离自己近的人。

11. 固定思维定式：主观认为事物的固定性，但事物是变化的，需要用历史的眼光看问题。

12. 关联思维定式：将没有直接相关性的事物人为地关联起来，将简单的问题复杂化。

（十）思维悖论

什么是悖论？悖论就是互相矛盾的结论。举两个思维悖论案例：比如公元前 6 世纪古希腊人埃匹门尼德说："所有的克里特岛人都说谎。"由于他本人也是一名克里特岛人，从这句话真可推出它假，但从这句话也能推出它真。① 再比如"世界上没有绝对的真理"是对其他真理的判断，但这句话本身是真理吗？如果是真理，那就说明世界上还是有绝对真理的；如果说不是真理，我们凭什么要相信这句话的判断呢？

初看起来，悖论就好像一只猫咬着自己的尾巴一直在转，最后把自己转得晕头转向。那么，我们为什么要关注悖论、研究悖论？② 管理者可以自行理解和领会，下述一些理由供参考，可以让我们能更准确地进行推理和判断：

1. 悖论向我们展示了一些看似合理有效的共识、前提、规则在某些地方或许出了问题，我们思维中最基本的概念、原理、原则在某些地方可能潜藏着风险。③

2. 通过对悖论的思考，为了解释悖论，我们可以提出更好的方案、理论，激发出新的智慧，更接近客观现实。

3. 通过对悖论的关注和研究，我们可以养成健康的怀疑主义态度，以避免教条主义和独断论，并形成创新思维。怀疑主义是一个管理者应该具备的基本素质之一，这是因为：

（1）感觉决定了有关性质的表象，性质的表象因感觉的差异而不同，并不具有固定性。

（2）感觉是有差异的，并不一定是客观真实的。

（3）不同感官以不同方式感知不同事物。

（4）由于时间或空间位置的不同，事物会呈现出不同的面貌。

（5）事物是关联的，关联后会发生变化。

（6）事物都是相对的，我们的知识也是相对的。

（7）事物的罕见性会影响对事物的判断，罕见的事物会受到更大的重视。

（8）伦理、风俗、习惯与法律是多样的，多样性会影响事物的判断。

---

① 杨宁芳：《悖论分类及其产生原因探究》，《武汉科技大学学报（社会科学版）》，2007年第6期。

② 陈波：《思维的魔方，让哲学家和数学家纠结的悖论》，北京：北京大学出版社，2014年，第93页。

③ ［美］尼古拉斯·雷歇尔：《悖论：根源、范围及其消解（悖论研究译丛）》，北京：中国人民大学出版社，2021年，第227页。

# 第三节　管理哲学

## 一、认识哲学

### （一）哲学的起源及任务

哲学起源于人类对世界的好奇心，这是哲学产生的动机；哲学也是人类喜探索、思考、总结的结果，智慧是人区别于其他动物的根本特性之一。哲学的本义就是"爱智慧或追求智慧"。当人类开始用理性来思索宇宙及人生的问题时，就揭开哲学史的序幕了。[1]

从产生过程来说，原始宗教和原始艺术是催生哲学的母体，古人类尝试通过音乐、绘画、雕塑和祭祀活动理解他们所处的环境，进而揭示隐藏在表象下面的那些不易觉察的、制约他们思维和行动的规律，为他们认识世界、改造世界的活动服务。从思考方式来说，哲学的产生是基于一部分人的理性、抽象、系统化的思考方式。正是因为这种思考方式，使得人类能够从各种表面现象中通过观察、总结、对比、分析、判断、推理、验证，揭示出现象背后的事实和规律。当哲学形成系统的、成熟的理论体系时，它就成为一种独立的人类文化形式。[2]

哲学与思辨相伴，并因思辨发展，哲学的任务是指导人们正确地认识世界和改造世界，并揭示世界的本质与规律。哲学的研究对象包含人类社会、自然界的活动和现象，也包括抽象的思维和社会伦理方面，其研究目的是揭示这些活动和现象的规律或特征。现在由于各门具体学科的设立、成熟和发展，如天文学、物理、逻辑学、社会学等学科原来都是与哲学不分家的，都属于哲学研究的范畴，现在已经成为独立的学科并独立发展了。

### （二）哲学的演变

研究任何一门学科，都要站在历史的高度去识别和研究，这样才能理

---

[1]　中国企业联合会：《企业管理咨询理论与方法新论》，北京：企业管理出版社，1999年，第156页。

[2]　中国企业联合会：《企业管理咨询理论与方法新论》，北京：企业管理出版社，1999年，第157页。

清研究对象的发展脉络和规律，得出正确的结论和决策。哲学也不例外，我们从哲学的历史阶段来认识哲学。

第一阶段：自然哲学。公元前，由于人类的认识能力还较低，仅限于对自然界这一类直观事物的探索，而且这种探索结果是形而上学的，缺乏实证的认识。自然哲学是这一时期哲学的基本特色，比如中国春秋时代《左传》中描述的"五行、六气"（自然界的基本物质），古希腊德谟克利特提出"一切都是由微小的、不可分割的物质组成的"，他将这种物质称之为原子。这些理论都具有自然哲学的属性。

第二阶段：伦理道德学。在西方，从古希腊后期至欧洲中世纪前期，随着人口的大量增加以及生产力的发展，人与人的交往、家族之间的交往变得更加频繁且迫切。在这一时期，各个哲学流派对人生的价值、人际关系、家庭关系、家族关系进行了探索。哲学在这一时期被赋予了伦理道德学的特征。在东方，儒家哲学在这一时期成为伦理道德的基础，其核心是"仁、义、礼、智、信"。

第三阶段：宗教哲学。在西方，从公元5世纪到15世纪（中世纪），基督教逐渐获得了统治地位，所以哲学研究主要是为宗教服务，上帝的存在性论证成了当时最受关注的问题。这一时期西方的哲学以宗教神学为特点。在东方，儒家（西方称为儒教）则获得统治地位，哲学主要为统治者即"天子"服务，提倡"君权神授"的观点。

第四阶段：17世纪，西方由于文艺复兴，宗教哲学受到批判并逐渐衰落，人们基于理性、怀疑、逻辑、公理之上进行哲学重建。到18世纪，哲学以系统化经验主义为主流思想，因此推动了近代哲学反对专制，要求自由和思想解放，这也是这一时期哲学发展的主要特征。比如主张公民权、社会契约、权力分割、社会主义的政治哲学。①

第五阶段：从19世纪到近代，随着自然科学和技术科学的巨大发展带来人类认识能力的提高，人类重新思考哲学以解决新出现的各种矛盾。哲学从此走向多元化，出现了诸如相对论、量子力学、唯实主义与逻辑实证

①　中国企业联合会：《企业管理咨询理论与方法新论》，北京：企业管理出版社，1999年，第158页。

论、唯物主义等哲学理论。到了近代，哲学逐渐侧重于对社会文化的研究。具体来说，这一阶段的特征包括：

1. 理性认识论逐渐代替经验主义。认识心理学派证实了人的心理对认知及行动的影响，人类并非仅是被动地接受来自外界的刺激。[①] 实际上即使是最简单的知觉也受人类理性认识的影响。

2. 多元主义和相对主义兴起。在伦理道德学、认识论和科学哲学等领域，哲学家不再信奉那种永恒不变、普遍有效、独一无二的规范、准则或标准。[②] 而是承认他们都是随着文化和时代的不同而不断变化、发展的，即使逻辑规则也根据对象、假设和背景不同而有所不同。

3. 普遍重视对语言的研究。哲学必须以语言为基础，只有通过对语言的分析和清晰定义才能够研究、澄清或解决任何哲学问题。[③] 传统哲学由于对语言分析不够重视，常常造成很多认识和理解上的误解甚至争议，因此为减少不同人的理解偏差，到近代越来越重视对语言的研究。

（三）哲学的框架

从古今中外的哲学发展史和各种哲学流派可以看出，无论何种哲学都是围绕两个基本问题进行探讨和思辨：一是思维和存在之间的关系问题，二是变化和发展的状态问题。对哲学两个基本问题的定义和回答，确定了哲学的框架和派别。比如根据对思维和存在谁是第一性问题的回答划分出了唯心主义和唯物主义，对事物是否可知的回答划分出了可知论和不可知论，对世界的状态是什么的回答划分出了形而上学和辩证法等。

当然，哲学框架的构建也经历了由简单到复杂、由片面到系统、由低级到高级的演变过程。发展到现在，哲学框架包括认识论和方法论两个方面，具体学科领域则涉及政治、伦理学、美学、历史观、自然观、人生观、语言学、宗教、文化等方面。

1. 认识论。认识论又称知识论，是整个哲学的基础，它是关于人类认

---

① 杨鑫辉：《心理学通史》第三卷《外国心理学思想史》，济南：山东教育出版社，2000 年，第 125 页。

② 李亚楠：《浅析现代西方哲学的历史演变与基本特征》，《天津职业院校联合学报》，2010 年第 7 期。

③ 涂纪亮：《语言哲学研究新进展》，《国内哲学动态》，1986 年第 7 期。

识世界的哲学研究，它探讨人类认识的起源、本质、结构、界限、认识与存在的关系、认识的前提和基础、认识的真理标准等与人类认识有关的认识发生、发展的过程及其规律等问题。

2. 方法论。方法论是人们认识世界、改造世界的一般方法的哲学研究，方法论是哲学研究的核心。方法论按层次分有哲学方法论、科学方法论、具体科学方法论之分。

认识、改造世界的最一般的方法是哲学方法论，比如矛盾法、一般和特殊、整体和局部、确定和不确定、静止和变化、孤立和联系等；科学方法论是指导科学研究的方法，如培根阐述的实验方法与归纳逻辑、笛卡儿论述的数学方法与演绎逻辑，以及贝塔郎菲的一般系统论方法等；[①] 研究某一具体学科，涉及具体领域的是具体科学方法论，如生物研究的解剖法等。三者之间的关系是互相依存、互相影响、互相补充；而哲学方法论在一定意义上说带有决定性作用，它是各门科学方法论的概括和总结，是最一般的方法论，对科学方法论、具体科学方法论有指导意义。[②] 从类别的角度说，目前世界上有两种方法论：形而上学与辩证法。

（1）形而上学。形而上学源于古希腊，其本义是"在物理学之后"，由古希腊哲学家亚里士多德的学生在编辑他的遗集时，将他的著作置于"第二哲学"即物理学之后而得名。现在的形而上学是指对经验以外或以上的事物的整体、终极真相和永恒原理的研究。如为什么我们会在这里、事物为什么是这样的、在所有这一切的后面究竟存在着什么等问题。

形而上学的问题通常是充满争议而没有确定性结论的问题。这一方面是因为经验判断的结论因为人类认识能力有限往往被无法解释的现象所推翻；另一方面是因为形而上学者在探讨和研究问题时使用的词语、语句常常没有进行事前定义，或定义不清，或定义不一致，或不符合逻辑，他们的结论因而也是各有所持，各持己见。

---

① 郭贵春，贺天平：《方法论研究（国外）》，《出版人：图书馆与阅读》，2011 年第 7 期。

② 何轩：《方法论课程在本科教学中的重要性——以经济类专业为例的讨论》，《学理论》，2010 年第 6 期。

从方式、方法的角度讲，形而上学指两种情况：第一种是指用孤立、静止、片面的思维和行为方式认识和改造世界。[①] 第二种是指单凭直觉来判断事物，因为直觉是主观的，所以这类形而上学的结论或主张存在很大的争议性和不确定性。

这些结论或主张因人的知识、经验、角度、深度、立场、方法等的不同而呈现不同的观点。从研究内容上区别，形而上学与非形而上学的区别在于以下几点：

① 形而上学只关心整体的、总体的存在，不关心个体或特殊的存在，也不关心多样性、可分性的整体或总体。

② 形而上学只关心终极的、根本的存在，不关心显现了的存在以及当下存在的意义。

（2）辩证法。辩证法这个词来自古希腊，原意是辩论的技巧。[②] 古代希腊的辩证法指通过对话、辩论或演说，运用一定的辩论和逻辑技巧，使论点层层推进、抽丝剥茧，最后得出真理。

黑格尔把事物看成正、反、合的过程，这就是著名的"三段式"；同时，黑格尔辩证法包含整体论、有机论和过程论等思想，分别是：辩证法是整体论的，它主张不是部分构成了整体，而是部分存在于整体之中，不能用基本元素的性质来解释整体的性质，而是这些基本元素的性质只有在整体中才能得到体现；辩证法也是有机论的，它主张任何事物或元素都不是孤立的，永远处于与其他事物或元素的联系之中，支配这些联系的则是它们的组织结构；辩证法还是过程论的，它把事物理解为过程，而过程体现着变化，变化则导致一种更高的现实。[③]

马克思是从黑格尔那里学习到辩证法，并对其进行改造，创立了唯物辩证法。唯物辩证法是指用矛盾、运动、普遍联系和变化发展的方法认识世界、改造世界，其核心是矛盾论，用来揭示事物对立统一、变化发展的

---

① 王伟光，《中国近代以来第三次伟大历史变革的发起者和领导者》，《中国社会科学》，2014 年第 2 期。

② 古河：《人生随时可以从零开始》，北京：中国纺织出版社，2004 年，第 135 页。

③ 李瑞环：《辩证法随谈》，北京：中国人民大学出版社，2007 年，第 117 页。

状态和规律。尽管唯物辩证法是从逻辑推理中得出的最抽象的理论之一，但它是在概括总结各门具体科学积极成果的基础上，根据自然、社会、思维的最一般的规律引出的最具普遍意义的方法论，是对客观规律的正确反映，与客观现实的运动变化实际完全符合，因此它们都是具有终极真理、根本真理特性的客观规律。它要求人们在认识和实践活动中一切从实际出发，实事求是，自觉地运用客观规律，严格地按客观规律办事。①

唯物辩证法认为，一切事物都处于普遍联系和永恒运动之中，事物发展的根本动力是矛盾与统一。因此，孤立地、静止地看问题的形而上学方法是错误的，而矛盾分析法是最重要的认识方法之一。实践是检验真理的唯一标准，脱离实践必然会导致主观与客观的背离，产生主观主义。客观世界中的任何一个事物都具备个性和共性，是多样性与一致性的统一。由此产生了认识中的归纳法和演绎法、分析法和综合法、由感性到抽象思维等具体方法，这些不同的方法也都是对立的统一。既要反对片面强调归纳法的经验论，又要反对片面强调演绎法的唯理论、独断论和教条主义，而应当把归纳和演绎辩证地结合起来。世界中每个事物、现象都有其自身产生、发展、灭亡的历史规律，在认识中还必须贯彻历史方法和逻辑方法的统一。② 列宁曾对认识的基本方法做了概括：

① 全面性：研究事物的所有方面和其内部及其与外界的所有联系。

② 发展性：从事物的起源、发展、运动、变化、消亡中观察事物发展的所有环节。

③ 实践性：把人的全部实践结论包括到事物的概念中去，不断用实践检验真理。

④ 具体性：必须注意真理的具体性，即真理有其适用条件。

目前西方思维和行为普遍奉行笛卡儿方法论，也就是笛卡儿研究问题的四个步骤，这是目前西方方法论的趋势，即：

① 永远不接受任何自己不确定的真理，除非自己切身体会，可以怀疑

---

① 裴娣娜：《教育研究方法论导论》，合肥：安徽教育出版社，2006 年，第 56 页。

② ［美］托马斯·索维尔（著），吴建新，张莹（译）：《经济思维方式》，南昌：江西人民出版社，2018 年，第 83 页。

任何权威结论。

②　将复杂问题尽量分解为多个简单的小问题。

③　将小问题从简单到复杂排列，先从容易解决的问题着手。

④　解决所有小问题后，再综合检验，看是否完全、彻底解决了问题。

笛卡儿的方法论对西方近代科学的飞速发展起了巨大的促进作用。直到阿波罗号登月工程的出现，科学家们才发现该方法论的局限性，即一些复杂的问题分解后不但无法解决反倒使问题更加复杂。因此导致"系统工程"的出现，系统工程的出现使得更复杂、更系统的环境科学、气象学、生物学、人工智能研究得以顺利发展。[①]

在认识论和方法论的基础上出现了一系列具体的学科或观点，其中主要包括：

1. 伦理学。"伦"的含义是辈分、顺序、秩序，体现事物之间的关系属性。"理"则具有条理、道理、治理的含义。[②]伦理学具体来说就是关于人类思想和行为中对道德的价值判断的学问。苏格拉底、柏拉图及亚里士多德为伦理学的建立做出了突出的贡献，其中：苏格拉底的哲学涉及了真理、正义、善和美的构成问题。柏拉图进一步探讨了有关人的行为、活动的价值判定问题，并把"至善"作为最高的理念。亚里士多德建立了历史上第一个严谨细密的伦理学体系。近代，洛克、休谟、边沁、穆勒等人沿着经验主义的方向构建了立足于"实际效果判定行为善恶"的功利主义伦理学；而康德则沿着直觉主义的方向，从理性主义演绎出用以评判行为善恶和道德合理性的标准。[③]伦理学包括以下内容：

（1）道德的内容与目的：指一切行为和过程都遵循的具有普遍性的、最高的道德目的。

（2）道德行为及其决定因素：对个体道德起最终决定作用的因素；社会规范、道德戒律的形成基础；利己主义与利他主义、功利主义和直觉主

---

① （法）勒内·笛卡尔：《笛卡尔主要哲学著作选》，上海：华东师范大学出版社，2020年，第162页。

② 郭淑新，臧宏：《朱熹敬畏伦理思想及其现代意蕴》，朱熹伦理学与晋江文化学术研讨会发言稿，2007年8月。

③ 杨国荣：《哲学引论》，北京：高等教育出版社，2015年，第125页。

义等道德原则的形成基础等。

（3）道德的评价尺度与标准：结果论以个人的决定、行为和道德规则的结果作为标准；非结果论以个体以外的因素，诸如神的意志或绝对的理性作为标准。①

2. 宇宙观、自然观。宇宙观，又称世界观，是人们对世界总的看法和根本观点，包括世界的本质或基础、一般性质、基本组成以及世界的发展及其一般规律等内容。自然观是人们对自然界的本原、演化规律、结构、人与自然的关系等基本问题的根本看法。②

中国历史上占据主导与核心地位的宇宙观、自然观是"天人合一""一体二元"的思想。这种思想认为"人道"必须符合"天道"；物质与精神应统一和一致起来，自然、人、社会是一个生生不息、运动发展的统一体；人要感悟世界、感悟自然而不是求证。西方哲学认为宇宙是我之外的非我，一般坚持天（整体）人（部分）相分。③所以宇宙不能与人相合，主张"天人相分""二元对立"，把人与自然对立起来。这种宇宙论、自然论的表现是：

（1）注重人对自然、对物的探索、征服、利用。

（2）强调物质与精神的对立与矛盾。

（3）擅长抽象逻辑思维，注重思辨理性。

（4）重实证和形式分析。

唯物主义认为自然界是不依赖人的意识而独立存在的客观物质世界。唯心主义认为自然界是精神或上帝的产物。辩证唯物主义认为自然界是处在永恒运动、变化、发展中的物质世界，自然界一切现象都是对立统一的，它们在一定条件下相互转化。自然界的发展是人类社会发展的前提和基础，人对自然界认识的基础是人所引起的自然界的变化。④

3. 历史观。历史观是人们对社会历史的根本观点和总的看法。历史观的基本问题是社会存在与社会意识的关系问题，这是哲学基本问题在社会

---

① 杨国荣：《哲学引论》，北京：高等教育出版社，2015年，第125页。
② 傅林：《理解灾难——由汶川地震反思学校安全教育》，《教育发展研究》，2008年第10期。
③ 梁满仓：《中国魏晋南北朝习俗史》，北京：人民出版社，1994年，第81页。
④ ［德］恩格斯：《自然辩证法》，北京：人民出版社，2018年，第157页。

历史领域的体现。① 由于对历史观基本问题的不同回答，形成了两种根本对立的历史观：唯物史观和唯心史观。

唯物史观认为社会存在决定社会意识，社会意识又能动地反作用于社会存在；指出社会历史是客观的合乎规律的辩证发展过程，社会基本矛盾是一切社会发展的动力，生产力是社会发展的最初源泉；人民群众是推动历史发展的主要力量。②

唯心主义历史观认为意识决定存在，否认物质生产对社会发展的决定作用，把"神"、个人的思想观念或"绝对精神"等说成历史发展的动力，认为神或少数英雄人物是历史的创造者，是历史发展的决定性力量。

人类社会与自然界互存共荣，但人类社会有其自身的特殊性和个性，将自然界"优胜劣汰，适者生存"的生存法则引入人类社会的社会达尔文主义是纳粹最常引用的理论。但社会各个领域中的竞争法则，未必是人类最佳的基本历史观。过度竞争的后果只能是人类伦理道德的堕落、社会资源的巨大消耗和浪费、贫富差距的扩大、社会矛盾的加深和社会不稳定性的增加，最后导致改朝换代。我们认为西方主张的竞争法则并不是唯一的社会存在方式，也不一定是最适合的生存方式，我们需要一种新的历史观，站在历史的角度，从人的本性、目的出发考虑问题，确立新的价值信仰和规范体系。

4. 价值论。价值论是关于价值的性质、构成、标准和评价的哲学学说。它主要从主体的需要和客体满足主体需要的角度，考察和评价各种物质、精神现象及行为的意义。③ 对这些问题的回答总的来说有以下观点：

（1）本性说：认为价值是天生的而非后天获得的。

（2）情感说：认为价值的源泉在于情感，只能通过感觉、经验领会，例如美的价值。

（3）抽象说：认为价值是抽象的信念、标准、关系、爱好、选择等等，

---

① 教育部政治思想教育司：《辩证唯物主义和历史唯物主义教学大纲》，北京：中国人民大学出版社，1983 年，第 122 页。

② 石云霞：《怎样讲授"马克思主义科学性与革命性的统一"》，《思想理论教育导刊》，2009 年第 5 期。

③ 袁贵仁：《马克思主义价值学研究的构想》，《北京师范大学学报》，1990 年第 6 期。

看不见、摸不着，但是却时时、处处指导人的思想、行动。[①]

（4）关系说：认为价值是一种关系范畴，表示客体与主体之间的相互关系，不是专指人类与客观世界的关系，而是事物之间都存在价值关系。

（5）属性说：认为价值是指客观事物的一种有用属性，把价值等同于事物的功能。[②]

（6）劳动量说：认为价值是劳动价值，它由劳动者所付出的劳动量来决定，把劳动价值这样一种特殊的价值形态当作了一般的价值形态。[③]

上述这些观点从不同维度、不同程度上解析了价值的部分外部或内部特性。如果将"主体"定义为人，价值论就是一种由人生观发展来的一种主观认识。价值的主观认识可分为价值观和情感观两种，价值观是对绝对价值的认识，情感是对相对价值的认识。[④] 价值观、情感和价值的关系是主观与客观的关系。价值观、情感决定人的选择倾向、原则立场和行为取向。人对事物采取的态度、做出的反应都是以人对事物的价值判断为基础的。

价值的对象可以是实体存在，也可以是精神追求，如对真理的追求。与价值相对立的是无用，世界上的任何事物在有价值的同时也有无用之处，价值和无用同时存在于一个事物中，体现哪种属性要看具体时间、条件和环境，价值与无用还可以互相转化。例如煤和石油改善了人类生活，这是其价值；但却增加了二氧化碳的排放，造成了温室效应，这是其危害。

## 二、哲学的价值

哲学一方面关注人类生活、人类社会的具体形式和活动，另一方面关注隐藏在具体形式和具体活动背后的、在深层上影响或支配人类思想和活动的客观规律和特点

我们内心常常自问，人类生活到底为什么？我的生活到底为什么？我

---

[①] 孙景民，于鹏：《对社会主义核心价值体系建设几个问题的探讨》，《中国环境管理干部学院学报》，2012年第5期。

[②] 冯平：《现代西方价值哲学经典》，北京：北京师范大学出版社，2009年，第77页。

[③] 冯平：《现代西方价值哲学经典》，北京：北京师范大学出版社，2009年，第77页。

[④] 曹应梅：《略述新闻媒体弘扬社会主义核心价值观的使命感》，《中国报业》，2016年第12期。

要追求什么？追求什么是对的？为什么是对的？什么是幸福？为什么是幸福？我的价值体现在哪里？这类问题常让我们感到困惑，因为困惑导致茫然，因为茫然导致失望、放弃、得过且过（混日子）甚至是自暴自弃，这就是"社会迷失"，人类社会发展历史上普遍、永恒存在的现象，只不过不同历史时期的表现不同罢了。社会迷失问题，无论是历史学、文学、生物学、经济学、政治学、图书学、管理学、各类自然科学等都从根本上解决不了，只有哲学的认识论、价值论和方法论才能解决。哲学的认识论、价值论和方法论使人在每个历史阶段都能正确地定义、信仰我们的生活目标和行动目标，并用正确的方法应对和处理一切事务，就不再产生困惑、茫然，而是变得清醒、心中有数、心中有度。哲学让每个人都目标清晰，信心百倍，处事游刃有余。比如，哲学可以定义幸福是财富，是权力，是平安，是健康，是和谐，还是名望；哲学让我们信仰人生是过日子，是让历史知道你的存在，是人情脸面，是声望权势，是生活富足，是光宗耀祖，还是为人民服务；哲学告诉你是支持，是反对，是坚持，是放弃，是忍耐，是高兴，是平和，还是中立等态度和行为。

我们常常苦于思考，即使冥思苦想也不能做出决策，甚至感觉无从下手，这是"认识障碍"。所谓"认识障碍"，就是指人类认识的一切困难、障碍和矛盾，包括主观的认识方法、认识角度、认识深度、认识阶段等，也包括客观的各类未知或不确定的知识、信息。比如我们每个人都有很多未知，这些未知有我们知道的，也有我们不知道的，认识上最悲哀的就是不知道自己的未知是什么。

哲学解决了这个问题，其中的认识论和方法论告诉我们怎样认识事物、分析事物、处理事物。比如哲学的不确定性原理让我们不要盲信；哲学的矛盾方法让我们多方面看问题；联系的观点使我们有了系统观、控制论和工程学方法；发展的观点使我们重视过程论、历史方法、运动观；绝对与相对的哲学思想让我们不要拘泥于固定的认识和定义等等。失败的根本原因是认识和方法的不合适，也就是哲学的认识论和方法论没有运用好。

从人的本性来看，人有对自己的来源和归宿进行探索的本性，哲学恰恰解答了关于人的来源和归宿的各类疑惑，满足了人的好奇心。比如哲学探讨了很多问题，诸如：宇宙是否有一个统一的计划或目的，抑或宇宙仅仅是许多原子的一种偶然的集合呢？意识是不是宇宙中永恒不变的部分？善恶对宇宙是否重要，或者它们只有对于人类才重要等问题。[①]

人们研究和实践任何一门学问，都离不开用一种哲学思想作为自己思想和行为的指导。他们对这门学问所有问题的分析、判断和决策，不是唯物的就是唯心的，不是辩证的就是形而上学的，或兼而有之的。只不过在具体的思维和决策的过程当中，我们没有自我觉察、自我分析罢了。比如爱因斯坦经常引用康德的话，他认为哲学修养是物理学家应该具备的一种重要素质。

### 三、哲学方法

哲学的研究和实践体系对我们的管理研究与实践乃至对自然科学、社会科学研究与实践有整体的、根本性的指导意义，在这里我们可以认识部分的哲学理念：

（一）确定性和不确定性

我们常常认为事物有确定的规律或结果，这种习惯思维一直贯穿在人类的头脑中，而且人们也确实发现了很多规律、定律、定理，这就更加验证了事物的确定性。但是，我们也需要思考：事物真的是确定的吗？事物为什么一定有确定的规律或结果呢？

在量子力学建立之前，世界原则上被认为是一个有确定规律和秩序的事物。亚当·斯密用"看不见的力"来解释市场机制；马克思相信历史必将走向共产主义；拉普拉斯更坚持"只要确切知道事物的起始状态，就可以知道一切事物的未来和过去。以及每一时刻的因果关系"的宇宙宿命论。德国物理学家海森堡提出的不确定性原理表明：一个微观粒子的某些物理量（如位置和动量，或方位角与动量矩等），不可能同时具有确定的数值，其中一个量越确定，另一个量的不确定程度就越大。[②] 由量子力学的不确定性原理引申到社会科学领域，社会科学领域的事物都是不确定的。

① ［英］罗素：《哲学问题》，北京：商务印书馆，1959年，第32页。
② 恩蓉辉：《狼什么时候来？》，《商学院》，2008年第3期。

由美国次级房产抵押市场引发的 2008 年至今的经济危机是这样发生的：1966 年至 2002 年美国的房地产价格持续上涨，这让主流经济学家和房主们认为房价不会下跌。学术界建立了复杂的数学模型，这些模型成为金融衍生品的理论依据，该模型成立的假设是：人们消息灵通且行为理智。但房价不下跌的主流观念信条不是确定的事实。这种乐观的假象促使次级抵押贷款、再融资和复杂的金融衍生品需求的产生，房地产市场虚假繁荣，为危机爆发埋下了隐患。①

综合众多事实和证据，确定是有条件的、是相对的，不确定是绝对的、无条件的。我们对世界的认识，还需要进行探索、再探索。

（二）矛盾论

只要认识事物，就逃避不了矛盾，管理也是如此，在管理实践中必然也会出现矛盾，这常常使人陷入两难境地，还常常导致决策或行动出现违背事实的情况。因此需要学习矛盾分析法，但是，在应用矛盾分析法时，相当一部分人往往只想到"对立与统一"，这并不全面。实际上，矛盾或叫阴阳，其分析法是整体，用中国的成语来进行诠释就是："相分相合，相反相成，相生相克，不一不二。"

"相分相合"，就是为了认识一个事物，我们将事物分为两个方面：矛与盾或阴与阳，划分之后要分析两者的相互关系和作用，此为"相分"；"相分"之后是对两者进行综合、统一、概括、总结，即"相合"。"相分"好比把人分成好人与坏人，把大脑分成左脑与右脑；"相合"好比把好人和坏人整合于人，把左右半脑整合于大脑。这种分与合，是为了认识的方便，是一种主观定义和采用的方法论。

"相反相成"，既相互对立又相互依赖，统一于共同的整体。相互对立，称之为矛盾；而一方的存在，以另一方的存在为前提。阴阳中缺了阴，阳就无法独立起作用；同样缺了阳，阴也无法起作用。

"相生相克"，既相互促进，又相互克制。好比竞争的双方，既然竞争，当然互相克制，却也正因为竞争而相互促进。"相反相成，相生相克"是对

---

① ［美］马克·拉沃（著），王鹏（译）:《后凯恩斯主义经济学》，济南：山东大学出版社，2009 年，第 105 页。

矛盾的双方的相互作用，相互关系的分析。

"不一不二"，则是对矛盾的真正把握。"不一"即为不同，矛与盾本身即为不同的事物；但是却又是一个整体，阴中有阳，阳中有阴，阴阳是可以转化的，此为"不二"。从一个组织来看，"不一"即为其中有多个个体，"不二"即为众多个体又组合成一个整体。

管理从理论创造上来说是科学的，但是管理却是复杂的，一个卓越的管理者一定是熟悉哲学的。因此，管理需要极高的管理悟性和尊重事实的态度。

（三）有限和无限

哲学的"无限""有限"既是抽象地泛指一个过程，也是一种状态和性质，是一种存在。"无限"不是一个既定的实体、概念或认识，而是一个正在展开着的过程，"无限"不是已经实现了的实体。如果非要给"无限"下个定义，便于人们获得了一个总体评价，那就是无限设立了一个界限，这就造成了无限定义的自我否定。因此，无限不是逻辑认识的对象，也不是对认识对象的刻画，只能反映人类自身的无能和无可奈何。正如霍布斯所指出的：不存在什么被我们称为"无限"的观念或概念，当我们说什么东西是无限的，我们仅仅指我们没有能力认识该事物的结局和边界，我们没有关于该事物的概念，但有我们自己无能力的概念。如果由理智的逻辑转为直观体验，我们就会发现，无限的真正含义在于"可超越"，在于对现存事物永不停息的超越，即有限的无限超越。[①]

因此，虽然人在现实世界中是渺小的、无能的、有限的，但在他的认识世界中是伟大的、超越的、无限的。帕斯卡将此原理用于人性评价中，认为人性中诸多矛盾是可理解的。

有限和无限是对立统一的，在一定条件下可以转化。比如，物质是无限可分的，这个"分"的过程就是一个有限向无限转化的过程。但是物质的可分又有一个限度，这是因为当物质分到一定程度，物质的属性就发生了变化。如一段木棒分解到一定程度，当到了分子层面甚至比分子还小的

---

① ［德］恩格斯：《自然辩证法》，北京：人民出版社，2018 年，第 62 页。

原子甚至更小的夸克粒子的时候，那么就不再是木棒而成为微观粒子了，这就是无限向有限转化的过程。

（四）经验主义、实证主义与理性主义

经验主义、实证主义与理性主义都是认识论，是关于人类知识、真理来源问题的认识论。

经验主义认为人类的知识起源于感觉、经验，其逻辑思维是用归纳法认识事物。比如心理学学者倾向认为根据凭观察和实验总结出的心理和行为规律，就可以准确地推测人的心理和行为。因此，经验主义是形成心理学的理论基础。

实证主义是法国哲学家孔德首创的一种哲学方法。实证主义倡导"以被观察到的事实为基础"的实证精神，主张实在、确定、实证，反对绝对的、终极的、无法证明的抽象本质和真理。孔德认为"实证"一词包含多层意义：第一，它指的是真实，与虚幻对立；第二，它表示有用，与无用相对；第三，它表示肯定，与犹疑对立；第四，它标志着精确，与模糊对立；第五，实证还意味着组织，与破坏相对立；第六，实证代表着相对，表现出相对代替绝对的必然倾向。[①]

与经验主义相对，理性主义认识论认为人类的知识来源于人的理性推理而非感觉、经验，感觉、经验只是对事物的片面认识甚至是错误认识，只有通过理性思维，才能透过现象看本质，形成认识的飞跃。所以理性主义认为感觉和经验是不可靠的，无法被确认为知识。理性主义的逻辑思维是演绎法，即通过推理逐步认识知识、规律和真理 。

实际上，经验主义、实证主义和理性主义是互相补充的，当我们处理任何议题时，只选择一种认识方式则有可能会犯错误。

（五）相对与绝对

人类一直在尝试寻找世界的本原或归宿，或者真理，或者统一的、涵盖一切具体理论的统一理论，或者解决一切问题的方法，这是一种典型的绝对主义。在寻求绝对理论的过程中，人类发现了很多理论，这些理论只

---

[①]　梁洁:《实证主义史学与马克思主义史学比较研究》,《济宁学院学报》, 2003 年第 7 期。

具有相对的真理性。

实际上，人类已经认识到：在世界发展的过程中，每个具体过程的发展既是连续的，也是相对独立的。同时也受限于人类在某个阶段的认知层次，人们对具体过程的认知只具有相对的真理性，而非绝对的真理性。但是，无数相对真理的总和，就是绝对真理。现实世界的变化永远没有完结，人类的认知也是无限的。所以在发展的任何阶段，苛求绝对真理都是不现实的。

（六）实践论

实践论是揭示认识与实践关系的认识论。从人类发展史来看，人对事物的认识来源于实践，人们通过感官得出事物的各个表象以及事物的内外部联系，这就获取了对事物的感性认识。然后随着长期实践与不断总结，人们就会逐渐认识事物的内部联系以及整体状态，最终也就抓住事物的本质，感性认识就变成理性认识。

认识事物是为了用于实践，甚至改造世界，事物是动态发展的，认识也要发展才能够持续用于实践。人类认识发展的全过程是：感觉、认识、实践、总结、纠正，感觉……循环往复以至无穷。人类认识世界的过程就是一个不断解决矛盾的无限辩证发展的过程。

（七）系统论

系统一词的一般定义是：由若干要素以一定结构形式联结成的具有某种功能的有机整体。系统论是研究各种系统的共同特征、结构和规律的认识论和方法论，它用数学方法定量地描述其功能，并寻求建立一种适用于一切系统的原理、原则或数学模型，是涵盖逻辑和数学的一门新兴科学。[①]基于上述定义，系统的特点是：

1. 系统不是个体、单位的，而是一个集合、统一的整体。

2. 系统的每一个要素都是相互联系、相互依存的。

3. 是体现人们意志所组成的系统，有明确的目的，是可以控制的。

4. 每一个系统既包含若干个子系统，又有可能包含于更大的系统之中。

---

① ［美］杰拉尔德·温伯格（著），王海鹏（译）:《系统化思维导论》，北京：人民邮电出版社（译），2015年，第131页。

5. 系统必须与外界的环境相适应。

6. 系统是在不断地发展和变化的系统。

7. 系统具有序性，诸如空间、时间和功能等。

系统论的基本思想就是把所研究的对象当作一个系统，分析系统、要素、环境三者之间的相互关系和变动的规律。系统是普遍存在的，整个世界就是系统的集合。系统是多种多样的，可以根据不同的原则和情况来划分系统的类型，比如按人类干预的情况可划分自然系统、人工系统；按学科领域就可分成机械系统、思维系统等；按大小区分有宏观系统、微观系统等；按与环境的关系划分有开放系统、封闭系统、孤立系统等等。①

运用系统论的认识论和方法论，需要坚持以下原则：

1. 整体性：系统的性质和规律只有作为一个整体才能系统展现。

2. 联系与制约性：各元素之间、元素与系统之间、系统与环境之间存在结构和层次联系以及制约关系。

3. 目的性：要研究系统所诉诸的需求和目标。

4. 有序性：事物之间的排列、位置、状态和作用是有规律的、有序的，表现在时间顺序、空间结构、功能行为这三个方面。②

5. 动态性：系统与环境之间都存在着物质、能量、信息的流动，系统是一种动态的平衡。

6. 最优化：整体原则决定要确保系统的最优化，而不是要素最优化。

系统论深刻改变了人类的思维方式。在系统论出现以前，人们认识问题，一般是把事物先分解成单元，然后抽象出各单元的本质，最后以单元本质去综合整体的本质。这种方法遵循的是局部或要素决定论，容易忽略事物的整体性和事物内外部之间的关联性及相互作用，因此认识复杂问题时常常脱离了事物的整体，陷入"只见树木，不见森林"的境地。

由系统论引申出来的运筹学、协同学、结构论、控制论、信息论、突变

---

① ［美］杰拉尔德·温伯格（著），王海鹏（译）:《系统化思维导论》，北京：人民邮电出版社（译），2015 年，第 132 页。

② 杨颖秀，程凤春：《学校管理理论与实践》，长春：东北师范大学出版社，2009 年，第 79 页。

论、模糊系统理论等新的科学理论，从各方面丰富和发展了系统论的内容。

（八）发展观

发展观是人类对于事物变化发展的认识论，应用发展观应该坚持以下原则：

1. 事物是变化发展的，发展的实质是新事物代替旧事物，因此组织也应以发展的眼光经营管理。组织应坚持与时俱进、用历史发展的角度去认识事物。

2. 事物的运动、变化、发展是有规律的，要按客观规律办事，实事求是。

3. 内因是事物的内部矛盾，外因是事物的外部矛盾，事物的发展是内外因共同作用的结果，内因是事物发展的根据，外因是事物发展的条件，外因通过内因起作用。[①] 比如很多企业的管理不去做扎实，而寄希望什么诀窍、圣经，也是"水中捞月"。

4. 变化是量变和质变的统一。量变是质变的前提和必要准备，质变是量变的必然结果。构成事物的成分在结构和排列持续上的变化可引起质变。所以，我们要坚持适度的原则，还要学会优化结构。[②]

（九）过程结果论

西方管理学认为：过程决定结果，结果是过程的必然反映。因此，要获得预期的结果，必然要了解过程、控制过程，使过程按预期的计划发展。所以西方的管理活动是过程导向的，过程导向主要体现在过程及过程因素的识别和控制。比如质量管理体系中"过程方法"原则的确立和宣传，质量管理中的流程图、控制计划、控制图等工具都是过程方法的应用，都证明了过程方法的作用和价值。

（十）历史研究法

历史研究法是科学研究、实践探索的基本方法之一，俗话说"以史为鉴"，学习历史可以最大程度避免重蹈覆辙。通过管理学的发展史，我们了解到管理思想和理论都是应运而生，都是为了解决当时生产力发展的需求而总结、提出来的，都具有历史的阶段性但不一定具有普遍性。纵观管理

---

① 肖前：《马克思主义哲学原理》，北京：中国人民大学出版社，1994 年，第 153 页。
② 潘静成，刘文华：《经济法概论》，北京：中国财政经济出版社，2000 年，第 92 页。

的发展史，当代管理发展主要呈现以下几个趋势：

第一，人是复杂人，不是单纯的经济人、社会人，人性是复杂的、多变的、随机的，人在不同情况、不同时期、不同组织环境下会表现出不同的人性。[①]

第二，管理职能由原来的计划、组织、人事、领导、控制向信息化延伸。近年来信息化技术及物联网飞速发展，基本实现了人、物之间的互联互通。在这样的技术背景下，低技术基础人员的重要性将会变得越来越低，比如一线操作员、统计员、搬运工、订单跟踪人员、采购员等。从现在生产力的发展趋势来看，未来将会是高阶管理、技术研发及智能制造的时代，因此高阶管理人员、技术人员将成为核心，而没有高阶管理能力或技术能力的人，将会逐步被社会淘汰。

第三，分工理论逐渐淡出，复合理论成为主流。亚当·斯密的劳动分工理论对于提高劳动效率确实起到过积极作用。但是随着生产力水平的提高和社会的进步，这种分工理论越来越不适合企业的发展。主要体现在：首先分工模式使人长期从事某种单调甚至是枯燥的工作，这违反了人类追求自由与成长的天性。其次，分工模式导致员工不愿承担职责之外的责任、推诿，信息沟通不畅、甚至导致个体或职能之间的对立，最终导致协作效率低下。

为了弥补分工理论的缺点，人类又研究出了复合理论。也就是从整体的角度考虑，比如让一个具备多项技能的小组履行职能，控制小组而非个体，这将大幅降低管理的复杂性。小组内部就可以解决一些小的问题，另外也可以通过小组内部活动提升小组成员的意识及认识水平。未来的竞争将是多品种、小批量、低成本、高质量、短交期的竞争，为满足竞争的需求，未来的小组成员应该可以履行多项职能，还可以参与小组活动和决策，增强了人的自主性。

第四，在官僚体制的基础上确立过程体制。官僚体制的特点是按层级划分权利，上一层对下一层拥有控制权，这种体制有其优势，但其弱点是

---

①　［美］斯蒂芬·P. 罗宾斯（著），孙健敏（译）：《管理学》，北京：中国人民大学出版社，2017年，第156页。

容易导致特权和腐败，也容易抑制下层的创新精神和担当意识。

因此，在可预见的未来，将是在官僚体制的基础上融合过程体制。过程体制以"服务客户"为基本工作态度，以后流程作为客户，前流程必须满足后流程的需求，以流程划分职责。过程体制和官僚体制相结合能够最大程度发挥人的生产力。

### 四、管理哲学

管理哲学是哲学在管理科学领域的应用和体现。比如对实践的认识引申出经验主义、教条主义、例证法、反例法等方法论；对系统论的认识引申出层别法、结构思维等方法论。

（一）管理是哲学

泰勒被尊称为近代科学管理之父，他曾写道：管理不是技术、不是工具，管理是哲学。

宏碁的创始人施振荣认为宏碁的崛起是所有企业员工共同努力的成果，他的管理不以控制为目的，主张"师带徒"式的员工培养与成长，淡化管理级别和官僚体制，是"人本主义"哲学的支持者。[①] 稻盛和夫的"敬天爱人""以心为本""利他"等经营理念体现了"天人和谐""人本主义"的哲学信念。

美国玛氏公司坚持平等的人本哲学，公司的高层与普通员工一样：上班要打卡，没有秘书，没有独立的办公室，也不配车。[②] 华为则是狼性哲学的实践者，奉行高薪高压的策略，实行末位淘汰制，这种哲学造就了华为的强大竞争力和快速反应能力。

太平洋建设集团领袖严介曾就企业管理思想和人生哲学的话题表示：是就是非，非就是是，此一时彼一时。今天的是有可能是未来的非，今天的非有可能是未来的是。今天发生的事，是今天的事。但是到了明天，就是昨天的事，历史告诉我们，昨天的事就是故事里的事，故事里的事是也

---

① 丁飞洋，谢扬林：《IT 教父们的管理哲学》，《中国经营报》，2007 年第 9 期。
② 百度百科：玛氏公司，2015 年 5 月 22 日，https://baike.baidu.com/item/%E7%8E%9B%E6%B0%8F%E5%85%AC%E5%8F%B8/5446093?fr=aladdin，2020 年 1 月 15 日

不是，不是也是。严介和的高论毫无疑问是哲学矛盾论的生动体现。①

管理也是一种文化，是哲学的具体体现。没有哲学的思考、传承和百家争鸣，就没有丰富多彩的艺术、伦理、政治、经济、社会和自然科学等学科的出现。哲学与管理文化不是单纯的决定和被决定关系，管理文化同样会丰富哲学的内容，促进哲学的创新发展。

（二）管理哲学的差异性

在管理哲学的应用上，一般来说美国企业奉行实用主义哲学，强调是否对自身有利，美国企业不会刻意培养人，奉行招之即来，挥之即去的原则。日本企业则多奉行官僚制与人本主义，多采用终身雇用制，注重培养内部领导者。

在组织哲学上，美国人强调自我，日本人则强调团体。日本文化强调下级、后辈对上级、前辈的无条件服从和尊敬，美国则是注重平等沟通。

美国的管理哲学重视现实的利益，而日本的管理哲学则相对重视长期利益，比如当市场不景气时，美国企业采取的措施通常是裁员、缩编；而日本企业则一般员工协商采取停止发放红利并降低月薪的方式，与员工共渡难关。

中国的现代管理起步较晚，结合了中国的传统文化，且引入了美国、日本、德国等发达资本主义国家的多种管理理念，也集合了马克思主义、唯物主义等哲学理念以及社会主义计划经济理念，因此中国的管理哲学呈现多元化的特点。可以说现阶段中国管理思想和管理理论还不稳定，呈现短期善变的特点，但总的来说，尚未形成符合中国传统文化与现阶段政治制度的管理模式。

（三）管理哲学的内容

20世纪70年代，日本制造业飞速发展。在此背景下，戴明在谈话中指出美国管理模式的要害："管理者如果不能计划未来和洞见问题，就会引起人力、材料和机器的浪费，增加成本，加大顾客的支付代价，而顾客并不愿意为浪费买单，不可避免的结果是企业将失去市场。"他指出："事后的检

---

① 搜狐财经：《严介和："酒后箴言"谈管理和哲学》，2007年10月10日，https：//business.sohu.com/20071010/n252582962.shtml，2020年3月25日。

查不能提高质量，一开始就把事情做好，才是根本之道。"① 他后来在《走出危机》一书中又指出消除员工合作的壁垒，消除剥夺员工工作自豪感的障碍，对员工实施有效教育和自我完善计划的管理哲学的重大意义。

戴明的理念打破了传统日本企业的观点：认为质量问题往往是由于员工操作不慎引发的，改善质量会引起成本增加。他指出，质量问题首先是管理者的问题，必须由最高管理层负责和推动。质量管理是通过消灭缺陷来减少成本而非增加成本。② 在这一理念的指导下，日本制造以高品质的形象迅速占领美国市场。

随后，哈佛商学院的罗伯特·海斯和比尔·阿伯纳斯剖析了美国管理的弊端，他们指出：正是美国管理层的"战略责任缺失"导致了美国经济的衰退。"战略责任缺失"包括：偏好短期收益而不注重建立长期技术竞争力；投资组合偏重于快速回报，不愿意为未来承担风险；市场驱动的行为将重点放在产品销售上，而不是创新适销对路的产品。海斯和阿伯纳斯总结道：这种短期、控制导向的思维制约了美国的创新精神。日本战略管理专家大前研一也指出：日本企业的思维模式能充分考虑公司、顾客和竞争对手动态的相互作用，并准确制订出指导行动的一系列全面的目标和计划。③随后对美国管理的反思则回归到对管理本质的探讨。1982 年汤姆·彼德斯和罗伯特·沃特曼的《追求卓越》一书批评了美国管理痴迷于管理工具却丧失了管理的灵魂，即：通过员工向顾客传递公司价值。为此，他们把管理的本质浓缩为 8 个方面：贵在行动、接近顾客、自主创新、以人促产、深入现场、愿景领导、回归主业、精兵简政，这就将复杂的管理变简单。阿吉里斯和施翁在《组织的学习》中批评了管理者们总是时刻准备着去改变他人，但拒绝一切改变自己的做法。他们指出：任何依据个人抱负和期望去塑造和控制这个世界的结果必然是制造了一个不得不屈服的沉默氛围，同时这种氛围也造就了人人逃避责任的不良后果。④

---

① 马君：《危机下的管理变革》，《企业管理》，2009 年第 12 期。
② 马君：《危机下的管理变革》，《企业管理》，2009 年第 12 期。
③ 马君：《危机下的管理变革》，《企业管理》，2009 年第 12 期。
④ 马君：《危机下的管理变革》，《企业管理》，2009 年第 12 期。

从此，美国开始进行反思，并陆续取得了巨大成就，比如：惠普公司通过不断追求新的创意来引领科技发展，引导顾客享受科技成果；他们进行了组织变革，组建各种跨部门虚拟团队协同工作，使一个传统高科技企业能够始终保持较高的灵活性而又不失稳定性。通用电气通过员工参与管理、六西格玛管理等实践卓越管理。

通过日美管理观念的对比说明管理哲学首先是管理的认识论，有了认识论的改变和基础，才有方法论的改变和行动，管理的效果才得以验证。管理认识论和管理方法论正是管理哲学的核心内容。

# 第四节 价值判断

价值认识及判断是管理的前提和假设之一，它同样决定了我们对待人、事、物的态度和行为。

## 一、价值的定义及内容

自古以来人类对价值就有不同的认识，基于人类认识的习惯，我们给价值这样的定义：价值是人类对客体满足主体需要的反应。对这个定义的理解应当是这样的：

1. 价值是一种人类生理和心理的反应。

2. 价值的大小由需求决定。比如当面临温饱问题时，衣食住行具有最高价值。当需要认可时，人际交往就有更大的价值。

3. 价值所依附的客体多种多样：可以是个体、团体或组织；可以是有形的实物，诸如黄金、房产等；也可以是无形的事物，诸如精神及抽象的思维、哲学等。

从以上分析可以看出，价值是一种主观性很强的认识，属于认识论的范畴，是外界信息在人类大脑中的一种主观反映，因此人们对价值的认识和定义往往千差万别。

如果以人类为主体来定义价值，价值包括人生价值和人际价值。其中，人生价值解决个体为什么存在的问题，就是人生观。人际价值解决人生价值的关系和原则问题，也就是普世价值。基于个体的人生价值而言，人类历史上出现过以下几种有代表性的人生观：

1. 享乐主义：追求感官快乐，以追求享受为主。

2. 厌世主义：认为人生充满各种烦恼与痛苦，主张脱俗灭欲。

3. 禁欲主义：将人的欲望看作一切罪恶的根源，主张灭绝人欲，实行苦行主义。

4. 幸福主义：有两种观点，一种是强调个人幸福是人生的最高目的；另一种是在强调个人幸福的同时，也强调他人幸福和公共幸福，认为追求公共幸福是人生的最高目的。[①]

5. 乐观主义：认为一切都是美好的，对人生抱着积极乐观的态度。

普世价值也有不同的主张：比如自由、民主、平等、天赋人权等是西方社会的普世价值，核心是个人权利。和谐、五常（仁、义、礼、智、信）则是中国社会的普世价值，核心是人际关系与社会和谐，而五常则是为实现和谐服务的。中国和西方的价值原则、政治制度、社会规则都是普世价值设计的结果。对于普世价值来说，和谐和五常原则创造和延伸了人的生活范围，使不同的人、事、物、思想、行为、文化能够共存，使人与人之间、人与社会之间、国家之间能够和平共处和共赢。

从价值的角度来看，个人权利与人际交往都是不可或缺的条件，都是构成社会的核心要素。没有个人权利，价值就失去存在的基础；没有人际交往，价值就失去其存在的目的。

## 二、价值标准

人生价值代表个体的、零碎的、多变的价值定义和认识，普世价值则代表人类整体的、系统的、相对固定的价值定义和认识。

因为对人生价值的认识是个体的、零碎的、多变的，所以产生了众多的人生价值标准。比如很多人的人生观是追求幸福，因此能否让自己幸福就是人生价值标准。如果我们可以将幸福定义为更多的金钱、更好的权力、

---

① 陈杜鹃:《论"人生观、世界观、价值观"的树立与自我人生价值的实现》,《金田》,2011 年第 5 期。

更高的声誉，于是能否取得金钱和取得金钱的多少就成为人生价值的标准，或者将能否取得权力和取得权力的大小作为人生价值的标准，或者将能否取得声誉和取得声誉的大小作为人生价值的标准；如果我们将幸福定义为家庭美满、儿孙满堂，那么子女的孝顺与否就是价值的标准；也有的人认为人生是一种苦难，那么这些人多主张修行以脱离苦难或成为厌世主义者，他们的人生价值就是出世或解脱；还有的人经历了荣华富贵的洗礼，看淡了人生的过眼烟云，他们将幸福定义为平淡，平平淡淡才是真。所有这些都是个体对人生价值的不同认识导致的不同行为，因此获取的结果也是不同的。

但是，各种各样的人生价值标准应该在人际价值中得到统一，普世价值对真、善、美的追求，才是人类价值观的终极目标和唯一衡量标准，也是人类的永恒追求。所谓"真"，即真理、真实，就是事物的本质和规律，是人类对知识的渴望，是科学的目的；所谓"善"，即善心、善行，就是关系的和谐，是人类对人性的渴望，是道德的目的；所谓"美"，即美好，就是事物带给人的感官满足，是人类对情感的渴望，是文学和艺术的目的。人类可以有各种各样的精神信仰，但是无论哪种信仰，都脱离不了对真、善、美的追求，无论信仰真主、耶稣还是信仰佛或道。虽然确立了价值的终极目标和唯一衡量标准，但是人类对真、善、美的认识论是不同的，所以就有了不同的价值判断。

### 三、价值判断

实现自我价值是所有人的愿望，从个体、组织到国家都有被认可、被尊重的需求。真、善、美的普世价值标准决定了只有将价值标准放到人类整体的价值体系中去，融入社会，才能体现出所有个体及组织的真正价值。毛泽东提出了人生价值的标准：全心全意为人民服务，以合乎最广大人民群众的最大利益，为最广大人民群众所拥护为最高标准。[1] 这个标准应成为价值判断的最高标准，这个标准包括以下含义：

1.把人民群众的根本利益作为行动的出发点和归宿，坚持动机和效果

---

[1] 刘雨著：《艺术经验论》，长春：东北师范大学出版社，1998年，第52页。

的统一。毛泽东常用"功利"来表达价值的含义。他指出："我们是以占全人口百分之九十以上的最广大群众的目前利益和将来利益的统一为出发点的。"毛泽东还指出，评价一个人的人生价值，应坚持动机和效果的统一。动机是主观的东西，效果是客观的东西，动机必须转化为效果才能使人生有价值。他说过："一个人做事只凭动机，不问效果，等于一个医生只顾开药方，病人吃死了多少他是不管的。"①

2. 人生价值不在于索取和占有，而在于对人民的贡献，应以此作为评价的尺度。该标准要求我们的思维和行为要考虑社会需求及人民的利益，并因此而采取行动。这个标准也应该成为我们的经济改革、社会改革、管理创新的动机，也是判断这些行为的利与弊、缓与急、对与错，以及结果是优与劣的最高标准。它对管理的意义在于使管理者在面对矛盾和取舍时如何进行决策。②

---

① 毛泽东：《毛泽东选集》第 3 卷，《在延安文艺座谈会上的讲话》，北京：人民出版社，1991 年，第 135 页。

② 程林辉：《毛泽东的人生哲学》，北京：人民出版社，2013 年，第 73 页。

# 第五节　人性评价

人性指的是一种社会现象和现象整体。如果说逻辑、哲学、价值是比较抽象的管理假设和管理前提，那么对人性的认识和评价则是具体的管理假设和管理前提。在这里我们认识一下人性：人性是指人类受道德约束的心理和行为倾向，它以道德为前提，可以具体表现为人的欲望、想法、行为等。

人性的本质是一种态度或者是人的心理或行为倾向，当人没有任何态度表达时，我们就不能认识人的人性；只有人将态度或行为表达出来才能进行人性认识。一般情况下，当态度或行为与道德一致时就认为人性是善的，当态度或行为与道德有差距或违反时就认为人性是恶的或复杂的。这个规则不仅适用于对人类整体的人性认识，也适用于对个体的人性认识。

人性的表现是复杂多样的，行为、语言、想法、欲望等都是人性的表达形式。人性也是复杂的：对个体来说，既有人类整体的人性表现，也有个体的人性表现；既有善的一面，也有恶的一面；既有理性的思考或推理，也有直观的感觉或经验。人性也是多变的，随着时间、经历、不同的事件和人，都有可能体现出不同的人性。

## 一、人性的层次

人性有感知、需求、欲望、情感、动机、意志、态度、行为、角色等九个层次，让我们分别来了解一下。

1. 感知。感知是各类感官对刺激信息的接收、识别、筛选、处理的过程。刺激信息可以是语言、行为、文字、图形、表情、手势甚至内心感受等各种形式。感知活动并不产生直接的人性认识，但是感知是人性认识和评价的来源和基础，因此也是隐藏在心灵深处的人性。

2. 需求。人类会对感知的信息做出直接反应，这种反应的结果和体现就是需求。马斯洛的层次需求理论来源也就在于此。需求存在的前提是缺乏或不利刺激，比如衣、食、住、行等基本生存的需求，以及安全需求、交际需求等。当然，人的需求不仅有层次的区别，也有范围的区别，阶段的区别。比如人需求的范围包括物质需求或精神需求的等各个方面；阶段也可以分为生存阶段、温饱阶段、小康阶段、中产阶段、富裕阶段、极大富足阶段等。

3. 欲望。是人类对需求的评价和取舍，体现的是需要的重要程度和量的程度，欲望的实现能较大提高人的满足感。人的欲望由占有欲、权力欲和创造欲三类构成。占有欲创造和发展了人类经济；权力欲创造和发展了人类政治；创造欲创造和发展了人类自然科学和社会科学，三类欲望综合起来创造和发展了人类社会。[①]

研究欲望的目的在于深刻的认识人性，因为欲望是人性的核心体现和组成部分。比如一个清心寡欲的人不会对他人、对团队的利益造成危险或风险；一个好逸恶劳的人一定会造成组织的效率降低并影响组织的团结；一个没有权力欲的人必定不会成为组织的领导者；一个锋芒毕露的人一定会和组织的其他人难以相处等等。因此，如果管理者不深刻认识欲望，一定无法挖掘组织成员的潜力，一定是个失败的管理者。

4. 情感。是内心对欲望被满足情况的直接态度，如喜、怒、担忧、悲伤、恐惧、爱、憎、惊等都是情感的具体表现。与情感有密切关系的是情绪，情绪是情感的外在表现，它的表现形式包括神态、语气、行为等，即平常所说的"肢体语言"。肢体语言的表现越明显就说明其情绪越强，反之就越弱。情绪是多变的、随机的。人的情感和情绪有很多规律，包括：

（1）近似效应：情感接近的人容易产生共鸣，如同喜欢足球的人容易组成无形的小团队。

（2）晕轮效应：对人的认知和判断以偏概全，比如某一方面是好的，情感上就认为其他一切方面都是好的；如果某一方面是坏的，情感上就认为其他一切方面都是坏的。

（3）首因效应：认识事物和人的第一情感直接决定了对事物和人的判断。如对一个有知名企业工作经验的高级管理人员的第一判断是该人能力

---

① 任康磊：《人力资源管理工作手记》，北京：人民邮电出版社，2020年，第187页。

肯定很突出；

（4）厌烦心理：人对抽象的、复杂的事物有厌烦心理，常常表现出不耐烦、不屑一顾或不深入了解的情感倾向。

（5）角色效应：角色定义和角色扮演决定了人的行为，这个情感的直接结果是使得人们不在其位不谋其政。

（6）完美效应：人有完美主义情感趋向，总是希各方面都满意，好上更好，而一旦达不到满意就产生很大的不满意。

（7）反馈效应：当被管理者得到适当的反馈时，会产生更好的激励效果。这个情感趋向是要求上级要及时反馈下级的工作结果、存在问题和努力方向，及时激励。

（8）刻板效应：用老眼光看人或事，它是对人的一种固定而刻板的看法。

（9）近因效应：因时间接近或距离接近而产生的情感接近。如新采用的管理方法受到重视，原来的管理方法逐渐放弃。

（10）鲶鱼效应：即通过竞争或新方法、新观念，促进组织保持活力，不断创新。

（11）磁性效应：因属性相近或相反对类似的人员产生吸引，比如男女搭配，干活不累。

（12）责任分散效应：当一项工作交给某个团队或组织去完成时，工作结果常常不如预期。这是由于团队成员都认为即使自己不履行责任也无妨，还有其他成员承担责任。

（13）从众效应：比如炒楼的人如果赚钱，就会有人跟进炒楼，这些跟进者就是从众效应作用的结果。

（14）正向效应。人有荣誉感，愿意被夸奖、被称赞、被肯定；相反，不愿意被批评、被否定、被诋毁。

（15）共生效应：在自然界中，当一株植物单独生长时，会显得矮小、单调，而与众多同类植物一起生长时，则会根深叶茂，生机盎然。人们把植物界中这种相互影响、相互促进的现象称之为"共生效应"。英国"卡迪文实验室"从1901年至1982年先后出现了25位诺贝尔获奖者，便是"共生效应"一个杰出的典型。[①]

（16）蝴蝶效应：一丝细小的情绪不快或许会导致一整天的心境不快，或许还会引起诸多烦恼，甚至还会引来一连串的厄运。[②] 这个规律告诉我们要学会情绪的控制和调节，用积极的心态和平和的心态对待事物和问题。

（17）投射效应：就是指以己度人，认为自己具有某种特性时，他人也一定会有与自己相同的特性。[③]

（18）破窗效应：一个人打碎一块窗户的玻璃后，如果未能及时修复，很快就会发现玻璃全碎了。所以，我们的管理追求不要第一块玻璃被打碎。

（19）马太效应：马太效应指强者愈强、弱者愈弱的现象。[④] 反映到管理上就是集体的强大才是真强大，少数人的强大是风险和失败。

（20）权威效应：就是指说话的人如果地位高，有威信，受人敬重，则所说的话容易引起别人重视，并相信其正确性，即"人微言轻、人贵言重"。[⑤]

5. 动机。是由情感引起的为实现一定欲望而自我激励的内心决策过程。动机是一种自我激励，是人类内心的一种自我驱动。人类通过对各类信息的分析和判断，以及对知识和经验的掌握，能够自我激励和自我驱动。当自我驱动对欲望实现的判断呈现乐观状态时，这种动机就强烈且持久；反之，则降低且短暂，人类就是各个动机及其强弱、持续时间长短的集合体。如当我们认可一种管理模式时，我们就有引进这种管理模式的动机，当这种欲望持乐观状态时，就会成为强烈的动机；当看到有成功的案例时，这种动机会更强烈；当这种形式比较持久时，这种动机也会持久存在；反之，这种动机就会减弱，再减弱，直至被怀疑、被否定。

6. 意志。意志是为实现欲望而持续保持某种动机的心理状态。从表现

①　葛少卫：《高校学科生态系统分析与管理》，《价值工程》，2015 年第 12 期。

②　王来兴：《你不可不知的 80 个心理定律》，北京：朝华出版社，2009 年，第 126 页。

③　钟平艳，阳立兵：《论大学生人际交往中心理障碍的成因及排除》，《云南社会主义学院学报》，2013 年第 6 期。

④　孙晋：《竞争性国企市场支配地位取得与滥用以及规制的特殊性》，《法学评论》，2016 年第 5 期。

⑤　张华：《发挥心理效应，构建和谐校园》，《小学德育》，2011 年第 2 期。

特点来说，意志有目的性、独立性、果断性、坚定性和自制力五大特征。首先，意志的目的性使人的主观动机有很强的针对性和方向性，而不是迷茫或和困惑。其次，意志有独立性，不轻易受外因的影响或改变。再次，意志具有果断性，即做决定时能够快速识别形式，快速决策。第四，意志具有坚定性，意志的坚定性是指主观动机的持续度、时间性，即在执行决定时，能够坚持到底。最后，意志具有自制力，即善于控制自我情绪、欲望及动机的能力，表现为对诱惑、消极情绪（如厌倦、懒惰、恐惧）的控制及自我激励，与自制力相反的是冲动、善变等。①

7. 态度。态度是价值观（道德）选择的意志或行为。态度从质上来说体现的是一种程度。如强烈支持的态度体现了价值评价和意志的高度一致；中立的态度体现了价值评价和意志处于不确定或者反复的状态之中；强烈反对的态度体现了价值评价和意志明显对立或矛盾的状态。所以，如果我们可以调整态度评价或意志两者当中的任何一个因素的程度，我们就可以调整人的态度。

从表现形式来说，态度既可以是心理态度，也可以是行为态度，即：态度有心理和行为两种表现形式，而且心理态度与行为态度可以不一致。如一个心理上持反对态度的人可能在行为上持观望、中立或赞成的行为。但是，人性的层次复杂、关系复杂、内容复杂，从而造成了人性的形式和体现更加复杂，人的态度更难以确定。

8. 行为。行为包括脾气、气质、动作、习惯、性格。在行为科学的研究成果中包括了个体行为、团体行为、组织行为、人际关系学说的各种基本原理和模型，是我们认识行为的基础知识。行为科学理论最直接的价值在于为行为识别和行为矫正提供了可能和依据。从行为识别来说，我们要清楚地知道行为的内容及其价值。

行为矫正是改变或控制不良行为或不期望的行为，产生期望的行为的方法论，是行为改变原理、行为改变技术和工具的统称。通过行为矫正，我们可以更好地预测和控制某些行为，促使事情朝期望的结果发展，因而

---

① 卓博：《公务员考试例题精解》，《人力资源开发》，2016 年第 3 期。

该方法论在社会管理、企业管理等工作中发挥着重要作用。行为矫正的方法包括：

（1）限制性约束：规章制度、环境、实践操作等都是能产生限制性约束的方法。

（2）模仿与学习：模仿与学习的约束作用来源于人的荣誉感天性。在模仿与学习中，有一个普遍的规律就是身教大于言传，这在我们的管理工作中要特别注意和应用。

（3）认识约束：人类的困扰来自人们的认识论，更准确地说来自人的认识角度、深度和方法，不合理的认识会影响人的行为。

（4）自我约束：有自控能力的人能理性地及时纠正自己的行为，保持成功的习惯。

（5）激励约束：通过奖励或惩罚来约束人的行为就是激励约束的表现，激励的效果取决于激励的大小、频率和及时性。

9. 角色。所谓角色，是指由若干行为决定的人的作用和价值，是人性的最高和最后体现。由某个具体行为决定的仅仅是态度和行为，由若干行为决定的人性才是角色。对于一个具体的人来说，因为人性的复杂，所以其角色也很复杂，需要我们对此有清晰的认识。

在角色价值和作用的发挥上，人可以扮演更好的角色，发挥更大的价值和作用。如通过全员参与、QC 小组、TPM、TPS 等方式，普通职工也可以为管理改善和绩效提升做出很大的贡献，在海尔、在很多企业就有以职工名字命名的发明、革新，如果企业能够这样做，将会给企业带来极大的荣誉感，并能够激励更多的人，最终带给企业的将是巨大的价值增值。

领导的角色是管理必须重视的问题，领导角色的适合与否直接影响四个结果：员工积极性和凝聚力、沟通效率和效果、个人技能提升、管理业绩。从认识论说，领导角色的形成是物质决定意识、客观决定主观的规律作用的结果。这些物质、客观包括：官僚主义和集权主义决定的社会和企业政治体制、层级体制和尊卑观念决定的社会和企业伦理文化、权力观念决定的人际规则。总体来讲，人际应该是平等的、民主的、服务的、流程的关系。

## 二、人性关系

人性关系是处理人与其他事物关系的人性体现，一般来说，人性关系包括人的内外关系、人与社会的关系、社会与自然的关系三个基本关系。

人的内外关系是指个体人的本心与行为、人类的生物性与社会性的关系两种情况。个体人的本心与行为一般情况下与其人性相符，特殊情况下本心与行为也会矛盾，比如一个好人有时候会做出违反道德、违反价值观的事情。人的生物性和社会性的关系首先体现为人具有明显的生物性，比如人有生理需求、渴望安全、渴望被爱等。人与社会的关系体现为人与他人、家庭、朋友、亲属、团队、组织、国家的关系，社会与自然的关系体现为人类整体与生态系统之间的关系，这两种关系同样也体现了个体人和整个人类的人性，属于人性关系的范畴。[①]

了解了人性关系的构成，我们再研究决定人性关系的根本因素，主要有两点：利益的定义和利益分配。不同的个体、团队或组织具有不同的价值观和道德观，对利益的定义也就不同，也就导致了不同的行为及利益分配。因此，作为组织的管理者，首先要清楚利益的定义，其次是要充分考虑利益相关方及利益的合理分配，否则无法进行有效的管理。利益分配主要取决于三种价值原则：利他主义、利己主义、两利主义。

人的利他主义是客观存在的。利他行为是纯粹的，并非为了回报所采取的行为。利他人性来自人们互惠信念或基因本能，比如舍己救人的英雄，父母抚育子女等等就是典型的利他主义。在管理中，如果忽视了利他主义，就会使管理复杂化，效率低效化。汉语博大精深，比如"舍得"这个词我们可以理解为"先舍后得"，就是说先有利他然后才有利己的结果。作为管理者，如果盲目采取"利己"政策，往往会给组织带来更大损失，比如各种推诿、延误、隐瞒等活动给公司带来隐形损失增加。

"敬天爱人"是京瓷公司的社训，也是稻盛和夫经营哲学的核心概念。其中，敬天就是对自然、对人力以外的事情要有敬畏之心，要按事物的本性做事；爱人就是"利他"，这个"他"既是客户，也包括顾客、员工、利

---

① 高守国：《公考行测图形推理作答之道与练习》，《人力资源开发》，2016 年第 3 期。

益相关者和社会。[①] 稻盛和夫曾说道："很多人评论京瓷之所以成功，是因为京瓷有先进的技术，是因为京瓷赶上了潮流，但我认为绝非如此。我认为京瓷之所以成功，是因为京瓷经营判断的基准，不是'作为京瓷，何谓正确'，更不是'作为经营者的我个人，何谓正确'，而是'作为人，何谓正确'。因而它具备了普遍性，就能够与全体员工所共有。我认为京瓷成功的原因就在这里，除此之外，没有别的原因。"[②]

现实中不少人秉承利己主义，从人类的发展史来看，利己是个体生存和发展的基础，这符合个体的生存需要，也是人类社会存续的基础。但是，利他主义是整个社会保持稳定、和谐与发展的基础。在个体的发展上，利他行为是平衡事业与人生发展的充分条件，没有利他行为的个体必然会导致事业及人生的失败。

## 三、人性评价

通过对心理学、行为学与管理学关系的认识和反思，我们认识到人性问题是管理的首要问题，忽略人性的管理一定是低效的，注定失败的管理。因此，需要研究人性并将之应用于管理，管理过程和结果才是科学有效的。以下几点人性认识对管理具有一定的指导意义：

人性是感性的，也是理性的。个体的理性表现在人能理性地控制情感及行为，作为一个整体，人类可以理性地创立符合人类整体发展需要的科学、技术、社会制度、道德准则等有用的事物，促进人类的持续长久发展。个体的感性表现在喜、怒、哀、乐、爱、憎等情绪或行为，这是由于个体渴望被尊重、被肯定的心理需求或者对信仰的追求等心理或行为导致的结果。感性并非个体所独有，作为一个整体也会出现感性的情况，比如群体性的打砸抢往往就是群体感性问题所造成的。实际上，每一个个体或群体都是感性和理性的集合体，管理的重要任务之一就是在管理决策和行为中

---

① 饶惠霞，吴海燕：《京瓷 & 华为：殊途同归的经营哲学》，《企业管理》，2014 年第 5 期。

② ［日］稻盛和夫（著），周征文（译）：《京瓷哲学：人生与经营的原点》，北京：东方出版社，2017 年，第 105 页。

实现感性和理性的有机统一，追求个体及组织的全面发展和提升。

作为一个整体，人性是稳定的，比如尊重、同情、关爱、价值认同等需求，是人所共有的，是稳定的。但是，作为个体，人性又是多变的，比如小时简单，大时复杂；贫穷时简单，富裕时复杂；做普通人时简单，有权势时复杂等等，这都是人性的多变。人性的不变和多变互相交织、融为一体，这也是我们认识和评价人性的基本观点之一。对管理者来说，要正确认识和把握人性的不变与多变，在静与动的平衡中引导多变的人性为不变的人性，不变的人性进行满足，这样才能真正把握人性、利用人性。[①]

人性是个体的也是整体的。个性和整体人性的关系就是个体和集体的关系。这种关系体现在：个体总是寻找与本身个性相近的集体以找到自己的归属；当个体人性与整体人性产生矛盾和冲突时，个体人性往往服从和服务于整体人性，否则个性很难被接纳、很难存在；当整体人性与个性一致时，整体就成为个体实现自我的平台，个体也成为整体实现目标的资源。这个规律的作用领域包括：从众心理和行为的存在；拉帮结派活动及不利影响的存在等等。因此，如何引导和影响个体和整体人性的变化及其不利影响就成为每个管理者要考虑的问题。[②]

人性既理想化，又很现实。对真、善、美的追求，是人性向善的体现。在人性向善的规律下，人性的根本诉求是理想化人性。人性又是很现实的，人为了追求生理和心理的需要，人能务实地决定和采取行动；在生理和心理需要难以满足的情况下，人会转而追求适应环境、改造环境。尤其是事物是由其所处的系统环境和系统因素所决定的，而且现实中还存在很多偶然性的决定因素影响决策和行为的效果，因此人性的现实性是生存的前提。对多数人来说，理想化的人性只有在满足需求后才会去追求。总之，人性总是在理想与现实之间的矛盾中存在，而且会互相转化。因此，管理不能逃避现实的人性，而是面对现实的人性要善于疏导和利用，在客观上也要满足人一定的理想人性，给人以希望和激励。

---

[①] 刘墉：《成长比成功更重要》，北京：新华出版社，2016年，第112页。

[②] 中国企业联合会：《企业管理咨询理论与方法新论》，北京：企业管理出版社，1999年，第186页。

人性是善的，也是恶的。人性的善与恶是两种不同的认识论。人是复杂人，需要在了解人性的基础上去识别和判断具体的善与恶，或者说善与恶仅在面对具体的认识和方法时才能判断。因此，不存在绝对的善或恶，善或恶只是相对的概念或判断。

人性是主观的，也是客观的。但是，客观决定主观，物质决定意识，而不是相反。人性的改变首先是发自内心的改变，从这个角度说人性是主观的。但是，人性改变的前提是经历或外界环境的变化，这是人性改变的输入，从这个角度说人性是客观的。比如员工行为的改变是因为工作氛围的变化或利益获取的变化，如果没有这些变化，很难实现员工行为的真正改变。管理者可以从人性了解管理改善的着眼点、顺序安排和方法论策略。

### 三、基本人性

情、欲、仁、义、礼、智、信、贪、嗔、怨、恨、欺、诈、爱、怜、悔等等均是人性的具体展现，并非是基本人性。实际上，基本人性构成和决定了人性的整个体系，一般来说，物质观、幸福观、荣誉观、权力观、责任观、人际观、自由观、智慧观等八个基本观念大体上构成和决定了个人、组织的基本人性。[①] 我们分别做简述：

1. 物质观。存在的前提是物质基础，因此无论是个体还是组织首先应该关注是人的物质观，物质观就构成了人性的第一观念，马斯洛的需求理论也证实了这一点。

2. 幸福观。幸福是所有人的追求，在幸福的定义和普世评价标准上，我们认为能够为历史创造价值和发挥作用是幸福观的最高标准和原则；为社会创造价值和发挥作用，是幸福观的第二原则和标准，这个标准同样也适用于组织。[②]

3. 荣誉观。荣誉是外部对个体或组织价值的认可，也是驱使个体或组织追求自身提高和发展动力，荣誉感可以约束个体或组织的行为符合价值及道德的标准，也可以驱使个体或组织取得超出预期的成果。所以管理者

---

① 卓博：《公务员考试例题精解》，《人力资源开发》，2016 年第 3 期。
② 卓博：《公务员考试例题精解》，《人力资源开发》，2016 年第 3 期。

应该在正确认识人性的基础上，基于个体或组织的需求及特点给予适度的精神或物质激励，以正确识别和引导他们的荣誉感，从而促使管理的成功。

4. 权力观。权力包括占有权、指挥权、维护权、制约权。占有权是所有权和处置权的综合体，比如股东可以投资或撤资、私有财产可以买卖等就是占有权的体现。指挥权是一方对另一方的控制，或者说一方对另一方的服从，比如上级对下级就拥有指挥权。维护权是处于配合或从属地位的一方对自身利益的保护和要求，比如申请行政复议、劳动保护、申诉等就是公民维护权的体现。制约权是指各种利益关系的平衡和制衡，比如管理中的制衡，西方政府的三权分立制度体现的就是制约关系。

人性首先是自利的，因此多数人在拥有权力时往往会追求特权，而且会扩大对权力的要求。当拥有权力时，部分个体的行为通常呈现出几个特点：好发号施令；与下属产生交际隔离；将部下或组织的成绩要归功于自己；不断追求扩大权力。

这些特点会导致管理者和被管理者之间出现巨大的认知差距及沟通壁垒，往往会造成组织内部的对立和矛盾，会导致管理腐败和执行不力，最终会影响组织的竞争力以及可持续发展。因此，作为管理者解决这些问题应采取以下方式：

（1）管理者要靠沟通和影响力去促成组织的改变和执行，而非靠权力强压。

（2）打破特权观念，树立平等和服务的意识，并能够勇担责任。

（3）建立有效的监督机制，用规则去制衡权力，也就是把"把权力放在笼子里"。

5. 责任观。责任观也就是人性的构成之一，人的责任观体现在面对个体、家庭、组织、国家、民族甚至人类整体等不同事物时的价值及道德的判断和选择上，作为管理者应：

（1）正确理解责任：作为责任主体，责任是由内心而发，而非外界强加。

（2）正确赋予责任：责任的赋予不是靠权力或情感，是靠对责任主体的尊重、支持和鼓励。

6. 人际观。人际观也是人性的构成之一，决定着利益判断和选择，决定着人际关系的归属与和谐，作为管理者，需要正确认识人际观的几个特性：

（1）归宿性：管理者要帮助被管理者找到其发展的方向并助其走向目标的终点。

（2）平等性：消除特权思想，创造平等的环境和机会，这是融合团队的最好办法。

（3）宽容性："宰相肚中能撑船"、"有容乃大"说的就是宽容，人无完人，不可求全责备。

（4）共生性：提倡共享、共荣的人际观，避免独享、独荣的人际观。

（5）和谐性：追求"和而不同"，避免激化矛盾的同时共谋发展。

7. 自由观。自由观决定着人际和谐、社会安全和社会秩序关系的建立，自由只是相对的，没有绝对的永恒的自由。在组织管理上，管理者需要充分了解：

（1）自由只在特定的事物上，且只拥有相对的自由。

（2）人有自由的诉求，一定程度的满足被管理者的自由诉求，会有很大的激励效果。管理者要正确识别和判断在何时、何事、何人、何种程度上进行自由安排的决策。

8. 智慧观。人人追求并想拥有智慧，因此智慧观也是人性的基本内容。智慧观是人认识事物、处理事务的基本原则和行为观念。作为管理者应正确识别和把握有用的智慧观以提升或改善我们的认识论和方法论，作为管理者应该拥有以下特质：

（1）必须有怀疑精神。避免成为一个盲从者、权威主义者、机械主义者、本本主义者，需要用思维、逻辑、认识打破经验、习惯或旧有思想的约束。实际上，很多组织采用的管理方法、管理机制或操作模式不一定是必需的或不可或缺的。管理者应用怀疑的精神去发现问题、解决问题。

（2）学会拥有智慧。持续学习会使人产生智慧，尤其是哲学。如同孩子需要不断学习才能真正成长一样，我们需要学习哲学才能真正智慧。

（3）人要自知。道家创始人老子曾说过："知人者智，自知者明"，这句话的意思是说能清醒地认识自己的人，才是最聪明的。"不自知"体现在：

人不知道自己不知道什么。"自知"可以通过实践、自省、批评与自我批评的方式提升。

（4）有敬畏之心。收敛和控制自己的欲望，减少不必要的冒险和蛮干，理性决策，"小心驶得万年船"说的就是这个道理。

（5）明辨事理。理越辩越明，所以经常性的沟通和辩论是获取智慧的重要方式。明辨事理要求我们把握基本的是非观和道德标准。

（6）运用辩证的认识论和方法论。事物的存在、发展和变化都是客观的，所以要辩证地看问题，要用矛盾、系统、运动、整体、本质、逻辑等方法认识问题、处理问题，而不是用二分法、局部观、静止观念、形式（表面）主义等方式进行判断。

尽管人性多样、人性复杂，构成人性的内容也包罗万象，但是以上人性观是构成人性体系的基本框架和要素，通过对这些基本框架和要素的识别和判断，我们可以对人性做出完整的、基本的认识和评价。

五、人性定理

分析和总结人类文明（文化）史的发展规律及本质，在管理上，无论是哪种类型的管理都遵循人性定理，这适用于各种类型的组织，无论是企业、军队还是政府等。所以理解人性定理对于以人为管理对象的组织具有根本的意义，管理者应了解人性定理的以下特点：

1. 人是管理的基本单位和主体。

2. 任何人的态度或行为都服务于一定的目的。

3. 人性是可以被认识和改变的。

4. 做好任何一件事都是有条件的，比如利益或兴趣驱动的动因条件；技能、资格、经验等胜任条件；信息、人力、资金、资源等支持条件：伦理道德、价值观等。

5. 人性多样，分层、分类、分情况、分环境、分人、分时间等。

6. 求同存异、相互妥协、和谐共处应是人性关系的基本原则。

通常情况下，当人们能真正认知自己的能力与信念时，且工作与此匹配时，他们的贡献度会更大，甚至远远超出期望。如果其工作的方法与范围已经被事先限定，那就无法看到他们真正的能力，因此对中高层管理者应适度给予其工作的灵活性。当被迫从事某项工作时，就会产生逆反心理，这就是"自我管理"理念产生的根本原因。

## 第六节　人性假设

人在做任何事情之前在内心已经有一个假设，然后会在这个假设的前提下去认识和处理问题。如果一个管理者不喜欢听下属的反对意见，那么提反对意见的人往往就得不到重用，即使下属所提的意见全部是事实。因为这个管理者的人性假或许为：支持我的人才是自己人。再比如一些经常抱怨公司不好的人往往被认为对公司不够忠诚，但实际上有可能是这些人看到了公司存在的问题，却缺乏解决的渠道所导致的，他们有可能是对公司最忠诚的人。所以，深刻认识和理解人性假设对于管理的重要不言自明，这直接决定判断的准确性和行为的合适性。

早在两千多年前，荀子的"性恶假说"就和孟子的"性善假说"就针锋相对，至今也是百家争鸣，尚无定论。[①]20世纪，西方行为和社会科学家也开始尝试从不同角度了解人性，如著名的 X 理论、Y 理论、Z 理论等。尽管他们都观察、分析了大量的人类行为和实际案例，却依然对人的本性把握不定。那么，我们到底该如何认识人性？

### 一、人性的认识假设

诸多的行为和案例研究表明：从某一角度或某一方面认识和研究人性，一定是不完整的；从认识系统论的角度说，一定要从几个不同的方面构成对人性的系统认知，才能完整地认识人性、把握人性，也只有这样才能真正实现对个体人性的识别和引导。美国著名管理心理学家、麻省理工学院教授麦格雷戈（D. McGregor）对管理中的人性假设问题进行过深入的研究。在他看来："每一个管理决策或每一项管理措施的背后，都必然有某些关于

---

① 中国社会科学院:《中国大百科全书》，北京：中国大百科全书出版社，2016 年，第326 页。

人性本质及人性行为的假设。"① 在这里，我们介绍几种常见的人性假设：

（一）人性的"社会人"假设

"社会人"假设源自著名的霍桑实验，该实验的结论是：工人不是机械的、被动的机器，而是活生生的人；不是孤立的个体，而是复杂的社会系统的成员。因此，把重视社会需要与自我尊重需要而轻视物质需要与经济利益的人称为"社会人"。②

以此延伸，人性的社会人假设认为：任何人都是构成社会系统的成员，社会系统对任何个人人性都有直接或间接的约束和决定作用，任何人的意识和行为都是对社会系统的主动或被动适应（应对）并由此形成一定范围的社会人性，构成一定的社会群体；人性（关系）是社会群体划分的根本标准，而不是以政治地位、经济财富等划分。马克思指出："人类社会和人类历史的一切现象都是建基于人的本性。"③ 贪官污吏、地痞恶霸、沽名钓誉的学者、无所事事的寄生虫、阴险奸诈的小人等以及雷锋、黄继光、张思德等英雄人物都有其人性的一面。

人类政治、经济、文化、科技历史发展过程中每一次大的调整或变动都会造成人性的相应变动。在每次社会、历史变革的时代，所有人均会受社会氛围和社会变革的影响。所谓"适者生存"，如果不能适应社会环境，很容易滑入贫富巨大差距的不利境地。因此，每次社会政策调整的结果，必然导致相应的人性认识和人性行为的改变，问题的关键在于是否能识别出政策调整后的潜在结果，才是是否能准确地把握一切人性的关键之一。

（二）人性的自然人假设

人是一种自然动物，人性也就摆脱不了自然动物的生物特征。自然生物的生物特性体现在吃、喝、拉、撒、睡、休、传宗接代等，人也是如此。但是，人作为高级动物，有其不同于其他任何动物的特性——贪婪。动物很简单，只限于维持肉体生命和延续后代，人则会希望占有更多、更广、

---

① 苏东水：《管理心理学》，上海：复旦大学出版社，2014 年，第 127 页。

② 罗桂芳：《论企业创新型人才的人性假设及其激励》，《湖南商学院学报》，2012 年第 6 期。

③ 姜正冬：《哲学思辨录》，北京：中国社会科学出版社，2008 年，第 136 页。

更大，以实现自己的虚荣心。马克思说："人以其需要的无限性和广泛性区别于其他一切动物。"① 也因为贪婪，带来更多的人性丧失、不道德行为和不利代价。

（三）人性的需求假设

人性的出发点是需求，需求体现人性，了解人的需求就可以把握人的行为和社会现象产生的缘由。马克思说："在现实世界中，各人有许多需求，他们的需求即他们的本性。"②

识别个体的需求不能不提到"复杂人"假设。"复杂人"假设认为：人有着不同层次、多样的需求，这些需求是复杂的、不断变化的。每个人的多种需求不是独立的，相互联系并结合为一个整体：有的人追求经济上富足的需求，有的人追求权利最大化的需求，有的人追求社会声誉最大化的需求，有的人追求的是社会贡献最大化的需求……不同个体的不同需求就形成了错综复杂的动机模式。个人在特定时刻的需求是他本身的固有需求与社会存在交互作用的结果；人的工作性质不同、社会地位不同、能力不同、与周围人的关系不同，其需求与动机模式也不同；不存在对任何时代、任何组织或任何人都普遍适用的管理模式。③ 因此，认识个体或组织要通达权变，因地制宜，灵活应变。

不管人的具体需求是什么，不管以什么形式存在或反映，总可以归为两类：物质需求与精神需求。对吃、穿、住、行、用等方面的需求属于物质需求。对感情、信仰、权力、荣誉、信任、声誉等方面的需求，属于精神层面的需求。物质与精神方面的需求，有合理的，也有不合理的。对超出能力范围的金钱、地位的需求就是虚荣心，虚荣心会导致过度的压力及复杂的人际，而超出道德层面的需求则会导致人性沦丧。

对于组织而言，管理的首要任务是人的管理，其关键在于调动人的积极性，最终会落在如何满足人的需求这一要素。因此，管理者应深入研究

① 刘湘顺：《新世纪我国利益关系状况、原因及其治理路径探析》，《武汉理工大学学报（社会科学版）》，2011 年第 5 期。

② 张雷生：《马克思主义基本原理及概括》，北京：中国人民大学出版社，2018 年，第 56 页。

③ 郭咸纲：《人性假设》，广州：广东经济出版社，2003 年，第 159 页。

组织中人的需求，处理好组织利益与个人需求的关系。作为一个组织，必须认真研究应满足人的哪些需求，满足哪些人的需求，如何满足人的需求；一方面要满足人的合理需求，另一方面要善于引导、调节、控制过度的、不现实的需求。只有满足了人的需求，才能引起人对组织的认同，并激发工作的动机。[①]

（四）人性的利益关系假设

人类社会是关系社会，人类历史是关系史。马克思讲："人是社会关系的总和。"[②] 影响人际关系的核心是利益：天下熙熙，皆为利来；天下攘攘，皆为利往。正是利益关系的作用，改变和影响了人性的本来面目，使人性产生了弯曲或扭曲，导致人性产生了本性和显性的区别。本性，就是人性的本来、原始、直接反应，显性就是经过利益关系决定之后显示出来的表面的、复杂的、间接的甚至是虚假的反映。因为显性的存在，使得人们对人性的认识和识别变得更加困难和困惑，使人际关系变得更加复杂，稍有不慎，就会落入人际关系的陷阱，人们常说的社会复杂，就是源出于此。所以，我们有必要认识利益以及利益关系的决定因素。

什么是利益？利益是需求被满足的过程和结果。事物能否成为人的利益，并非取决于事物本身，而是由该事物能否满足人的需求所决定。如果一个事物不能被定义为需求，也就不会产生利益和利益关注，利益关系也就失去其存在的前提和条件；如果该事物满足了人的需求，则成为人的利益。可见，利益因个人的需求定义而产生，具有个体性和主观性。例如，对于一个物质至上的人，金钱是他最大的利益，而对于一个自我实现的人，目标实现后得到的精神满足是最大利益，金钱回报的多少倒是次要的。再如，城市人不会对田里的一棵野草给予多少关注，因为他们并不需要野草；而对于一个生物学家来说，野草也许会成为他的利益，因为他要通过研究野草认识其特性为人类服务；对于一个农村人来说，也会成为利益，因为

---

① 李平忠，《张丽旌：知识管理在生物制品 GMP 管理中的作用》，《现代预防医学》，2006 年第 3 期。

② 刘泰来：《习近平总书记对外话语体系研究》，博士论文，南京师范大学英语系，2016 年，第 27 页。

他要将野草拔下来以免影响庄稼生长，也许他还要将野草喂养家畜。

利益关系假设还认为：任何利益关系有三种状态或形式，即合作关系、竞争关系和没有关系；三种状态和形式可以互相转化，具有变化性；无论何种利益关系均表现为多与少或大与小的对立关系。比如同类组织在市场上是竞争关系，也可能是在技术领域是合作关系；国家之间的关系经常在合作与竞争之间进行变换等。同时，决定合作、竞争或无关关系的根本因素是利益的多少、大小的问题。利益多，则竞争；利益少或没有则无关或合作。竞争关系表现为人与人之间、群体（组织）之间、人与群体（组织）之间为了满足各自的需求而互相争夺，是需求的对立，这是产生冲突的根源和必然。竞争的结果是一些人靠另一些人来满足自己的需求，因而一些人（少数）得到了发展的垄断权；而另一些人（多数）经常地为满足最迫切的需求而进行斗争。[①] 社会一直是以对立的形式发展的，合作关系表现为人与人之间、群体（组织）之间、人与群体（组织）之间为了满足各自的需求而达成一致、互相妥协或互相利用，合作只是表面的、暂时的、具体的，其实质还是竞争的、多变的。无关关系表现为利益少或没有时的一种漠不关心、事不关己、顺水人情的态度和行为。按照这三种关系识别任何组织和群体中的个体，都能准确地把握每个人的站位和行为，从而做到"凡事可预"。

（五）人性的"自我实现"假设

自我实现是个体的主观认识和感受，其定义因人、因时而异。人性只能引导而不能强制，否则会受到抵触或反抗。为了自我实现，人会追求责任感、情义和使命，能够自我约束、自我控制，而不是逃避责任、缺乏雄心。

（六）人性的"简单思维"假设

比如从众思维即简单思维的体现，这种思维是看别人做什么，自己就做什么，而不去寻求原因。只见树木，不见森林，只见表面不看本质、只见眼前不看长远，"非此即彼，非白即黑"的二维思维，静止地或习惯性

---

① 赵勇，王金情：《人的需要差异与思想政治教育的针对性》，《江苏社会科学》，2012年第5期。

地看问题，孤立的而非系统性地看问题等等都是简单思维。总之，简单思维多以感性思维、形象思维、经验思维居多，而基于理性认识的逻辑思维、抽象思维、哲学思维则不足。作为管理者应当尽量避免简单思维，但应该思考如何能够实施"简单管理"。思维是从简单到复杂，再从复杂到简单，高层次的"简单"才是管理者努力的方向，管理也是如此。

因此，管理者在解决实际问题的时候，应避免低层次的简单思维，比如当下属之间出现矛盾争议的时候，应避免在信息不全面的情况下做出对错的主观判断。因为可能两个都没错，也有可能两个都错了。

（七）道德约束假设

人性的道德约束假设认为：人性受道德的约束，可以受道德的控制和影响。但是只有通过适当的表达才产生这个效果。这是由于人性具有巨大的个体差异，如果人性可以随意发挥而不加以限制必然会带来人与人之间的诸多冲突和矛盾，也会有损其他人的利益。所以才产生了公众普遍认可的"道德"来对人性加以约束。那么作为管理者，用怎样的道德的表达方式来利用人性才能达到最优的管理效果？下述几种方式可以参考：

1. 引导优于强制。管理的最高境界是实现组织的自我管理。我们需要清楚地知道：满足别人才能满足自己，只满足自己实际是害自己；管好自己是管好别人的前提；人都有优点和缺点，应尽量避免或减少缺点的阻力和破坏，创造环境或条件去改变缺点才是引导的方法。

2. 先舍后得。组织要找到合适的人才，总是要先给予合理的、有竞争力的待遇，这就是组织的"舍"；人才为组织创造价值、提出建议，这就是组织的"得"。对待普通员工也应如此，这是因为在组织中普通员工的数量占比是最高的，多数普通员工的集体智慧往往比个体的人才创造更大的隐形价值。管理者应当明白：先舍的行为会让人感动，并因此而更愿意付出。

3. 明确责任及授权。人都喜欢被尊重以及自我实现，自我实现的前提就是承担责任并能够创造价值，因此组织应视成员的胜任力给予其职责及授权。

4. 尊重和沟通。人需要被尊重，有人说："你敬我一尺，我敬你一丈"这是多数人的普遍心理。因此，尊重别人往往使被尊重的人更能承担责任，因此也使管理得以简化。另外，在沟通中要善于换位思考、将心比心，要鼓励高兴的人，使他做得更好；要安抚不高兴的人，使他安心接受改变；要夸大别人的优点，淡化其缺点，使他的优点发挥到极致，因为人都不愿被揭短。

（八）人性差异假设

人性差异是普遍存在的。因此，作为管理者应当根据实际情况去识别个体或群体的这些差异，评估差异的影响，思考如何控制差异并将其导向成功。然而，由于多数管理者对人性差异存在认知的缺陷，不知道思考什么、控制什么、引导什么。

人性差异主要体现在两个方面，即需求层次和程度差异。不同层次的人，需求的重点不同，需求的重要或紧急程度也不同。基层员工需求的重点在于生存与人际关系和谐的需求，中层员工侧重于被尊重及成长等更高级的精神需求，高层员工侧重理念认同、个人价值实现、文化与信仰认同等需求。当然，人的层次认知也比较复杂，需要综合考虑各种因素，比如其家庭背景、知识层次、个人修养、格局、处事方式等等，也需考虑其所处的立场，而非仅用权力和职位去考虑层次。

人性是多元化的，个体在人性上存在普遍的差异，个体对事物的定义和认识不同，行为方式也就不同，最终造成的结果也会迥然不同。比如同样面对一个犯了同样错误的人，有的管理者会直接批评，有的管理者会委婉建议；从被批评者的角度看，有的人"吃硬不吃软"，有的人"吃软不吃硬"。因此，对不同的人，应该有不同的认识和方法，这就是管理的复杂性。只谈"仁义"，约束不了小人；只谈"法治"或"规则"，而不考虑实际情况，有时候未免不近人情，容易打击人的主观能动性。事实证明，因为人性的不同，在管理中我们既需要讲"规则"，也需要讲"仁义"，真正做到"人治"与"法治"共用，才能最大限度实现管理的目的。矛盾论的原理也告诉我们，任何事情都不会有多种选择，也会有不同的认识和行为方式。

人性同样也存在群体差异。群体差异性主要体现在维护群体的行为表现上，这主要是由群体或组织的立场决定的。比如组织内部的部门冲突，常见的如生产部门和质量部门的矛盾、生产部门与计划部门的矛盾等。组织与组织之间也存在冲突，诸如同行业之间的竞争。组织与社会之间的冲突，比如组织造成的环境污染。不同国家或者不同民族之间也存在冲突，比如中国与美国之间的矛盾。因此作为管理者要识别群体的差异，采取适当的应对计划和行为以最大程度减少冲突的风险。

管理者应当认可人性是变化的，无论是个体还是群体在不同的环境或时期基于外界的不同刺激或者本身的发展需要会呈现出不同的行为或者行为的强度不同，这是人性的历史假设。因此管理者应当从人性的变化中总结个体或群体的人性的情况、影响因素及变化趋势，从而能够判断个体或群体的行为倾向，为最终控制和引导个体和群体的行为创造条件。比如一个行为散漫的人在一个积极向上的环境中可能会变得积极上进，这是环境对人性的影响。总体来讲，忽略了外界环境及本身的发展需要去评价一个人的人性是不恰当的。因此，人性的历史假设也要求我们不能拿过去的行为作为判断的依据，而要根据当时的情况进行判断并且进行定点跟踪、沟通和矫正。

管理最终是对人的管理，因此对人性分析的角度越多，识别问题的能力就越强，越有利于管理。

## 二、人性的方法假设

人性假设是对人性的认识和定义，这是分析和处理问题的前提。按照逻辑的方法和规律，接下来要考虑用什么样的方法来分析和解决问题，马列主义和毛泽东思想的有关原理是认识和实践人性假设的主要方法论[①]，从管理的角度我们可以重点关注以下几个要素：

（一）坚持实事求是

每一个问题的出现都有其背景与前提，也有其特点，因此"具体问题具体分析"是针对性分析和解决问题的有效方法。在问题的研究上要遵循"实事求是"的原则，日本的"三现主义"（即现地、现物、现实）充分体现了这个原则。任何管理活动，脱离了实事求是的基本原则是必然没有效

---

① 中国企业联合会：《企业管理咨询理论与方法新论》，北京：企业管理出版社，1999年，第195页。

果的，也必然导致被管理者反对。

在分析问题和解决问题之前，也只有先调查个体或组织对事物的认识和定义，调查事物的结构、层次、系统等内涵和外延，调查事物的功能，调查事物的工作条件和环境，调查事物的变化过程，调查事物的性质，调查事物之间的相互关系和相互作用情况等等，调查清楚了才会有预防措施和应对措施，有一个方面认识不到，就会造成过程的变异和失败。[①] 1930年5月，毛主席在《反对本本主义》一文中指出："你对于那个问题不能解决么？那么你就去调查那个问题的现状和历史吧！你完完全全调查明白了，你对于那个问题就有解决的办法了，一切结论产生于调查研究的末尾，而不是它的先头。"[②]

（二）善于矛盾分析，全面联系

对任何一个具体问题，管理者要有能力识别隐含在背后的矛盾关系或利益关系，并且基于这个矛盾或利益关系，充分了解这个问题为什么会出现，利益相关方有哪些，这些利益相关方的立场是什么。管理者基于不同的立场换位思考，会比较容易理清矛盾之间的关系，容易抓住矛盾的重点，最终也易于获得一个好的结果。不少管理者在认识和处理问题时常常"以我为主"，单纯站在自己的立场和角度考虑，这会造成各个层级之间的隔阂，从而影响矛盾的解决。如果管理者只看到一面，把局部当全体，就会犯片面看问题的错误。

（三）坚持群众路线

随着生产力的发展，越来越多的设备、人员参与到生产活动中去，管理活动也变得越来越复杂。在这种情况下，任何一个环节出现了问题，都有可能导致更多的问题。因此"全员参与"的理念越来越普遍，出现了诸如"全面质量管理""全员生产维护"等理念。那么怎么才能实现全员参与？唯一的方法就是坚决贯彻和落实群众路线，这是管理活动的根本工作路线和方法。具体来说，就是"一切为了群众，一切相信和依靠

---

① 高守国:《公考：行测图形推理题作答之道与练习》,《人才资源开发》, 2019 年第 5 期。

② 毛泽东:《毛泽东选集》第 2 卷, 北京：人民出版社, 1991 年, 第 226 页。

群众，从群众中来到群众中去"。① 那么，如何在管理中贯彻群众路线？首先，要重视员工并能够充分调动员工的创造力。实际上，员工是所有活动的执行者，同时也是防止问题的第一道防火墙，员工对其所从事的工作有其最深刻的体会，并且员工的智慧无穷无尽。因此作为管理者应该深入到员工中去总结他们的经验，充分利用他们的聪明才智，从群体智慧中汲取营养，并将其贯彻到行动中去。这样的认识论不可能导致"狭隘经验论"，这是获得正确认识的源泉和科学手段。一个好的管理者一定会打造组织的"内驱力"，这种内驱力就是员工自主地将创造力转化为行动，并为组织创造最大的价值。能够实现这一点的管理者才是真正的管理者。

其次，要明确认识主体的变化。从马克思主义理论来看，人民群众是实践和认识的主体，也是取得胜利的前提条件。但是，谁来坚持群众路线，是管理者。管理者只有坚持群众路线，才能获得群众的支持并能够利用群众的智慧。也能够让反对者陷入"人民群众的汪洋大海中去"，从而获取最终的胜利。作为一个组织管理者来讲，坚持群众路线也就获得了最大的竞争力。从事某项工作的领导或管理专家如果说坚持群众路线的认识论和方法论会产生偏差的话，那就是管理者自身这个认识主体就存在问题。因为认识主体应该是个思想加工厂，但是这个工厂的加工能力不够，没有做到去粗取精、去伪存真、由此及彼、由表及里的工作，才产生了这样的错误认识。如果这个认识主体是先进的思想加工厂，视野开阔、思想活跃、善于总结群众的先进经验及聪明才智，那他就不会犯狭隘经验论的错误。毛主席说过：谁真正发动了群众，谁就掌握了行动的主动权。②

最后，坚持群众路线，并非排斥或妨碍专家团的作用。这是不同层次的问题：坚持群众路线是马克思主义思想方法的根本原则，设立智囊团之类则是一种具体的工作方法，况且专家也属于群众。如果管理者单纯地用专家代替群众，否定群众路线，脱离群众路线，难免会有失偏颇。

---

① 隋一南：《公务员践行党的群众路线的能力体系的构建》，《经济研究导刊》，2015年第3期。

② 石仲泉：《毛泽东哲学活动的基本思路和他的思想方法论》，《南京社会科学》，1991年第5期。

（四）善用立场分析法

立场指认识和处理问题时所处的地位和所抱的态度，它是认识和处理问题的立足点，也是起点和终点。它决定了一个人处理问题的观点与方法，更决定了一个人对待事物的态度、感情和行为。从利益关系的分析中，我们清楚了人际关系的实质是利益，因此立场分析法实际就是站在不同的利益角度认识问题的方法，它从毛主席阶级分析法引申而来。[①]

《中国社会各阶级的分析》和《湖南农民运动考察报告》，就是毛主席娴熟地运用阶级分析方法的杰出篇章。毛主席在回顾这个方法的时候说："小时候长住乡村，看见人就只知道是人，不知道有阶级。后来读了《共产党宣言》，加入了共产党，回去再观察就变了样子，才知道农村有地主与农民、城市有工人与资本家的对立。地主有大地主、小地主。资产阶级有大资产阶级、民族资产阶级、小资产阶级，中国革命如果忽视团结小资产阶级，不照顾民族资产阶级，不把中间分子同大资产阶级加以区别，就是极大的危险，就不能胜利。"[②]

管理的立场是管理者认识和处理问题时基于其所处的地位而持有的态度，同样也基于个体或组织的利益考虑。当管理者倾向于维护某个特定的利益时，他的行为和决策，都会朝着有利于特定利益的方向进行下去。比如企业搞管理体系，如果体系文件照搬 ISO 标准而不考虑企业的实际情况，那么编写出来的文件就会侧重于形式，并不一定能为企业带来实际效益。但是如果管理者的立场是通过客户的 ISO 审核，那么照搬 ISO 标准就会有其合理性。如果管理者的立场是提升企业的管理水平，那么他一定会结合企业的实际情况进行 ISO 标准的转化，从而进行筛选。这就是不同的立场所带来的不同行为。从控制的角度说，站在管理者的角度总是想着如何控制和约束下级，而作为下级则更希望更自由、更方便地工作，这就是不同的立场。

---

① 中国企业联合会：《企业管理咨询理论与方法新论》，北京：企业管理出版社，1999年，第189页。

② 毛泽东：《毛泽东延安时期文稿两篇（一九三八年三月——一九四一年 十月）》，《党的文献》，2002年第5期。

（五）坚持独立自主的原则

独立自主不仅用在处理外交关系上，也可以用在组织关系管理上。独立自主是领导活动的基本立足点和创造性工作的方法论原则。一个合格的管理者不会人云亦云、不会见风使舵，会有其独立思考、自主处理问题的能力，不会受到派系的影响，会站在公正的立场上以怀疑的精神独立自主的认识问题和处理问题，从而追求整体利益的最大化。这样管理者一定会受到员工的拥护和支持，树立自己的权威，更能够持续不断地扩大自己的影响力。

随着中国进入物质充裕的社会，现在的管理者面临的环境与以前有很大的不同：七十年代以前人们的观念是服从领导，否则就没有工作或收入。但是随着八零后、九零后甚至零零后逐步成长为社会的主体，他们的物质条件充裕，知识层次也有很大的提升，并且没有大的生活压力。因此，对他们的管理和以前大不相同，八零前可以采取强制手段，而八零后则需要采取让其信服的手段。在这种情况下，如果管理者持续学习，拥有独立思考及管理的能力，一定无法树立威信，也会被员工鄙视和抵触。

（六）树立强烈的公仆意识和服务意识

管理者必须有强烈的公仆意识和服务意识，这是贯彻群众路线、取得群众拥护的必然途径和要求。所谓公仆意识就是说管理者要以仆人的心态去处理与员工的关系并服务于员工。拥有这种意识的管理者容易得到员工的信任、拥护和支持，工作也容易展开。如果组织的管理者都有公仆意识，组织也会容易实现员工的自我管理。所谓服务意识就是管理者要让员工满意，应当基于工作的需要向员工提供资源、方法、指导和辅导，在员工遇到困难时要积极进行支持。拥有服务意识的管理者，其员工的素质、意识都易于和管理者处于同一个轨道上，从而能够最大程度实现预期目标。总之，管理者能够做到服务于员工，员工则必然能够为组织创造更多的利益。

但是，很多管理者并没有公仆意识和服务意识，总是放在特权者的立场去考虑问题，认为是员工服务于自己，秉承"成绩是自己的，问题是员工的"这种不良心态。总是口是心非、欺上瞒下、推过揽功、推诿扯皮、敷衍塞责、暗中掣肘等，这样的管理者在组织中比比皆是，是组织的蛀虫，但是这样的管理蛀虫总是隐藏在各种正确理论的光环之下，因此作为一个有良知和责任心的管理者在杜绝这些问题的同时，要甄别这样的管理蛀虫，并坚决予以清除。

面对这样的问题，要尝试打破组织内的官僚特权阶层以及和特权的运行规则，彻底推行"服务于后工序"的规则。将每项职责和任务的完成都看成组织活动的必然过程，都有规定的流程，每个岗位和人员的工作都是流程的一个"工序"或"节点"，每个工序或节点都为下个工序或节点服务，服务到位才能得到符合预期的收益或激励。总之，切实贯彻公仆意识和服务意识才能达成最广泛的管理的认同。①

随着生产力的发展和人类认识的深化，人性方法论假设目前还在不断地丰富和调整，作为管理的重要组成部分，会更加系统化、科学化、通俗化，将人性方法论正确地应用到管理中去并能够创造更大的价值，这是所有管理研究者和实践者持续努力的方向。

## 第七节　知识和经验

知识和经验是人性认识、管理运作的显性的充分条件，是人类从拥有意识以来学习和经历的汇总。在做管理决策时，知识和经验往往起决定性的作用，由此，我们必须重视知识的积累和经验的总结，力求在更深层次上认识知识和经验对管理的作用。

### 一、知识和经验的来源和局限

从根本上来看，知识和经验都来源于实践，经验往往是个体的总结，而知识则往往是对群体经验的总结、提炼与发展。

经验是对一次或多次直观感受进行的总结，直观感受是外界实践的输入对内部感官进行刺激或震动而产生的。

经验是存在局限性的，因为是直观感受，经验有一定的不确定性，即

---

① 中国企业联合会：《企业管理咨询理论与方法新论》，北京：企业管理出版社，1999年

不一定是确定的客观实际。比如当我们看到一家企业办公环境奢华，就认为其财力雄厚，进而认为其产品具有广大的市场与销路，这不一定是真实的。凭经验我们认为大企业抵御风险的能力比小企业强，但通常情况下小企业在遇到风险时可以实现快速转型，而大企业在这一方面会弱一些。

再比如不少企业在现场做 5S 管理前到标杆企业学习参观，往往注意到现场的干净、整齐、有序，于是就认为这是 5S 的核心，这就是经验带来的误区。实际上精益生产的目的是为了最大程度地消除浪费，5S 同样也是遵循这样的目的。干净整齐有序是 5S 的手段，是为了实现最小浪费、最大收益的目的。如果一开始就背离了这个核心，带来的或许仅仅是干净、整齐、有序，但是会导致员工作业不方便，效率低下等负面结果，最终会导致更大的浪费。另外，一部分企业的中高层员工，脱离了"三现主义"，仅凭经验做决策，其管理效果可想而知。

知识也来源于实践，是群体对实践相对确定性的总结、提炼与发展，包括感性知识和理性知识。其中，感性知识直接来源于感性实践，理性知识来源于对感性知识的规律性的认识。比如：石头比鸡蛋硬、火能烧水、水能结成冰等等，均是通过人的感官直接观测得出的知识，属于感性知识。而诸如：常压下水在 100 摄氏度时会汽化、力的作用是相互的、质量管理体系、绩效评价等则属于理性知识。理性知识是通过对感性知识进行理性的分析后，通过归纳、演绎、对比、联想等方法对感性知识进一步抽象和加工得出的。理性知识离不开感性知识的输入，并因为有主观的感性认识及实践而变得更加复杂、抽象。

相对经验而言，知识具有很强的确定性，但有其适用条件。比如常压下水在 100 摄氏度时会汽化，但压力如果低于常压，水的汽化温度就会变低，因此忽略了压力谈沸点毫无意义。管理同样有其适用条件，比如一个组织的文化、技术水平、人员素养、学历等，因此，如果一个组织强行去套用其他组织的管理模式，未必能够成功。

## 二、知识和经验的运用

知识和经验是管理者做决策的基础，但是在做管理决策时，应当注意以下四点，这对正确做决策有着积极意义。

第一，要有强烈的怀疑精神，具有理性思维。知识和经验是人类的传承，也是人类生存的基础，但有其适用条件。在实际的管理中，由于获取信息的不全面性以及适用条件的不确定性，因此感性的或者盲目的应用知识和经验是错误的。作为一个管理者应理解：怀疑并非是为了推翻一个结论，而是为了获取全面的信息及适用条件，从而做出最合理且利益最大化的决策。管理者应避免感性思维、直觉思维，养成质疑的理性思维。应当坚信没有调查和验证，就没有发言权。

第二，要有全面获取信息的习惯，充分了解事物的背景、发展过程及关联关系等信息。背景是事物存在的基础，忽略了这一点，知识和经验的运用就会出现偏差。比如一些企业基于"光环效应"从大企业引入职业经理人，但很少有职业经理人在空降到企业后取得明显成功的。我们不否认大企业的管理者多数都很优秀，但是究竟是个人成就了大企业，还是大企业成就了个人？这个职业经理人在原有企业的发展轨迹、个人业绩与公司业绩之间的因果关系究竟有多大，这是这个职业经理人的背景，只有充分了解这些信息才能够正确地选择合适的职业经理人。当然也需要正确评价被引入企业的文化究竟是否和这个职业经理人的理念契合。类似的还有管理理念的引入，如果不清楚这些理念的适用背景以及与公司的契合度盲目导入，效果是有限的甚至有时还是负面的。

第三，要善于分析事物之间的因果关系及关联强度。事物之间存在各种关联，这种关联主要表现为直接或间接的因果关系，关系的大小表现为关联强度。比如职业经理人如果始终拥有企业主的坚定信任和支持，那么工作一般会得心应手，企业主的信任和支持就是职业经理人工作顺畅与否的关键因果要素之一。其中的关键因果要素还包括职业经理人的心态和角色定位、想法与思路是否和企业主及企业发展契合、与员工及企业文化的融合度、能否树立自己的权威等等。

最后，把握知识和经验的确定性和条件性。首先要明确确定性，即知识和经验是公认的或经过实践验证的，而非个例（尤其是个人经验）得出的结论。其次需要充分考虑条件的充分性，由于个体的输入往往是不全面的，因此管理者应充分听取其他成员，尤其是参谋团的意见。需要注意的是决策者和参谋者的需要从不同的角度、立场和观点去认识和定义问题，这样认识的结果才是具有相对确定性，从这个角度来看，决策者和参谋者的知识面需要足够广泛。再次，要明确条件性，即任何一次决策只能针对一个具体范围所面对的人性情况和条件进行决策，要把涉及范围的所有条件找出来才能产生预期的管理效果。

### 三、知识和经验的构建

一个动物群落的管理是基于其生存的本能，而人类除了生存的需要以外，还有发展的需要，即满足人类物质与精神极大富足的需要，知识和经验是实现这个需要的前提，因此人类任何组织的管理都离不开知识和经验的积累。

近百年来生产力飞速发展，尤其是最近数十年来自动化、信息化、系统化等技术的飞速发展极大改变了人类物质及精神需要的方式。组织、社会及人类整体的运作管理变得越来越复杂、快速，因此知识和经验的重要性越来越突出，知识已经成为价值增值的经济形式之一。许多组织和跨国公司都导入知识管理的理念，开展知识管理活动并建立自己的知识管理战略和措施。组织和个体可以从以下几个方面构筑自己的知识和经验体系：

第一，树立终身学习的观念和习惯。知识能够提升人的修养和格局，知识的差异也在一定程度上导致人性的差异，一个人所掌握知识的类别、层次、深浅都会导致人性的差异。一个持续学习的人不会与社会的发展脱节，也会具备比故步自封的人更多的智慧，这种智慧包括价值观、道德心、长远发展的眼光、舍得关系、整体与局部的关系等等，具备这些智慧的人通常更有大局观，更懂得宽容、更具备发展的潜力，也更容易获得最大人力、人际、信任和支持，也更容易成功。纵观整个世界的发展史，唯有"变"始终不变。人类在发展，社会、科技、文化和价值经常在更新、变化，知识和经验的适用条件也是变化的，因此不能用一成不变的知识和经验认识变化之后的客观事物。因此，无论是个体还是组织，取得成功的充分条件之一是持续学习的。

第二，系统化的跨学科学习并加以实践。生产的发展导致现在社会的各种组织趋向于越来越复杂化、系统化，因此一个现代化的组织需要的是系统管理，而非简单粗暴式的管理。在工业社会，员工追求满足生存的需要，因此需要的是与之匹配的劳动报酬权及休息权。而在现代社会，员工追求的除上述需求外，还有平等权、尊重与自我实现权，甚至是名利，这是追求的不同。对产品的追求也在变化，原先只关注于基本功能，而现在是多功能甚至是复杂功能，也追求产品的性价比、舒适性、科技性、美观等等。

所有的这些变化使得管理变得更加复杂化、系统化。一个现代化的企业都是一个复杂的系统，包括销售、计划、生产、质量、仓储物流、人力资源、财务等等职能，而其中每一个职能都是子系统，也是一个复杂系统。在现代化企业，所有环节基本都是跨学科，无法单单依靠一门学科知识解决问题，也因此在企业中产生了"跨部门小组"这种形式。

比如解决分析质量问题时要能够正确识别所有与问题发生的潜在原因，这就需要技术、工程、生产、质量等多部门合作，其潜在原因可能涉及设计、工艺、设备、物料、加工等多个环节。人力资源也并非简单地按照要求去招人或提供后勤服务，实际上，管理首先是人的管理，而企业所有的环节都会涉及人的因素，因此专业的人力资源部门是企业的核心部门，会影响到组织的所有环节。但是现在很多企业的人力资源部门盲目地提高招人的标准，甚至有些企业连文员也要求研究生毕业，不能不说是人力资源的浪费。

在管理日益复杂化、系统化的大环境下，管理者了解甚至熟悉多种学科的知识，诸如哲学、政治学、经济学、法律、心理学、数学、历史学、运筹学等方面的知识，才有可能达到更好的管理预期。系统的学习和掌握各类学科知识和经验，并且持续不断地总结和验证是每个管理者必须重视的活动。通过这些活动，管理者会能够发现各类学科思维和方法的特殊性和互用性，有助于管理者审视和优化个体或组织的认识论和方法论，有助于深刻认识和把握客观事物、客观规律。需要注意的是：实践出真知，因此管理者要重视实践，谨慎使用纯理论的知识。管理者的学习重心也要适度下移，要了解下级和基层的知识和经验，这样才能确保措施的针对性和有效性，也能够得到下级及基层的支持和拥护。

第三，对比和转化。知识和经验的适用性、正确与否能通过对比体现。无论什么样的知识和经验，都有其隐含的适用前提和条件，即适用一定的环境或阶段，人们常常因为感性思维的习惯没有意识或能力去认识知识或经验的适用条件而习惯于沿用或照搬，所以感觉别人运用很好的东西往往自己运用达不到预期。这就是没有对隐含的适用前提和条件、适用环境、适用阶段、适用对象（范围）进行理性的认识和对比。

知识和经验还需要转化。首先就是要弄清知识和经验的表述本质和所指，避免产生误解或以偏概全。现在比较热的绩效管理，好像就是为了评价员工或部门绩效，然后给予一定的激励；或者再提升一步，将绩效上升到组织战略的层面进行策划和运行；或者再提升一步，将绩效上升到面谈改善的层面进行策划和运行。然而，我们始终把绩效的对象指向了员工和部门，始终没有关注公司层面应该如何改善工作和价值分析、流程优化、能力提升、履责优化、资源配置、用人方略等至关重要的核心问题，这就违背了绩效的初衷和本来目的，绩效的本来目的和初衷是提高企业效益或效率的工具和手段，其对象是双向的，不仅有公司对部门、部门对下级的评价，也包括了下级对上级、部门对公司的评价，是整个系统的评价和改善活动。再比如5S管理，很多培训结构或企业将5S理解、运作成了清洁卫生和定置定位，这就违背了其初衷和本质目的，5S的初衷和本质目的是为了最大程度地提高效率和减少浪费，提高工作质量而策划出来的一种工具，其出发点和评价标准是减少浪费。如果物品虽然清洁卫生和定置定位，但没有减少浪费，这样的5S只能增加企业的成本，是不增值的活动。再如，质量分析的老七大工具是质量缺陷分析和改善的系统工具方法，工具之间存在严谨的逻辑和因果关系，每种工具各有其分析的特点，它们共同构成质量分析的系统，并不存在哪种工具更优的问题。但是，很多企业管理人员却常常偏重于某些工具而忽视其他工具。再次，知识和经验要转化成具体的行动和事例。按照人性的认识和行为规律，人难以认可和接受抽象、复杂、理性的知识和经验，而习惯于认可和接受具体、简单、感性的事物或行动，所以抽象的知识或经验转化为具体的行动或事物就非常必要。比如我们讲管理哲学，我们不要单纯讲哲学，那会让人感觉不实用，而要讲故事，通过故事讲每条管理哲学原理或观点比抽象的讲授更让人认可和接受。比如学习材料力学，单纯的讲授并不容易被理解，如果用试验演示，学生会更容易理解。管理上也是这样，现场的、实际的、示范的演示和行动，既是一种勇气，也是一种有效转化知识和经验的前提，因为只有自身的正确，才敢于现场示范。

第四，关联思维和系统认识。所谓关联思维，就是用联想、类推、逻辑、因果分析、多角度思维等方法，对知识和经验做系统性认识，以求达到深刻理解、灵活运用的境界。比如质量管理八项原则（即：以顾客为中心、领导作用、全员参与、过程方法、系统管理、持续改进、以事实为决策依据、和供方互利共赢），是质量管理活动需要遵循的原则。但通过关联思维和系统认识，这些原则也适用于其他经营管理系统。再比如汽车及零部件行业的产品和设计潜在失效模式与后果分析（DFMEA）以及过程潜在失效模式与后果分析（PFMEA），这些管理思维同样也适用于管理体系的策划和改善，这就是关联思维的应用。关联的方法主要包括：

1. 类别关联：即由此及彼的关联。

2. 逻辑关联：即由表及里的关联。

3. 因果关联：即确定事物之间是否存在因果关系及关联强度。

4. 多角度关联：即站在不同的立场和角度认识和分析。

5. 时间关联：即认识和分析关联的时间或历史阶段。

6. 行为关联：即认识和分析知识、经验如何转化为具体的行为。

7. 失效关联：即认识和分析知识和经验的失效情况及预防措施。

第五，关注细节、定义和标准。多数人学习知识都是浅尝辄止，无意识或无能力追根究底地深入学习细节，浮于表面，因此存在诸多偏差甚至理解错误，这是不少问题和矛盾产生的根本原因。目前国内的管理理论多数是西方管理理论的直接翻译和引进，比如人力资源管理、六西格玛、平衡记分卡、波士顿战略模型、关键指标管理(KPI)等理论和工具无不如此。但是真正理解西方管理的人并不多，因此在学习和应用中就产生了诸多的衍生理论及工具，这也使很多管理者产生了诸多困惑。比如平衡记分卡本质上是战略实施效果的评价工具，但在国内的绝大多数组织内都被应用成了对部门和个人进行评价的工具。

第六，善于细致观察和思考。细致观察，大胆质疑和假设，系统、严谨、反复的思考、验证，是深刻理解和灵活运用知识、经验的又一法宝。牛顿通过苹果落地发现了万有引力定律，这是因为他能深入思考落地背后隐藏的规律。1904 年，法国科学家贝尼狄斯从观察到一只试验时从桌子上掉落破碎但没有裂开的瓶子并通过思考发明了汽车安全挡风玻璃，使车祸中的人免受破碎玻璃的危害，换成其他人可能已经把瓶子扔掉了。当其他人将系鞋带时鞋带常常松脱的情况不以为然的时候，美国人吉特逊却由此思考发明了拉链。[①] 当我们面对纷繁、复杂的管理系统的时候，也常常失去观察和思考的耐性，乃至到现在还没有识别出管理的系统架构到底是什么，管理的规律又是什么？我们相信所有这些问题都有确定的答案，只是还没有被多数人识别出来。我们都该明白：当一个人发出疑问，并进行思考的时候，也就是研究乃至掌握知识的开始。但是思考也是有方法的，其中最主要的是要遵循哲学和逻辑学的方法，也要学会运用化学、物理、生物、工程等学科的研究方法去认识和管理。

第七，扎根实践。在实践中学习、验证、总结知识和经验，其中包括三层含义：

1. 知识和经验来源于实践，并能够通过实践来验证其有效性，也就是说"实践是检验真理的唯一标准"。

2. 要及时总结每次实践中的成败因素，并将其作为自我成长的知识和经验。《论语·学而》中曾子说："吾日三省吾身"，即可以认为及时的反省总结。在任何议题中，要有清晰的思路，凡事要思考为什么，而且要逐层思考每个层级的为什么，这应当成为管理者必须具备的能力。通过反复的思考为什么，可以知道知识和经验的来源、去脉、背景和机理，并能把握住事情之间的联系及其规律。

---

① ［美］本·埃肯森，杰·班尼特著（译）：周皓，《改变世界的 120 项神奇发明》北京：北京时代华文书局，2020 年，第 203，287 页。

3. 进行关联性实践，验证知识和经验的适用范围和条件；把握每个确定知识经验的失效情况和应对措施。只有经过实践反复验证的知识经验才能为决策提供输入，即知识和经验的重复性和再现性。管理者在应用任何的知识和经验都应该审慎，通过理性思考做出科学决策。

总之，只有科学的认识论加上实证的方法论才能把握知识和经验的确定性构建，只有确定的知识和经验，才能更好地支持管理的正确、成功。

# 第三章　管理系统

　　万事万物都是一个系统，管理也是一个系统。系统自身有其固有的构成（要素）、结构、功能、运作机理和生命周期。不同的系统无非是系统大小不同、结构机理不同、复杂程度不同、认识程度等区别，无论是抽象的事物，诸如文化艺术或隐含的事物如思维、逻辑，还是具体的事物，诸如山川河流、飞机、汽车等都是系统。管理可以看作一个独立的系统，有其自身的构成、结构、功能、寿命和运作机理。

　　研究管理系统时，我们可以参照历史研究的方式：历史是由背景、内容、意义和规律构成的，历史背景包括矛盾、原因、矛盾过程、发生条件、目的和动机等情况，历史研究内容包括历史人物、历史器物、文字记录、发生过程、发生结果等，历史意义则是后人对历史的主观评价和综合概括，历史规律是众多历史事实抽象和验证的结论。

## 第一节　管理的构成

　　按照目前人类普遍对管理的认知，管理由定义、前提和假设、目标、战略、方针、资源、行为、信息、监测、评审、解决问题、关联影响和持续改善共十三个构成要素，下文我们逐一进行分析。

### 一、管理的定义、前提和假设

　　管理是指组织中的管理者，通过计划、组织、领导、协调、控制来使别人一起实现既定目标的活动过程，是人类组织活动中最普遍和最重要的一种活动。

　　管理的关键是正确理解管理对象及需求，比如人员不稳定，人力资源管理就是管理的需求；客户投诉多，品质管理就是管理的需求；设备故障导致的停机时间长，设备维护管理就是管理的需求。当然在实际管理中，管理的对象可能是涉及多个职能或组织，比如人员不稳定所需要的人力资源管理可能会涉及多种要素，比如：薪酬的高低、作业环境的舒适性、工作的危险程度、公平性、受尊重与否、员工成长的需求等等。所有这些因素并非传统意义上的人力资源所能够单独胜任的，因此其管理对象会涉及多种职能。

　　管理应当具有针对性、具体性和明确性。也就是说，当我们认识和处理一个问题的时候，一定要界定清楚到底是哪个问题、针对什么情况、目的是什么。只有明确所有这些环节，才能够在各层级沟通时减少甚至消除各种障碍和误导，这是后动活动能够有效率执行的前提。比如实用主义的德鲁克看到实践的价值认为管理是实践，泰勒则认为管理是科学，这是由于从不同的角度谈管理，实际上两种认识都合理。在实际的管理活动中，由于个体所获信息或资源的不全面性，在进行管理时难免有不周全之处。如果能够将该项管理活动的背景、目的等清楚地向相关人员进行更多的调研，那么往往可以从外部得到更多的信息、资源及建议，相对也容易获得成功。当然这并不是说管理者将决策权让出以避免自身失败的风险，也并非向不相干的人员或不合适的人员进行沟通。作为管理者首先需要正确识别所有的管理对象及沟通对象。其次管理者也需要正确地从整体上把握具体要素之间的关联影响和关系，从中找出共性和差异，才能针对共性采取统一有效的对策，这可以规避很多不必要的重复、无效的沟通及资源投入。

　　管理的前提和假设包括很多要素，如决策机制、组织哲学、价值文化、个人风格、组织逻辑等，这些客观事物都在或大或小、或多或少地影响个人和组织的决策和运行效果。比如独裁式的管理机制容易成功也容易失败，但也容易引起基层的抵触及资源的浪费；追求民主制的组织总是节奏比较慢，但是出现方向性错误的机率相对较小；追求狼性的组织效率往往较高，但员工的压力往往比较大。每一种管理方式基于不同的假设和前提都有其合理性，因此也导致了个体和组织的多样性。但是无论什么样的个体和组织，都无法摆脱对管理前提和假设的认识、识别和运用，管理的前提和假设虽然抽象和隐含，但作为管理者必须具备识别管理前提和假设的能力。

二、管理目标

管理概念和事物的定义中已经明确指出管理是为实现一定目标而采取行动的过程循环，这个定义概括了管理的目标性。管理的目标具有明显的方向感和驱动力，是促使管理利益实现的外部刺激因素，因而目标的设定和管控在诸多管理理论和实践中都受到足够的重视和利用。随着德鲁克提出"目标管理"的理念，卡普兰提出的"平衡计分卡"的概念，绩效管理已经成为促使目标达成的有效管理工具。要使目标产生有效的激励，就要基于以下情况：

1. 目标的明确性。美国马里兰大学的早期研究发现：明确的目标要比只要求人们尽力做好的模糊要求有更高的业绩，[1]而且高水平的业绩总是和高目标的高驱动性密切相关的。因此，对管理人员来说，目标的模糊或表达不清，是组织内部沟通、决策和指挥活动应该坚决规避的做法。

2. 目标的受控性。目标管理不是单向、强迫的沟通和决策，由上级分解并下达指标的理念、方式本身就违反了人的参与性需求，因而也得不到下级或更大基层的真正支持，无法形成执行力和团队力，因而目标的设定和管理要考虑目标接受者的参与性、可控性，不在接受者参与和控制范围的目标即使被接受，也很难产生实际的增值或效果。

3. 目标的时限性。制定的每一个目标都要有明确的时限要求，无论是按周、月还是年都要在充分评估的基础上事先预定。一般来说，短期完成的目标比长期完成的目标更引起重视；从组织层级的角度说，组织层次的位置越低，为完成目标而设置的时间往往越短。

4. 目标的反馈性。作为管理者，要将目标的完成情况多向反馈，这是其他管理决策的信息输入。作为上级决策者，还要对目标的完成情况进行

---

① 李建平：《企业销售目标制定方法的改进——层次分析法和模糊综合评价法的结合》，《经济管理》，2005年第2期。

监测和评价，并将评价结果反馈给目标接受者，以便他们可以及时调整思路和方法。

尽管目标管理在计划性和可预测性、提高效率、促进激励、提高自我管理能力等方面有一定的积极价值，但是在设定目标时要注意：关注长期目标。短期目标易于设定和记忆，多数还能受到监测；长期目标比较抽象、隐含，且存在变数，很多组织和管理者不知如何设定、如何落实、如何监测和评价，更有甚者连长期目标的意识都缺失，这样的组织和管理者必然在组织战略管理上存在先天不足，即使一时的缺陷或问题被掩盖，问题迟早会爆发。

5. 目标设定的专业性不强。很多组织和管理者为目标而设定目标，因为无意识或责任心原因，设定的目标并不是真实的管理需求。就短期和长期目标来说，长期目标更有价值，组织和管理者往往设定很多短期目标加以实现。如对市场而言，更应该重视品牌和客户的开发、重视渠道的构建和管控，实际有很多企业将销售额实现确定为企业的市场目标，这样的短期目标已经背离市场核心竞争优势的构建目标。

6. 目标没有考虑权变。目标的编制过程往往静态地考虑问题，没有预计到短期发生的市场变化、政策变化、人员变化、情况变化等各种差异，结果目标的分解、执行过程常常出现纠结情况，绩效管理中就常常遇到。

### 三、管理战略

"战略"一词起源于希腊，最初是指"将军指挥军队的艺术"，是一个军事术语，20 世纪 60 年代开始用于商业领域，组织战略管理的鼻祖安索夫最早提出了战略和战略管理的概念。他认为：组织的战略管理是指将组织的日常业务决策同长期计划决策相结合而形成的一系列经营管理活动。通常的认识则认为战略管理是确定组织使命，根据组织外部环境和内部经营要素确定组织目标，保证目标的正确落实并使组织使命最终得以实现的一个动态过程。[1]

---

① ［美］H. 伊戈尔·安索夫（著），邵冲（译）：《安索夫战略管理》，北京：机械工业出版社，1999 年，第 216 页。

　　任何领域的事实都是先有目标，后有战略。对军队来说，总目标即保卫主权和领土完整，保卫国家利益；也有具体目标，即取得某场战争、战役或战斗的胜利。对组织来说，总目标即实现个人价值、实现员工价值、满足社会需求；也有具体目标即发展年限、发展规模、组织地位、社会责任、员工收入等等。对事业单位和政府机关来说，总目标即为公众和社会服务，也有具体目标即办好每件公众事务，处理好每个社会危机。目标确定以后才有实现目标的主要步骤、方针、政策、措施、资源投入等策划，这就是战略。

　　对管理来说，也是先有目标后有战略，我们称之为"管理战略"而不是"战略管理"。确定这个认识的意义在于：管理战略是在目标确定以后才有的，目标是相对稳定不变的，而战略则是可以优化、调整的；有"管理战略"是管理活动的目标，"战略管理"则是实现有"管理战略"目标的活动措施，"管理战略"和"战略管理"是目标与措施的关系。这种认识与安索夫对战略的最初认识和定义也是基本一致的，也就是说长期决策和计划是管理战略，将战略落实的活动是战略管理。通常所说的"管理的五项职能：计划、组织、指挥、领导和控制就是用过程方法论认识管理战略。美国管理科学院工商政策与战略分部认为：企业的董事长与总经理其职责是不同的，董事长的职责是管理战略，而总经理的职责则是做战略管理的。

　　战略并非"务虚"，战略就像一个指挥棒，直接决定了组织能否持续发展、持续盈利以及管理是否顺畅的根本。战略解决了组织定位及如何长期持续发展的问题，因此战略是长期的、宏观的、全局的、基于长期价值考虑的、有决定性的管理问题，比如在现有产品与未来产品如何做选择，销售额与客户增长之间如何做出选择，在人力资源、质量、生产、技术的利益冲突之间如何做出选择，在发展与享受激励之间做出选择，在谁参与决策上进行定义等，不同的定义必然有不同的结果，这是确定的事物运行规则。

　　那么我们该如何全面认识管理战略？首先，管理战略是一种计划，是对组织使命和目标的认识。其次，管理战略是组织不同发展阶段的发展模式。再次，管理战略是一种产业价值层次的定位。再次，管理战略也是宏观、辩证把握问题的观念。再次，战略也是面对具体问题的计谋。再次，战略也是管理层次差异的一种考虑。再次，战略是过程变化的活动。再次，战略是关联影响、系统作用、利益平衡的整体。最后，战略更是员工参与的执行。

### 四、管理方针

管理方针是指针对管理对象的运行规律而识别、制定的活动规则，是组织内所有管理对象必须遵守的行动规则。遵循管理方针是组织达成目标的充分条件，如果方针有偏差，那么注定无法实现目标。管理方针的策划主要关注包括三点：

第一，针对性。管理方针是针对管理对象的运行规律而言的，因此，在制定管理方针时，需要充分了解管理的对象是谁，然后识别和定义管理对象的运行规律。通常理解的"管理方针"是指组织的管理的总体指导思想、发展方向或目标，实际上是指组织的宏观策划、战略或目标的方针，而不是全部的管理方针。在管理实践中，按阶段分有认识的方针、决策的方针、执行的方针等，按类别有安全管理的方针、质量方针、生产管理方针、采购方针等等，这些都属于管理方针，都是需要管理者识别和定义的。比如，"零缺陷"是质量管控的方针，"安全第一、预防为主"是安全管理的方针，"最高性价比"是采购管理的方针等等。由于领域、层次、阶段，或者管理对象的不同，事物的运行规律也是天差地远，因此管理方必须具有针对性。

第二，充分性。管理者在识别和策划管理活动时，首先策划的就是管理方针。但是大多数组织的管理方针并没有做好评估，主要表现是管理对象识别不准确，也没有正确识别管理对象的运行规律。管理终究是"人"的管理，那么在一个组织内，管理的"原点"是什么，人的行为和逻辑规律是什么等等，这些问题的识别与否，也就是管理对象是否充分地识别。

第三，可操作性。任何一个管理活动都有其阶段性和适宜性，管理方针也不例外。管理方针的阶段性就是指要符合事物发展的阶段。比如当一个组织处于初生期的时候，其组织的目标首先是活下去。在这个阶段，除了产品符合市场需求外，执行力是组织工作的重点，这时候的管理方针就是确保"高效执行"。所谓适宜性就是要依据组织的定位、能力、规模以及竞争态势等因素去策划，不去做不符合组织能力的事情，不要拔苗助长、贪多求大或好高骛远。比如最近十年来，中国的房地产行业飞速发展。由于房地产容易获得高的产值，不少从事制造业的企业也都进入了房地产，一些企业甚至提出了三年增长十倍的目标，在这个目标的指引下，其管理方针变成了"产值第一"，实际的导向就是向房地产倾斜，其制造业主业逐渐边缘化。随着 2020 年后房地产政策的调整，最终落得一地鸡毛。管理方针更关注过程，是过程有效的准则，是确保管理目标实现的手段。在管理方针的策划中，管理者要有能力识别和定义明示或隐含的事物，以确保管理方针的可操作性、可持续性。

## 五、管理资源

战略确定之后，如何识别和利用所有的资源，就是管理面对的问题。资源是企业各项管理活动的输入，其重要性不言而喻。于是，针对如何认识和开发资源，自 20 世纪 80 年代以来，在西方经济界及管理界形成了企业资源观理论，与传统经济学、管理学从产业结构和市场价值链的角度认识企业战略和管理不同，资源观理论主要是从资源识别和运用的角度认识企业如何定位并保持长盛不衰。[①]

传统理论认为企业竞争是产业（即同行业）竞争。因此传统理论的研究通常认为新竞争者的加入，将导致竞争加剧，企业发展及获利会变小、变困难。企业资源观理论认为：企业之间的竞争实际上是资源的竞争，是资源利用的竞争；不同的资源对企业竞争优势的发掘和持续所产生的作用各不相同，物的因素、外部环境因素的决定作用减弱，人、组织力、文化、思维、哲学、方法等资源因素的决定作用逐渐凸显；如果企业拥有超常资源或资源运用能力，并通过一定形式的机制防止资源稀释，企业就会赚取可持续的超常回报。[②]

---

① 逄增辉：《国际直接投资理论的发展与演变》，《经济评论》，2004 年第 11 期。

② 刘桔：《会计学基础学习指导》，大连：大连出版社，2010 年，第 63 页。

　　在此基础上发展的跨国公司全球持续竞争优势理论更是认为：资源是跨国公司进行国际竞争的核心，这些资源包括：地理位置、气候、自然资源、资本、汇率、劳动力、教育产出、组织能力、创新体系、基础设施、通讯等各种有形和无形的事物，而这些事物与传统的市场价值链层次或产业结构关联不大。[①] 很多成熟的跨国公司都是基于资源进行投资决策的，他们认为劳动力成本等条件只能产生短期优势，不易被模仿的资源条件如国家的技术实力、基础设施和教育体系等，则有长期优势。[②] 比如美国的资源就有很强的投资吸引力，因为美国的技术实力、基础设施、社会服务和教育体系等相对完善和成熟；相反的证据则是中国市场原来有劳动力优势，现在很多投资已经转移到东南亚等处。

　　巴尼是企业资源管理理论之父，他认为企业是一系列资源组成的集合，企业的可持续竞争优势源于有竞争力的异质资源，公司管理的战略任务就是找出、发展和配置这一部分与众不同的关键资源，以谋求最大化的经营回报。巴尼在 1991 年发表的《企业资源与可持续竞争优势》一文中明确指出，超常的回报在一定程度上是可以通过"VRIN"资源来获得，VRIN 指：有价值的资源（Valuable），它是公司构想和执行企业战略、提高效率和效能的基础；稀缺的资源 (Rare)，资源即便再有价值，一旦为大部分公司所拥有，它也不能带来竞争优势或者可持续的竞争优势；无法仿制的资源；难以替代的资源，不能够存在一种既可复制又不稀缺的替代品。[③] 从目前对资源的认识来看，有以下几点强调：

　　1. 运用团队力量。资源的识别需要组织集体的能力和努力，否则识别的资源结构就是断点的资源系统，有可能还会因此造成更大不利的"蝴蝶效应"。2010 年日本丰田汽车公司总裁丰田章男在美国众议院监督和政府改革委员会举行的听证会上，就丰田公司汽车脚垫和油门踏板两项安全问题进行了道歉，并解释说："在丰田历来设定的优先目标中，第一是安全，

　　① 吴丽敏：《中国资源型企业海外拓展战略研究》，硕士论文，厦门大学管理系，2008年，第 13 页。

　　② 赵春艳：《比较优势与竞争优势的关联机理及转化机制研究》，博士论文，武汉理工大学管理系，2010 年，第 16 页。

　　③ 王明寿：《基于企业资源理论的企业档案工作思考》，《档案》，2015 年第 8 期。

第二是质量，第三是数量。"他坦言，在过去几年，丰田在追求数量方面扩张"太过迅速"，导致其忽视了三个选项上的优先关注顺序。他承诺，丰田将采取一系列措施全面加强产品安全和质量，确保类似事件不再发生。由此可见，丰田公司关注发展速度和规模的资源被过于拔高了，对安全资源的重视和投入显然不够。①

2. 资源的识别需要仔细、深入、专业的意识和习惯。有些资源是长期的积累、培训和补充形成的，如 TPS 生产方式是经过 2—3 代人的努力形成的资源；有些资源只在某个特定时间出现，如某个合适的专业人才应聘时；有些资源只有和其他资源配合才能形成"合力"，如某个技术人员和某个质量人员的良好配合，如果一个资源失去了"合力"，其优势或许就消失了。诸如此类，只要管理者一时疏忽或无意识，就会造成资源的破坏，进而破坏核心竞争优势，这就需要管理者既要关注细节、深入、专业的认识习惯，更要重视发掘对一切人和物的认识。

3. 信息技术不是组织的核心资源。信息技术只是收集、反馈和显示管理信息的手段，是决策的必要条件甚至是可选条件，但不是充分条件。即使是再科学、高效的信息系统，如果不能识别组织的核心资源并有较高的运用能力，也不能形成组织的核心竞争力；换言之，高科技并不带来高利润和持续经营。比如娃哈哈教主宗庆后，从来都是亲自走访市场，判断和把握市场特点及趋势，再做正确的决策，这是娃哈哈持续发展的一项核心优势资源，这个资源是无论如何也不能通过信息化得到的。

4. 运用组织力量。资源只有通过组织能力的适当应用才能发挥价值，进而才能构成组织的可持续发展优势。组织能力的运用是资源发挥价值的关键过程，否则资源只能是倏忽而过的流星，即使能识别也不会有价值。组织资源如何运用就是管理行为，这在后文进行深入探讨。

5. 调用隐含资源。一般组织能识别人、财、物、信息、环境等有形的、显性的资源，却无法认识或识别其中包含的隐含的、深层次的资源，如组织的学习力、组织的协作力、组织的价值观、组织的哲学观、逻辑思维模

---

① 腾讯新闻：丰田总裁在美国国会听证会上就安全问题道歉，2010 年 2 月 25 日，https://news.qq.com/a/20100225/000963.htm，2020 年 3 月 27 日。

式、组织的责任心、工作方法等隐性资源。现阶段，中国绝大多数的组织目前对隐性资源的管理意识与西方相比，差距是巨大的，更谈不上资源的习惯。

### 六、管理行为

对管理资源的持续识别、运用和增值活动，均属管理行为的范畴。按过程方法和思维认识管理行为，可以分为调研、定义、策划、分解、实施、协调、监测、分析、总结等活动；按分工方法和思维认识管理行为可以分为人力管理、生产管理、品质管理等活动；按逻辑方法和思维认识管理行为，可以分为：认识问题、分析问题、解决问题等活动；按照层次方法和思维认识管理行为，可以分为高层行为、中层行为、基层行为，每层次人员的行为特点和规律都各具特色。此外，我们还可以从其他角度认识管理行为，管理行为具有多样性。在管理活动中，对行为的认识越充分、越清晰越有利于组织自主管理的实现。

管理行为的目标和追求始终是识别和利用资源，这是管理行为的规则，如果不能识别和利用资源，这样的行为就无助于价值维持和增值，就是无效的行为，只会增加组织或个人的新矛盾、新成本。比如，不少管理者喜欢高高在上，喜欢当布道者，喜欢做文化，即所谓的"做正确的事"而脱离管事、解决问题，这样的行为看似高超，实则脱离实际、置身事外，是对资源的无知、无视，你对资源无视，资源当然也就对你无视。一个正确的管理行为是：管理者应当把自己的组织看成一条河流，而自己就是河流的疏导工，要不断地开着船去清除垃圾、沉积的阻碍物、疏通河道，才能保证一条河流不冲破堤坝，正常流动。如果一个管理者仅仅去当一个河道规划者，而不去疏通河道，那么这条河流迟早有溃堤的危险。管理行为要学会人性和通俗。很多组织具有以下特点：

1. 管理严格，缺少人性化。管理者应多了解员工的想法和采纳员工的建议。

2. 太多大道理。需要注意的是脱离了员工可接受程度的大道理会拉开心理距离。

3.偏听、偏信。管理者应关注公平，理解及包容。

4.强调结果，缺少过程管理。管理者应以过程管理来保证结果的实现。

以上情况会导致员工不满增加，究其原因还是管理行为没有识别和尊重人性。我们需要知道的是：员工心情不好，会把负面情绪传递到顾客身上，一定会造成顾客流失。当顾客不满意时，94%的顾客会选择默默离开，只有6%的顾客会说出来，很多顾客流失的时候是不会给你留下只言片语的。①

由人性规律可知，行为决定结果。因此，若要获得预期的结果，必须有预期的行为。因此，对行为的关注和约束非常重要。管理中常常用监督、控制、负激励等方式进行约束，行为往往是被动地改变，治标不治本，管理者常常因此成为"救火队员"。管理如水，是需要疏导而不是堵截的。由此，产生了行为矫正理论，目前正被管理有识之士逐渐认识和应用。所谓矫正理论是根据行为认知和学习理论，经由条件作用过程，改变个体已有的不当行为或者矫治不良的习惯，而令个体获得健康生活，改变个体的态度、观念、思想等较复杂的心理历程，从而达到改变某种不良行为的目的。②对于中国管理实践者和咨询者来说，行为矫正几乎还是一片空白，因为连基本的人性都没有认识到，更不要说如何研究个体的行为矫正了。那么，管理行为应当遵守哪些规则呢？

首先，权变。权变原则要求管理者根据不同的管理条件，选择符合实际的管理行为和方法，要求管理者的任何管理行为都必须从具体实际出发，而不能凭主观臆断行事。③按照这一原则，任何一种管理行为都只适应特定的管理条件，不可能存在一种能够解决各种管理条件的管理行为。20世纪70年代，在西方形成并盛行的权变管理学派正反映了这一管理实践的哲学思想。权变理论认为，在组织管理中要根据组织所处的内外条件随机应变，没有什么一成不变、普遍适用的管理理论和方法。这一原则能够适应现代

---

①　百度文库：《一个足疗管理者的自我批判案例》，2011年11月1日，https://wenku.baidu.com/view/96ffb62ecfc789eb162dc806.html，2020年5月3日。

②　[美]米尔腾伯格（著），石林（译）：《行为矫正：原理与方法》，北京：中国轻工业出版社，2015年，第143页

③　晓山：《领导的智慧》，北京：党建读物出版社，2020年，第82页。

社会复杂、多变的特点，对于管理行为具有普通的指导意义。[1]

其次，弹性。弹性原则是说管理工作中应留有余地、富有弹性，这是由管理行为的性质决定的。由于影响管理的因素有很多，管理者在处理特定管理问题时，很难考虑到所有的影响因素以及这些因素之间的相互关系及其变化。[2]因此在进行管理活动时，管理者除尽可能全面考虑所有关联因素之外，还必须留有余地，这种余地可都能是空间上的、时间上的、人力资源上的、资金上的等等。比如在岗位和职责的设计上，应当避免"一个萝卜一个坑"的设计，应确保每个岗位或人员都不能是不可或缺的。

再次，创新。所谓创新，就是使组织的业务和管理都不断地变化以适应或创造新的事物或环境。创新不仅是产品、技术、工艺的创新，也包括管理的创新。比如通用汽车公司率先实行的事业部制结构，京瓷的阿米巴模式，华为的CEO轮岗制度等等，都是组织主动适应市场进行的管理创新。如果管理人员固守以前的管理模式，而不主动去寻求与市场的发展契合或引领市场的走向，那么必然会失去竞争力，组织也会逐渐消亡。

最后，要有结构意识。行为的产生，都有其人性结构隐含在行为中，都有其构成要素、结构框架和运行机理，整个宇宙都是如此，这是确定的，我们可以称之为"结构原理"。不能认识到行为的结构原理，便无从做到管理的有效。比如，机械部件的过盈配合，常常造成噪音、阻力、不能装配等，这就类似于管理中的各种抱怨、不满和矛盾，如果消除过盈，就会配合正常，如果消除矛盾和抱怨，组织协作就会顺利。

### 七、管理信息

管理信息是关于管理资源、管理行为、管理过程、管理体系和管理结果的即时反映。从众多理论和实践来看，管理信息是管理决策的输入，管理思想和管理信息共同决定了管理效果。管理也符合精益思想，就是在需

---

① 许激：《效率管理：现代管理理论的统一》，北京：经济管理出版社，2016年，第105页。

② 许激：《效率管理：现代管理理论的统一》，北京：经济管理出版社，2016年，第106页。

要的时候获取符合要求的充足的信息，这是正确做出管理决策的前提。

管理信息的种类包括资源信息、行为信息、过程信息、体系信息和结果信息。资源信息包括组织成员、设备、物料、市场、技术、客户、分销商等等。行为信息包括组织内外部成员或利益相关方在各个方面、各层次、各阶段的行为。过程信息则是反映各活动过程状态的过程参数包括工艺参数、员工技能熟练度、物料批次合格率等等。体系信息则是反映管理体系运行状态的信息，诸如内审或外审的符合度、员工满意度、问题重复发生比率度等信息。结果信息则是反映组织最终价值的信息，诸如市场占有率、新品增长率、人均利润、客户满意度、纳税金额等。管理信息是管理决策的输入，这是它的核心价值，因此必须确保信息的六个原则：

第一，信息的可靠性。信息的可靠性要求信息的来源可靠、有据可查、准确、充分、有时效性，反之则可能会导致管理决策出现偏差。管理者需要正确识别信息的可靠性，在这里需要注意的是"眼见不一定为实"，"耳听不一定为虚"，"数据未必是事实"，"历史未必可以再现"。因此，管理者需要从多方面收集信息，以确保信息的可靠性。

第二，信息的适用性。不同的组织、不同的发展阶段、不同的行业、不同的规模、不同的组织性质、不同的管理者风格等等，会导致不同的信息需求。因此组织整体策划、评审、筛选对组织最适用的信息。

第三，信息的共享性。在现代组织内，基于电子信息技术，很多信息都可以实时采集共享，组织内成员可以互相验证和监督，从而确保信息的准确性与执行的有效性。比如生产部门的生产效率、一次合格率、计划完成率等都可以实时和财务部门、计划部门、品质部门、销售部门等部门共享，公司管理层也可以据此实时掌握成本、品质及交付状况。另外，一些信息的公开更有利于组织公平和激励，因此，组织应该关注信息的公开。

第四，信息的经济性。信息的获取是需要成本的，包括软件、硬件及人员的投入。因此，需要充分考虑投入的必要性和经济性，需要做投入产出分析。不少企业在投资做了 ERP 系统、MES 系统（制造执行系统）、TPM 系统（全员生产维护）等等，结果仅作录入数据和打印工具，也没有人去分析其中的数据或采取对策，不但没有给企业带来收益，反倒造成了管理臃肿。

第五，信息的时效性。信息反映的是即时情况或状态，因而是有时效性的。信息的时效性决定管理者在各个信息的即时识别、传输、转化和显示方面能清楚认识和定义。

第六，信息的完整性。由于感性思维，人们往往更关注有形信息或第一信息而忽略无形信息或隐含信息。实际上如果不能够用理性思维加以思考，那么获取的事物信息注定是零碎的、表面的或不全面的。理性思维有助于正确分析、判断、舍弃无用的和次要的信息，获取必要的、完整的信息。

### 八、管理监测

管理监测包括管理监视和管理测量两个方面，是管理的必需过程之一，其意义在于识别和收集信息，为后续的管理评审提供输入的资源。

人是有贪欲的，因此人的行为是个性的。而且人的欲望是变化的，是由"小欲"变"大欲"的，中国古话"饱暖思淫欲"说的就是这个道理，个体或组织莫不如此。人的欲望可以被一定程度地抑制，并不能从根本上消除，从某种程度上讲，贪欲是人类社会发展的主要动力。贪欲有良性和劣性之分，诸如某些人追求技术的领先，而持续学习，这是良性贪欲；而一些人则不择手段地获取金钱，甚至通过贩卖毒品的方式，这是劣性贪欲。组织必须抑制人的劣性贪欲，而引导人的良性贪欲。而管理监测则是识别、监测贪欲的手段，当然，管理者必须制定管理监测的确定性规则。

管理监测对象包括个体和组织，以及个体和组织的行为、心理、领导力、产品、过程、工艺、体系、服务、信息沟通、指标等内部与组织资源和运营活动有关的要素，也包括外部与组织有关的法律、法规、政策等要素。监测要素的范围由组织的价值追求、发展战略、能力、发展阶段等因素决定，组织自身需要识别和定义具体的检测要素。

管理监测的形式主要有三种：

1. 针对职权履行的行政监督，是一种自上而下的或平级之间的监督，比如西方国家的立法、行政和司法三权分立和制衡，这是一种平级监督；而中国中央对地方的巡视监督制度，则是自上而下的监督；企业主的现场巡视、工作检查都属于自上而下的行政监测。

2.针对组织的业务监督，即组织对各个业务活动过程及结果的监测。比如中国人民银行的金融监督，证监会对股市的监测，生产过程的工艺参数监测，仓库周转率的监测，人均利润的监测，市场增长的监测，利润率的监测等等都属于业务监测。业务监督促使组织持续预防风险、降低成本和提高效率，从而实现卓越绩效。

3.组织设置的独立监督或相对监督。比如中国的政协、信访办等的监督；企业的独立董事；为企业决策设置的管理顾问机构；对企业进行体系审核的外审机构；对管理者和领导者进行监测的民主评议；对企业资产和运营提供专业监测的审计监督等均属于独立监督，由于独立监督人员或结构通常情况下并非被监督机构的上下级，因此其监督具有较高的客观性，是确保组织的运行符合预期的手段，因此应成为各类组织优先考虑和建立的监测形式。

各类监测的有效性主要体现在以下三点：

1.是在形式上设计成利益冲突的双方互相监测，或者是非利益相关方。

2.监测的组织形式应最高程度地实现群众监督。

3.选取有很强责任心的监测人员或组织。

从监测的组织设置上来看，组织需要识别和定义自身的监测体系、监测机构或岗位、监测流程、监测人员和监测活动，一个健全的自我监测体系对组织的持续健康是必要条件之一。


### 九、管理评审

管理评审是对管理定义和策划、管理监测结果的评价和判定，在各类管理体系中都被普遍重视和推广的方法，也是管理的构成之一。管理评审是一种系统的管理认识方法，其构成包括管理的标准体系、管理评审的组织、管理评审的方法、管理评审的过程、管理评审的结果五大部分，这五大部分的含义分别是：

管理的标准体系包括管理的定义、管理的前提和假设、管理的目标、战略、方针等，是为管理活动的策划和开展提供方向、指南、规则的事物系统，是组织管理期望的内涵和外延。

管理评审的组织是指评审小组，该小组负责组织整体或某个具体领域的问题运用专业的方法工具和知识进行评审，该小组的组成人员应是经过评审认定的具备相应层次专业知识和理念的人，且应当进行评审方法的持续培训。

管理评审的方法是指已被识别和证明的行之有效的研究方法或认识方法，如矛盾分析法、结构法、实证法、演绎法、归纳法、历史研究法等等。

管理评审的过程是指管理评审组织按照一定的规则、程序和方法进行评价、得出结论的一组活动。

管理评审的结果是汇总、统计和分析识别管理问题的内容、性质、类别、重点、分布、重复性和再现性等情况，为后续的解决问题提供有效的输入。

管理评审的意义在于可以识别管理活动中的风险、机会、优势、劣势、错误、偏差，有利于组织查漏补缺，分析各种风险因素的关联影响、做出应对预案并持续改进。

## 十、解决问题

解决实际问题是需要系统认识、构建和改善的活动，需要从哲学、思维、逻辑、人性四个角度识别和解决问题的机制和规则，并持续运行这个机制和规则，这就是组织或团队寻求解决问题的目标和总方法、总战略。

这个规则也必须符合可以被理解、执行、验证的要求。需要注意的是，急功近利、自我中心、感性思维等行为模式通常情况下都无法系统识别、解决组织和团队运行根本问题。如果无法从系统上识别和解决问题，那么问题必然会出现。不少组织内部问题成堆、管理者到处救火，实际上就是没有从系统上，从根本上解决问题。那么，解决问题的机制和规则有哪些呢？

### （一）识别影响因素

组织要识别、建立和持续改进解决问题的前提条件和影响因素的体系，这些前提条件和影响因素包括：

1.已掌握的知识和经验。从认识问题到问题解决之间的任何一个活动或过程都不会脱离已掌握的知识和经验，缺乏和问题相关的知识和经验不但难于发现问题、定义问题，而且缺乏分析问题的基础。比如不能依靠没有技术背景的人去解决技术问题，也不能依靠不懂电脑的人去解决信息化问题。因此，已掌握的知识和经验是其岗位胜任的重要条件。

2.心智水平。除与问题相关的知识和经验外，解决问题依靠的是系统思维和逻辑推理。一个充满感性思维的人是难以基于实际问题，系统性地建立起假设、策划、实施、验证的过程，也难以控制自己的情绪并和所有相关者冷静、严谨、系统地解决问题。实际上，管理者每天面对不同的挑战，感性思维容易导致矛盾的激化，也会削弱整个团队的合力。因此，冷静、严谨、系统地处理各种挑战是一个管理者必须具备的能力，这也体现了一个管理者的心智水平。

3.动机。在管理中，所有的问题从本质上都是人的问题。问题的解决本质上也是解决所有利益相关方与问题的关联。基于不同的立场或利益，解决问题的参与者的动机是不同的：有些人希望解决问题、有些人则希望问题持续、有些人希望问题扩大、有些人则完全是看热闹。动机不同，其行为表现也是不同的，各种不同的行为表现可能会正向引导或反向引导管理者的决策。比如在组织中架构调整中，一些权力弱化职能的管理者往往会采取消极抵触的方式，而权力强化职能的管理者则往往比较积极。再比如当问题发生时，问题的直接责任者往往会推诿责任或掩盖问题，而问题的受害者则往往会积极主动地寻求问题的解决。因此管理者需要正确识别人的动机，机加工工艺可以实现并控制的质量特性可能被车间主任说成不能控制，从而会改变工艺流程的设计，最终增加了成本甚至质量风险。

4.信息模式。在现代社会，信息模式能够有效地促进或阻碍管理，这里的信息模式主要包括：信息源、算法、逻辑、采集方式、时效、供方、受方、准确性、控制方式等。如果信息模式能够直接指向问题的根源或提供问题解决的线索，那么就易于问题的解决；如果信息模式掩蔽或干扰了线索，那么就会使问题的解决导向歧途。比如目前在国内不少企业采取定额制，每天给各工序下达完成产品的数量，在汇总生产实绩时单纯以是否完成数量作为依据，但是这种方式却忽略了其良品率、真正的生产效率、因追求数量而导致的系统不平衡等等浪费，因此也就掩盖了问题。再比如，当发生供应商新产品延期时，多数企业内部的项目或研发人员在向管理者汇报时基本都把责任推给供应商，这样的最终结果是导致管理者认为这家供应商不靠谱，但主要原因也有可能是自身的问题。

5. 思维定式。因知识和经验产生的习惯性行为或判断是思维定式的体现，比如一个相信人性本恶的管理者总是以怀疑的行为方式去认识和处理问题，也会基于人性本恶的观点建立组织的制度，比如无处不在的监督，这种方式难免会打击组织成员的责任心；而一个相信人性本善的管理者则更愿意以信任的行为方式去处理问题，对员工更愿意以鼓励和宽容的态度，那么相应的制度则更包容和有弹性，这种方式难免会导致组织内一些不负责任者易于利用制度的漏洞去造成更大的损失。总之，人总会有思维定式，但作为一个管理者应当尽量去反思思维定式对决策的影响，基于具体的情况，尽量避免不利的思维定式。

6. 个性。每个个体都会有其个性，个性也会随着年龄或阅历的增长而有所调整。但就管理来讲，每一种个性都有与其匹配的土壤，比如个性温和的人容易被组织成员接受，适合于民主化的组织；个性强势的人适合做管理决策，适合于集权式的组织。

7. 问题的环境性。所有的问题都有其发生的具体环境，忽略了具体的环境是无法正确地寻求解决方案的。比如客户投诉某个产品无法启动，那么其中的一个思考维度就是客户在什么条件下使用这款产品，其环境的温度、湿度等外界环境是否符合产品要求。另外客户的操作方法是否正确，这是问题的软性环境。再比如语言环境，组织成员之间的冲突可能是由于一些语言的冒犯，然而一些听起来是比较冒犯的语言在特定的场合实际上只是一些玩笑话，忽略了特定的语言环境而引起语言冲突是没有必要的。所以，问题有其环境性，管理者在寻求问题解决时一定要充分考虑问题发生的具体环境，实际上这也是测量中的重复性与再现性的含义。

（二）建立团队及培训

组织是由个体组成的，组织的成长和发展必然需要个体的成长。但实际上，个体的自主学习并不一定和组织的成长匹配，因此组织要识别自身在成长的各个阶段所需要的人才，并给予员工培训和引导。如果个体的目标和组织的目标匹配，那么个体就成为组织成长的助力，反之就成为组织成长的阻力或消极因素。

组织在建立和持续发展过程中会面临不同的问题，因此，组织要系统地认识和解决问题，需要建立、协调和培养具有不同能力的人组成能力充分和互补的解决团队，团队组成的一般原则是：团队应基于共同的方向、目标、责任、价值观；风格互补。

团队是有多种成员构成的，其中应包含参谋者、决策者、监督者、执行者等不同角色，比如头脑灵活的人具备丰富知识和经验，可以作为参谋者负责出谋划策；系统、严谨、果断且有权威的人作为决策者负责决策、指挥、调配和激励；严谨细致的人可以作为监督者负责监督、反馈、控制风险；执行力强的人则作为执行者等等。

1.专业至上。"专业的人做专业的事"。一个组织如果没有专业的理念、技术、流程、方法和行为，那必然是一盘散沙，不会有竞争力，也不可能解决问题。作为组织内部的个体，每个人的角色不同，所需要的专业也就不同。比如说我们不能指望做计划的人去解决设备问题，不要认为总经理在产品组装上比操作工更快速，也不要指望一个做技术员能做好质量管理体系等等。

2.具有学习、分享和协调的习惯。环境是变化的，组织也是变化的，组织在存续的过程中，会持续地面临问题，解决问题。在这个过程中既有经验的利用，也有新知识的应用。因此组织内部的个体应具有学习、分享和协调的习惯。如果不能学习、不能分享，组织就无法成长；如果不能求同存异地协调、妥协，团队内部就会只有矛盾。比如2004年NBA总决赛，拥有科比、奥尼尔、马龙、佩顿四大天王的湖人队败给活塞队，就是不能互相协调、团结的结果。

3.具有平衡思维。解决问题的出发点是处理矛盾，衡量矛盾是否解决应取决于是否使整体利益最大化，而不能从局部利益去考虑。从局部来看，任何一种矛盾的解决都不会十全十美，都会有利益最大化的一方、利益最小化甚至利益受损的一方。所以在解决问题时，管理者应具有平衡性思维和整体利益最大化思维，不能陷入使所有人满意的陷阱中。比如质量和成本的关系、人的胜任力与学历的关系、放权与集权的关系等等，所有这些都存在一个"度"的问题，也有应用场景的问题。所有平衡思维很重要，在这个场景下是对的，换个场景可能就是错的。但不管怎样，整体利益最大化是平衡思维的出发点。

（三）组织应建立定义问题的原则和组织体系，并予以实施、保持和改进

当一个信息或现象出现的时候，我们不仅要问：这是个问题吗？对这个问题的不同回答以及随后的决策或行动，决定了个体或组织是否成功。比如，当企业形势大好时，一些管理者会采取大胆投资甚至冒进的策略，有意识地忽略风险，所以一些知名企业辉煌过后就是灭亡。然而，时刻把风险放在首位，时刻保持战战兢兢，以过冬天的心态经营组织，则更容易取得长久发展。比如近几年来华为的发展就是一个成功的典型，即使是受到了美国政府的反复制裁，仍能百折不挠，持续成长并为再次成功保留了条件，这就是定义问题的重要。

从人性的角度说，任何个体或组织，都不希望自己认识的对象是一个混沌不清的状态，都希望将其清楚定义或描述。因此，正确地提出问题很重要。爱因斯坦曾说："提出一个问题往往比解决一个问题更为重要，因为解决一个问题也许只是一个数学上或实验上的技巧问题。而提出新的问题、新的可能性，从新的角度看旧问题，却需要创造性的想象力，而且标志着科学的真正进步。"[1] 能从新的角度提出问题，也是思维或认识的改变，能引起问题性质的变化，原来的问题可能就不是问题，爱因斯坦本人正是基于此提出了解决牛顿力学体系中存在问题或矛盾的"相对论"。

定义问题，首要的原则是预防问题。如果一开始就能预防，就不会有问题产生，所以预防是问题定义的第一原则。

问题有小、有大，有急、有缓，有个别、有一般，有系统问题、有例

---

① ［美］阿尔伯特·爱因斯坦（著），刘佛年（译）:《物理学的进化》，商务印书馆，2019年，第129页

外情况，有生产问题、质量问题、技术问题，有偶发（危机）问题、有例行问题，有断点问题、有节点问题（瓶颈）问题等等，组织或团队需要根据情况定义问题的性质、类别、层次、重要程度、缓急情况判定标准并据此对问题进行划分，列出不同情况的问题清单，这个过程可以归纳为提出问题的过程。

正确的提出问题对问题的解决很重要。比如在面对一个具体的问题时，一些组织或个体因为各种原因无法将具体的现象描述得很清楚，存在描述或表达不清、反映不及时、反映方式不当、抓不住重点等情况。问题的发现者或反馈者描述的都是表象和感性的判断，无法将问题的实质或指向暴露出来。再加上一些管理者并没有进行刨根究底的调查或询问，仅仅是根据自己的知识经验或感性思维做出大概判断，因此，这样认识和决定并不能从根源上解决问题，或者不能及时高效地解决问题。比如某世界知名企业新开发了一家零部件供应商，SQE(Supplier quality engineer，供应商质量工程师 ) 负责人经常向供应链总监反馈该供应商不配合，导致项目延期，而这家企业的供应链总监也并没有到这家供应商去实地调查，最终这家企业被淘汰出局。但是在此期间我曾经和 SQE 共同到该供应商拜访，却发现该供应商面临的主要问题是 SQE 无法提供给该供应商准确图纸及公差且也不接受供应商提供的建议，只是要求供应商一次一次地按照自己的要求反复修改，导致项目进行了两年多供应商依然在反复修改模具，成品组装后也是问题不断。在该供应商处，该 SQE 一直把责任推给集团设计人员却无法回答供应商的问题及需求。在这个事件的处理上，该供应商明显是个受害者，而该知名企业的供应链总监则犯了没有准确定义问题（真因）的错误，只是把错误感性地归咎于供应商。

在决定做什么或做判定之前，一定要充分地获取信息，可以先询问自己这几个问题，比如：搜集哪些信息？如何判定信息的真伪？信息的价值是什么？如何对信息进行甄别，去伪存真？每一条信息对结果意味着什么？每一条信息对哪些方面存在影响，程度是什么？

综合考虑这几个问题后，在信息获取上，需要重点关注以下三点：

1.冷静且条理性分析，遇到问题时不要做出先入为主的判断，更不要着急采取行为，遇事要"三思而后行"。

2. 逻辑性思维，遇到问题时应综合多方面信息，并进行逻辑分析，通常情况下，不符合逻辑的信息都是有问题的信息。

3. 彻底贯彻三现主义（现地、现物、现实），这是"一切从实际出发""没有调查就没有发言权"的以事实为决策基础的具体体现和准则。

（四）问题的识别，体系的建立、实施和改进

问题的识别及对应体系的建立、实施和改进应遵循以下几个步骤：

第一步，识别问题，管理者应思考的内容包括：目的是什么，基于这个目的有哪些问题，哪些是主要问题，问题的主要原因或影响因素有哪些，各因素之间的逻辑或相互关系是什么，问题发生的条件是什么，发生环境是什么，发生机理是什么等。

第二步，逐步缩小问题范围或指向。20 世纪 40 年代德国心理学家 K. 敦克尔认为：问题解决过程的总趋向是先确定问题的范围，指出可能的解决方向，再逐步缩小范围，提出问题解决的方法，逐步推理以逼近问题的解决。[①] 在这里需要指出的是：缩小范围和明确指向的活动是连续的，比如必须从系统分析到子系统、从子系统分析到具体的模块或领域、从具体的模块或领域分析到具体事物、组织或个体，最终寻找至原点（根本）问题。

第三步，分析原点问题的所有影响因素。当我们确定了原点问题后，就要对影响原点问题的找出所有的影响因素进行识别和分析，常见的影响因素包括：人（含硬性的如人的作业、体能等，软性的包含人的哲学观、价值观、逻辑、思维、人性等）、机、料（具体的实物及软性的信息等）、法、环（含自然环境及文化环境）、测量等因素进行识别和分析。

第四步，因果分析，确定每个因素的影响程度和作用机理。管理的实质是人的管理，因此和人相关的如哲学、逻辑、思维、人性等因素的影响是根本性的、普遍性的，存在组织内所有职能，事物处理的所有过程以及组织存续的所有时间段。另外需要特别注意的是管理者的领导风格对组织的影响是重大的，所谓"兵熊熊一个，将熊熊一窝"。一个勇于纳谏的智者

---

① ［美］艾伦·巴克（著），吴明会（译）：《极简问题解决法》，北京：人民邮电出版社，2019 年，第 162 页。

身边总会聚集一批贤能，一个视纳谏为藐视上级的愚者身边总会聚集阿谀奉承之人，两种风格必然会导致截然不同的结果。

从方法论的角度说，问题分析及解决的方法包括但不限于如下方式：

1. 价值分析法。问题的判定应基于价值考虑，所谓的管理价值即管理活动能否提升组织的效能，并为组织创造最大的利益。基于这个定义，进行管理活动价值分析时应当从以下几个角度进行分析，即：所进行的管理活动是否是有价值的，为实现管理目标而实施的所有管理活动是否是有价值的，所有的管理活动是否是连续的、快速、有效的，所有的管理活动是否是以需求为导向，所有的管理活动是否是持续优化的。

我们可以基于上述价值的角度判断问题的真伪与轻重缓急。比如某个区域的销售状况一直不好，作为管理者不能感性地认为这个区域的销售负责人不行而盲目更换负责人。首先应该基于价值分析的角度去判断所采取的活动是否有必要。管理者首先需要询问几个问题：这个区域对组织未来的发展重要吗？如果重要，那么哪些人适合过去管理呢？在适合的人中，哪些人最为契合当地的环境、文化呢？诸如此类的问题经过层层询问，方能采取最合适的解决方式。当然，经过理性思考以后，也许不需要更换负责人。

在销售人员的用人选择上，如果某个销售人员无论调到哪个区域都能有相对优秀的业绩，这个人的认识和方法一定具有突出的优势，升迁时可以重点考虑才能为组织创造更大的价值；如果一个销售员只在特定的区域有优势时，这个人的优势就在该区域的特殊资源上，用人时要予以识别，尽量避免区域的更换才能为组织创造最大的价值。

再比如当下级和上级因为某项具体工作产生矛盾冲突时，下级要维护上级的权威，这是从权力的角度认识；但是下级也有尊严的需求。但是，单纯地从权威或尊严的角度去考虑这个冲突，那么这是个假问题，问题的关键是这项工作对组织一定是有价值的吗，一定是必要的吗，矛盾的根源是什么？并非管理者一定正确，如果管理者能宽容，有利于管理预期的实现和组织的合力，那么管理就应该保持宽容。如果管理者的严苛有利于组织的执行，同样有利于管理预期的实现，那么管理者就应该保持严苛。因此，从价值的角度及人性的角度去考虑问题，那么这个问题就是真问题，单纯从权力的角度考虑就是假问题。

在此，管理者需要注意的是，每个问题的解决都需要组织投入和分配资源，组织也必须因此而获取回报，所以问题的分析和解决必须产生价值。

2.树状图。亦称树枝状图。树形图是数据树的图形表示形式，以父子层次结构来组织对象，是枚举法的一种表达方式。基本画法如下：比如 A 导致 B，B 导致 C，以此类推，所有问题都是由这个问题链条交叉而成的网络系统，在这个问题链条上，A 是问题 C 的根本原因，B 是 A 的衍生。当然，在实际管理中，根本原因可能不止一个。因此，需要用解析的方法将问题逐层、逐个解析，可以有效找到问题的原点。树状图有很多的衍生思维，比如脑图。

3.创造性思维。解决问题不能够墨守成规，应当拥有创新性思维，在这里原苏联专家 GenriehAlt-shuller 创立了萃智理论（TRIZ），管理者可以做参考。这个理论总结出了技术系统演变的八个重要模式，[①] 分别是：

（1）技术系统的演变遵循产生、成长、成熟和衰退的生命周期。

（2）增加理想度。

（3）系统中各子系统的不均衡演变，从而导致冲突。

（4）增加动态性和可控制性。

（5）增加复杂性，进而通过集成加以简化。

（6）零部件匹配和失配。

（7）从宏观系统向微观系统演变，运用能量场实现更好的性能或控制。

（8）增加自动化，降低人类的参与。

另外 TRIZ 给出的解决问题的基本步骤包括五步，分别是：

第一步，系统地提出问题。

第二步，把问题转化成一个模型。

第三步，分析模型。

---

① 百度百科：《萃智理论》，2018 年 12 月 7 日，https：//baike.baidu.com/item/%E8%90%83%E6%99%BA%E7%90%86%E8%AE%BA/2401863?fromtitle=%E8%90%83%E6%99%BA&fromid=4099187&fr=aladdin，2020 年 5 月 6 日

第四步，解决物理冲突。

第五步，系统提出理想的解决方案。

除萃智理论以外，管理者也可以创新性地应用一些解决问题的技术或方法，比如：防错、归纳、类比、推理、脑力激荡、模拟仿真、逆向思考等方法。

4. 从问题中学习或咨询。分析问题经常会涉及组织或个体的未知领域、知识或信息，这就需要组织或个体建立持续的学习习惯，在自我学习不足以及时系统地解决问题时，应当采用向相关领域的专家进行咨询。《尚书》中曾言："好问则裕，自用则小"，比如一些快速成长的组织自我感觉良好，却不一定看到在快速成长中存在的风险；一些组织没有正确识别、利用自己的优势和资源而成长缓慢；一些组织不能正确识别自身的问题而导致故步自封，逐渐失去竞争力。这都是因为没有形成从问题中学习、自我诊断和咨询的意识及行为，如同人需要医生一样，组织需要专业的诊断和咨询资源为自己服务。作为为组织服务的管理者，更应该培养学习和咨询的意识及行为，才会有组织地持续发展。

5. 分析的逻辑模式。关于人生，哲学有三个著名的问题：我是谁？我在哪里？我往哪里去？分析问题的模式虽有其自身的结构，但大概也符合这三个问题的逻辑，一般包括：解决什么、现状是什么、达到什么程度、怎么解决的问题，分别是：

（1）要解决什么，就需要了解内容、背景，解决发展历史和当下需求的问题。

（2）现状是什么，就需要正确识别问题，尽量用定量的方式描述。

（3）达到什么程度，比如目标是什么，现状和目标或标杆的差距是什么，怎样才算问题解决。

（4）怎么解决，也就是解决的方法，解决如何做的问题。具体包括资源的利用（人、机、料、法、环、测、时间等）以及输出什么的问题，运用分析的逻辑模式可以清晰地认识问题和分析问题。

6. 矛盾分析法。所有的问题都是矛盾的体现，比如预期和现实、品质和数量、长期和短期、表面和实质、效益和成本等矛盾的体现，因此如何认识和处理矛盾，就成为解决问题的关键决定因素。用哲学的矛盾分析法，将能很好地分析问题。

7. 利益分析法。一切矛盾都围绕利益产生，因此利益是管理的核心，管理者在分析问题的时候要善于识别和分析利益关系，尽量采用疏导的方式，采用共赢的思维解决利益冲突。组织如河流，受各种隐含或明示规则的约束，这些约束是红线，类似于河流的堤坝。当洪水来临时，堵不如疏，堵截会造成溢水甚至冲毁堤坝；而疏导则能够让水流入大海，避免洪水泛滥。管理也是一样，以疏为主，以堵为辅，将人、事、资源等引到合适的位置，发挥其优势、引导其劣势，将组织整体利益最大化。

8. 组织分析法。组织的利益最大化是依靠个体来实现的，其中管理者则是引导个体实现这个目标的桥梁。但是受限于管理者个体的知识或经验，解决问题时其所采取的对策未必一定符合组织的长期发展。比如员工发生冲突时采取各打五十大板，以求息事宁人的模式。中国传统思维的"大事化小，小事化了"的模式曾经在追求社会或组织和谐方面发挥了重大作用。但是随着个体自我意识的提升，人们追求公平、公正、受尊重及成就的欲望越来越强烈，这时候再采取类似的模式就不一定是有效的，甚至会招致组织成员的反感，并导致更大的隐患。

因此，当出现问题的时候，如果能让员工平等地参与分析，并尽可能地融合员工的预期，团队或组织的凝聚力无疑是最大的，分析能力、创造能力也是最强的。所以，管理者应能够从社会及人性的发展中，也要基于组织内部成员的共性来探求对组织最为有利的管理模式。

9. 无障碍沟通。分析必然伴随沟通，沟通应当坚持畅所欲言、言简意赅、论点鲜明、证据确凿、逻辑严谨、态度有决的沟通方式，避免出现没有定义、岔开话题、不知所云、缺乏证据、前后矛盾、析而不决的情况出现，这样才能集思广益、有的放矢地开展相关后续活动，分析沟通才有效果。如若不然，即使有人灵光一闪或有人提出确有道理的分析，也会在无知中被束之高阁，从而无法解决问题或延迟解决问题的时间。

而受限于中国传统文化的"长幼有序，上下尊卑思想"，中国的组织真正能做到无障碍沟通的并不多，这一点和西方有较大差异。因此作为中国组织的管理者，应当思考：如果能够不让权力影响沟通，应当秉承一个思维：那就是如何能够做到沟通无障碍。在这里可以采取很多方式，比如：卡片技术、无记名投票、领导者不出席等。

10. 潜在失效分析。解决问题必然伴随着改变，因此当分析问题时，需要争取识别各种对策的潜在失效及后果，也需要正确识别已有的控制方法和探测方法能否避免不良后果的出现，并据此采取对策，这就是潜在失效分析。

也就是说当假设发生改变时，会对关联事项有何影响，是有利的还是不利的？只有面对未来所有可能性的分析，才是充分的分析，否则即使解决了旧的问题，又会产生新的问题。"潜在分析"提出基本问题，即：有什么影响？后果是什么？后果有多严重？现在做什么能避免？因此，解决问题的潜在失效分析的基本思路是：

第一步，找出所有可能的对策。

第二步，找出所有对策的所有潜在影响及后果。

第三步，每一项对策带来的每一项后果有多严重？现在有什么方法预防这种后果出现或识别这种后果？

第四步，如果采取某项对策，则对应采取预防潜在风险的行动，对于无法完全预防的潜在风险，采取可以最大降低其影响度的行动。

第五步，验证所有行动的有效性，并重复上述环节。

（五）提出假设方案

经过问题分析，任何矛盾或问题产生的根源、背景和历史都会清晰地展现出来，这时候可以根据知识、经验提出可能的解决方案，同时对提出的解决方案进行假设检验的排序。

但是，由于人类知识的广泛复杂，组织及个体知识经验的局限性、思维的惯性、环境快速变化导致对策的不确定性等原因，有时会导致假设方案存在盲目、混乱、失真。所谓盲目就是不能识别行动方向，或者走错了行动方向；所谓混乱就是同时提出几个方向，纠结、矛盾，思路不清；所谓失真就是找不到问题的"原点"，被表面现象、整体现象遮蔽了本质和真相，从而找不到对策，答非所问，问题和对策不匹配。

为了避免这些问题，就需要运用哲学、逻辑和人性的标准重新认识、分析、修正假设方案。比如西方经济学的基本假设之一是：人是理性的。但实际上，人是理性的也是感性的，因此基于这个假设推论出来的经济理论、政策及其实践肯定无法解决所有的经济问题。人性存在普遍性，因此管理学等社会科学是基于人性假设而展开的。数学、物理等自然科学虽然在宇宙中普遍存在，但毕竟是基于人的认识而产生的，在具体应用上也无法脱离人性而独立存在，这就是人性的普遍性。泰勒的科学管理或日本的终身雇佣制等管理方法都是基于哲学、自然科学、人性等设立的假设及具体的方法论，使管理者和实践者对管理知其然，并知其所以然，并能在组织管理中真正应用，以实现组织的自我管理。

假设应当符合逻辑，才有可能解决问题。比如某公司的车间主管的主要职能包括工作安排、物料跟踪、生产跟踪、日常管理、异常管理等五项内容。对这五项内容认真分析，工作安排是相对于工作策划、工作监督、工作激励等过程活动而言；物料跟踪是相对于设备跟踪、人员跟踪、作业跟踪等生产活动内容而言；生产跟踪是相对于销售跟踪、品质跟踪等职能活动而言，并包括物料跟踪的范畴；日常管理及异常管理均被包含在上述内容内。因此，这五项工作部分内容是并列关系，部分内容是包含的关系，因此这样的工作分析放在职能安排上就是逻辑错误，那么在具体执行上就是各职能工作边界不清楚，导致工作冲突、效率降低的情况，最终会损害组织的利益。

需要注意的是，识别的逻辑规则包括但不限于：有效性、一致性、可靠性、完备性，以及人性审视。人性是复杂多变的，如果解决问题的假设是违反人性的，不会被认可或接受，根据逻辑的因果规律，也必然无效。

（六）实践检验

假设可以有多种多样，但假设必须经过实践的严谨性检验，才能确定解决问题，这是人类认识的确定性规则和恒久追求。通过实践检验假设，需要注意若干原则：

1.群众路线原则。对组织来说，利益相关方尤其是主要相关方的实践参与程度如何，直接决定了问题能否真正、彻底解决。比如有的组织领导者喜好对管理干涉过细，中基层主管就失去思考提升、自发管理的积极性和意识，长此下去，有的组织领导者和下级之间认识和方法的巨大偏差就会形成组织人员素质差、流动率高、到处着火、成本居高等恶性态势和循环。再比如有的企业总是做表面功夫，比方说出现质量问题时靠关系走动影响客户，虽能一定程度上减少投诉和退货，但造成企业损失、风险的漏洞没有消除，这些致病基因将长期带来不利或致命的损失或隐患，更重要的是企业的价值观或意识将因此误入歧途。如果能很好地理解和应用群众路线原则，就会人心齐、泰山移，形成组织很好的合力和持续竞争力，哪怕组织员工知识和技能水平不高也会逐步形成自己的独有特色。

2. 集体讨论和求同存异原则。解决问题实践中，确定会涉及各个方面的利益得失，因此集体讨论、求同存异就成为组织针对具体事件能达成一致并展开行动予以解决的有效方法。如果偏离了集体讨论原则，失势的部门确定会暗中掣肘、阳奉阴违、制造矛盾的，这是人性的趋恶特性；同样，也要求同存异，逐步解决问题，给相关方以预期，否则组织只能朝内耗、内乱和顾此失彼的方向越走越远。

3. 代表性原则。进行解决问题的实践，更要注意代表性原则。如果选择一般性、局部性、片面性、短期性、偏远性的问题、部门、人员、产品、项目等进行假设检验，不仅不能引起参与的兴趣，收效价值也不会很大；如果先选择有代表性的问题、部门、人员、产品、项目进行假设检验，不管成功和失败，都会给组织带来震撼性影响或经验，对组织的成长无疑是有利的。比如张瑞敏在海尔起步阶段选择有决定性影响的质量问题做解决问题的突破口，通过砸冰箱，带来了海尔人震撼、坚定的品质意识和习惯，才奠定了海尔市场竞争力的基础。代表性原则的标准可以包括但不限于：长期性、整体性、典型性、广泛性、影响性。

4. 允许反复原则。在解决问题的实践中，应允许失败、允许反复并给予适当激励，尤其是注意从失败中总结教训和规律，并形成自己的"经验知识库"，这样就会逐步接近解决问题的原点。如果一遇到困难或无效就一棍子打死，就会无意识中失去认识真相的机会，也没有人愿意参与解决问题。

5. 经济原则。解决问题的实践需要投入人、财、物、时间等资源，有的问题资源投入很大，因此要遵循经济原则对实践中各项资源和活动进行约束，以取得价值。比如以解决物质生活问题为目的的经济改革，在实施改革的方案策划、讨论阶段就可以充分地认识到改革会给环境、思想、价值观、安全、人际关系、伦理道德等带来多少、多大影响以及其影响程度如何，而不是等经济发展了再回来对人伦道德、环境、社会信任、价值文化、社会民主进行纠偏，那时候纠偏也不可能，这样的过程我们已经走过很多弯路、吃过很多亏了。

6. 监督反馈原则。实践过程需要监督和反馈，以便活动过程受控、有限，不至于造成其他不利影响。同时，也可以促使好的方案尽早产生增值，或者更接近解决问题的原点，或者实现全员参与。如一个新车型的开发，一定会有一个项目工程师对整个量产前的过程进行跟踪、反馈和问题解决，以便顺利实现量产，其他的管理问题解决也莫不如此。

7. 定义标准原则。问题解决是否成功，首要的问题是成功的标准是什么？从产品的角度说，一次检验合格率是 92% 算解决问题还是 98% 算解决问题？以中国目前的经济发展为例，毫无疑问中国的 20 世纪及 21 世纪初的经济改革取得了巨大的成功，也极大满足了实现个人价值的人性诉求，但不可避免的是导致了严重的官僚主义、腐败及环境污染。因此从另一个角度来看，成功的判定或许并不一样，这只能通过历史来评价。需要注意的是来自民众的集体智慧和力量才是真正的历史发展动力和源泉，这也是中国文化的核心，即整体利益始终都优先于局部和个体利益，历史已经反复告诉我们：如何组织、发展和实现民众的群体智慧和力量才是历史的真谛。由此来看，解决问题的成功，标准的定义最重要，不同的标准带来不同的认识和结论，决定了问题是继续存在还是戛然而止以及由此带来的各种有利、不利潜在影响及后果。从实践的步骤说，定义标准可以遵循以下程序：

（1）确定解决问题的范围和标准，即问题的内涵和外延。比如解决战略模糊问题，就要清楚地定义战略的范围和标准，战略的标准就要仅限于具有全局性、长远性、经济性的重要内容，如价值观、道德、行动原则、政策等。而诸如仅仅将企业运营定义为赚钱的价值观，则会直接决定组织以后面对诸多品质投诉处理、生产线改造、设计研发投入等问题时采取不能识别、维持、增强组织竞争能力的对策，这就直接决定了企业不可能有什么持久性。战略的范围也是一样，比如董事长确定了负责战略的职能，就应该把主要时间和精力放到企业发展和运营的范围内，通过总结重复性和再现性问题，发现企业用人、能力、意识、态度、沟通、组织协调、激励等不足形成的共性问题，采取办法加以改善，而不要被干涉过细、不能信任的认识习惯所影响以致对运营干涉过多，造成下属能力和意识退化、工作开展困难等不利结果。产品质量问题的解决也是如此，一个质量缺陷，往往有几个因素共同造成，解决问题目标较高时，就需要解决和控制每个影响因素；解决问题目标较低时控制主要要素即可，不同的目标决定不同的投入和效果。

（2）确定解决问题的实际价值，解决实施的动力和意志问题。比如：即将设计变更、减产、停产的产品，追加投入就要慎重；比如沟通不畅的小问题，就要采用放大认识的方法，绝不因为其恶小而不解决，因为小问题确定会成为大问题，类似于人的少数癌细胞会导致更多的癌细胞的道理一样。这些事例说明，要根据问题带来的潜在影响或价值决定是否实施及如何实施，而不是根据问题的表面感觉大小做出决定。

（3）进行实践的环境和条件准备。我们从哲学相对性原理和众多事实中总结过，宇宙间任何事物的运行和作用都是有条件的，都是相对的。一个在此岗位不适的人，在合适的岗位会发挥出明显或突出的成绩；一个在此客户遇阻的产品在其他客户可能会受欢迎，这样例子不胜枚举。所以，实践之前一定要准备实践检验的环境和条件，实践环境和条件准备的是否准确、到位、及时，将决定后续的监督、反馈、认识效果，会对全局、长期决定产生关键作用。

（4）严谨实施和监督反馈。实施的过程应该严谨，执行一丝不苟，才能真正验证假设。这样的执行对后续的总结和认识会带来极其不利的误导、误判。同时，科学规律也告诉我们，实施的过程要持续地监督，实施的主体要现场调研、多方调研，获得实施效果的各种反馈，这样才能获得对假设、实施效果的全面掌握和判定，这也是任何学科假设检验的普遍规律。

（5）是对实施的结果进行评审。通过对事实结果的评审，可以验证假设、总结经验、认识外延、识别内涵、判断效果。

（6）是对汇总的现实进行分析。分析结果很重要，语言、行为、神态、习惯、语气、结果、数据和信息经过分析，可以判断人的脾气、态度、习惯、价值观、动机、变化趋势，可以发现机会和风险，可以找到认识事物、处理事物的规律，好处不言自明。分析需要方向，需要从重复性和再现性两个角度认识和处理事物，以识别、定义事物背后的运作机理、运行规律、内部构造、作用条件、作用关系。

（7）对分析结果的理论性、系统性、历史性和相关性进行辩证认识。所谓理论性就是由问题本身及运作过程运作机理、运行规律、内部构造、作用条件、作用关系得出的认识论和方法论，以指导其他的管理活动。如通过多种产品的质量缺陷解决，可以识别解决质量问题的 8D 方法、5W 方法等；再如，通过组织众多事实的总结，可以发现技改对组织发展的决定性影响，从而把技改作为企业持续成功的战略之一等等类似案例。所谓系统性，就是把组织看成一个密切联系、严谨运作的系统，识别这个系统内部的各个接口及接口间存在的问题，通过对这些接口问题的理论性认识，从节点上解决问题，打通组织运作的瓶颈和障碍，类似的方法包括 TOC（约束理论）、VSM（价值流分析）等。现实的情况却是很多组织或管理人员无法识别问题甚至逃避问题，从而不断让组织失去竞争力的。所谓历史性就是清晰地识别和定义理论的背景、条件、价值、环境等抽象和隐含信息，以便后续遇到同样情况时等同采用，这是理论本身作为一种事物而天生具备的价值。如人性理论、哲学理论等都可以在我们不同的学科中直接理解、认识和应用。所谓相关性就是与该理论相关的认识、方法、习惯、态度、流程、标准、意识、组织结构、文化等方面是否受影响，影响程度如何，如何融合，如何优化。如当我们通过理论认识到设计 DFMEA( 潜在失效模式与后果分析 ) 对设计开发的重要价值时，就要将该方法贯彻到设计开发和质量控制的每个行为、过程和活动中，作为一种必须执行的标准加以落实，企业的设计过程将逐渐走向完美。

（8）形成理论，指导和用于实践，并进行大范围推广。理论是人类认识事物的基础和规律，但很多人感觉总结理论枯燥并且需要很多知识，从而不愿动脑、偷懒。我们应该看到，很多成功的企业家都愿意做企业的"教父"，喜欢传经布道，就是这种规律的反映。理论只有进一步推广应用，才能带来更大的价值，这也是很多人都愿意写书总结理论观点的根本驱动力之一。需要注意的是，理论在推广的过程中，始终都不该忘记监督和反馈的原则，因为理论的相对性，总有这样、那样的变数，影响或不确定使得初始理论不一定涵盖所有事物，这就是理论的不断丰富和完善的过程。比如以当下社会而论，人性是自私的，绝大多数是追求物质和金钱的，但是在解放初期和改革前的农村，人性是如此的淳朴、善良、上进、吃苦、节约，人性就是善的，单纯的人性二分法认识就很容易片面。

十一、关联影响

关联影响的概念在理论上可以追溯到哲学的普遍联系原理和对立统一规律。认识和理解关联影响的价值可以帮助我们有意识地认识、理解和控制管理活动中的各类关系，以及保持管理系统本身平衡和精准的重要性。在组织中，关联影响主要从五个方面考虑，分别是：关系、系统、影响、交互及统筹，分别阐述如下：

1. 关系，是事物联系在一起的关联存在，如合作关系、人际关系、逻辑关系、流动关系等。尤其需要强调的是逻辑关系的认识和识别，这些关系包括一般和特殊、长期和短期、整体和局部、现象和本质、理论和实际、内涵和外延、假设与检验、因果关系、过程和结束、运动和静止、演绎与归纳、行为和思想、主要和次要、联系与孤立、上下关系、层次关系、前后关系、并列关系、条件关系、抽象与具体等等。无论是实体事物，如山川、河流、动物、花草等，还是抽象的事物，如公理、思想、技术、方法等，都适用于以逻辑关系进行认识。组织或个人能认识到的逻辑关系有多少、有多深、有多精，直接决定了组织或个人认识的结果和管理的结果。总之，事物存在的合理与否取决于逻辑关系通畅，如果逻辑上不通畅，而事物却实实在在存在，那一定是并没有完全识别所有关联事物，因此在逻辑上才会有缺陷。

而在组织管理中，关系的具体体现就是指组织内部或外部的各个事物之间的信息流、物料流、组织关系、人际关系、协作关系等。其中的信息流比如：人与人的语言沟通、邮件沟通、电子信号传递等。物料流比如：现场的物料流转状态、外部物流等。组织关系比如：上下级关系、党政关系等。人际关系比如亲戚朋友之类的关系。协作关系比如：借贷关系、分工合作关系等等。

2.系统，是由若干关系组成的且有一定结构、功能和寿命的事物或存在。比如组织的管理系统是由权力结构、价值结构、组织结构、信息结构等组成，具有创造价值、履行责任、树立标杆的功能。

3.影响，是指发出方对接收方的性质、状态、存在等的改变结果及程度，一般分为不相关、弱相关和强相关三种情况。比如组织内部上下级之间的语言沟通，如果上级信息传达不准确细致，有可能导致下级出现误解、执行不力，甚至冲突，有可能会影响公司的运营。在组织管理中，管理者需要正确识别所有活动影响的大小，这是由于在实际工作中一些微小的事情最终的影响可能会非常大，"蝴蝶效应"说明的就是这个概念。

4.交互，就是指发出方和接受方之间交流。交互的目的是确保信息的接收方能够正确理解发出方的意图并执行，交互可能会改变发出方的本意，也有可能维持发出方的本意。比如在军事管理中，指挥员向通讯员下达命令后，通讯员必须复述命令确认无误后才可以传达，这就是交互。在组织管理中，双方或多方的沟通交流也是交互。管理者需要注意的是单向的传递并非交互，容易导致接收方的错误理解、误判。

5.统筹，就是通盘筹划，是组织或个体基于组织的目标以及对系统的认识所采取的通盘筹划。统筹有很强的趋利特性，即为了组织或个体的利益最大化。统筹的结果由两方面决定：认知和行动。比如在实际管理活动中，如果认知达不到而采取行动，那么就有可能出现问题；如果认知透彻，那么执行就会比较简单，出现错误的概率也会小很多。管理都是认识论和方法论的问题，认识论就是如何认识事物，方法论就是如何行动。统筹的另一个要点确保组织合理地使用资源以确保目标的实现，其中特别注意的是系统平衡和精准，如果系统失去平衡，那么系统内将到处都是冲突，会造成整个系统的紊乱乃至组织消亡；如果系统不精确，那么所采取的所有行动都是浪费组织资源，延缓甚至阻碍组织目标的实现。比如我们都希望能准确识人，但是怎么识人？这是需要专业能力的，比如1997年的上海申花遇到了后成为著名球星的舍甫琴科，申花认为其没有潜力，原因是舍甫琴科的身体不够强壮、技术一般、速度也不突出。所以中国的古语"千里马常有，而伯乐不常有"说的就是这个道理。

管理者需要了解关联影响是有成本的，正确识别这些成本，方能够最大限度地保证组织目标的实现，主要成本包括协调成本、妥协成本，分别是：

1. 协调成本指发出和接受双方为了实现共享或达成一致必须在诸如制定工作计划、确定工作重点和解决矛盾等方面进行协调时发生的成本，包括时间、人员和资金上的成本。①

2. 妥协成本指发出和接受双方达成一致或平衡时，即发出和接受双方以某种方式折中自己的需求时所承担的成本。比如一个非常有成就的高管空降至一家业绩平庸的公司，其所采取的政策被这家公司的多数员工所抵触，但符合公司发展的长远方向。这时候企业主可能就会面临两难选择：第一种，迁就于多数员工，高管离职，会影响公司的长期发展。第二种，迁就于高管，多数员工离职，会影响公司的短期效益。但无论选择哪一种都是一种妥协，都会给公司带来损失。又如，面对市场个性化的趋势，组织为了提升柔性而导致的管理成本增加，也是组织对市场妥协的成本。

在组织中，语言或文字是管理活动中主要的关联形式，无论以口头、邮件、电话、看板、会议、合同、文件、资料等何种形式体现，均是语言文字沟通的范畴。但是这些沟通中经常存在这样或那样的表达或理解失误，只不过多数情况下，并没有造成严重的影响。因此，作为沟通者也就不去反思、改善罢了。但作为个体，我们需要正确认知在沟通与理解关联中，存在几个事实：每句话都可有多种理解（比如明义、潜台词、隐喻等）；听众不一定获得或理解对方的全部信息及含义；听众往往用单一的、笼统的标准去理解，因此听众往往会产生唯一理解，排除其他可能的理解，这往

---

① 罗群辉，宁宣熙：《企业并购整合中的协同效应研究》，《世界经济与政治论坛》，2008年第6期。

往会导致沟通和理解产生偏差。

为了解决这些问题，1986 年法国学者斯波伯 (Sperber) 和英国学者威尔逊 (Wilson) 提出了关联理论，这种理论提出了针对沟通的两个要求：

1. 对沟通时的基本语言或词汇进行明确、清晰的定义，以便后续的认识和沟通一致，避免发生诸多的无效沟通和风险成本沟通。比如在一些管理规范的组织内，组织内常用的术语、简称都做了明确定义，并形成了文件。即使在新员工入职后，也需要时常翻阅这些标准术语以确保和组织内部人员进行沟通时不会造成歧义。标准术语的含义也成为员工入职培训的基本内容。

2. 在沟通中同时表达和理解两个层面的意图，一个是向接收方人传递的信息；一个是向接收方传递信息的目的。这种关联沟通的目的就是消除或最大程度降低认知差异和因此带来的风险，因为传递信息的目的可以促使接收方给予提出方反馈，以便提出、认识和探讨更好的后续行为或措施。比如直接要求某部门或个人配合或执行某项工作，可能面临被拒绝的风险，因为对方并不了解这样做的目的，也并不清楚工作的价值和不利后果。

基于关联影响的研究产生了产业关联理论，它侧重于研究产业之间的中间投入和中间产出之间的关系，这方面的理论研究如美国经济学家里昂惕夫的投入产出法。产业关联理论还可以分析各相关产业的关联关系，产业的波及效果等。[①] 产业关联理论为识别、进入和运营好组织选定的优势市场或产业，为组织的持久运营并维持竞争优势创造战略基础和框架。再比如上市公司的关联交易活动，也是关联影响的范畴，不同情况的关联交易会体现公司的经营业绩，比如当主营业务衰落、利润降低时，股票会被抛售从而导致股价降低。

关联影响也为我们解决问题提供了思路，比如当出现问题时，首先通过分析问题找到所有影响因素，然后只改变一种因素，而保持其他因素不变。这样逐一尝试各影响因素，最终会确定问题的主要影响因素，这种方式也是运用关联影响分析的方法。问题的各影响因素之间存在着大量的因

---

① 崔保国：《传媒经济学研究的理论范式》，《新闻与传播研究》，2012 年第 8 期。

果关系，这些因果关系有纵向关系，也有横向关系。纵向关系可以使用因果分析法来加以分析，横向关系可以用关联图法分析、解决。设计中的潜在失效模式与后果分析（FMEA）则是对失效关联影响的提前分析和控制。所有这些都是管理中关联影响客观、普遍存在并发挥作用及价值的案例。

### 十二、持续改善

持续改善，其原词是 Kaizen，是今井正明在《改善——日本企业成功的关键》一书中提出的。后来，"持续改善"成为日本管理中最重要的理念之一，也是日本竞争成功的关键。现在，持续改善被普遍认可和接受，该思想被引入国际质量体系标准、卓越绩效评价、质量奖申报等管理改进活动，是一项管理不可或缺的重要内容。

从企业发展的历史规律来看，企业都是由小到大逐步成长起来的，百年企业并非没有发生过问题，也并非没有遇到过危机，而是因为其自身有很好的持续改进能力，能较好地解决每个阶段的问题。所有企业都可以通过积极管理实现从平庸到优秀，甚至卓越，但只有那些真正理解持续改进，并持之以恒的企业，才会成就百年企业。因此，正确认识和运用持续改进对于组织和管理者必不可少。

计划性、组织性、系统性和全员性是持续改进的四个主要四个特点。所谓计划性，就是持续改进的指向是有目的的，其目标、资源配置、策略、活动、异常处理等需要提前谋划并安排预案。所谓组织性，就是持续改进需要将各方面的信息和资源系统连接、真正运用起来，这就是组织过程。所谓系统性，就是持续改进需要识别影响管理活动的各种要素、要素间的关联关系及先后顺序、作用机理、组成结构等系统内容，加以有效的管理，实现改善效果。所谓全员性，就是持续改进的参与者必须是全员，不是只有员工和下级改善，上级和组织更要改善。在全员性方面，日本企业体现得较为明显，比如在丰田：有全员参与的改善提案制度；有中高层的课题改善制度（就是所谓的"自主研修"）；有全员的发表会制度；有专家诊断、总经理/董事长的诊断制度；有改善工具的全员培训与学习。这五个方面构成真正的全员持续改善活动及其文化（包括对外部专家的资源利用）。松下幸之助也曾经说过："没有全员的参加，就没有全面的管理。"①

当前组织面临的市场环境快速变化，客户需求的个性化以及市场的高强度竞争，也面临着追求个人价值、民主平等、个人尊重的人性需求，以及诸多改进项目的组织需求。面对这样的大环境，通过识别和管理各改进项目之间的共性和关联影响并做到协同、互补，以确保改进的整体效果就成为管理的普遍要求。从管理价值的角度分析，持续改进带来以下增值：

首先，每一种改进活动都带来一个特定的认识角度或标准，这成为管理思想系统化、关联化的充分条件。同时，特定改进方法的不同观察角度还可以识别人们以前从未发现的问题。需要注意的是：特定改进方法在某一领域所获得的成功也常常使人们变得过于乐观，并进而不合理地认为这种方法就是包治百病的灵丹妙药。②这是管理者需要正确识别的，实际上不同的管理思想其重点会有所不同，如精益带来消除浪费的管理思想，六西格玛带来零缺陷的思想等等。在持续改进活动中综合运用这些思想必然会带来这些思想的交集，也更容易带来持续改进项目的成功。

其次，加深对专业或术语的理解、认识一致与兼容。人人都希望自己专业，管理者也不例外，持续改进是增加专业度、促进兼容的实践途径。更重要的是它能促使个体自主识别改进机会，为全员参与创造基本条件。

在组织中，由于角色不同，其改进的倾向也会有所侧重。比如生产经理一般倾向于把及时管理作为较优的改进方法，而财务经理则可能偏好于控制管理成本，也因此可能产生实际冲突并导致管理低效，做改进活动时则需要考虑如何能同时满足及时性及成本两个方面。又如当专业人士谈到绩效时，首要关注的应该是组织绩效，针对个人的考核仅仅是实现组织绩效的手段，组织的绩效及其改善才是核心，但不少企业却以个人绩效为主，且在不达标时采取扣发工资或奖金的手段，这是对绩效专业术语的认识或理解不够，是与企业的管理初衷不兼容的。采用这种思想的企业只是给员

---

① ［日］松下幸之助：《经营管理全集》第5卷，沈阳：春风文艺出版社，1999年，第162页。

② 金笑萍：《集团企业持续改进和整合管理模型探索》，《集团经济研究》，2006年第5期。

工施加了压力，但并没有为员工解决组织存在的任何问题，因而要么是失败，要么考核成了形式主义。因此，在持续改进的实践中，如果能够找出不同改进方法的术语之间存在的联系，并使不同职能小组的员工学习、交流和理解不同改进方法的术语，就可以为实施持续改进的全员参与创造前提。[1]

再次，促进分析工具和技术的协同。解决问题时，应基于问题的特性及需求采取针对性的分析工具与技术，持续改进作为系统性、协同性活动促进了不同方法和技术的协同效果。如质量改善的老七大工具，是从量化的角度描述改善过程之间的逻辑关系，一般适用实物产品的改善活动较多；而新七大工具，则是对资料、信息、意见、构思等定性描述之间逻辑关系的认识和分析，一般适用管理改善较多。同时，两类工具相互协同，不仅可以用于解决质量问题，也可以解决其他问题，这就是不同分析工具与技术的协同效应。

最后，掌握变革的工具与技术，即掌握方法论。每个持续改善的项目及活动过程，都会有很多成功或失败的方法蕴含其中。掌握这些方法，就是持续改善的最大成功或收获。如实施质量改善的过程，可以发现蕴含在实物质量中的产品结构、功能、环境、历史等规律，由此规律可以很轻松地识别任何产品的质量缺陷源自何处；在管理过程中，任何以人为中心的管理都要尊重人性规律，否则就很难成功或有效；管理改善中，当自上而下的改善无效果时，尝试一下自下而上的管理思想，管理者当好裁判、供应商和支持者，效果也许会更好；管理咨询时，推翻旧的、编制新的模式如果无效，采用疏导、顺势而为的咨询模式也许更易被接受和产生效果。所有这些案例都说明：持续改善中，蕴含无数抽象、隐含的规律或方法，如果你是个逻辑思维者，就会发现很多成功的方法论蕴含在生活和社会的持续改善细节中。

组织应关注几点，会使改善持续更有效：识别、反思和验证组织改进团队对某一改进方法的本质或视角所持的认识和态度；改进团队对术语的

---

[1] 金笑萍：《集团企业持续改进和整合管理模型探索》，《集团经济研究》，2006年第5期。

理解深度、广度与精度；正确识别改进方法对组织其他活动的关联影响或利害关系。

以质量管理体系持续改善为例，假设我们认为运行和改善体系是一种形式，是为了获取证书，这种对体系本质的认识和态度，会使得组织文实不符，言行不一，增加组织运作的矛盾和混乱程度，体系最终会成为成本或枷锁；假设我们不知道如何理解、认识和运用八项原则等概念，组织的实物质量绝对达不到卓越的水平，假以时日，组织的寿命是有限的；假设不将过程方法、八项原则、统计方法等工具和技术加以认识、理解并推广到其他管理业务，不用抽象和逻辑的认识反思和提高管理，假以时日，组织的寿命也是有限的。诸如5S、绩效管理、平衡计分卡等改进工具，不少咨询顾问也未必能理解其本质，更何况没有管理系统概念的管理者了。总之，在管理的持续改善上，中国的企业或组织还有很长的路要走。

## 第二节　管理的结构

### 一、认识结构

结构是事物的各个组成部分之间的有序搭配和排列。[①] 大到宇宙，小到原子，都有其一定条件下相对稳定的结构。在自然界，相同元素基于不同的结构，可以形成不同的物质，碳可以呈现出偏硬的金刚石和偏软的石墨状态；相同的物质也可以呈现不同的形态，并表现出不同的特性，比如水可以呈现液态、气态、固态。各种不同的零件在保持其原有特性的情况下，经过组合可以成为一个"活的"机构，比如：计算机、机器人、飞机等等。由此可见，结构决定事物性质和性能。

不仅客观事物有结构，学科、概念、思想理论、文章、画作等人类一切文化和文明的事物也都有结构，结构是事物的确定存在。比如美国政府有总统、参议院、众议院等部门共同构成美国的政治结构；中国文化有儒释道等共同组成中国的传统文化结构。

---

① ［美］罗伯特·K.默顿（著），唐少杰，齐心（译）：《社会理论和社会结构》，南京：译林出版社，2015年，第93页。

　　任何事物都是由相互联系的要素组成的整体，因此，对任何事物的理解和认识都应该站在整体的角度去认识，不能孤立地、片面地去认识。无论事物的表现怎样杂乱无章，貌似毫无规律可循，但其内部必然隐藏着某种结构，正确地识别和认识其构成及结构类型是正确认识事物的有效方法。如果能够定期加以维护和优化事物的结构，事物就会按照期望的状态和结果存在。借鉴客观存在事物的结构，主观事物由概念和关系构成，概念是构成各类事物的基本元素，关系是元素的结构连接。比如人有善心，但是在恶的环境中善心或许被抑制，甚至为恶，这是恶的环境造成的。在这里，善心、恶心、恶的环境均为元素，而恶的环境对善心的压制则为结构关系。

　　人们将对事物的结构认识应用到各个领域进行发明和创造，提高人们自身的生活水平和人类文明程度。比如蜻蜓翅膀上的黑痣结构启发人类控制了飞机翅膀颤振的致命危害；蝙蝠的超声波结构启发人类发明了雷达；蜂巢的蜂窝状结构启发人类发明了不会漏气的仿蜂巢轮胎；美国高通公司的向日葵显示屏（Mirasol）能耗低，是取代手机、平板电脑和电子阅读器等设备所采用的电子墨水的一个理想替代品，其设计灵感来自蝴蝶翅膀。[①]

　　对人文和社会科学来说，结构思维使人容易将各种概念、理论、思想、学科清晰地识别和关联起来，使抽象的事物更容易认识、理解和应用，并能够促进各学科之间的对比研究，从而取其所长，并能促进学科之间的统一和进一步发展。比如经济和政治结构融合形成的政治经济学、心理学和组织学融合形成的组织行为学等。

　　瑞士心理学家让·皮亚杰（Jean Piaget）是对结构研究比较深入的专家之一，他在对各类结构综合研究之后，指出结构的共同特点有两点：第一，一个领域里要找出规律性的事物，能够对自身的功能进行说明或解释。第二，这些规律能够形式化表达出来，并能作为公式而做演绎性的应用。他指出结构有三个特性：整体性、具有转换规律或法则、自身调整性，因此结构可以总体定义为由具有整体性的若干转换规律组成的一个有自身调整

---

　　① 百度百科:《仿生学》，2016 年 7 月 10 日，https：//baike.baidu.com/item/%E4%BB%BF%E7%94%9F%E5%AD%A6/98918?fr=aladdin，2020 年 1 月 5 日。

性质的图式体系。[①]

结构思维是一种方法论，它没有排他性，它倾向于从一个全新的视角认识和解释一切科学、领域及事物，从而把握和理解事物的整体和真实，及蕴含在其中的本质及进一步规律。

## 二、管理的结构

管理作为一种客观事物也有其自身的结构，上一节已经阐述管理有十三个构成要素，这十三个要素共同构成管理系统，因此管理是一个整体事物。管理遵循哲学、逻辑、思维、人性的总体等一般规律，也遵循经济学、法学、政治学、心理学、历史学、物理学、化学等各个具体学科的具体的、特殊的规律。管理的结构就是按照可以认识的框架或关联形式，将管理所涉及的规律按照层次、类别、关系、影响等分类方式有机地排列起来形成的理论体系。

认识管理结构的目的在于让我们清晰地感知和理解不同的事物在管理中所占的位置和所起的作用。一个产品我们可以清楚地知道每个部分到底是何种功能和特性，如何关联，比如产品中皮带的作用是什么，螺丝的作用是什么，齿轮的作用是什么等等，这对我们认知管理提供了确定性、可操作性和便利性，并能够据此进行问题分析、识别关联影响和持续改善。

对管理结构的认识和解释，可以从不同的角度进行，随着人们认识对象、认识能力、认识水平的提高而不断丰富和完善。

如果把十三个管理要素视作管理的实体，那么：定义是管理的灵魂，决定和指引管理的一切后续活动，就如人的思想；前提和假设就如人的知识、经验和阅历；目标就如人的追求、欲望；战略、方针就如人的行动方针或原则，就如人的风格；资源就是人能够利用的所有物质资料和软性资料（比如时间、人脉等）；行为就是人的各类活动；信息就如人的感知；监测、评审、解决问题就如人的探求、反思、质疑、总结、提高和不断上进，所有这些构成了完整的管理结构。

---

① 汪民安，陈永国，马海良：《城市文化读本》，北京：北京大学出版社，2008年，第78页。

　　宇宙中的任何事物都有出生、生长的衰亡的过程，小到病毒、细菌，大到星球、星系，无不如此，这是亘古不变的普遍规律。因此，组织也有初生、成长、灭亡的过程。

　　但是事物的结构在每个阶段都是相对稳定的，稳定的根源在于结构的矛盾平衡性，这种平衡性保持了该事物的相对本性。比如一个稳定发展的组织，其文化和管理风格总是基本传承，员工的素质基本不变，问题也基本重复趋同等等。其原因是在外界的影响作用下，组织内部的矛盾作用力保持相对平衡。从管理的角度来看，维持平衡的作用力就是各种或明或暗的利益。比如人员没有离职，是因为利益在最低限度内；质量问题无法解决是因为只关注利益而忽视了学习、思考、分享和团队，或质量问题的解决会损害某些人或团体的利益；扩张性企业失败的原因往往是因为原有的利益平衡被打破，却并没有建立新的平衡，或者虽然有组织内部的平衡，但组织和外部的平衡并没有实现。当然如果管理的结构一成不变，组织也注定会被其他更先进的组织替代。因此作为组织的管理者应该在管理结构稳定的基础上适度且持续地调整管理结构，以确保组织的长期发展。

　　管理结构的价值在于促使管理者理解定期识别、评审利益相关方以及其利益点、利益强度、利益关系、利益影响的原因和重要性，它促使管理者要理性和严谨地认识和处理各类利益，确保利益的动态平衡，尽量减少对组织产生不利的变异。

## 第三节　管理的功能、特性和寿命

　　除了结构以外，也可以从功能、特性和寿命的角度认识管理，其中：管理功能表述的是管理能做什么或者实现什么，也就是管理的价值；管理特性表述管理价值的具体性质或等级，是定性和定量的描述；管理寿命表达的是管理的存续时间。结构、功能、特性和寿命是表达事物的四个主要方面。在这一节，我们阐述管理的功能、特性和寿命。

## 一、管理的功能

目前主流的管理观点认为管理有计划、组织、领导和控制等四大功能。然而从行为学的角度认识，这些只是管理为了创造价值而采取的行动，并非对功能的表达。这也许是现有管理体系的一大缺陷。实际上，从泰勒的科学管理论创立开始，到后来的分工制、组织研究、行为研究、动作研究、领导研究、精益生产、约束理论等都是围绕创造价值而展开。

那么应该如何重新认识和构建管理的功能呢？这要从人们对管理的诉求去多角度认识，以当下的认识能力而言，管理应具备以下功能：

1. 识别和定义。即通过管理识别问题和定义管理方向，没有识别和定义，就不知道管理什么、朝什么方向管理。

2. 调查研究。即通过各种形式的调查分析使管理者能及时、充分、有效地掌握各种信息，有助于管理者正确地认识和决策。这也是"三现主义"和"没有调查就没有发言权"论断的根源。

3. 参谋。即通过各种形式的管理活动促使管理者获取更多的参考意见，辅助正确的决策。这也是管理者寻求顾问支持，甚至建立智囊团的缘由。

4. 激励。即通过各种物质或精神激励促使组织成员保持积极、主动和负责任的心态实现组织目标。

5. 平衡。即通过管理差异、平衡利益来减少组织内外部的矛盾，实现利益分配的公平、公正，从而促使组织成员形成合力来实现组织目标。

6. 增值。管理能够增值，通过一定的资源投入与管理为客户、关联方、社会及组织本身创造价值。

7. 效率。通过管理实现效率的提升，进而实现价值的更大化。

8. 解决问题。通过管理解决与组织目标的差异，维持组织的动态平衡及发展。

9. 凝聚。通过管理凝聚组织的各种资源实现组织的价值。

10. 防错。通过管理降低或消除风险。

11. 标准。通过管理建立标准的流程制度，以约束组织及个体的目标、思想及行为等，确保其目标、思想与行为与组织的价值一致，并实现组织的目标。这与产品的标准化设计、标准化工艺要求等类似。

二、管理的特性

管理的过程和结果由管理的特性体现，这些特性包括但不限于以下内容：

1. 阶段性。所有的管理功能和活动、组织形式、人力资源、战略等管理构成均有阶段性，在组织发展的不同时期、不同状态、不同情况下有不同的诉求和表现。

2. 层次性。无论按职能认识的人力资源、制造、品质、研发、销售；还是按层次划分的战略、战术、执行；或者按流程划分的计划、评审、实施、协调、监测、分析改进等活动，均有明显的层次性。比如，同样的岗位，要求或具备的专业层次不同；同样是计划，有战略计划、战术计划和执行计划之分；同样是战略，有跟随战略、领导战略之分等。

3. 类别性。针对某一具体认识对象，有不同类别的特性反映其过程及结果。如针对招聘，有招聘频次、招聘时间、招聘数量、招聘费用等不同类别的特性反映招聘过程；同时也有面试通过率、实际到岗率、到岗满足率等指标反映招聘的实质效果。作为管理者，应该识别、定义不同类别的管理特性指标，以便对组织、团队、员工个人的情况进行识别、摸底和评价，类别的具体性、适宜性、充分性、有效性等细节才能反映组织管理能力的高低，也是打造组织核心竞争力的必经之路。

4. 价值性。人类活动的任何方面都有价值性，其价值性主要体现在投入和产出的关系。因此，管理要关注任何投入和产出的价值大小及效果，这是组织自我管理和追求卓越的必然之路。

5. 效率性。管理始终都关注效率，并以其为核心展开探讨和研究，无论是精益生产、流程再造、组织设计、动作研究等等，都是为了是组织、团队或个人更有效率。没有效率或长期低效的组织不可能存在多久。

6. 计划性。管理的防错、战略策划、人力资源、产品设计等职能，都是预先的计划，安排好相应的人员、设备、工装、工具、措施、组织等，以便及时应对和处置异常、例外情况。对组织来说，如果哪个方面忽略了计划，付出代价是必然的，这种代价有时候是致命的。

7. 目的性。管理者要明白目的是什么，不要被中间因素迷惑或诱导而误入歧途。比如当两个部件配合的时候，配合后的功能是目的，尺寸只是保证功能的"手段"，所以尺寸不合格的两个部件配合后有可能是合格件，这样的判定就会减少质量成本或损失。万科总裁王石在总结自己的成功经验时，就曾经提到自己管住自己，而不是为了赚钱做经营，这就是始终坚持组织的目的考虑运营。

8. 专业性。管理涉及具体的活动和广泛的领域，每个方面都需要有专业人员运作才能确保管理的预期，但是很多组织常常雇佣一些专业欠缺的技术人员、高管，所设计的工艺和产品一次检验合格率很低，不同的工序之间反复的返工、报废，增加了很多质量成本而不自知；很多非专业的高管也是只搞了形式和表面，实际问题、价值增值、核心能力增强等关键管理活动无从谈起，更是阻滞了组织发展。

9. 系统性。管理是一个认识、分析、处理、反思、优化等诸多活动都需要细致、严谨、耐心的复杂系统，可惜很多组织对此无意识。比如人力资源无法面试品质、生产等人员，而面试的品质、生产等人员又存在私心，不可能推荐真正适合的人才，所以该招的人进不来，现有的人只好将就。对组织来说，人力、生产、品质、销售、研发等每个活动都是一个系统，如何提高系统的协作性、一致性、最大创造性、灵活性应当成为组织必然关注点。

10. 具体性。管理的每个差异、矛盾或问题，都需要具体问题具体分析，根据不同的情况和对象，采取适当的具体措施。

11. 关联性。不同的管理活动之间，关联必然存在，关联影响必然产生，对此熟视无睹的组织往往在小事上栽大跟头。小企业可能是亏损，大企业则可能因此倒闭。

12. 严谨性。在管理中，设计研发、品质管控、战略与计划、信息、调研、矛盾和冲突、人力资源、投入产出、高管、新市场介入等不同管理范畴，都需要严谨性。比如，在上下级、平级工作矛盾中，经理人如果按照各打五十大板、维护上级权威等经验假设去处理，多数情况下会处理失败，这种假设没有识别到人性的个体性和组织正能量的树立，结果往往是人员该流失还流失、人员积极性不高还不高、内耗严重还严重。如果采用严谨、实证的方法认识、调查、处理，本着发现、传播、弘扬正能量的方法论去处理，企业文化会越来越好。

13. 适用性。由于思维和认识的限制及惰性，管理层和经理人在管理思维中往往顾此失彼，他们常常就事论事而忽略事情的适用性（包块有效性、充分性）。比如战略计划是三年还是五年制定一次？是否有监测和预警机制？是否有严谨的评审流程？是否有实证？是否基于严谨的、有代表性的调研？对战略的质疑是否有奖励？是否有开诚布公的心态和胸怀？高层是否检讨企业的各种假设？高层是否认真评审企业的规章、流程，是否提出专业的质疑？所有这些有效的方法，经理人或高层未必考虑到，即使考虑到也未必真正做，即使真正做也未必做到位。

任何管理活动和人员的任何行为或思想，都可以由以上特性识别、表达、控制和评价，这有点类似于实物产品的质量特性，管理的特性就是由此而来，由此体现。当组织或管理者对以上特性的识别、认识和应用达到相当精深的程度时，组织的管理就无形中做好了。

### 三、管理的寿命

管理作为一个客观总体，是永久存在的，即使将来人们的思想水平极高，不存在等级分化之时。但是，作为一个具体的活动、方案、计划、战略、人物、产品、事情、原则等则是有寿命、有期限的。比如高水平的人到组织去，是有期限的，如果组织没有充分识别和利用，短期内肯定流失；战略是有期限的，基于一定的市场和假设，我们可以策划战略，当市场和假设改变时，原有的战略就终结了寿命；产品是有期限的，当销售额逐步下降且市场调研显示消费者偏好已经疲劳或转变时，产品就该退出市场了；计划是有期限的，基于当时的人物、能力、资源和环境所做的计划，面对人员变动、流程变化、信息补充、环境突变等情况时也要变更，诸如此类，无不如此。

然而，事实上我们有管理的寿命意识吗？因为高管"虎头蛇尾"的思想和行为模式，我们容易或热衷建立一个管理实物，却很少给出其有限的期限或条件，以致各种不同时期、条件和假设下的政策、规定、计划、习惯等杂乱无章地混入人们的思想和行为，影响组织管理的各个方面，并且不断被经理或主管引为标准、借口、比照等，组织的管理思想和行为也因此而成为"浑水一潭"，深不可测。还有一种情况就是对变化的识别和转化不够，比如新的标准发行后，关联文件没有及时变更，仍然在现场使用，这在现场质量管理中是很普遍的情况。

管理的寿命究竟需要识别和设计多久？这关系着管理工作的时间、精力、效率和质量，更关系着组织核心竞争力的持久及转型成功，不可谓不重要。比如，企业战略的策划一般认为是 3 年或 5 年有效，组织或经理人如果按照这个假设运作战略，可能三年不到，很多企业已经倒下了，因为经理人对假设的寿命并没有研究或敏感性，他们只是简单地相信理论而没有建立企业的寿命监测和预警机制。针对不同的管理范畴应识别和设计不同的寿命期限予以管理。这些方面包括但不限于：管理信息、物料、设备、产品、市场与客户、企业生命、问题解决、项目运作、问题跟踪、文件、企业战略、人员变化、组织结构、业务流程、岗位与职责优化、广告、促销、技术专利、生产计划、订单预测、采购、资本运作等。针对这些范畴，管理寿命一般根据关键转折、滚动、增值、可控、周转、灵活、规模的原则综合、区别识别和设计。如生产计划的周期，综合采购成本、产品种类、订购量、订购频次、库存容量等信息，基于生产周期及客户需求适度备好库存，并每月滚动；每月滚动时可以微调，这样既有利于经济订购，有利于一次性规模生产，还能保证产量的随时可调及满足要求。类似于此的计划周期方法更多应根据实际情况确定。

关键转折是管理的转折点，是管理寿命承前启后的节点，在这些节点出现的时候，前一个管理范畴结束，后一个范畴开始。因此，识别、记录、统计和分析这些转折以及转折中的关键言行，可以帮助我们有效认识管理效果的真正原因，而不是到一个管理活动结束时不知道该激励谁？该激励多少？激励的对象不合适、激励的程度不匹配，肯定影响下次及以后的能力和价值发挥。这些关键转折包括但不限于：人员变更、政策或标准变动、各人主张、分工的变动、投入的变动、方法的变更等。遗憾的是，中国很少有企业能够意识并做到对管理转折的认识及分析。

# 第四节 管理角色

人类注重管理的目的是为了通过其功能来实现人类的预期，也就是价值。要实现这个预期，最主要的工作有两项：一是如何将管理的主体即人的角色发挥出来，让每个人都扮演好自己的角色，发挥好自己的作用；二是如何正确地活动，即在展开管理行为中做好自己的角色，让角色和行为一致，减少误判、矛盾和冲突。比如从技术角色转化为管理角色，就面临着角色转换的问题：原来只要管好自己，听安排，考虑怎么做的问题；现在要管一个团队，则需要考虑做什么，谁来做，达到什么目的，如何协调的问题。管理者需要了解到角色的变化，不但意味着职位的变化，还意味着思维的变化，因此我们必须管理角色的认知。

## 一、角色的认知

人是如何形成自己的风格和模式的？这个问题的答案决定了我们该如何认识和扮演各种角色。对这个问题的回答我称之为角色认知的公式。

从心理学专业角度认识，可以将角色认知公式概括为：角色条件影响角色认知，角色认知决定角色扮演，角色扮演形成管理风格，管理风格决定管理效果。所谓角色的外界条件，是指其他人的期望、事情的背景、事情的起因、事情的目的、可利用的资源等外部客观情况，与角色认知和管理效果有强因果关系。所谓角色认知，是指对角色条件和关联影响综合认识、分析和评价后对自我价值或作用决定的态度、意志、观念、方法等主观事物。

所谓角色扮演，是指根据角色认知的结果，具体表达的言行和体现的方法。所谓管理风格，是指长期形成的、相对固化的意志、态度和行为特征评价。比如山东冠鲁集团，其企业文化有一条是孝心，即全体员工都要履行孝的角色，在这样的角色条件下，每个员工都认可和支持这样的文化和行为，这就是角色认知一致。那么怎么扮演？所有员工都执行集团规定的每月将200元邮寄给父母的企业文化行为。坚持下来整个集团就有一种孝的意识和风格形成了，假设员工、其他企业受其感染，在以后的工作中也会自然地树立、宣传和实践这种孝文化。又比如，有的人懒于对信息化进行思维、探索、解析和求证，以为搞 SAP、ERP 就是信息化，这样的角色条件决定了管理者的角色认知是"信息化不过如此"，于是编制一些自认为很成功的软件系统或者配上一大堆服务器、扫描仪、接口、路由，殊不知这样的信息化只能反映一些局部、表象、滞后的信息，且只能是信息的计算机化和通讯的及时化，也正因为此，日本企业才提出"三现主义"，而不是强调信息化；同时，很多运用、观察过 ERP（企业资源计划系统）的人才说出"不上 ERP 是等死，上了 ERP 是找死"这样的认识。从管理的寿命来说，市场、现场信息和情况瞬息万变，信息化软件系统也能做到瞬息万变吗？不仅技术上难以实现，即使可以实现，三鹿、三株等企业也就不会因为一时的突然事件而失去领先或倒闭。1963 年日本学者梅棹忠夫在题为《论信息产业》的文章中首次提出信息化概念，指出信息化是通讯现代化、计算机化和行为合理化的总称。其中的行为合理化是指人类按公认的合理准则与规范进行活动，即信息化要反映并固化人类行为。[①] 需要指出的是，这个公式不仅适用于个体角色的发挥过程，同样适用于团队、群体、组织、国家的角色作用过程，只不过组织规模越大，共性越多、个性越少。

## 二、人有多种角色

无论企业主、管理者还是普通员工，每个人都同时扮演着多种角色。但是，每个人是否正确识别了自己的角色，是否真正地在从事这个角色应该要从事的职责。从逻辑和人性的角度讲，如果个体都正确识别了自己的角色，理性会促使个体从事这个角色的职责并限制角色之外的行为。比如在解决纠纷的过程中，有扮演黑脸、也有扮演白脸的，这就是角色的不同，黑脸得罪人，白脸拉拢人，一唱一和，如果不能正确地识别这个角色，那么纠纷的解决就会比较困难。从这里可以看出，正确地识别角色对于改善沟通、管理差异、目标一致、业绩达成、提高效率和促成合力具有至关重

---

① 骆良彬，张白：《企业信息化过程中内部控制问题研究》，《会计研究》，2019 年第 3 期。

要的意义。

个体同时扮演的角色包括但不限于以下方面：

1. 信息角色：每个人同时都是信息的输入、判断、输出的角色。

2. 权力角色：每个人都有组织赋予的各种权限，诸如计划、参谋、组织、执行、协调、裁决、监督、反馈、分析、感染、激励等权限。但需要注意的是即使是同一个个体，当处于不同位置，即使是同一件事情，其权力角色也可能不同，比如一个部门的领导者在本部门内处于决策的角色，而在大的组织内则可能是一个成员的角色。

3. 人际角色：每个人都在寻找同伴、释放情绪、寻求支持、获得尊重、寻找归属、交流沟通、做出妥协等，比如当其面对雇员、领导、朋友、陌生人、敌人等，其人际角色不同，所采取的态度也会不同。

4. 价值角色：每个人的角色是为个人、组织、社会或人类整体等创造价值。

5. 社会角色：每个人都是组织内小社会的成员，也是国家整个大社会的成员，都有寻求平等、表达自由、尊重伦理、职业道德的角色。

6. 组织角色：每个人在组织中都有显性的位置，诸如职位；也有其隐性的位置，诸如派系、小集团等的角色。

7. 个人角色：每个人在组织中都有趋利避害、维护私利、个人实现的角色。

8. 家庭角色：每个人在组织中都有养家、教子、孝敬、走亲等家庭角色。

这些不同的角色，共同构成个体处理具体问题时的总角色，即个体是多个角色的集合体。当我们对个体角色进行认识、开发和管理时，组织的角色认识、开发和管理也是同步进行的，因为组织由个体的人构成，组织的角色显示和代表了多数个体的角色诉求，这可以从对个体的访谈、观察和判断中识别和总结出来，组织需要专门进行这方面的探索和研究，并通过开发适当的统计、分析工具及利用各类方法论才能挖掘。当组织角色和个体角色都识别、认识清楚的时候，组织的问题也就容易解决了，管理活动就更加清晰和有计划了，沟通也会更顺畅。

### 三、角色的决定

个体和组织整体的角色也有其决定因素，正确识别这些因素有利于了解管理真相，正确进行管理诊断、管理分析以及解决问题。

从个体来说，其角色首先由环境决定。这些环境包括但不限于组织文化或风格、家庭期望、社会文化、同伴的选择等因素。比如，如果组织的文化是个人导向，其文化也会造成员工在遇到组织团队问题时会选择视而不见，缺少互助、分享、共赢的组织氛围，这样的组织缺乏合力且内耗严重。再比如，如果家庭对个体有一定的期望，个体就会朝期望的方向去努力，并能够形成对应的人格；反之，则会造成个体不求上进、原地踏步的结果。再比如，如果社会氛围是物质至上，那么塑造的个体就会追求权力、地位、金钱，个体表现就是势力、冷漠。

个体角色还由个体的动机决定，比如当个体想表现自己时，他的角色表现就是主动承担，甚至包括职责之外的事情，并且会尽力让别人看到，往往表现为肯定自己超过肯定别人。反之，则体现为沉默、委婉、置身事外等。当个体认为一项事情对自己是有利时，即使是可做可不做的事情也会积极做；反之，即使职责范围内的事情也会拖延、塞责甚至拒绝。这些都是个体对利益的判断引起的。个体的动机决定大多是自利行为而非利他行为，其表现往往是临时多变的。

个体角色由品格决定，品格决定了个体的大部分角色行为。比如责任心很强的人体现出来是担当、坚持原则、实话实说等；严谨的人体现出来的往往是小心处事、求证、逻辑严密。一个势力、没有责任心的人则往往把精力放在投机钻营、营造关系上，对组织并不会有正面的价值。因此，管理者只有正确识别人的品格方有利于组织目标的实现。

自我认知决定个体角色，这里的自我认知是指对自我利益关联性的主观判断。《论语·公冶长》中说"无欲则刚"，无欲就代表不会争取利益，因此其表现就是"不争"，不争的人虽然不容易被人放到对立面，但也不容易被最大程度地接受，因为没有欲望就意味着不能被控制，也不能与组织或团体形成合力。而利益诉求过于明显的人，则易于被放到利益诉求者的对立面，而不易成功。从人性来说，常人面对矛盾，往往诉求或表达过于明显，这样往往会激发更多矛盾，矛盾越多，失败的可能性越大。因此，老子才提出"上善若水"，顺势而为、顺其自然。

同样道理还适用于过于自信的人，过度的自信往往导致无知，不知道自己不知道什么，若是普通员工仅是做错事情；若是高管人员，会导致企业停滞、重大投资或运营失败，乃至企业倒闭。比如柯达，如果不是过于固守于胶卷行业，一定可以存在更长时间；而华为则时时以过冬的忧患意识反思企业运营，所以还持续存在并逐步扩大。

知识和技能塑造人的角色。多数情况下，知识和技能水平比较高的人，其表现出的素养也会比较高，不但能够做到敬重他人，善于倾听别人的意见，而且虚怀若谷。反之，一些知识和技能不高的人则往往妄自尊大。

组织角色的决定则更为复杂。所谓组织角色，即组织整体对内、对外体现的行为风格和作用。决定组织角色的因素包括但不限于以下方面：

1. 领导者的个体角色。基于不同的知识素养、业务背景、家庭出身、交际圈子、悟性、意志等差别，领导者的管理风格也不同。领导者是组织规则的制定者，也是组织发展方向的决策者，事实上也是组织角色的塑造者。所以，管理的改变首先是领导者的改变，需要识别甚至改变领导者对管理的认识论和方法论。如果仅仅针对高管、中层和普通员工进行识别和改变，而领导者没有与改变的方向契合，那么领导者必然会将组织角色保持原状。

2. 凝聚力。不可否认绩效管理在一定程度上可以激励员工共同实现组织目标，但是不少组织为了确保绩效而过度地对员工采取了监控，甚至在个体或职能目标没有达成时采取了过度的指责。实际上，绩效管理这种方式在一定程度上削弱了团队的凝聚力。这是由于当个体或职能都有绩效的时候，个体或职能会与其相关的个体或职能产生制约，也必然会因此而产生矛盾；另一方面，个体或团体也可能会有一定的想法，即：既然组织不相信我，我为什么要全力付出呢？实际上，凝聚力才是实现组织目标的根本。

在受儒家文化洗礼的中国组织内，促成强大凝聚力的因素主要有三点：第一是共同的价值观，第二是共同的意愿，第三是情义。共同的价值观确保组织内成员行为方式基本一致，因此不会有方向性的问题；共同的意愿确保大家目标一致；情义则可以加深凝聚力，可以让团队成员忽视小节，而更专注于组织的目标。

3. 解决矛盾（冲突）的能力。组织是在动态中发展的，动态发展就意味着变化，变化必然会导致矛盾（冲突）。因此组织必须具备解决矛盾（冲突）的能力。组织管理者应建立并培养解决矛盾的能力，包括：以流程与制度作为解决矛盾的基础；以尊重人性作为解决矛盾的立足点；分清矛盾的轻重缓急；充分了解矛盾发起者的目的、原因和背景，以解决矛盾为目的；求同存异、逐步解决；基于事实的沟通，理解、尊重、宽容和信任，坚持善意和合作；换位思考和多角度认知；理性思考避免感情用事；以疏导为主控制为辅；身教大于言传等。

4. 组织价值。组织价值包括维持和增值两个层次：维持是做好本职的事情，比如一个操作工，看好设备、维持安全、保持工艺、生产出合格的产品是其本职工作。增值是通过组织把各种资源组合起来，使之产生大于单独资源所具有的价值。比如小组活动、合理化建议就是增值活动。管理者应正确认识组织的价值，并实现组织的持续增值。

5. 权威思想。多数人都有服从权威的意识，因此组织必须建立足够的权威，这种权威可能是知识、权利、地位、影响力、资历、规则、暴力等等。这就告诉组织必须想办法树立各方面的权威，包括管理、人情、专业、市场、信誉等等，才能构造和保持组织的持久核心竞争力。但是，需要注意的是，过度的使用某些权威，比如权利、地位、暴力等并不利于组织的凝聚力，容易引起组织成员的反弹。

6. 平等思想。"人生而平等"这是《人权宣言》中的名言，追求平等是人的本性，即使这种思维因温饱等基本需求的限制而暂时被容忍，但是一定会在特定的时间点爆发。因此，组织应具有平等的思维，以服务、分享、共赢、舍得的心态处理组织成员的关系。

7. 认知与学习能力。持续的自我认知与学习是组织成长的关键，因此组织需要培养成员热播认知能力，包括诸如识别出问题、分析问、识别资源、识别机会、识别风险等。组织成员也需要具备强大的学习能力，尤其哲学、逻辑、思维、人性等理论，更需要在现场不断地实践这些理论。

### 四、角色扮演与风格

了解角色的种类和决定因素是扮演好角色、形成好的角色风格的必要条件，而不是充分条件。角色扮演与形成良好风格的充分条件是要有管理的情商，这些情商包括但不限于以下方面：

1. 确立角色的核心原则。无论做员工也好，还是做管理者或企业主，都要首先知道自己无时无刻不在扮演角色，有这个意识，就有了团队或个体的责任感、主动感和目标感，就能很好地驱动自己找到归属、找准方向、找到位置、找到方法。其次，要树立诸如忠诚、竞争与合作、协同等基本处事原则，这些基本原则是处理各类关系的基本规则，也是角色扮演成功的充分条件。

2. 有自己正确的心态认知。因为心态决定状态，当面对不确定、无把握、无知、冲突等矛盾、急迫的问题或事物时，是否表现出谦虚、严谨、探知、求证、冷静、理性的认知和处理态度，对能否正确地维护和增进人际关系、确立自身声誉和风格有重要的决定作用。急躁、冒失、挑衅、鄙视性的言语或行为会破坏人际关系，影响凝聚和友善，进而制造更大的人际矛盾甚至隔阂；同时，自身的行事风格也会被人看轻甚至诟病。所以说，态度决定一切是有一定道理的。

3. 定位决定态度。一个人，如果将自己大众化，就会逐步平淡，日常角色也就不顾什么情商、脸面、上进和换位思考了。如果将自己定位很高，就会不断自我学习和成长，不断提高自我修养，逐渐卓越成长，这也是为什么很多企业十年以后还是原来的规模，而有的企业却可以短期内规模扩大的原因，也是为什么同样毕业的学生 10 年后发展结果迥异的原因。

4. 系统认知决定定位，思路决定出路。我们如果看到管理的实践性就认为管理的本质是实践，看到沟通的重要就认为管理的本质是沟通，我们会产生管理的本质到底是什么的迷茫。我们如果看到金刚石和石墨的不同，认为物质的本质就是结构；如果看到铁和金的不同，认为物质的本质就是原子，我们也会产生实物的本质到底是什么的迷惑。所有这些都是人类认识的系统缺失造成的，习惯从感觉和表面认识、自然而然地以偏概全、无严谨的理论体系、不经过重复性和再现性的实证而得出结论是人类认识的常见陋习。对任何人或组织来说，系统思维都是重要的。

5. 执行决定成败。无论个人还是组织，思想当然重要，但是再好的思想如果不落实到行动，只能是望洋兴叹。谁是行动的巨人，谁就在成功上领先一步。一些好的执行习惯有利于塑造成功的角色，比如：干脆利索的行事风格，更容易受人待见而获取更多成功的机会；第一次就把事情做好，更容易受人尊敬。

6. 为自己组建团队。一个人的力量是有限的，无论个人还是组织，寻找、构建和凝聚自己的团队对成功角色的确立毫无疑问是重要的。如刘邦、朱元璋等人能取得政权与他们构建了自己的团队有必然的、强烈的因果关系。在构建团队方面，有若干原则可以识别和坚持，如江湖义气、竞合、共同愿景、结构互补等，都是我们可以学习和利用的。

7. 沟通传播角色，获得广泛的资源和支持。当自己的角色或风格确立的时候，就要传播出去，让更多的人了解和熟悉，从而为自己争取更大的资源和支持。一个不懂得传播的组织或个人，不容易成功，甚至在浩如烟海的信息中、在瞬息万变的社会上被无情地淹没。这就是个人营销，这在当代社会是不可缺少的，是每个人、每个组织的必修课。

# 第四章　管理行为

管理角色，是管理行为的战略和指南，清楚地知道自己的角色是做出适当管理行为的充分条件。而管理行为是管理角色的体现和表达，是管理角色的输出。管理行为就是研究如何将管理角色落地的问题，这些行为包括预划、组织、沟通、协调、监督、激励、改进七大过程。

## 第一节　预划

### 一、预划的定义和范畴

管理上的预划，是指计划、预测和决策三个范畴的内容，是对认识方法（认识论）和处理方法（方法论）的谋划和安排，是管理行为的第一步。

千里之行，始于足下，计划是管理预划的第一步。计划的内容包括诉求或期望的范畴、目标、程度、时间、过程或阶段、资源安排与配置、人际关系处理与协调、利益分配、管理模式、具体政策等多种要素，是对自身长远或近期、宏观与具体、抽象和隐含、主要和次要、现象和本质、私利与共赢等问题视角的设想。计划是人性欲望的体现，没有欲望或计划，则不会有后续的管理行为，更不会带来众多、繁杂的心理纠结、利益矛盾和人际冲突，进而也就不会有过多的风险、失败、损失等被动应对或无奈选择，这就是道家追求清静自然和佛家宣扬因果报应的根源和本质。

预测是对计划实现的范围性、可能性、关联影响以及利益后果等要素的提前主观判断。比如解决一个质量缺陷，如果该缺陷是行业技术能力限制引起，对于组织来说，短期内则会预测此问题难以解决，以致做出维持该问题存在的决策。根据计划做出预测，是人性思维的逻辑顺序，是任何管理者认识问题的必经一步。

说到预测，包含三个意思，一是根据价值观、管理风格、运行规律、推移和人性需求预测事情的趋势或结果，进而采取措施加以引导、预防、约束、激励和应对。一个成功的管理者是不能缺少预测能力的，领导者或管理者之所以在其位，就是因为其先人一步的准确预见能力，只有具备这个能力，才能有领导能力和凝聚、激励能力的权威。一个成功的组织，也只有在防错和可靠性设计方面有所成就，才是一个真正管理强大的组织。二是风险管理。当问题发生时，有一个快速、准确、系统的反应机制和能力，能迅速降低或消除风险，亡羊补牢。三是对未知的认识。世界是可知的，而具体的个人、组织则有很多未知的内容，对无知的预测，也是预测的范畴，而且是很重要的范畴。说其重要，在于很多人性只能看到有形的、具体的、简单的、表面的、单一的、片面的实体、概念或事物，对无形的、抽象的、隐含的、复杂的、本质的、系统的概念或事物缺乏认知和准备，所以往往在面对这些问题的时候如果采取简单否决、忽略信息、主观判断的方法，结果就是失败或损失。据统计，2001 年美国宣布破产的大型公司有 257 家，总资产高达 2580 亿美元；2002 年更是有安然、世界电信、宝丽莱、安达信、施乐等著名公司倒闭。[①] 为何这些世界级公司会陨落？虽然这些公司的 CEO 会找出各种各样的理由来解释，如经济危机、市场动荡、竞争激烈等这些他们自认为无法控制的因素，但有一条是肯定的：对变化的认知出现了偏差或认知不足，不能适应变化，从而最终失败。

管理决策是基于已有或潜在的信息结合组织现状，基于管理者意志为实现组织目标而进行的决策。管理决策是基于信息进行严谨判断的过程，是需要意志的，也是一个持续的活动，更是一个讲求方法的过程。所谓严谨，就是决策的所有思维和活动都要符合逻辑、经得起推敲和求证，有代表性、确定性、可控制性等特性。信息是决策的基础，决策需要收集、求证、归纳和综合判断信息，信息可以通过直接或间接的方式获得，可以通

---

① 孙东：《世界顶级公司是如何倒掉的》，《中国商人》，2008 年第 2 期。

过询问、网络、电话、报纸等多方渠道获得，可以包括客户需求、竞争对手、标杆、价格等市场信息，也可以包括具体冲突的背景、环境、目的、需求等信息，还可以包括具体产品的原理、结构、功能、条件、工艺等。所谓意志，就是决策需要坚定。事实上，由于各种因素，在做管理决策时经常会面临两难甚至多难选择，这就需要管理者敏锐的判断力及坚强的意志。决策需要综合理性地考虑各种信息做出最有利的判断，即使是最简单、最紧急的事情。比如工厂发生火灾报警时，如果立即撤离会造成工厂的巨大损失，但有可能是误报；如果管理者没有安排立即撤离，则有可能造成人员伤亡。这时候，决策者的冷静判断最为重要。

决策并非仅仅是一个瞬时的动作，也是持续的，决策也需要监督，基于最新的信息及发展状况不断修正决策的内容，以达到最大的组织目标。因此，决策本身就是持续改善的过程。另外，决策是需要方法的，基于具体问题的复杂程度采取不同的方法，有时候需要强势和集中，有时候需要民主和参与，有时候需要独断，有时候需要抽象和归纳，要具体问题具体分析。

从层级上来看，决策可以由组织高层做出，涉及组织战略，从全面、系统、长远、对组织至关重要的方面考虑，也可由组织的中基层做出，涉及具体的激励和执行层面，从部分、具体、短期方面考虑。从职业范畴来看，决策可以是销售、研发、人力资源、品质、生运营产等；从心理和精神层面来看，决策也可以是价值观、风格、态度、逻辑、哲学、思维等。

### 二、预划的逻辑过程

预划有其自身的发生、变化过程，这个过程之间的各种活动有关联的逻辑关系，无论计划、预测和决策均是如此。具体来说，预划包括以下过程：

（一）界定预划的内容

即清晰、客观、实际的表达与定义目标、诉求、需求，而不是靠主观感觉。任何人都存在感性思维的特征，如果信息的发出者本身就对问题是感性而非理性的，那么就可能存在对问题认识不清、表达不清的状况，那么在沟通时就会存在偏离中心、主张含糊、避重就轻、论据牵强、转移话题、逻辑矛盾等情况，最终导致信息接收者的误解甚至误判。

所以在现实中，针对一些问题，组织做了很多沟通，建立了很多流程制度，但问题始终没有从根本上解决。比如组织的领导者在总结用人问题时指出：不少管理人员用人总是任人唯亲，而不是任人唯才。咨询顾问经过人力资源诊断后，推荐人力资源管理咨询。应该说，这样的咨询有一定效果，但从根本上解决问题还是需要组织的管理者决策。从逻辑上看也是如此：既然组织领导者已经认识到用人问题，自己又处在领导者角色，对所有人员具有升迁、转岗甚至解聘的生杀大权，为何还有这样的问题？显然，组织领导者的目的要么就是敲打下属，迫使其自查自纠，了解如果依然不改变任人唯亲的状况，那么就会面临被调整的局面。要么就是领导者意识到这种局面，但不知道如何在保证组织稳定的前提下进行组织调整。这时候组织领导者的目的就非常明显，就是一旦方法确定，那么必然会有人员的调整。换句话说，就是留给那些依靠裙带关系留在组织的人时间不多了。而无论哪种情况，除非组织领导者不具备执行力，否则组织都会调整。只有这样的分析界定，才有可能清楚地知道问题的原点，解决实际问题。

（二）界定预划的价值

外科医生决定动手术前，会非常慎重，因为他们知道手术有风险，所以必须避免不必要的手术。他们大都遵照几条古老而有效的规则：如果能自动痊愈，且不会产生大的风险和疼痛，则不安排动手术，只需定期检查；如果病情恶化或有生命危险，而医生又可以采取一些措施，应该马上给病人手术，尽管手术存在风险，却是必要的；介于两者之间，病情既没有恶化、危及生命，也不会自动痊愈。这时外科医生就需要进一步权衡决定。正是这种决定的正确与否，才把一流的外科医生和平庸之辈区分开来。[1] 医学的基本原理同样可以应用到管理上，所不同的是医生针对病人或病，管理针对人、财、物、信息、思想、逻辑、哲学、时间、背景、环境等各种各样的复杂、系统事物。一个问题的解决如果没有带来更大的利益，谁愿意投入时间、精力和资金呢？价值主要体现在两个方面：一是满足诉求的

---

[1] 黄建东：《有效决策的七要素》，《中外管理》，2006 年第 5 期。

程度，一是投入和产出的对比。当投入大于产出的时候，人们也不会去做，做赔本的买卖是人性所不追求的。

（三）对预划的对象进行分类

如果分类错误，最后的决策也会是错误的。比如一个企业曾在省级市场打广告，力图拓展市场、扩大销售和知名度，结果效果不佳。在问题反思时又想寻找其他创意激活市场。这个案例代表了一般的管理运作思维和风格，可是既然广告投入市场前已经经过审查，效果不佳的真正原因是创意问题吗？更大的可能性或许是对市场的调查不够深入，广告未必与公司的优势及发展策略相匹配。这类错误的根源在于逻辑不清、缺乏思维、眼光向上、浮躁、钻营、缺乏理性等管理思想的错误。因此，管理者对问题的分类可以建立多角度、系统标准，以充分应对和解决问题。这些标准包括但不限于：对内对外关系、投资额度、时间长短、影响度、紧急度、层次度、复杂度、收益等，这个标准的适用性需要管理者审慎考虑并在组织内部公开，允许并坚持定期优化标准以适应外部环境变化。问题分类的好处是可以区分哪些需求可以立即解决，哪些需求可以延缓，哪些需求可以暂时搁置，这样可以避免或减少不利情况出现。

（四）界定每个具体预划的对象的实质和原点。

一个卓有成效的管理者，总是首先从最高层次的观念方面去寻求问题的解决之道，问题找对了，即使解决方法上有所失误，这种失误也只是延缓解决的时间或者投入会多一点；但是如果问题找错了，即使解决方案是对的，也不能解决问题。[①]

在管理上，界定一个问题的本质，首先要考虑针对性，即：问题针对什么而提出？问题值不值得解决？针对的问题和提出的问题是否有强因果关系？其变化背景和过程是什么？其活动环境是什么？管理者要能严谨求证地回答完这些问题，才能真正认识问题的本质。20世纪初美国贝尔电话公司总裁费尔做了四项重大决策，创造了一家当时世界上最具规模、成长最快的企业。第一项决策：公司必须预测并满足社会大众的服务需求，进

---

① 黄建东：《有效决策的七要素》，《中外管理》，2006年第5期。

而提出了"为社会提供服务是公司的根本目标"的口号；第二项决策，为避免一个垄断性的公司被政府收购，唯一的方法就是"公众管制"；费尔不仅决定把实现公众管制作为目标，而且把这一目标交付各子公司总经理，让公司一方面确保公众利益，同时又能使公司顺利经营；第三项决策是建立了贝尔研究所。费尔认为：一个垄断性的企业虽然没有竞争对手，但是公司应该把未来作为对手。电信事业以技术最为重要，研究是"旧世界的破坏者"和"今天的否定者"。第四项重大决策是开创一个大众资本市场，避免因为民营企业由于资金的问题而陷入困境。费尔的四项决策都是有针对性的，都是为了解决公司所面临的重大及长远问题。①

（五）深究造成问题的影响因素

很多管理者经常感观地认识问题，比如当出现人员流动率高、人员素质较低等情况时认为是人力资源的问题，于是外聘人事经理或咨询公司，有的企业甚至换了几次，结果仍不理想。在品质、生产等方面也存在类似情况，其原因在于没有识别清楚造成这样结果的因素：没有让员工获得相对满意的收入；没有使员工感到尊重、信任；没有发展和培训员工，使员工成长。而仅仅是简单地将问题归结到员工身上。马云说："员工的离职原因很多，只有两点最真实：一是钱，没给到位；二是心，委屈了。归根到底就一条：干得不爽。员工临走时还费尽心思找理由，就是为给你留面子，不想说穿你的管理有多烂、他对你已失望透顶。作为管理者，定要乐于反省。带团队，你得问自己，人为什么要跟着你混？"②这段话虽然直白，却是很多企业的实际和客观。

深入一步，为什么这些高管会有这样的认识？不外乎能力、方法、风格、价值观、知识、素养等几个方面的问题。为什么会有这几个方面的问题？不外乎其认识哲学、逻辑和思维问题以及由此决定的人性体现。作为管理者，要学会分层次、分阶段和背景、分领域、分逻辑地认识事物的范畴和因素，加以识别，才能为后续的分析和解决问题找准对象。不充分、不正确的因素识别，在逻辑和现实上都不可能真正解决问题。

---

① 黄建东：《有效决策的七要素》，《中外管理》，2006年第5期。

② 孙伟：《如何有效开展人工成本控制管理》，《中国商贸》，2013年第3期。

因素识别了，因素和问题、过程和结果之间是否存在逻辑因果关系就成为找到根本原因的关键方法。部分管理者常常牵强地将有关系的两个问题假设成必然的因果关系而不加分析和求证，结果总是出现方向性错误而不自知。这一方面和这些管理者缺乏逻辑和思维有关，另一方面也是出于管理者的懒惰、拖延、粗放、感性等风格缺陷。比如有一家公司曾向咨询公司提出：经常出现成品质量问题时员工职责不清、互相推诿扯皮，其所指是出现品质问题时品质部认为是原材料问题，因此将问题推卸到采购部，采购部推卸到供应商，供应商又推到技术部，技术部又认为该项要求是企业主指定的，最终问题难以解决。从管理的角度来看：首先品质部应该承担质量问题的主要责任，为何原料不合格却仍然允许生产；其次采购部没有控制、选择好合适的供应商，承担次要责任；工程部为何不能够坚持原则，同样承担次要责任；而企业主干涉技术要求，也应承担主要责任。如果企业主对此心知肚明，坚持各司其职，也就不会存在责任推脱的问题，也不必花那么高的代价做人力资源咨询。

（六）预划的对象可控

预划的对象只有可控，我们才会采取行动，如果对预划的对象盲目采取行动，不仅不能解决问题，还会带来新的连锁矛盾。从人性角度说，不确定的预划，也很难展开。考虑可控性，有四个方面非常重要。

第一，坚持对的，而不是谁会喜欢、谁不会喜欢。部分管理者决策时往往会考虑：企业主能接受吗？某某领导会接受吗？对自己有利吗？一旦这样考虑，决策效果肯定打折扣，很多组织都是在这样的决策模式中失去竞争、内耗、逐步消亡的。比如一个具有同样决策模式的人力资源经理面对风格强势的企业主时，多半会将风格强势的人才推荐给企业主面试，可是强制、压迫式的管理风格往往带来员工的不屑、反感和拖延，甚至是反抗和拒绝，如果企业引进这样的人才，不仅会制造新的、更大的矛盾，还会让员工感觉企业的识人、用人存在很大的问题，不值得付出和留恋。其实，企业需要的是执行力强的人，而执行力强与风格强势没有充分的必然联系，执行力强与个人权威、组织能力和激励力有充分的因果关系。预划的出发点应该是"对的"，而绝不是"谁喜欢"。

第二，影响别人接受预划的能力。应该从预划时就考虑如何使其被接受，预划是否被接受取决于沟通方式、沟通对象、人性认识等几个方面，这些是一个管理者应该具备的基本素质，但多数管理者在该项基本素质方面还有很大提升空间，有相当一部分管理者是在依靠权力而不是权威去管理别人。

第三，接受人员所具备的能力是否满足预划要求。执行人员能力不具备，执行就存在很大不确定性，问题就会很多。类似于产品的项目开发，技术工程师只管输出文件资料，但没有多少实际操作和现场观察的经验，也不懂得如何从工艺尤其具体细节上进行约束和固化，最终必然导致产品质量问题。工艺好的企业，才是真正技术强大的企业。

第四，预划的执行人员是否明确了权责。权责是管理执行的"齿轮"，齿轮不能用错、不能少用、不能无棱，权责不可没有、不可模糊、不可放错位置。中国企业经常存在权责不明的现象，比如用人权没有赋予，结果一旦出现问题，又在自己管辖范围，就不得不无奈地承担责任，但实际上做事情的人却不归他管。很多组织考核指标及项目的设置都是这样的情况，也是考核流于形式的原因之一。员工会想：合适就干，不合适就走人，随你怎么考核，做不到员工心理公平。

（七）了解影响因素和预划行为的规律

规律就是在一定条件下事物发展变化的确定性。任何事物和行为都有规律，只有识别出隐含在事物背后的隐含规律，才能分析、解决和控制问题。既然规律这么重要，那么怎么发现规律呢？规律蕴含在哲学、逻辑、思维和人性当中，当深入这四个方面并用抽象、严谨的思维反复思考、验证时，规律就会展现在你面前。如同春种秋收的道理，当你认识规律到一定程度的时候，你就打通了认识世界的桥梁。认识规律只是方法和途径，其目的是运用。规律的运用是有条件的、相对的、具体的、变化的，不可机械的、固化地照搬，尤其人性规律。

管理者只有对以上七个方面都了解清楚了，才够做充分、有效、适宜的预划，才能保证决策的正确、适当、有效，而不是常见的经验决策和拍脑袋决策。比如部分企业主盲目乐观，采用购买设备、投资扩厂、企业兼并等方式扩张产能和规模，并没有经过严谨的市场调研和分析，没有考虑变化、风险和时间成本，可能只是一时的虚假繁荣或受人忽悠，拍脑袋就定了，结果设备闲置、投资失败、库存积压、企业倒闭的不在少数。又如，很多企业主可能仅仅因为引进新思想、减轻自己劳累程度而引进职业经理人，但是很多引进的职业经理人都败走麦城。这是由于企业主忽略了一些成功的规律，包括：职业经理人的成功是团队的成功而不是个人的成功，如果不能凝聚团队，一定是失败的；职业经理人的成功是适应的成功，不能适应差异，而一味地强调自己的企业或个人，一定合作失败；职业经理人的成功是个人威信的成功，这包括几个方面：先人一步的预见能力、解决问题的专业能力、对下属的激励、对下属的培训等，没有威信不足而靠权力、机会走上高层的职业经理人，很难成功；把报酬放在第一位的职业经理人很难成功；想找救命稻草的企业很难成功等等。

### 三、决策的方法论

预划和其他管理行为都时刻伴随着决策，前一个决策决定下一个决策是否展开、如何展开，也包括对前一个决策的优化或否定，以此类推和循环，直到产生新的需求和目标，进入新的决策逻辑。因此，决策理论学派认为管理过程是决策的过程，管理的核心就是决策。从认识角度说，决策是让事物确定，这是人性对肯定性的追求。

"决策"这一行为本身的需求和目标是正确及时。那么怎么保证决策的正确及时呢？从不同的角度看，决策的原则和方法有很多，比如可以从组织形式、信息形式、理论与实践、长远与短期、定性与定量、运动与静止等不同角度找出若干决策的方法，而且有关的管理理论已经论述很多。但是，无论哪种方法，都包括但不限于以下原则：

1. 信息充分原则，即：只要信息足够，普通人也可以做决策，而非只有管理层决策；信息不准确，决策就不准确；信息的准确依赖于逻辑严谨和实证；信息超负荷会迷惑、转移或干扰认识，因此要取所需；没有调查就没有发言权等。

2. 舍得原则，即：先舍后得，有舍有得；凡事有代价，正确评价付出和回报；专注、坚持；把重要的事情做精致，把优势发挥到极致；站在整体、正确的立场考虑问题等。

3. 目标一致原则，即：定义目标，求同存异；上下同欲；跟踪和适应变化，逐步实现等等。

4. 接受性原则，即：实证任何假设，完美要求会作茧自缚。应该按照相关方接受程度决定如何决策，公平合理是最大的接受原则；只要可接受就行动等。

5. 参与原则，即：利益相关方对决策的参与程度决定决策的充分性；对实践的参与程度决定参与的能力和深度等等。

6. 眼光向下原则，如：不要脱离群众；关注细节；持续学习；不要重复错误；不要怠慢等。

7. 专业化原则，即：市场有广阔的专业领域供人选择；专业需要思考和沉淀；谦虚且持续学习才能适应专业要求；专业的人往往直指要害；不要忘记寻求问题的根源；根据语言定义其观点，根据观点归纳类别，根据类别做出判断的归纳方法；弄清问题的过程、背景和因果等等。

8. 冷静原则，即：用逻辑和理性而不是情绪来指导自己的行动；避免浮躁，遇事不慌；不要急于评价或做出结论；充分了解每个圈子都有特有的规则和壁垒；保持灵活，适应变化；真正了解和倾听，才能真正沟通和解决等等。

9. 自主原则，即：自主思考；坚持自己的需求和底线；自我决策等等。

10. 风险规避原则，即：鸡蛋不要放在一个篮子里；多种方案的优劣对比；反应计划可以降低或消除突变和意外情况；产品或管理模式的防错可以自动抑制突变或风险；谨慎的触发条件是警示信号；早比晚更有效；正向和反向思考；先试点再展开以减少风险等等。

11. 基于事实的原则，即：调查研究是一切行动的准则；追根究底是行动的前提；重复验证是行动的出发点；优先级是行动的顺序；对症下药；可实现性；允许试错和渐进；理性思考，寻求真因等等。

12. 跟踪和反馈的原则，即：及时、准确、全面、充分，其中所谓的"全面"即综合各种因素，诸如：有效性、适宜性、成本性、收益性、替代性、范围性、演变性、关联性等；及时发现和纠正偏差；跟踪和反馈来源多元化；责任、权力和收益挂钩；反馈充分、有效；流程简化等等。

## 四、预划的思维

计划、预测和决策过程是对特定的活动、时间、地域或范围、人力和角色、资源、结构与机制等要素进行思维加工的过程。预划与目标吻合的程度取决于组织或个体的思维如何更贴近需求和实际，以及如何排除影响要素对决策的不利影响。一般来说，下列思维可以最大程度地规避预划问题：

1. 立场（利益）思维。从人性来说，对大部分人有利的预划，是大家愿意参与和执行的，是可以拿出真心奉献的；谋私的预划，大家是反对、阻碍或不作为的。因此，凡是预划，首先解决立场的问题，即应该符合大部人的利益。

2. 唯一性思维。管理者要善于分类、分解、定义问题，列出问题的清单，每次只关注一个或一类问题，不要让不同性质的问题混在一起，这会有助于问题的分析和解决。

3. 系统思维。管理者考虑问题应该遵循从大局到小节、从系统到局部、从长远到眼前的思路，不要计较局部的得失而要关注组织整体的价值和发展。并且要通过建立良好的架构来保证整个组织运行的效果，比如军队设立参谋部、企业设立顾问、政府设立外参等，这些组织结构在组织的运营预划中发挥了重要作用。

4. PDCA 思维，即计划 (Plan)、执行（Do）、监督 (Check)、分析改进 (Action)。PDCA 是通用思维，也是底层思维，也就是说任何的组织活动都应该符合 PDCA 的逻辑。因此在预划中，管理者应首先理解并能够运用 PDCA 思维。利用 PDCA 思维，管理者在对各种管理活动从宏观上进行流程管理，从而进行管理上的防错以确保认识和处理过程的充分性、适宜性和有效性。

5. 关系思维。关系直接关系到事物的因果、影响程度等，因此管理者必须采用系统的逻辑来正确识别清楚事物之间的关系，这会直接影响到对事物的判断。关系的种类包括：同一关系、属种关系、交叉关系、矛盾关系、独立关系、因果关系、时空关系、层次关系、多少关系、主次关系、内外关系、利弊关系等，管理者正确认识、理解和应用这些关系对预划具有重要价值。

6. 笛卡尔思维。笛卡尔思维是西方思想界、科学界信奉和采用的主要认知规则之一，也是近五百年来西方思想和科学成果出现巨大跨越的根本要素之一。其思维要点包括：

（1）凡是我没有明确认识到的东西，我绝不接受。即要小心避免轻率的判断和先入之见，除了清楚分明地呈现在我心里、使我根本无法怀疑的东西以外，不要多放一点别的东西到我的判断里。

（2）把审查的每一个难题按照可能和必要的程度分成若干部分，逐一解决。

（3）按次序进行我的思考，从最简单、最容易认识的对象开始，逐步深化，直到认识最复杂的对象；就连那些本来没有先后关系的东西，也给它们设定一个次序。

（4）在任何情况之下，都要尽量全面地考察，尽量普遍地复查，做到确信毫无遗漏[①]。

7. 本质思维。本质思维要求人们能追根究底，能从问题找到关系、从关系找到影响、从已知找到未知、从个别找到一般、从复杂找到简单、从表象找到真相、从表层找到核心、从历史找到重复、从重复中找到规律、从差异找到同一、从过度找到平衡、从静止找到变化、从贪欲和迷惑找到专业和坚持等。管理认识和诊断上的复杂化，都是因为没有识别和表达隐含在背后的最深刻本质，没有揭示最基本规律与问题之间最短的关系，只是停留在表层的复杂性识别和表达上。[②]

8. 换轨思维。人有思维定式，常常会受限于经验、习惯以及以往学习的知识，但是由于事物的动态发展规律以及具体条件的不同，以往的经验、

---

① 百度百科：《笛卡尔》，2020 年 11 月 8 日，https：//baike.baidu.com/item/%E7%AC%9B%E5%8D%A1%E5%B0%94/85475?fr=aladdin，2020 年 12 月 26 日。

② 木林：《比知识更重要的十种思维》，《青年博览》，2015 年第 1 期。

习惯或者知识并不一定完全符合当前的状况，甚至有时会误导预划，导致预期无法实现。换轨思维让管理者从不同角度认知管理，换轨思维包括换位思考、多角度认知、换层分析、分类分析、逆向考虑等。

9. 辩证思维。辩证思维是反映和符合客观事物辩证发展过程及其规律性的思维。辩证思维的特点是从对象的内在矛盾的运动变化中，从其各个方面的相互联系中进行考察，以便从整体上、本质上完整地认识对象。[①]

任何事物都不是静态的，组织也是在动态中发展的，因此管理者必须具有辩证思维才能够正确地进行预划。管理者要具有不同领域的知识，比如哲学、人力、信息、工程、心理等，将其融会贯通并应用到管理中。从中找到管理的一般规律和原理，让管理可认识、可解释、可复制、可实证、可预测。管理者也要基于辩证思维去正确地认识、理解和应用人文主义，用整体的、人性的、历史的、疏导的、统一的、相对的方法认识人和事的关系与统一，达成内心与行为相合、人与人相合、人与组织相合，这样的组织必然能适应各种竞争、变化和差异，取得持续卓越。

辩证思维并非纯粹的肯定或否定某一事物，它是从运动变化中、从各个方面的相互联系进行分析，从而客观地认识事物。科学主义可以应用于管理，比如：产品有防错，管理也有防错；产品有结构、功能和特性，管理也有；产品或工艺有可靠性，管理同样也有；自然科学有逻辑，管理同样存在等等。这些都说明如果能够辩证地去思考某些因素的根源，也可以将管理的部分要素与产品等同。

10. 人文主义也应用于管理，比如：管理追求整体利益的最大化，而不拘谨于个别、局部的得失，因而有的项目、产品或事业部虽然亏损，但具有长期发展的空间，因此仍然要扶持；管理关注和尊重人的差异以及对价值的追求，因而才产生了阿米巴经营模式；管理研究历史的重复性、条件性、背景性，因而管理上要求不犯同样错误、针对问题解决问题；管理讲求疏导，而不是推翻或重建等等。

---

① 百度百科：《辩证思维》，2018 年 6 月 12 日，https://baike.baidu.com/item/%E8%BE%A9%E8%AF%81%E6%80%9D%E7%BB%B4/2571331?fr=aladdin，2020 年 12 月 27 日。

# 第二节　组织

从 20 世纪初开始，管理的组织理论大致经历了四个阶段，其代表分别是传统组织理论、行为科学组织理论、系统管理理论以及权变理论。

传统组织理论着重分析组织的结构和组织管理的一般原则，研究内容主要涉及组织的目标、分工、权力、责任、利益、协调、效率、管理幅度和层次、集权和分权等。代表人物有提出官僚制度理论的 M. 韦伯，提出行政程序理论的 H. 法约尔，提出科学管理理论的 F.W. 泰勒。

以人际关系为研究重点的行为科学组织理论着重研究人和组织的活动规律，如群体和个体行为，人和组织的关系、沟通、参与、激励、领导艺术等。美国学者 G.E. 梅奥等主持的霍桑实验，C. 巴纳德的均衡理论，H.A. 西蒙的行政决策理论，A. 马斯洛的需求层次理论，D. 麦克格雷戈的 X 理论、Y 理论，F. 赫茨伯格的双因素理论等。[①]

系统管理理论把组织看成一个系统，从系统的互相作用和系统同环境的互相作用中考察组织的生存和发展，以求得互相作用中的平衡。美国行政学家 C. 巴纳德首先用封闭系统的观点来考虑组织；T. 帕森斯、F. 卡斯特、J. 罗森茨韦克则把组织看成一个开放系统，即组织系统除了要维持本身的平衡外，还要维持与环境的平衡。[②]

20 世纪 60 年代后又出现了权变理论。这是一种主张相机行事的理论，其代表人物有英国的 J. 伍德沃德，美国的 P. 劳伦斯、J. 洛奇和 F. 菲德勒等。

总结以往的组织理论和观点，众多专家将"组织"看成静态的事物进行研究，研究的对象多侧重于人或群体（包括机构、单位、产业等），这具有一定的局限性，组织研究对象应包括资源、过程、方法、信息、变化、冲突、机制等其他对管理目标的实现有重大促进的重要因素，并且要用动态发展的观点分析、认识组织，这样才是系统认识组织的方法。

---

① 张文泉，李泓泽：《组织理论的演进与发展》，《工业工程与管理》，2000 年第 5 期。
② 张文泉，李泓泽：《组织理论的演进与发展》，《工业工程与管理》，2000 年第 5 期。

## 一、组织的定义和范畴

广义上的组织是指由诸多要素按照一定方式相互联系起来的系统。狭义上的组织就是指人们为实现一定的目标，互相协作结合而成的集体或团体，比如企业、工会、商会、社团、政党、军事组织等。在现代社会生活中，组织是人们按照一定的目的、任务和形式编制起来的社会实体。正确识别组织的定义可以使管理者犯"盲人摸象"的错误而导致决策错误，从而影响组织的目标。管理者需要理解任何细节行为的失误都有可能导致管理模式、管理系统的失效。

从管理学的角度来看，组织是指这样一个社会实体：它具有明确的目标导向、精心设计的结构且有意识协调的活动系统，同时它又同外部环境保持密切的联系，它是准备、配置各类任务、活动(行为)、资源、关系、模式、过程、变化、方法、机制等系统活动并实现管理目的社会实体。基于上述认知，我们对各系统活动分别进行描述：

1. 任务：是对目标、分工与角色、能力、配合、激励、职责、接口等进行准备和配置的行为，这已经被传统组织理论、行为组织理论、系统组织理论和权变理论的众多管理专家广泛研究和明示。

2. 活动：是对各类活动的实际安排与调整，重点是对活动的价值性、有效性、充分性、匹配性等进行实际考虑和安排，并随外界变化而实时调整。

3. 资源：是为实现组织目标而提供的实物及软性资料，包括人力、资金、财物、信息、环境、物料、设备、供应商、参谋者、合作者等。组织需要对资源进行准备与配置，包括资源的形式、来源、分配、落实、平衡、优化等行为。

4. 关系：是指人与人之间，人与事物之间，事物与事物之间的相互联系。组织需要对诸如职业关系、人际关系、公私关系、利益关系、言行关系、责任关系等各类关系进行识别和准备，平衡和疏导关系。

5. 模式：是说明事物结构的主观理性形式。组织应对不同团队、群体、个体、项目、任务等事物的优势或个性的识别和准备，以便复制优势。

6. 过程：是利用输入实现预期结果的相互关联或相互影响的一组活动。管理者应识别事物的变化并为此而做好准备，为实现管理目标而配置合理的流程和顺序。

7. 变化：是对变化的认识和应对，让各种任务的实现过程做到有条不紊、有章可循、处变不惊、措施有效。变是绝对的、确定的，不能进行变化的群体和个人在变化中消亡的案例比比皆是。

8. 方法：指为达到某种目的而采取的手段与行为方式。因此，管理者应识别和配备认识方法和处理方法的系列活动，比如毛主席采取的群众路线、调查研究、具体问题具体分析等。方法组织落实到何种层次、何种程度，决定了管理的方式和实际效果。

9. 机制：是指各要素之间的结构关系和运行方式。上述的八项均为组织管理的要素，管理者需要将以上各类组织因素结合起来考虑，针对不同任务、项目、产品、过程、问题、人、阶段（背景）等的实现预期而准备和配置必要的、适当的、针对的系统运作结构、功能、目标、文化、风格以及运作规则等。如华为基本法的编制和表达过程、企业战略的编制和表达过程等都是机制组织活动的具体体现，机制组织可以提供一般的管理原则，更重要的则是具体的系统运作。

## 二、组织的逻辑过程

管理者如何确保组织的有效和实际落地？首先要清楚组织的逻辑过程，这个过程体现了事物矛盾平衡、先后发生、彼此接口、因果决定、关联影响的哲学关系。对组织活动来说，其逻辑过程是这样的：

首先，组织是对任务的针对性配置。不同的个体、群体、团队、机构、单位、领域、层次、阶段等有不同的任务：有的任务是需要高层履行的，有的任务是各层都担当的；有的任务是长期的，有的任务是临时的；有的任务是大家共同的，有的任务是个别、独特的；有的任务是相对固定的，有的任务是柔性的、变动的等等，管理者要从不同的角度认识和配置任务。现实中的组织往往忽略了任务的多样性、多变性、针对性、层次性等特性，总是喜欢用分工制、固化的模式、固定的思维认识和处理管理事项，做不到针对性、疏导性，找不到真正的原点和对策。比如人力资源管理与开发，实际上多数人力资源部的人对技术、品质、生产等所需要的胜任力是什么并不了解，而懂这些的职能管理者却又不懂人力资源理念、战略、方法和技巧，导致多数组织仍然处在人事管理的阶段，与真正的人力资源利用与开发相差甚远。又如，一个企业的文化其最大特征应当是团队文化，这个团队文化应该是团队成员优势的集中，这才是真正的管理模式的体现，而实际上多数组织的文化是一把手文化，往往因一把手而兴，也因一把手而衰落。

第二，选到合适的团队。任务的成功，源于各种临时或永久团队的成功，这是恒定不变的真理。无论是王朝的兴衰还是百年企业，无不如此，这是历史生存定律。有人说可口可乐的持久源于其保密配方，但我认为是其优秀的团队成员对品牌和市场推广做出的巨大贡献。人的饮食喜好不断变化，喜新厌旧是人的天性，如果没有众多团队成员不断找到新的喜欢可口可乐的人、国家和市场，其市场萎缩与消失的结果也是必然的。

第三，最高管理者的决心和意志。但凡做成一件事情，如果没有决心就难以持续，也就不会领悟到事情的本质、乐趣和有利结果；没有独立判断和主见、系统认识和理性也就难以服众。不要说真才实学的人不会跟定，就是暂时表面上依附其身的人也鄙视这样的管理者。真正的管理者应该有主见、有远见，先人一步地预见到准确的结果，才能服众和领导别人。

第四，确定规则。规则是维持团队、达成目标的必要条件。这些规则包括内部与外部。内部规则诸如公司内部的流程制度、标准及规定等，比如权、责、利的界定就是内部规则的体现；法律法规、合同约定等是外部规则的具体体现。规则确定得是否清晰、充分、有效对组织活动的有效性起促进或阻碍作用。

第五，工作分析。确定方向相对容易，但是，能不能"落地"（即被实施并且有效）才是核心。最常见的问题是组织管理者安排了任务，但执行力不下去，比如很多组织有详细的规章制度，经常开会、考核，但是依然问题频发，组织也没有活力。正因如此，才要工作分析，也就是对职权、责任以及利益进行分析，并进行相应的输入、输出进行评价、取舍，保留维持和增加价值的部分，去掉浪费部分，减少矛盾、不良投入，提高实现预期的效率和效益。

工作分析的内容还包括工作量分析、柔性及变异分析、匹配分析、标准和接口分析、价值分析、层次分析等内容。比如很多企业在进行招人决策时凭感觉或者是以往的经验，并没有经过基于工作量而进行的核算，这样的人力资源管理与开发不可能做好。工作分析不到位是造成组织活动混乱、效率低下的直接原因之一。

第六，任何任务或预期都必须有必要的输入才有输出，这就是规律。这些输入包括资源、信息、机制、知识、方法、利益、沟通等输入，同样的输出也是这些。过程的定义已经很清楚地定义了这一点。这些输入的识别、利用程度如何，直接决定了管理的效果。对组织或个体来说，多数时候关注显性的事物，比如资金、人力、设备、工具、材料等资源进行识别和利用，而忽略隐性或抽象的事物，比如信息、机制、知识、方法、利益等，或者采取回避、模糊、拖延的态度，导致问题频发。比如，一些加工型的企业一味地追求不停线，这是由于企业主认为停线就是损失，实际上停线是显性损失。但是，企业主却忽略了过多生产导致的库存成本、资金占用成本、管理成本等等隐性损失。再比如一些组织管理者强调下级要遵守规则，而自己却不停地打破规则，这样的企业其规则必定不能得到有效遵守。总之，组织对管理的缺失，管理就不会给组织带来期望的效果，这是种瓜得瓜、种豆得豆的规律必然决定的。

第七，策划项目管理。无论组织还是个人，都要有计划思维，所谓"预则立，不预则废"。现阶段在产品的质量控制中，最好的方法之一就是先期产品质量策划程序（APQP），也就是通过识别产品的阶段、特性、等级、风险及失效等属性，进行先期质量策划并加以实施。把"管理"假设成一种产品进行计划，这就是项目管理产生的背景和价值。

项目管理计划内容包括但不限于：项目名称、项目关系与接口、项目价值或影响、项目轻重缓急、项目层次、项目复杂性、项目难易性、项目节点、项目投入、项目激励、项目标准等若干方面。其跟踪、监测、验证、评价、调整、激励等活动由总负责人亲自实施，而不要委托或授权给任何人，也就是要保证项目管理的第一手信息。其工作态度和方式包括调查研究、具体问题具体分析、实证、考虑变化和竞争、考虑差异性等诸多可以识别的方面。最重要的是，总负责人要让项目计划成为行动而不是让其成为文件。

第八，唤醒意识并塑造习惯。绝大多数事情没有做或做不好是由于不正确的态度或方法造成，通俗地讲就是意识有待唤醒。比如设备零部件的采购需要综合考虑其质量、性能及成本，而非单单考虑成本，不少采购人员以价格为最优先考虑，结果采购来的零部件安装到设备上后三天两头出故障。表面上看零部件成本节省了，但实际上故障带来的成本损失远大于零部件的成本。假如企业主没有这个观念，产生成本浪费和生产的混乱是必然的。再如，很多人主观认为跨行不可接受，或者以貌取人，其实都是不懂胜任能力的表现，是对胜任能力的内涵、结构、功能等的无知。不少组织管理者或咨询顾问是言必称标杆、麦肯锡方法、业务流程、关键绩效指标（KPI）、智能化等新名词，似乎这些就是标准，这是对有效性的根源和背景的无知。有相当一部分管理者不知道自己不知道什么，不知道自己不理解什么，从不严谨的认识和求证，必然会造成管理混乱、人员流失、成本高升。

习惯也很重要，习惯从何而来，靠固化。比如 5S(1S：整理、2S：整顿、3S：清扫、4S：标准化、5S：素养 )，其中第 5 个 5S 即素养，也就是养成习惯。习惯则是通过不停地实施前 3 个 S，并通过第 4 个 S 标准化来约束和规范员工的行为，即固化，最终形成素养。管理者需要注意的是，约束和固化员工的行为应与责任者利益挂钩，这样才能使责任者具有按规则执行的动力并解决问题。所以，固化习惯是管理者认真认知和实践的领域。

三、组织的方法

组织是将预划落地的过程，因此对组织的方法有正确的认识、理解和运用是预划成功的关键前提。关于组织的若干方面，有几个要点需要正确理解。

第一，是组织结构。组织结构的内容包括纵向的层级（如母公司与子公司、上下层级的关系）、横向的分工（如平级各职能）、衔接的关联关系（如流程、接口）、驱动的团队规则（如标准、文化等）、指挥的角色定位五大方面的范畴，缺一不足以产生完整、有效的组织结构体系。

管理者比较容易理解前四个范畴，在此不做赘述。角色方面的认识则需要管理研究和实践者更多总结和体悟。比如一些组织的部门、岗位或职责之间是官僚权势角色而不是流程角色，导致部门间无法真正形成凝聚力；不少管理者对事情采取的角色是堵截而不是疏导，最终导致矛盾更多、更复杂。管理者需要正确认知到部门利益之间应当是平衡角色而不是独立、割裂。所以，做好一个组织结构，应遵循如下规则：

1. 扁平化的管理层级，现场信息能直达最高管理者，但需要注意的是每一个层级其获取的信息都应当是下层级的提炼；另外，不要设置过多职能部门、职务。

2. 层级内成员共享信息，以沟通、群体决策为主，真正落实群众路线。

3. 高层管理应建立基于分工负责制的轮值制，采取专制与民主有效结合的决策制。

4. 权利分配上应平衡集权与分权，职能分配应确保大分工、小协作的柔性体制，培养多能工，精兵简政。

5. 各职能，尤其是输入与输出的职能之间应确保监督与制约。

6. 关联关系要接口清晰、具体、标准、顺畅，这就要求工作分析到位、适用。

7. 提炼组织文化并落实到制度，用制度规范行为，最终固化成习惯。

8. 角色定位要理性判断不能主观。

第二，是组织的一般原则。在任何层次、规模、类别、阶段的组织活动中，有些组织的管理范畴是共性的，这些共性就是组织的一般原则，包括但不限于以下内容：

1. 注重责任。但是很多组织已经将对责任的理解和运用抛掷脑后了。比如坚持原则、高标准是责任心强的明显特征，但是越是责任心强的人，越难以融入庸俗的文化和团队，很多人因此改变了风格，很多组织变得庸俗并将责任心强的人排斥出去，剩下的人都是当一天和尚撞一天钟的心态在混日子，这样的组织效率可想而知。

2. 提高效率。管理规范的组织都有清晰的分工、复杂的流程和权限，但是不能失去效率。一旦失去了效率，客户就在等待丢失，市场就在等待中被别人抢占，资源就在等待中被消耗，所以说现在的市场环境是"快鱼吃慢鱼"。

3. 避免官僚制的劣势。绝大多数组织的运作都是官僚制，官僚制管理有其优势，但也有其劣势，比如强调等级观念、强调无条件服从，而不是按照平等、流程、服务的理念设计和运作，因此有时会导致上级独断专权、同级内耗、下级阳奉阴违的现象。

4. 给予信任和授权。实际上，大多数人都是值得信任和拔高使用的，采用提防和不信任的态度、行为认识员工、使用员工，员工反过来就对组织产生消极心理。

5. 注重沟通，分配工作要具体。即：充分沟通、了解员工的想法，激发员工执行的意愿。工作分配要明确具体，避免模糊不清的现象。

6. 实证。管理者对小报告、投诉、数据、证据要严谨求证。中国古语说得好：来说是非者，就是是非人。

7. 监督与裁决。组织的过程不可缺少监督，最高管理者尤其如此；遇到事情要及时组织裁决，最高管理者尤其如此，这也是一个命令原则的前提。

8. 公正。不患寡而患不均是人性，因此，管理者必须尊重和践行公平，不要让自己因此失去在员工心中的威信，没有威信的后果会很严重。

9. 自上而下的管理。组织是自上而下的，执行力差的组织，上层一定存在问题。

10. 精兵简政。在确保组织的稳定性、有效性及竞争力的前提下，实施人员及架构最简化。

11. 定义和识别。需要定义符合角色的任务，同时也要识别需要做的活动，减少不增值的。

12. 定义优先级。任何组织都不可能同时组织所有的活动，需要依据紧急程度与重要程度确定实施的优先级。

13. 确保收益。有强烈投入产出观念，并确保每个行动并非单纯的控制和降低成本，如果在回收期内收益超过成本，这个活动就是值得的。

14. 适应变化。组织要及时根据外部环境变化，故步自封者一定会被变化打得体无完肤。

15. 合作共赢。任何组织都要与其他组织建立合作关系并寻求共赢，避免山头主义，否则遇到问题没有人会真正帮你，那样只会自己被自己打败。

第三，找到资源的最大价值，放大其价值。如前文所述，资源包括很多范畴。对人力资源来说，任何组织都是由不同的个体组成，每个个体都有其独特之处。每个人都有优点，也有缺点，用人的根本在于合适的岗位用合适的人，并且用人要看专业知识、风格、悟性、责任、追求等决定工作品质的人的内涵，放大其优点，允许其缺点，求同存异才是正道。对人的差异的理解和融合能力是每个阶段的组织活动都必须首先关注和解决的问题。资金也是这样，很多厂商在提供不同的产品或服务，这些产品或服务产生的利润和现金必然不同，从资金的投入方向、比例、速度等方面考虑，应该优先投入当前阶段利润率高的产品，并定期优化投入结构才是资金的使用原则。

第四，注重思想能力的识别、构建和提升。世界上的人，按照做事能力分，大体分为低头做事和抬头看路两种层次，低头做事的人实干，但思想相对简单；抬头看路的人既能做事，更重要的是能在充满变化、风险和抽象的事物中找到交叉点，有所创新。对中高层管理者而言，更重要的是要具备思想，没有思想的高人一筹，难以服众和指挥。思想能力主要包括敏感性、理解力、辨别力（信息细节的是非、缓急、精确、轻重、大小、先后、多少等）、预见性等。

第五，理解和运用立场分析法，找到自己的同盟者。不同的角色、活动、阶段有着不同的立场、价值观，因此，要清楚认识、判断各自的立场，争取最大的支持，才能做好各类组织活动、实现预期。比如在质量部门，质量本质上行使的是监督职能，以预防、控制探测各种质量风险，包括识别和判断各个因素、各个过程、各个方面、各个层次、各个阶段等，才能够达到高的质量水平。为此，就要清楚地知道所有涉及质量环节的人员、设备、标准等状态或要求，充分了解各职能、各层人员的立场、工作风格、原则态度、心理诉求等情况，然后秉承求同存异的原则展开组织活动。当然这种求同存异并非忽视原则，而是基于原则、流程、标准之下以及客户立场上的求同存异。这里的求同是力求让大家目的一致、思维一致、行为一致，存异是搁置各种争议，但是在上述一致的前提之下，暂时保留其观点。如此，才能真正形成全员参与质量的态势，从而产生必然的卓越质量。反之，如果各职能都站在自己的立场上考虑，而忽视了整体的目标，那么各职能必然是缺少沟通、互相拆台，质量问题必然频发。

第六，充分了解主客观环境，并进行形势分析。组织发展有不同的阶段，每个阶段面对不同的社会、经济、政治环境，每个阶段自身的主观条件、客观条件也不一样，因此组织活动的任务、中心、方针、目标、策略、步骤、政策等方方面面的资源构建与开发必然不同。比如一般我们认为组织分为五个发展阶段，分别是：

1. 创业阶段：这是组织的初生期，规模小、关系简单，组织的决策是由少数创业者做出的，组织能否生存发展，完全取决于创业者的素质和能力。这一阶段的组织结构一般不规范，对协调的需要还很低，只存在着非正式的信息沟通。

2. 引导阶段：这是组织的成长期，组织人员增多，组织不断扩大，决策量增多。在这个阶段创业者一般会把部分决策权限转给专业的高层管理人员，因此产生了职能专业化的组织机构，并且互相之间的协调越来越多，信息沟通变得越来越重要，也越来越困难。

3. 授权阶段：这是组织的扩张期，随着组织经营范围的扩大，由职能机构引起的问题增多，高层管理者进一步的分权，建立起以产品、市场或以地区为基础的事业部组织机构。高层管理者不再负责日常的管理事务，向下发布命令的次数减少了，控制的信息主要来自各事业部的报告，但是伴随着分权，往往又产生对事业部的失控问题。

4. 协调阶段：这是组织的成熟期，这一阶段的组织建立了正式的规则和程序，比如一些企业为了加强对事业部的指导、控制和监督，在组织总部与事业部之间建立了一些超事业部的部门以指导和控制下属有关事业部的战略规划和投资回收，或者设立监督部门控制和检查各集团部的经营战略。这些正规的措施有利于增强各事业部之间的相互配合，但也意味着组织在进行一部分的收权，如果"度"没有掌握好的话，可能会严重影响工作效率，阻挠创新，甚至导致组织走向衰败。

5. 合作阶段：这是组织的变革重生期，这一阶段的组织更加强调管理活动要有较大的自觉性，强调个体间的主动合作，引入社会控制和自我约束新观念，精简正式体系和规章制度，成立小组和矩阵式组织结构，将组织的重要权力再收回到组织高层管理者手中，同时努力增强组织的适应性和创造性。[①]

我们从组织的几个发展阶段可以看出，由于其在各个阶段所处的内外部环境不同，其行为方式显然是不同的，组织管理者必须正确地认识这一点，特别是在以剧变为基本特征的全球经济体制下，不能正确识别组织在各阶段所处的主客观环境，不能基于具体的形势进行分析，难免会将组织引向衰败。

第七，先小后大、先易后难，集中精力解决一处，然后逐步扩大范围。从人性特点来看，有效果是最容易让组织和个人信服的，因此从问题解决的角度看，可以先小后大，先易后难，先局部再整体。这是为了局部的问题解决中获取经验，以避免其他问题或风险。如果一开始就在整个组织展开，由于没有足够的经验，最终的结局很有可能最终是一地狼藉。

第八，避免盲动主义、机会主义。很多组织解决不了自己的问题，于是通过聘请职业经理人、咨询公司、高级参谋、同行交流等方式试图解决。首先应当肯定这种做法，管理专家、标杆、职业经理都是可以借鉴或作为研究一般规律的案例。但是，组织管理者必须正确识别每一种成功的经验都有其特定的背景与土壤，因此对标杆或者管理专家的名言、理论，应当充分了解其背后成功的逻辑，而不能脱离组织的实际情况，简单套用。单纯的相信"外来的和尚会念经"是盲动主义在指挥大脑，这样的行为方式有很大的可能会导致组织的失败。如果管理者不去调查研究和求证，单纯根据感觉判断，未必能够真正认识人才。

---

① 百度文库：《组织成长阶段模型》，2016 年 7 月 9 日，https://wiki.mbalib.com/wiki/%E7%BB%84%E7%BB%87%E6%88%90%E9%95%BF%E9%98%B6%E6%AE%B5%E6%A8%A1%E5%9E%8B，2020 年 8 月 12 日。

第九，关心下级，注意工作方法的适用、有效、融合。下级是干事的主体，他们有很多生活上、思想上、工作上的困难、困惑，作为管理者要关心他们的内心诉求和矛盾，并真正解决才能赢得他们内心的敬佩，树立自己的权威，为真正凝聚人心创造条件和基础。但是现在很多管理者的认识已经偏离正常的价值轨道，基本确立了以金钱为核心的物质观，对下级则有强烈的等级观念和轻视观念，把自己与下级对立起来，最终出现很多管理问题。

第十，识别、构建组织的规律体系，形成自己的管理模式。一个人，都有其独特、独立于其他人的思想、预期、风格、行为、性格等不同方面的外在特征，这是事物多样性的体现，是正常的。问题的关键是每个人的风格与环境是否相融合，如果融合，人的发展就比较顺利；如果不融合，发展就难有起色。比如《三国演义》里的凤雏先生，以孙权的观念、风格和能力，本就不喜欢他，所以凤雏先生无法在吴国发展，于是投刘备，刘备当初也不喜欢他，但是碍于诸葛亮的面子，才给了他一个知县做，后来发现真的很有才能，才予以重用。组织由若干人组成，也必然有其自身的优势、劣势、性格、风格等外在特征，对组织来说，如何识别和发现自己的优势、运行规律并放大，形成自己认识、实践的正确性和确定性，以适应外部环境及变化，才能稳健和持久，打破短期律的魔咒。比如，泛亚汽车技术中心的优势就是技术和研发，所以他们不会去做建材、部件制造等产业；很多产品原来不讲多精细的质量，也可以销售出去

第十一，学习、理解和运用矛盾分析法，疏通矛盾而不是控制矛盾。管理者要清楚：矛盾是普遍的、确定的、双向的、因果决定和关联影响的，因此一切漠视矛盾、控制矛盾、看不清矛盾的认识和行为都是无效的，这也是很多强势、无功底、单向思维的管理者失败的认识根源。比如员工抽烟，有的组织严厉禁止，但大多无效。有一个管理者认识到员工抽烟与计件产量之间有矛盾关系，于是规定：员工只能到规定的地方抽烟，然后将允许抽烟的地点放在距离车间很远的地方，结果员工为了抽烟要走很长的路、浪费很长的时间，对自己的工资影响较大，干脆就不抽了，抽烟的问题也解决了。

第十二，管理整风，反对主观主义、宗派主义。一场革命运动、一个军队、一个政党，要取得成功，必须不断整风，丢掉不良、塑造卓越才能适应客观要求，持续提升和发展，这已经为毛主席领导的前期革命成功的诸多事实所证明。做管理也是殊途同归，虽然任务与革命不同，但都是规律的具体表达，都要遵循人的认识规律和行为规律。因此，作为管理者要通过批评与自我批评、集体决策、民主决策、座谈会、走访等适当形式对下级各级管理者进行调研、识别和教育培训，及时发现不良作风、行为和价值观，及时纠正，才能保证团队有真正凝聚在一起的基本前提，否则大家就是各怀所图、不求上进、拈轻怕重、揽功推过，不会步调一致。在中国的思维习惯中，最突出的就是感性的主观主义和宗派主义危害。比如遇到问题，不去调查研究、不去做重复性、逻辑性判断，不去做说服教育工作，不会用实证影响人，拍脑袋、摆架子决策，或者拉山头、搞小团体，不少组织因此内斗严重、人才流失和缺乏！

第十三，对不同决策进行计划和授权。管理学决策分为四种类型：程序性决策和非程序性决策、个体决策和群体决策、初始决策和追踪决策、战略决策和战术决策（管理决策、业务决策）。[①] 基于这些决策方式按照眼前和长远、专业和综合等不同情况下的行为进行计划，排出优先顺序和运行规则。决策模式的计划必须把握以下几个主要标准：

1.决策方案要与组织的宗旨和决策目标相符。

2.实施决策需要具备的条件，如果条件不具备，则要弄清楚如何获得该条件及代价。

3.决策方案要被利益相关方所接受。

4.决策方案要能被执行者所接受。

5.正确评估决策方案的风险。不能只看到乐观的一面而忽略风险，这往会给组织造成潜在重大损失，尤其是当组织处于良好的发展态势时，更应注意环境的变化。

第十四，激励与培训到位是组织成功的关键前提。正确地激励让人有

---

① ［美］布洛切等（著），高晨（译）:《成本管理：计划与决策》，北京：华夏出版社，2002年，第137页。

斗志，适当的培训能让人有正确的工作方式。管理者必须在激励与结果之间建立恰当的联系。对管理者来说，不能提高部下的素质，肯定是管理者的责任。

第十五，重视管理者能力和风格的配置。管理上常说：兵熊熊一个，将熊熊一窝，意思是说管理者的配置很重要，但更确切地说，能力和风格才是管理者最重要的两个方面。配备没有能力的管理者，不论其多么有资历、有关系，都会被下级所鄙视；配备不适当的管理风格，无法凝聚和团结大多数人，只会制造矛盾，两者的结果都会使有才能的人流失。曾经有一个综合部经理，为了给企业主降成本，想方设法扣压员工工资，结果被别人打了三次，还经常性地被员工堵在公司门口围攻，这样的情况给公司的形象造成极大损害，其他人员看到此情，不敢再到公司应聘，真是因小失大。

第十六，沟通差异，求同存异。组织活动中，任何个体都有人格、兴趣、能力、风格、态度、价值观、利益诉求、立场等的差异，也因此产生很多误解、冲突和矛盾。一次矛盾是隔阂，二次矛盾是裂痕，三次矛盾是决裂，就是彻底的对立，这是矛盾发展的逻辑过程。因此，对矛盾必须采取沟通差异、求同存异的原则进行处理，允许不同的认识、风格、个体等存在，互相妥协、各让一步，才是正道，这是任何人都必须认识、理解并坚持的原则。

# 第三节　沟通

沟通贯穿管理行为的全部过程，其重要性不言而喻。因此，真正认识和理解沟通，是减少矛盾的，融合团队，并让组织产生"合力"的唯一途径。

## 一、沟通的定义

通常认识和理解的沟通，是指与他人信息交流并达成一致的行为过程。科学管理论认为，沟通是塑造自我、表达、合作、影响、默契、联络的行为过程。

1. 塑造自我。塑造自我就是努力让自己成为一个主动、豁达、探求、民主、心与言合、言与行合的人。成功塑造自我的人易于被他人接受、信任，更容易有效沟通。从这个方面说，沟通失败的主要原因之一是由于双方没有成功地塑造自我，因此塑造自我是沟通的第一层次。

2. 表达。表达就是简明、清楚、完整、适当、一致地表达自己的目的和信息。简明就是言简意赅。清楚就是态度、观点、立场明确：或支持，或反对，或弃权。完整就是要表达全面，不能说一部分，藏一部分。适当，就是表达的方式、时机、环境等要有技巧，比如当别人不高兴的时候就要态度缓和地说、批评人的时候要笑着说、要先听后说、反对意见中性表达、对事不对人、无关事不说等。一致就是始终围绕一个议题表达，不要岔开议题，一个议题表达完了，再表达另一个议题。应当避免一个议题没有结束，又扯到另一个议题，最后也没有实质性决议，这样的沟通就是无效的。表达需要呈现出关联性、利害、轻重、缓急等特征。

需要注意的是，沟通中应能够做到互相妥协、求同存异。如果没有妥协，沟通方固守于自己的立场，那么问题就无法解决，与其长期受困于此，不如努力达成妥协，这时发出信息的一方就要主动表达出自己付出的代价和对方取得的价值，并加以佐证，以帮助接收信息的一方认识和理解达成妥协的价值，逐步取得信任、理解和支持，逐步解决矛盾。当经过沟通仍然不能求同存异时，就需要更高层级上进一步裁决。

取得承诺是沟通的结果，所以任何信息发出者都要取得接受者的承诺，这是沟通的唯一评价标准。当然，承诺包括很多方面，如赞成、给予配合、到位时间等。"表达"是沟通的第二层次。

3. 合作。合作就是对承诺的落实、行动和反馈。承诺是一句话，但落实却是很多具体的措施，所以沟通一定要有承诺的具体落实、行动并有实际结果和反馈，这是沟通的第三层次。

4. 影响。影响指用间接或无形的方式来作用或改变组织或个体的思想或行为。影响的因素有很多种，比如：地位、权利、利益、专业度、人际关系、人文关怀等均可以对组织或个体施加影响。如果我们将地位、权利、利益作为"硬"影响因素，而其他作为"软"影响因素的话，具有"软"

影响力的管理者是真正有影响力的管理者。"影响"是沟通的第四层次。

5. 默契。默契就是沟通双方经过多次合作，互相得到好处和信任，以致再次沟通时能更快地达成合作的状态，这是沟通的第五层次。

6. 联络。所谓"联络"就是维持默契状态的行动，如聚会、递烟、喝茶、走动、谈心等，都是联络性沟通，是沟通的第六层次。

以上六个层次都是沟通的范畴，代表了六个层次沟通的特征和效果，更清楚地识别了"沟通"这一行为本身的真相，认清这一真相的价值在于：管理者不要因为自己"不认知"沟通而迁怒与别人，造成自己的认识、行为失误和威信的丧失。

二、沟通的原则

通常情况下，沟通前应考虑基础信息、立场、价值观与人性、风格、机制与规则、逻辑与思维、知识和经验等因素。有效沟通应注意以下原则：

1. 正确识别沟通对象的风格。针对不同的对象采取不同的沟通方法，应采取因人而异的方式，比如我在一家企业在进行咨询时，首次进行沟通时，一位副总经理在上午从头到尾一直认为我讲的都是理论，他们情况比较特殊，解决不了他们的实际问题。在下午，这位副总拿出一个具体案例要求我给他一个具体的解决方案，会议结束后我在现场研究了半个小时，寻求出了问题的真因所在，然后和这位副总一起在现场验证了解决方案的正确性。从这以后，这位副总一直非常配合。但同时，其他管理层，则仅仅是对他们提出的问题进行了一些一般性的阐述，就获取了他们的认同。

又如某个新兴行业的掌门人擅长营销和推广，但对管理不甚精通，于是聘请了一个职业经理人帮其运作内部管理，但是这个经理人的管理风格偏重于服从，服从的风格使得经理人主要沿着企业主的思路表达和沟通，这就让企业主产生很大的不确定感，因为他本身自认为不擅长管理，希望有个能提出几个方案、能分析方案利弊、必要时提出警示或反对意见的人弥补自己的不足。如果只是服从的风格，必然让企业主产生不确定感，进而产生怀疑、不满。后来我们帮助其改善了沟通风格，其角色由服从转变为策划、分析、提醒、警示、参谋，必要时帮企业主决断。这样的风格转变后，沟通效果明显改善，问题解决得比较顺畅。

2. 耐性原则。人们都希望一次性沟通成功，但是客观限制往往无法做到这一点，沟通前必须有多次沟通的心理准备。初次沟通的目的在于摸清沟通对象的预期、风格、底细、弱点、强项等若干可以作为突破的方面，为下面的有效沟通创造条件。如果失去耐性，急迫的心态会造成沟通失效，甚至断掉后续沟通的机会。这类似于客户开发，在陌生拜访时，最好先从侧面入手，找到双方的契合点，取得好感再谈合作。当然，初次沟通就有效，说明双方合作度较高，也要采取其他沟通方式促进和保持这种合作度。

3. 人性原则。人性有很多弱点，如果沟通者能识别沟通对象的人性弱点，比如好面子、欺软怕硬、讲义气、重专业、风格偏软等，就可以有针对性地采取沟通方式，比如好面子的人最怕别人揭短，欺软怕硬的人最怕别人硬气，讲义气的人最怕别人请客，重专业的人最怕反面实证驳倒，风格偏软的人最怕强硬等等。

4. 换位原则。生产人员常常将质量责任推给质量部门的控制不好，实际上，生产人员去做质量检验与控制工作，同样存在质量问题，只是没有换位思考。一种比较好的办法是换位工作三个月，让实践检验双方的认识，再进行沟通会好很多。

5. 以身作则。如果希望对方如何按照自己的期望处事，一定要自己先做、自己先做到，这是中国人的天性。

6. 尊重原则。管理者无论身居何职，无论对任何人沟通，都要记住尊重每个沟通对象，千万不要采取冷漠、强制、拖延、贬低、指责、偏见、情绪化、不耐烦、傲慢、自我中心等沟通方式，任何沟通细节的失效，都会导致职业生涯的失败。

7. 逻辑原则。很多沟通，花费了大量时间，却没有什么结果，因为双方都没有逻辑。东扯一句，西说一通，或者 A 没有说完，又开始说 B，或者 D 和 F 本来没有因果关系，结果沟通半天，浪费时间，凡此种种，皆是逻辑不通、无效沟通。沟通的发起者要想获得预期的结果，就要紧紧抓住逻辑，让对方按照一定的逻辑认识问题，而不是不着边际，比如表达逻辑、因果逻辑、关联逻辑、程度逻辑等。

8. 表达原则。沟通中，不管管理者是否承认，但都存在沟通的三段式：标准、观点和证据。标准存在于双方各自的内心，可能是隐性的；观点也经常不是简明、专业、直接表达的；很多沟通没有实证思维，也没有多少严谨的、可验证的证据，同时具备这三个不足的沟通其效果就可想而知了。怎样才能有效呢？就是把隐含的东西清晰、直接、简单地表达出来，先对三段沟通，求同存异或达成一致，隐含的东西通了，任何沟通事项也就解决了。比如我曾经与一个车间主任沟通安全责任问题，试探性沟通时，对方总是以履行了告知义务即可不担当安全责任，安全是工人自己的问题。对方这个认识的根源在于对安全责任的标准不知道。于是我讲了几个企业主、矿长因重大安全事故被法律制裁的案例，同时又把安全法律的有关条文搜索出来让其眼见为实，承担安全责任的沟通也就解决了。沟通的发起者如果有好的表达，在成功沟通中起到 90% 的作用。

9. 资源原则。管理需要识别和运用资源，沟通同样也需要运用资源。对管理来说，就是要识别和运用各种信息、人际关系等资源用于沟通，以达到沟通的目的。比如灵活运用各个领域的规律和知识，或专业技术、操作能力、商务关系等，可以促成沟通共识的形成；也可以利用其朋友、乡亲、上级等沟通。

10. 疏通原则。沟通的目的是促成共识，避免或减小矛盾。处理矛盾的原则是疏而不是堵、拖延或置之不理。一些组织运作的绩效考核遇到了很大的阻力，甚至成了制约组织发展的核心问题，什么原因呢？部分主要原因是：就是沟通绩效考核的用途，没有建立确保绩效考核的客观公正的制度，没有进行合理的量化与公示、保证员工的信服，没有疏通好员工的利益矛盾，没有建立如何确保绩效客观的监督机制，也没有建立有效的员工反馈机制等等。比如当由于非员工原因导致其绩效下滑时，考核者应该如何客观评价。如果仅仅是以结果为导向，而忽略了过程因素，简单粗暴式地采取扣分、压制员工的方式，绩效考核就不会对员工形成正确的激励，只会导致绩效考核的失效甚至成为公司发展的阻力。

11. 关系原则。组织是长期的合作关系，维持关系是长期有效沟通的必备原则之一。

12. 责任原则。部分管理者在沟通时往往采取简单粗暴式的方式，比如以居高临下的态度，或者在认为下属不好沟通或错误时采取单纯的批评，甚至调岗、解聘的方式，这既是对别人的不负责，也是对自己不负责。管理者需要注意的是不好沟通的对象，多以两种情况居多：第一种是责任心强，坚持原则；第二种是理解缓慢，一旦理解就会坚决执行，无论哪种情况，都值得管理者好好珍惜这样的人，而不是要随便远离他们。而对犯错误的人，管理者需要注意，有一部分的错误是因为其承担的责任过多或主动性过强，从而造成其做多错多；另一种是勇于尝试而导致的错误。无论是哪一种管理者都应当予以珍惜，即使是单纯的犯错误的人，也应当以负责任的心态予以纠正，促使其改进并持续成长。

13. 相对原则。世间万物都是相对的，不是绝对的，沟通也不例外。沟通虽能解决大部分问题，但并不是所有的问题都能靠沟通解决，少量的非预期的人、事必定会发生、存在，管理者必须清楚地认识这一点，而不要一味地强调沟通。因此沟通也是相对的，才确立了若干决策原则，以使事物取得确定性，推动事物的后续发展，这些规则包括少数服从多数，过半数通过，三分之二通过，当然也包括一票否决制等；也包括一些暴力机制以确保组织的稳定运行，比如违反法律法规应当受到审判，违反组织纪律也应当受到组织的惩戒甚至解聘等。

最后需要理解的是沟通不是单一的语言形式，从不同的角度，可以有不同的沟通形式。从形式来看，有语言、会议、书面、视听等沟通方式；从沟通对象来看，有单向的，有互相的，还有多向的；从阶段来看，有前期、中期、后期沟通；从沟通性质来看，有正式和非正式的区别；从层级来看，有整体和细节的区别等等。在一个具体的沟通中，一定要事先明确沟通的形式，并有所准备，才能最大程度发挥沟通的效果。

# 第四节　实施

从管理行为的逻辑过程看，沟通之后是实施，实施是实现预划的过程。所谓实施，就是通过若干管理行为，将预划和沟通结果表达、落地的行为过程。从整体来看，实施是与预划、沟通、监督、分析与改善等并列的管理行为，但实施行为本身却包括工作设计、资源配置、用人、指挥、培养、执行、协作、风险管理等八个子行为，这些子行为共同确保实施行为的整体有效。

## 一、实施的结构

我们已知道，实施可分为八个子过程，但是子过程之间是如何相互联系与作用、共同构成实施行为并决定实施效果的呢？

如果拿汽车做比喻，工作设计是"发动机"，工作设计的好坏与运作、管理如何，对管理的效果和寿命长短，起着关键作用。资源配置是"能源"，供应工作设计这个"发动机"驱动管理、产生价值并持续存在。用人相当于"各类挂档、按钮或开关"，决定着管理的方向和方法。指挥是"变速器"，调节管理的节奏等。培养是日常维护和保养，决定管理能否持久及适应变化。协作的作用类似各种连接件、管路和线束，确保信息、资源的上传下达。执行相当于车身、车轮、喷嘴、大灯等功能件，满足管理功能的落地。风险管理相当于故障预警、维修和排除，及时发现管理问题和矛盾，予以解决。一个汽车，如果上述几个主要方面的功能有问题，都会导致汽车的行驶、安全等受到严重影响，甚至短命报废。管理也是一样，几个关键环节如果做不好，就会深受其害，亏损甚至倒闭就是必然结果。

识别和确定实施结构的价值在于：这一识别结果帮我们感性地认清了管理不同行为的层次以及同一层次不同行为或事物之间的联系和作用的架构与顺序，让管理这个抽象、隐含、系统、复杂的事物在管理者的认识中清晰起来，这样才能更好地策划、诊断、改善、判断管理努力的价值、方向和方法，如同认识人必须认清人的骨骼结构、器官结构、穴位结构、血管结构等才能治病时对症下药一样，这是确定的、无疑的。

二、实施的规则

很多专家或成功人士总结过各种强化执行力的经验，这些经验或多或少地对执行有实际指导作用。但是，问题的关键是执行者需要找到根源的、系统的基本规则，然后才能灵活运用到各个具体的执行中。为实现这个管理诉求，需要识别实施的若干规则。

（一）工作设计的规则

所谓"工作设计"，是分解预划到人并给予明确表达的行为过程。在这个定义中，分解到人是任务、结果，明确表达是特征和标准，结果和标准缺一不可。分解不到人，就会推诿、扯皮，表达不清，就会误导评价，结果都不会配置、使用好人。工作设计的规则包含但不限于以下几点：

1. 适度原则。工作的划分，应适度。过多要求，招不到人。比如很多组织常常提出既精通业务，又外语好，又要变换工作少等要求，殊不知同时具备这些条条框框的人才或者稀少，或者具有创新能力低、不适应组织文化等情况，这是招聘管理者对人性不熟悉造成的结果。过多要求，还会招致人才评价出问题。要求高，意味着诉求或期望也高，往往因为一两点小问题，就对人产生苛求，经常苛求会降低对人的评价结果，人才流动性、稳定性、满意感就是问题，这些方面的问题会招致人才逆反应对的心理和行为，对组织也是不利。过少要求也不行，容易导致冗员、闲人的出现，人为制造内部不均衡，同样会导致人的逆反心理和行为。所以，马云才主张：不是招聘优秀的人才，而是培养成优秀的人才，海尔也主张赛马不相马。同样，一些人才网站有人才推荐及匹配度分析，但是实际的人力匹配度仍然很低。其原因就是没有理解和运用好适度原则。

2. 价值原则。工作任务的安排，应遵循价值原则设置，比如工作监督，如果设置成经常性，很容易招致员工的反感，员工感觉不被信任，其价值就降低；如果设置成问题监督，就容易被接受，其价值就升高。再如，一个人既专业于质量，又专业于生产等，这说明其价值是大的，组织就要承认并回报其价值，而不是囫囵吞枣式的简单、粗放地根据岗位确定工作和薪酬。

3. 丰富原则。简单、长时、机械、单一的工作确定会让人产生厌烦心理，从人性角度说，一定要工作丰富化，以满足挑战、好奇的人性要求，并通过丰富化减少不满意，促进协作。大型组织往往分工较细，很多岗位和人员可以兼职，造成组织运营成本的浪费，不符合价值原则。

4. 团队原则。传统的管理强调分工，部门、人力、职责是割裂的、独立的，所以才设定了大量的流程、制度、标准，但内部却到处都是钩心斗角、拉帮结派、互相倾轧，遇到问题踢皮球，问题转了一圈倒是企业主的问题，员工真正的动力和解决能力没有发挥，组织的成本和成果没有出来，实乃两败之策。一个组织、一个部门，应考虑如何将个体组织起来的灵活方式，坚定地走团队之路，这才是真正的文化和人才培养之道。

5. 专业化原则。管理者需要了解专业的人做专业的事，尤其是在一些技术领域或者管理专业领域。但是，目前普遍存在的现象是一些管理者不专业，但却由于其所处的管理位置而做出涉及专业要求的事项，也就是"外行指导内行"，同时又缺乏理解、验证未知或不确定事物的意识和方法，导致专业人士的建议或业绩难以体现，其专业价值难以体现，同时下级也无法得到培养、提升。从组织的角度来看，这不仅造成人力资源的浪费，更严重影响了组织运行的有效性，甚至会造成组织的衰亡。因此，对上级管理者来说，如何理解、验证以及认识专业就成为文化塑造、团队和谐、人才稳定的关键。这方面的解决点包括：

（1）从意识上认可"专业"的重要性，并从态度上要表现出足够的重视，避免"官本位"等的一些特权思想，尽量采取客观、公正、科学的立场。

（2）组织要有容错机制，管理者也应当有容错的心胸，要允许尝试、鼓励尝试，让尝试机制成为确定性认识的方法论。

（3）通过专业的分析，探求失败的原因并构建预防失败的体系。

（4）积极积累组织内、外成功以及失败的经验，并拓展这些经验的应用，《论语·学而》中说："吾日三省吾身"，经验也是组织自省的结果，自省也是成功组织的必备要素。

通过以上几点，管理者要构建认识和理解未知事物的逻辑过程和方法，以达到迅速理解和判断跨专业领域的未知信息的能力。这对正确的决策起着决定性作用。

6. 确定性原则。很多组织的岗位说明书、规章制度洋洋洒洒很多字，却仍然表达不清细节的责任和工作评价标准（高层、外聘等重点岗位尤其如此），由此产生组织内部推诿、内耗，导致执行力差的状态，其根本原因是没有基于实际情况确定其各职能与其他职能的流程与职责边界。也有些组织虽有明确的关于吸烟的纪律制度，但执行上却是两极分化，比如普通员工吸烟就会被惩戒，而管理者吸烟则无人追究，这让普通员工对组织的公信力产生了怀疑，也事实上影响了组织的合力。这些情况要么就是工作设计不明确，要么就是执行不统一，都是不确定的表现。如果组织不在根源上解决此类问题，执行效果必然会很差。

7. 柔性原则。目前的组织大多数组织都是分工和标准化思想，即根据流程划分岗位、确定职责。基于分工制的模式有其合理性，但是有不少组织为了降低成本却是过度分工，而没有设定一定程度的"冗余"，这种"冗余"部分事实上也就是柔性。比如，不少组织提倡"一个萝卜一个坑"甚至"一个萝卜几个坑"，最终的结果就是一旦出现了异常，比如这个人离职或请假，组织内没有足够的人员有能力或有时间来进行接替，这显然对组织是不利的，很多时候这一段时间内造成的损失要远远超过一个人的成本，严重时甚至会造成组织的停转。因此，组织应根据具体的任务，从整体利益出发，柔性地配置各种资源，而不是用唯一对应的思维处理问题。柔性原则的另一价值是有利于培养多技能人员，有利于员工发展，从而促进团队和谐和员工满意、降低成本。

8. 逐级问责原则。其表现为出了问题领导不担责，下属"背锅"，因此问题出现后虽然有一系列的处理措施，但是问题的根本并没有解决，责任主体也没有得以处理，问题后面难免会复发。因此组织需要建立严谨的逐级问责机制，即：出现问题后，层层问责，直到责任主体得以处理。当然，组织必须明确，处理责任人并非是目的，而是手段，而是为了预防其他类似问题的出现。组织需要充分考虑"奖惩结合"，避免以罚为主，而导致各级责任主体为了避免出问题担责，而出现不问事、不做事，也就是"懒政"这一现象的出现。组织需要通过问责，构建逐级学习、思考、严谨、负责的工作正能量，也通过逐级问责建立良好的组织文化。

9. 充分性原则。战略管理、业务管理两方面是一个组织工作设计的完整机体，其中：

（1）战略管理是组织确定其使命，根据组织外部环境和内部条件设定组织的战略目标，为保证目标的正确落实和实现进行谋划，并依靠组织内部能力将这种谋划和决策付诸实施，以及在实施过程中进行控制的一个动态管理过程。[①]

（2）业务管理是为组织战略服务的，比如对组织经营过程中的生产、营业、投资、服务、劳动力和财务等各项业务按照战略目标进行的控制、监督、调整等管理活动。

作为组织来讲，组织内部的岗位设计、职责履行是确保战略实现的基础，是业务管理的核心。但是很多中小组织，完全不在乎、不专于战略管理，所以在市场变化的过程中逐渐缩减规模，乃至消亡。因此组织需要做到工作的输出物、标准、流程、方法、接口等规范性要求应完整具备，这是充分实现战略的基础，也就是充分性原则。只有基于这样的原则，任何组织成员在工作时都会清楚地知道自己的工作结果、评价标准、做事流程、作业方法、衔接关系等，这也确保了组织运行的有效性。

10. 机制原则。如果组织没有规则，各行其是，那么组织是很难完成任何任务的。这种规则我们可以将其称之为"机制"，这是组织整体、全局的工作设计。简明扼要的阐述就是：流程清晰，权、责、利明确，绩效制约。即通过流程来清楚定义各环节的活动以及关联性关系，在流程设计应确保权利、责任以及利益对等的原则，也需要通过绩效来设定各流程间的监督以及制约，这就是机制的核心。组织中的很多问题都是机制设计的问题，比如：有的组织打小报告成风，而不是通过共性的渠道与方式解决异议，管理层争权等多数都是对机制不理解，或机制不健全造成的。

---

① 蓝海林:《企业战略管理》，北京：中国人民大学出版社，2018年，第127页

（二）资源配置的规则

所谓"资源配置"，是识别资源并有效分配到需求点的行为过程。在这个定义中，资源识别是前提，有效分配是过程和目的。只有资源这个输入识别和配置到位，才能产生预期的输出，否则一切都是空谈，如同"又让马儿跑，又不给马儿草"的道理。资源配置的规则主要包括以下几种：

1. 投入原则。凡事欲达预期，必先投入，比如：做生意需要投入资本、工作需要投入时间、人际关系需要投入友情、卓越品质需要投入技术等等，无不如此，先舍后得，这是哲学辩证法决定的事物特性。

2. 价值原则。投入必须产生价值，因此价值原则不可缺少，价值原则有主要有三个评价标准：

第一是保持或增加事物的需求特性，比如钢材可以保持抗拉、抗压、硬度等基本特性；热处理工艺可以增加钢材的物性，比如硬度或韧性等；喷漆、酸洗、烤漆、磷化等工艺则增加其防腐等特性。

第二是创造新的需求特性。如个人电脑、手机、网络、机械化等资源，分别创造了办公便利化、沟通便利化、信息大数据化、工作自动化等便利。

第三是价值对比最大化。当组织付出较大的成本和费用引进人才时，其实他们不知道、不相信完全可以以更低的成本和费用实现预期；当组织投入资源做实业相对于投入资源于金融理财获利较小时，组织一定是趋利的。

3. 公平原则。当组织同时面对多个单位且资源冲突时，必须考虑并公平原则。不执行此原则是组织出现拉帮结派、钩心斗角状态的主因。长期如此必然造成组织内斗，因为这违反了人类获得尊重、平等相待的人性需求。

4. 专用原则。组织的发展，离不开创新或优先事项等，因此，组织不得不考虑和执行专用原则。比如，组织提供产品中利润贡献较大的产品应获得优先配置的考虑，为此就要资源专用。又如，保证人权和生活权是优先事项，其体现是在公司清算等法律活动中工资支付被优先安排，这也是专用原则的体现。专用原则告诉员工，必须对专用的优先性给予理解和尊重，因为这是对组织整体有益的原则。

5. 充分原则。资源，从内容上说，包括人、财、物、时间、精力、信息、智力、技术、知识、环境、机制、人际关系、权限等；从过程范围上说，包括内部员工、外部关系、客户、供应商、行业协会、社会团体等；从地理范围上说，包括国内和国外等；从层次上说，包括高层资源、中层资源、下层资源，各层发挥的价值不同、扮演的角色不同，需求的资源各不相同；从发展阶段说，有过去、现在和未来的资源，人们往往根据过去的资源决定现在的资源，准备未来的资源。只有当我们将这些资源全部识别、理解、运用、控制起来时，成功才是必然的，否则其中的任何细小失误，哪怕一点不充分，都会造成组织的风险、失败或损失。

6. 到位原则。到位原则有两个表达，一是所需资源的专业程度到位，即资源的准确、适用两大特性；二是配置到位，即资源的沟通、分配、传递到位三大特性。

（1）所谓准确，是指资源符合客观、实际、本质三大标准。比如废品损失相对于废品率更能准确反映企业的质量控制水平。

（2）所谓适用，就是资源具备必需性质。如贸易型企业没有制造功能，再好的设备，对贸易企业来说也不是必需资源。

（3）所谓沟通到位，就是组织将资源配置的具体原则、结果、利益等向相关方表述清楚，并提出组织整体的要求和激励，以达成所有相关方的认识一致、上下同欲。

（4）所谓分配到位就是组织将需求的资源在需要的时间，配置到需要的地点和人员，即准时制。如将信息、工具、物料等分配到下料工序。

（5）所谓传递到位是指上道工序将下道工序所需的资源输出到位。如决策时，需要上级管理者将决策结果、利害和激励等政策资源传达给所有下层人员。

7. 运用原则。资源，是有价值的，但其价值需要挖掘和运用，否则无用。比如人际关系是一种资源，但需要拥有者的挖掘和运用，否则谁是可用的资源、谁是矛盾制造者，谁是当下可用、谁是长期可用，谁的影响力小、谁有真正的影响力等问题会毫不知晓，这对管理运营一定是致命的。

8. 平衡原则。当组织的诉求内容发生冲突时，就要遵循平衡原则。比如当交期和质量发生冲突时，分配资源就要注意平衡，否则又会产生组织内部派系的环境和风险。

9. 效率原则。资源贵在快速利用，否则会失去其最大价值乃至最后价值。比如当政策支持某种行业发展时，就要快速利用政策，一旦政策变动，原有的政策资源就失去价值。

10. 整合原则。资源有很多，管理者的角色是如何整合各种资源以达到资源的最大、整体价值。比如开发客户，开发者需要整合自己的亲朋、发小、同学、同事、粉丝、领导、合作者、竞争对手等各种资源予以利用，才能最大程度、最大范围地成功开发。

（三）用人的规则

管理是人的管理，因此人是关键，这是由于所有的资源和活动都要通过人去实践，因此正确用人至关重要。管理者可以通过以下几点考虑用人的规则：

1. 兴趣至上。我们认为：兴趣是最好的老师，如果工作同时是符合其兴趣的，那么工作一定是高效的，这是由于兴趣就是最好的驱动力。对工作有兴趣的人，必然愿意投入、钻研和联想，这是悟性、创新的基础和前提。比如鲁迅原来学医，因对文学唤醒民众感兴趣而成为一代大家。

2. 专业为本。用人要用其所长，需要尊重其专业度，否则对组织来说不但是浪费，甚至会阻碍其发展。比如一些人员在技术方面做出了突出成绩，然后被调任管理岗，结果不但管理没做好，技术也没有时间去做，最终导致个人、组织双输的局面。这种情况在中国国内的组织体现较为明显，这是由于中国的组织事实上多数是单线发展，即只有走管理路线才有上升的渠道。而在西方发达国家，多数组织都是双线发展，既拥有管理晋升渠道，也有技术晋升渠道，而且从事技术的人员其实际收入以及受尊重程度甚至要超过管理人员。这也就避免了能力与岗位不匹配，以确保组织效能的最大化。

3. 互补用人。如同国家有行政、立法、司法的互补制约机制，组织也应有制约、互补的用人机制。比如给擅长管理的人员配备参谋人员，给技术人员配备后勤人员。其中的典型例子，比如军队中的长官与参谋的职责分工。从历史上看，唐太宗充分利用了房玄龄的策划优势、杜如晦的决断风格以及魏征的质疑精神，成为一代明君。另外，如果没有互补、制约的机制或者该机制运行不畅，必然会产生腐败，腐败必然导致组织失败。

4. 用仁义之人。晋文公重耳公子时曾被迫流亡到宋国。适逢宋国刚败于楚国，但宋襄公仍以仁义之礼款待了重耳，并送出了20乘车的大礼，这对重耳是雪中送炭。5年后楚国再次攻打宋国，晋国出兵救宋，在城濮击败楚国，宋国避免了一次亡国厄运。①

5. 慎用小人。历史上小人的主要特点就是多用投其所好、打小报告、自私。如战国时，有一次秦军借道韩、魏攻打齐国。齐威王派将军匡章率兵迎战。开战之前，匡章将部分齐军混杂到秦军中待机破敌。齐威王派往前线的人不明匡章用意，向齐威王打小报告说："匡章要带兵降秦。"齐威王置之不理。不久，又有前线回来的人向齐威王报告说："匡章可能降秦。"齐威王仍不理睬。如此再三。朝廷众大臣见此情景向齐威王请求道："众人都认为匡章叛变，您为什么不派兵征讨他呢？"齐威王胸有成竹地说："他不会叛变的，为什么要征讨他呢？"不久，齐国取胜，匡章班师回朝。② 如果齐威王听信小人，就是另一番后果。

6. 起始阶段善用贤德之人。春秋五霸之一的齐桓公，他的霸业很大程度上得益于良相管仲的辅助。管仲曾以马鹏为比喻告诉他用人之道：曲直不相容而相斥，所以用人之道贵在慎始，在开始的时候就必须慎重选择。开始用了君子，小人就难以进入；开始时用了小人，君子就会被挡在门外。③

7. 用人要静观其变。楚庄王一鸣惊人的故事已经家喻户晓，但是很少人注意到他蛰伏三年的目的，实际上楚庄王蛰伏是为了观察局势，特别是考察臣子的行为，等真实的情况了如指掌后，他就立即行动起来，整顿朝纲，任用贤才，比如伍举、苏从等，最终当上了中原霸主。④

8. 敢用直谏之人。直谏之人，其心理根源是认真、负责，这是一种好

① （西汉）司马迁：《史记》，北京：中国文史出版社，2014年，第56页。

② （西汉）司马迁：《史记》，北京：中国文史出版社，2014年，第63页。

③ 寇明月，张国红：《谈谈低年级寓言教学》，《甘肃教育学院学报（社会科学版）》，2001年第5期。

④ 百度文库：《由"春秋五霸"论企业用人之道》，2020年6月22日，https://wenku.baidu.com/view/e2a414baaf51f01dc281e53a580216fc710a5374.html，2020年9月28日。

的品性。所以中国的古话"忠言逆耳利于行"，管理者应当有心胸去接纳直谏之人，并经过自己的审慎评估去部分或采纳其意见。历史上因使用直谏之人而成功的实例不胜枚举，比如秦始皇重用李斯，唐太宗重用魏征等。相反，因迫害直谏之人而失败的也比比皆是，比如纣王不听比干之言、夫差不听伍子胥之言等。

9. 学会识人用人。所有人都希望成功，但成功的关键靠正确的识人、用人。百里奚在虞、晋、楚不被认可，到了秦国却能发挥才干是因为遇到秦穆公；傅说从筑墙的泥水匠中被选拔；胶鬲从鱼盐贩中被举用；管仲从狱官手里获释后被录用为相；孙叔敖从隐居的海边进了朝廷。[①] 这些人均名垂青史，但是其成功的根源就是遇到了伯乐，也就是遇到识人之人。因此管理者应学会识人和运用识人之人，才可以助推自己成功。从历史上看，管理者可以参看秦昭王五跪范雎、刘备三顾茅庐、曹操光脚迎接许攸、齐桓公不记追杀之仇拜管仲为相等，这些都是因识人、用人而成就霸业的典型。当然识人、用人之后是要会激励人从而达到真正留人的目的。

10. 细节看人。由小看大，一叶知秋。作为管理者应当既能够不拘小节，也能够从细节看人，从而真正识人、用人。汉朝的周亚夫平定七国之乱，立下赫赫战功，官至丞相，为汉景帝重用。一天汉景帝宴请周亚夫，给他准备了一块大肉。但是没有切开，也没有准备筷子。周亚夫很不高兴，就向内侍要了双筷子。汉景帝笑着说："丞相，我赏你这么大块肉吃，你还不满足吗？还向内侍要筷子，很讲究啊！"周亚夫闻言，急忙跪下谢罪。汉景帝说："既然丞相不习惯不用筷子吃肉，也就算了，宴席到此结束。"于是，周亚夫只能告退，但脸上却闷闷不乐。这一切汉景帝都看在眼里，叹息道："周亚夫连我对他的不礼貌都不能忍受，如何能忍受少主年轻气盛呢。"[②]

11. 善于培养。没有人从一开始就是人才，无论有多好的天分，依然需要后天的培养。人才是组织发展的基础，也是组织的未来。组织应能够为成员提供持续不断的培养，尽量因人、因材施教，从而挖掘其潜力为组织创造更多的价值。在某种程度上来讲，不懂得培养人的组织是缺乏发展后

---

① （西汉）司马迁：《史记》，北京：中国文史出版社，2014年，第35页。

② 刘爱军：《中国古代七大人才管理经典》，《南方企业家》，2009年第3期。

劲的。当然，组织应能够培养人，也应该能够留住人。

当然，识人、用人、激励人、留人的方法有很多，这里不再一一详述。

（四）指挥的规则

"指挥"一词，在音乐界、军事界应用较多，在管理中，我将其定义为控制和调度各类资源及节奏，实现预期目标的行为。管理的指挥行为在层次上可分为运营战略指挥、运作项目指挥、行动或活动指挥，在性质上可分为价值观指挥、思想（体系）指挥、态度指挥、习惯指挥和行为指挥等；在职能上可分为生产指挥、质量指挥、销售指挥、综合指挥，在历史发展上可以分为初期指挥、中期指挥、后期指挥等。通过对指挥类型的识别，使管理者清晰地知道该在哪个点上投入时间和精力进行思考，以确保思考的充分性。

在这里需要了解规则与规律的区别：规律是客观的，不以人们的意志和愿望为转移；[①] 规则源于规律，是识别常见情况，并对常见情况做出确定性策划或规定的事物，是具体的、针对的，是介于规律与实践之间的连接环节或称指南、解释性语言等。一般说来，管理的指挥规则包括以下内容：

1. 信息原则。指挥者需要不断、及时获取有用的、精确信息并通过适当的通信手段传达、沟通，才能实现预期。比如某个外观缺陷，以前客户可以接受，但是现在消费者购买要求提高了，不能接受外观缺陷了，怎么办？作为质量管理者，就应当立即将该信息反馈给生产和检验人员，以对该缺陷进行控制。

2. 运筹原则。中国古代有"运筹帷幄之中，决胜千里之外"的说法，强调了运筹在指挥中的作用，更有田忌赛马、沈括运粮等案例，证实了运筹学在管理中的价值。

3. 集中、统一原则。在资源投入、权力服从两方面，一定要遵循集中、统一原则，从整体上着眼资源的整体价值和指挥的口径一致，方能集中力量办大事、步调一致。

4. 尊重客观、发挥主观。尊重客观现实，就不会产生瞎指挥和浪费资

---

① 石健：《马克思列宁主义社会学的现象、理论和方法论》，《国外社会科学》，1979 年第 2 期。

源；发挥主观能动性，就可以充分调动人的智慧。

5. 扬长避短。指挥应着眼于发挥自己的长处，以自己的长处创造价值，而不是贪大求全。

6. 集中优势、各个突破。如果缺乏正确的解决问题的思路，不仅劳民伤财，还增加组织混乱甚至消亡。所以管理者需要清晰地知道自己的问题在哪里？是什么？怎么办？然后集中力量，一个一个解决，才会逐步理清矛盾并取得利益相关方的信心和解决问题的方法。

7. 出奇制胜。军事上有夜战、奇袭、地雷战、地道战等各类特殊战法，往往成为出奇制胜的关键。管理上也要善于在营销模式、产品促销、人才使用、认知创新、问题解决等方面出奇制胜。如马云，能先于他人看到电子商务的前景和趋势，不走传统店铺、渠道之路，打出阿里巴巴的一番天下就是出奇制胜。

8. 发动群众。蒙牛有个全盲定律，意思是说大家的认知都有限，每个人都是盲人摸象，因此每个人都需要借助别人的认知延长自己的认知。

9. 掌握关键，不计较一城一地的得失。1988 年，华为成立伊始，当时的中国电信设备市场几乎完全被跨国公司瓜分。早期的华为只是一家代理模拟交换机的企业，没有自己的产品、技术，更谈不上品牌。但志存高远的华为把代理所获的微薄利润，点点滴滴都放到小型交换机的自主研发上，逐渐取得技术的领先，继而带来利润；利润再投入技术研发中，如此反复发展。这种抓住技术核心，不急于占领市场的战略最终为华为带来今日之国际地位。[①]

10. 坚定果断。指挥需要下定决心，坚决执行，最忌讳犹豫风格的管理者。细说一下华为进入市场的过程。1998 年就奔赴莫斯科开拓市场的李杰告诉记者："刚到莫斯科，我们就马不停蹄把俄罗斯的每一个地区都跑了一遍，把和家人团聚的时间都用来攻取阵地。但是，1998 年我们一无所获，1999 年还是一无所获，但我们坚持了下来。"锲而不舍的华为最终有了收获：第一单合同只有 38 美金，但到 2018 年，华为成为世界三大通信设备生产

---

① 秦秋莉：《新产品营销策划》，北京：中国纺织出版社，2006 年，第 189 页。

商之一。[1]

11. 保障原则。作为管理指挥者，要保证冲在市场、生产、质量、技术、采购等一线的人员有良好的资金、人力、工具、临机决断等资源保证，解决他们的后顾之忧，然后他们才可以全心全力地解决问题，但实际上有很多组织并不具备这样的条件和特征。比如格力总裁董明珠曾说："格力每位员工都有一间 20 平米的宿舍。如果结婚了，则有一套 50 平米的两居。只要员工在格力，房子永不收回，退休也不会收，我要给他们安全感，解决他们的疑虑。"[2]

12. 精确原则。管理指挥者需要做到精确指挥，不仅要以明确、标准的方式表达、传达命令、状态、进度，更要以精确的方式调配资源、将资源配备到位，以做到准时作业、消除浪费，做不到这一点，组织付出的浪费和成本将是巨大的。

（五）培养的规则

人才的重要性毋庸置疑，但是如何有效培养人才却需要仔细识别和策划。所谓"培养"，就是指挥过程中发现人才的不足并加以培训、指导使之具有胜任能力的过程和活动。这个定义对如何构建一个清晰、充分、有效的培养规则体系提供了指南。

第一，正确识别胜任能力的内容，这需要组织识别、构建和不断优化。胜任能力的价值相当于产品和工艺的标准，只有建立了胜任能力内容体系，才可以与实际情况的人去比对，从而发现人才的不足之处，确定培养的内容和重点，主要包括以下内容：

1. 胜任能力体系。从其主要内容来说，包括：人格（或称为品性）、能力、动机与意识、知识、角色与行为认知、形象共六大部分。人格，是其稳定的内心、品位等道德、价值观念的集合，如合群与孤独、灵活与刻板、包容与自我等。

---

[1]　MBA 智库百科：深圳华为技术有限公司，2020 年 11 月 17 日，https：//wiki.mbalib.com/wiki/%E5%8D%8E%E4%B8%BA，2020 年 12 月 15 日。

[2]　中国青年网：《除了董明珠还有哪些老板已经给员工分房了》，2019 年 1 月 1 日，https：//baijiahao.baidu.com/s?id=1560070333493299&wfr=spider&for=pc，2019 年 12 月 3 日。

2. 能力，是其收集和利用信息、资源的整合功底。如历史上的刘邦、诸葛亮、朱元璋等，能将各种信息、资源整合成一个最大效能的团队，不同时期采用不同的策略。

3. 动机和意识是指环境对人的刺激作用强弱。比如经济条件好的人，很多不怎么重视职位等要素，他们可以拿着低工资做普通职员，学习也未必主动，这和人格、能力、知识等因素关联度就不大了；而经济条件弱的人，就很努力，因为两者的动机和意识不同。

4. 知识，是对常识、规律的掌握广度、深度和精度。知识层面掌握得好，就能灵活运用；掌握得死板，就会迷失和困惑。比如各种管理理论多如牛毛，到底哪个对呢？就会产生这样疑问。比如有的组织搞考核，却不考虑中间调动岗位的情况，结果出现绩效工资核算争议的问题，这是常识知识掌握不精造成的。

5. 角色和行为认知，是正确、有效定位自己和环境的关系并采取适当行为的活动过程。比如韩信，他感到在项羽手下不得发挥，才投奔刘邦。又如有些招聘人员认为高学历、明星企业的人员具有管理优势，这是主观经验主义的角色认知。

6. 形象，是指个人衣着、气质、谈吐、举止等方面的综合感觉。如《三国演义》中的凤雏庞统，才华盖世，但是孙权却嫌弃他容貌丑陋、态度傲慢而不予重用。

第二，胜任力清晰了，那么如何培养人？一般说来包括以下规则：

1. 发现和引导其兴趣、优势。比如李嘉诚选择性格沉稳、作风踏实的长子李泽矩为长江实业集团新掌门人，因为作为实业的带头人必须稳健、务实发展；而支持崇尚自由创新的次子李泽楷则另创香港盈科，各自的事业也符合两人的兴趣、优势。[①]

2. 培训与学习。比如美国柏克德公司采用逐层选拔、培养的方式，使员工能不断得到知识、技能、经验和人格的培养、磨炼，增强了对公司业务的熟悉程度和创新力；通用电气也舍得花钱给经理人培训，这是推动培

---

① 张瑞，蔡建，陈伟强：《民营企业的传承》，《中外企业家》，2006 年第 7 期。

训。当然，让人知道自己不足，通过主动学习来丰富自己的知识、思维、逻辑等认知，也必不可少，这是拉动培训。

3. 多能工培养。比如丰田通过岗位轮换，培养多面手，适应了当下多批次、小批量生产的出货方式。又如咨询师，必须熟悉不同的职业领域，才能做到多角度思维、跨学科认知，做到咨询的灵活应用。

4. 岗位锻炼，比如华为的轮值 CEO 制度，各公司的轮岗制度等。

5. 人格约束。人的欲望很大，尤其遇到合适的动机刺激时，对管理者来说，如何使团队受控、稳定的性最大？从人性来说，物欲强的时候，就要损贬他的能力，让他认知到自己的不足，触发其学习动力，削弱其欲望动力；物欲弱的时候，要肯定其能力，膨胀其欲望，以期获得更大的发展和提升。

6. 角色疏导。很多人才并不是没有能力、人格、知识、经验等优势，而是情商低，不善于识别和定义自己的角色，比如强势、控制、官僚、过于服从等方式都不是很好的角色扮演，这就要管理者善于识别出此种情况并帮助其分析、改善，让其角色扮演更切合团队。

7. 动机刺激。职位、薪酬、名誉、信任等方面具有较强的动机刺激作用，因为可以充分、有效利用以培养人才。如拔高使用，让主管履行经理的职权，给予其锻炼；给予其高薪酬，提出高标准；创新命名以刺激其名誉欲望；全权授权，以完成项目任务等，通过这些刺激性管理，可以培养人才创新性运作的能力。

8. 反复监督。人性都有缺点，因此，管理者需要对人才的知识、行为、认知等反复监督，规避其风险，及时发现其问题，既能减少风险和损失，也能随时指导、培训，同时也能树立管理者的权威。

9. 言传身教。通过言传身教，树立了榜样作用，可以培养人才的敬畏感、服从感、执行力。比如很多改善活动之所以取得成功，重要的一点就是实际演示、实际操作，带动了整个团队的改善动机。

10. 分槽养马。随着人才逐渐成长、成熟，以及综合实力的增长，其对个人实现的诉求越来越强烈，面对这种新环境、新变化，管理者要善于"分槽养马"、鼓励赛马，让人才在一定权限下分开单干，鼓励和培养他们成功、成长。

（六）执行的规则

所谓执行，就是将预划落地的行为和过程。执行的重要性毋庸置疑，然而到底如何运作才能确保执行有效？一般说来，包括但不限于以下规则：

1. 保持利益平衡。矛盾无处不在，组织中普遍存在利益矛盾。如果管理者不能识别利益并保持平衡，很难说有执行力，有时甚至是反抗力。比如做5S，员工的利益是便利、收益增加，如果5S变成单纯的干净整齐，减少员工收益或增加体力，员工是抗拒的，很难持续。

2. 指挥行动展示。任何指挥，都要充分展示其承诺，否则很难说会有执行力。比如做5S或精益，员工只要看到你的行动及行动价值，如果确实能带给他们收益，他们从内心就会信服，否则就认为你是纸上谈兵，人性如此，所以展示行动必不可少。商鞅"城门立木"；朱德、彭德怀等军事统帅都是亲临前线，甚至冲锋在前；格力规定所有管理人员乘飞机只能坐经济舱，董明珠带头执行。

3. 管理政策正确。我曾经听到过一些做质量管理的朋友反馈企业主或公司不重视质量，只有当出现严重问题的时候才关注一下，这就是企业主预防、策划质量的政策不正确。在这种政策下，当交期与质量矛盾的时候，质量让步于交期，既造成了后续的投诉、退货、断绝合作关系等后果，也造成质量管理人员的积极性、责任心、认真程度被消磨，甚至是人员流失。

4. 专注。一些组织缺乏专注的精神和态度。组织政策、组织结构、流程、薪酬等朝令夕改；主业不明确，什么赚钱做什么，缺乏实业和技术的专注、沉淀。这样的组织很难做到百年企业。

5. 指挥标准化。如何指挥是一个管理者的基本能力。比如一个小案例：管理者叫一个员工去买复印纸。员工去买了一包复印纸回来。管理者又说一包复印纸不够，至少要三包。员工第二天就去买了三包复印纸回来。管理者又说要的是A4不是B5的。几天后，员工买了三包A4的复印纸回来，管理者不耐烦道：买这么久？员工回答：你又没有说什么时候要。一件小事，员工跑了三趟，管理者摇头叹道，执行力太差了！[①] 诚然，在这个案例中的员工有问题，但问题更大的是管理者。这是因为指挥没有标准化，没有把任务的内容、时间、地点、责任人、完成标准、成本等交代清楚。

6. 培养换位思维。培养下属换位思维的习惯，让下属站在上级的角度思考，下属了解上级的目的。这样会促使下属更好地执行上级的指令。

7. 创造民主评议的平台。很多组织的高管靠关系、资格等非专业要素上位，其专业能力、格局与胸怀、培训与培养能力、远见、人格公平等胜任方面远远不足，这样的高管留在上面，只会让组织越来越落后和没有执行力。以前的社会和组织环境是：人们要打工挣钱，不得不忍受；现在的组织环境是：你胜任力不行，我为什么要跟着你干？那么怎么办？就要通过群众的民主评议请下不合适的人，请上合适的人，然后才能疏通整体的"怨气""戾气"，实现组织"正气"，正气来了，执行就顺畅了。华为总裁任正非基于芯片研发的问题与科学家进行了一番交流和探讨，当谈到连接器供方的选择原则问题时说："我们能扶起来的也未必不是阿斗，所以我们不是扶持而是选择。中国遍地都是人，我把最好的选来干就行了，因此我们对待供应商也是选择制。"[②]

8. 指挥中培养员工。如果说选人主要看胜任力，培养人则是训练其实操能力。有的经理人向我抱怨：我下面没人，他们都不会实务操作。我便详细了解他们在一件事情中做什么工作，怎么做的，结果发现了问题：比如说他们确实告诉员工要尽量抽样科学、合理、有代表性，但是面对弹簧、注塑件等不同包装数量、包装形式的产品时，到底抽多少包？多少箱？多少袋？从哪个位置抽？他们确实没有告诉员工！结果因为抽样不良导致工序才发现超标，于是很多经理人抱怨，执行不到位！

9. 及时跟踪检查。通过跟踪检查发现问题、及时纠正；发现政策漏洞，及时补充完善；发现不良倾向，及时制止。一些企业主对高层的跟踪检查

①　知乎：《关于执行力的 10 个小故事》，2017 年 11 月 3 日，https：//zhuanlan.zhihu.com/p/31547635，2019 年 10 月 5 日。

②　腾讯科技：《任正非 2012 实验室讲话》，2012 年 9 月 11 日，https：//tech.qq.com/a/20120911/000164.htm，2019 年 12 月 28 日。

比较弱，导致高层的执行本身就有缺陷，中基层的执行就更差了。

10. 正确激励。激励的方式可以有很多种，但是一定要正确。风气不正时，就要实证并确立规则，根据实证和规则，找到相应责任人予以规定的激励；反复出现时，就要约谈，给予其警醒；约谈无效时，就要换人，请合适的人上位，无论高管还是亲戚。除非不想入流或做大、做强，否则一定要这么运作，而且是企业主亲自实施激励。

（七）协同原则

德国物理学家赫尔曼·哈肯在 1976 年发表了《协同学导论》，系统地论述了协同理论。协同论应用到管理上就是"协同管理"，是通过对各个子系统进行时间、空间、功能、结构等的排列、组合、重组，产生新的时间、空间、功能、结构，实现指挥目标的过程活动。如果一个管理系统内部的人、组织、环境等各子系统内部以及他们之间相互协调配合，共同围绕目标齐心协力地运作，那么就能产生 1+1>2 的协同效应。反之，如果一个管理系统内部相互掣肘、离散、冲突或摩擦，就会造成整个管理系统内耗增加，系统内各子系统难以发挥其应有的功能，难以达到最佳的状态。[①]

协同管理中所谓"子系统"，可以是行业、职能、人、物、信息、机制等各种有形和无形表达。为应对不同层次的管理诉求，子系统可以进行时间、空间、功能和结构等的对应组合，以达到柔性、灵活、有效的目的。比如一个装配产品，可以由多家不同厂家协同生产；针对一个产品，可以由客户、供应商协同开发；组织设计上的协同应用；企业内部市场部与计划部的协同信息等等。

在以全球化、全方位竞争，且以创新、复杂多变、全球互联为特征的社会政治和经济环境下，消费者需求多样化、个性化、产品的生命周期越来越短，对企业来讲，多品种、小批量注定是未来的需求趋势。在这样的大环境下，企业的生存和发展，离不开高效的协同。小米成功的重要的原因之一就是资源协同管理的成功。

协同理念主要体现为四大基本思想：业务关联思想、资源网状思想、

---

① 史道敏：《产教融合背景下高职院校组织变革研究》，《现代营销》，2016 年第 1 期。

随需而应思想和利益公平思想，现分别简述如下：

1. 业务关联思想。现代化组织就像一台运转着的精密机器，组织的各个业务环节就像是机器上的各个部件，任何一个部件出了问题就会对整台机器的运转造成影响。[①]比如在制造业中，如果计划不准确，生产必然造成大的浪费，比如过多生产或无法满足客户交期；再比如，如果设计或工艺不合理，那么在实际生产中必然会成本增加，所有这些环节，都是业务关联，即一环（子系统）做不好，定然会影响其他环节（子系统），这些子系统之间都是有关联甚至是因果关联。

2. 资源网状思想。组织中的各种资源、结构都是存在着联系的，比如制造业中当产生不良时，首先需要确认是批量不良还是个别不良，是初次发生还是复发，是客户端发现还是内部发现，是否影响功能等等。如果这些关联的信息被封存在不同的点，指挥者就难以有效、快速决策。协同管理则将各种分散的资源整合成一张"资源网"，减少"管理孤岛"。基于协同管理，指挥者可以获取充分的信息、资源，从而做出最符合实际需要的管理。

3. 随需而应思想。组织的各种资源，包括人、财、物、信息和流程等组成了组织运作的基本要素。协同管理将这些资源整合在统一的平台上，各种资源能够随组织的需求而及时地响应并突破各种障碍实现一致性协作。[②]比如制造业中的拉式生产，就是典型的协同管理，在整个协同系统中，各上游资源为下游服务，一切以客户需求（此处的客户不仅指外部客户，也指内部客户，即每个流程的后流程）为最高指令。并基于前端的拉动信号，随时调用各种内部资源及外部资源，比如跨部门、供应商等资源。近年来，在制造业，各种形式的外包服务逐渐兴起，不仅包括普通员工外包，也包括高层管理人员、技术人员，比如寻求外部专家解决管理、研发、质量问题等。这种形式一方面在一定程度上降低了企业的成本，更加突出的是可以随时调用外部资源，从而满足客户需求，这也是随需而应思想的

---

① MBA 智库百科：《协同管理》，2016 年 3 月 2 日，https：//wiki.mbalib.com/wiki/%E5
%8D%8F%E5%90%8C%E7%AE%A1%E7%90%86，2020 年 5 月 3 日。

② 黄力华：《协同商务平台》，《科技经济市场》，2009 年第 3 期。

体现。

4. 利益公平思想。所谓利益公平，就是让大家感到付出与回报成正比，并分享财富。比如供应商与企业协同，就要企业与供应商双赢；企业与员工协同，员工与企业也要双赢；部门经理与下属配合也要双赢。在中国的历史和文化中，利益公平思想尤其重要。很多组织因为利益不公，导致组织没有合力、人才流失，最终失去竞争力。

在管理系统中，影响协同的主要问题是掣肘、离散、冲突或摩擦。对这些主要问题的产生原因进行分析，我们发现一些协同的规则可以在很大程度上避免这些问题，主要包括：

1. 专业匹配。比如目前在企业管理中，普遍存在管理人员对一些专业性的技术问题进行要求，由于技术人员往往处于从属地位，不得不执行，出现了外行指导内行的状态，最终导致各种问题。

2. 信任。美国杜邦公司创业之初也是纯家族制的经营管理，但由于家庭制的弊端和致命弱点险些导致企业垮台，后来杜邦公司的新家族管理成员痛下决心，革除旧习、大胆启用并信任职业经理人。经过几十年的变革，主要管理岗位上已经没有杜邦家族成员，这非但没有影响企业的正常经营，反而使杜邦公司攀上了一个又一个的新台阶。[①]

3. 利益协同。温氏集团、蒙牛乳业的快速发展也是基于利益协同、分享财富的思想和实践，即让更多的下属得到利益，同时也整合了产业链上下游的协同利益，取得更大的整体利益。

4. 心胸宽阔。管理者应心胸开阔，重在培养人、使用人、激励人，而不应当自以为是。2005 年 3 月，惠普董事会辞掉全球知名企业家卡莉·菲奥莉娜，换上名不见经传的马克·赫德担任公司 CEO，这家企业当时正处于内外交困之中。马克·赫德到各个基层调研问题、探讨解决之道、调动员工，完全与团队融合、协同在一起。3 年后，不但挽救了岌岌可危的公司，还带领惠普超越老对手戴尔重夺全球 PC 霸主并一举超过 IBM，成为全球最大的 IT 企业。但是，卡莉·菲奥莉娜自己却在她的自传《艰难抉择》中描

---

① 刘静：《家族管理职业化经营与家族企业传承》，北京：中国商业出版社，2018 年，第 152 页。

述了她的认识：下属、董事懵懵懂懂，前任 CEO 普莱特毫无智慧与锐气，合作者时常犯一些幼稚错误，即便董事会里最坚定的支持者迪克·哈克伯恩，也是只懂技术不懂管理。[①] 卡莉·菲奥莉娜的心胸可见一斑，类似风格的企业主、管理者在企业里面比比皆是。

5. 规避职责不清，政出多门。在一些组织中，政出多门的情况普遍存在，比如不少组织领导越级下达指示，该指示有时会与接受人员的直接上级冲突，从而导致该组织成员无所适从，不知道如何处理这项指示。

6. 管理好秩序。秩序是共同遵守的规则和机制，约束组织的系统行为。但是在很多组织中，更多关注了针对员工的有形的制度，而忽略了高层分析、决策、问责的活动规则与机制，也忽略了无形的分析、决策机制。比如美国的国会、法院和大大小小的会议基本都遵循罗伯特议事规则，这在中国是少见的。2011 年调查机构发布了《2011 中国城市人群罗伯特议事规则意识调查报告》，多组数据显示城市人群中知道罗伯特议事规则的人数很少，只有 7%。而即使知道罗伯特议事规则的受访者，多数也只是停留在"听过"的层面，尚未深入了解。[②] 在中国的很多组织中，基本上都是最高领导个人协同，但缺乏明显的专业性、有效性，很多还是实际的派系林立，构建管理框架是当务之急。

7. 缺乏激励与绩效制约。在组织内，多数协同不足是缺乏激励与制约造成的。因为缺乏激励，人就缺乏主动性；因为缺乏绩效制约，人就没有紧迫感。因此管理者应重视激励与绩效制约。

8. 构建胜任能力。胜任力是指能将某一工作中有卓越成就者与普通者区分开来的个人的深层次特征，它可以是动机、特质、自我形象、态度或价值观、某领域知识、认知或行为技能等任何可以被可靠测量或计数的并且能显著区分优秀与一般绩效的个体特征。但也有的学者认为胜任力包括职业、行为和战略综合三个维度。职业维度是指处理具体的、日常任务的

---

① 刘松：《卡莉·菲奥莉娜：想做总统的女人》，北京：中国华侨出版社，2016 年，第 15 页。

② 黄朝钦：《公共性视域下社会化媒体的公开表达研究》，博士论文，华中科技大学传媒系，2017 年，第 62 页。

技能；行为维度是指处理非具体的、任意的任务的技能；战略综合维度是指结合组织情境的管理技能。作为管理者需要构建组织适合的胜任力框架并加以正确的运用。[①]

9. 引入竞争。适度的竞争能促进协同，竞争和协同本身就是一体两面，同时存在，互为匹配。合理竞争能够促使组织成员提升自己的能力，给驱使组织成员共同朝向组织目标而努力。优胜劣汰是竞争的结果，竞争可以使组织不会墨守成规，激发创新与合作的动力。

10. 微创业。任何系统都有上级系统与下级系统，组织也不例外。比如组织在市场环境这个大系统约束下自主经营，而组织中的小系统，比如事业部、部门、职能是在一定范围内自主决策。因此，作为组织的高管团队只要做好规则、约束、提供资源，在此基础上倡导、鼓励内部自主、自动工作，而无须去做过多的干涉，这种方式就是微创业。稻盛和夫的"阿米巴"经营模式，海尔的"小微"模式，都可以认为是微创业。这种模式可以促使组织内部小的组织单元能够自我识别问题、定义问题、分析问题、解决问题、柔性组合、创新发展。

11. 导入"外脑"。很多组织有法律顾问，这是法律纠纷的协同应用，管理上、技术上、质量上也是一样，也需要聘请外部顾问给予参谋、定期诊断或针对性改善。"闭门造车""夜郎自大"都不利于组织的发展，保持开放的组织则容易发展，因为有效的方法能进入组织。实际上，世界 500 强组织无一例外地都在导入外脑。

（八）风险管理

通俗地讲风险就是不利事件发生的可能及影响，风险通常具备以下要素：

1. 具有潜在事件：即不希望发生的变化。

2. 事件发生具有不确定性。

3. 一旦发生，后果的严重程度。

如营销有可能面临投入大但产出少的风险。无产出或产出少是投入者

---

① 百度文库：《胜任力》，2015 年 6 月 12 日，https：//baike.baidu.com/item/%E8%83%9C%E4%BB%BB%E5%8A%9B/2199566?fr=aladdin，2020 年 12 月 8 日。

不希望发生的事件，而且事件能否发生也不确定，一旦发生，对大型组织来说降低利润，不利影响可能小；而对中小组织来说，可能就是致命性浪费，甚至会搞垮组织。风险管理，就是对各类活动过程中存在的不利变化进行有效识别和管控的持续活动，因此需要：

1. 了解风险的特征。（1）隐含性，比如，当企业销售火爆的时候，说服企业团队有危机意识和谨慎态度是很困难的，因此很多企业疯狂过后就是倒下。因为隐含性，所以很多企业主、团队不知道有什么风险，风险在哪里，何时会发生。

（2）不确定性，风险有时候并不是经常发生，什么时候发生也不确定，于是部分企业主就违背规律，没有进行风险分析及规避，导致巨大损失。

（3）系统认知性，对风险的认识和判断是系统认知，绝不是某个部门、某个人独立完成的工作。比如财务人员的知识和经历，很难与品质人员的认知一致，于是在管理体系运行上常常产生分歧。又如有的搞设备设计的，很少考虑到防错，因为他们没有品质思维。而且，很多组织、很多人对逻辑的基本知识与框架，知之甚少，更别说理解和运用。

（4）客观性，对任何组织、任何人来说，风险存在是确定的、绝对的。因为任何组织和个人存在的工作系统、产业系统无形中在经常变换，系统中任何一个要素的变化都可能带给其他要素风险，这是系统的内在、本质规律。作为组织和个体，只有自己学会识别并适应变化，才能确保不受或降低风险的影响。

（5）普遍性，风险随时存在，是普遍的。从我们出生开始，风险就伴随我们。比如忽视哲学的重要性，就会失去把握生活和工作的基本规律、规则的机会，这些无形的失去，导致我们判断事物和原因往往纠结在没有流程、执行力不行、设备老化等表面原因，也常常纠结于系统、漂亮等形式主义而找不到重点。失去对规则的认识无疑是最大的风险，只不过我们不能把失败和哲学、逻辑、思维和人性这些抽象关联起来而已，而主动失去关联能力自然也是一种巨大的风险。

（6）可识别性、可控性，风险是可以识别的，在一定范围内也是可控的，并且，随着人类认知能力、技术能力的增强，对风险的识别和控制能力会更强。比如地震容易造成人身伤害，人类在建筑设计时采用防震设计和技术，大大降低了危害。驾驶车辆有交通事故风险，人类设计和应用了安全气囊技术。产品不良，容易引发各类潜在风险和事故，人类设计和应用了防错、APQP、可靠性等技术。

2. 了解风险因素。风险因素是指促使某一风险事故发生或增加其发生的可能性，从而扩大损失程度的原因或条件。[①] 比如人会饮酒，这个习惯对容易冲动的人则成为风险因素，尤其是在驾驶车辆或与人发生争议之前。我们认识风险因素的价值在于：有助于个体和组织识别、理解控制对象并采取正确的控制措施。一般来说，风险包括但不限于以下内容：

（1）认知风险，处事谨慎的人，过于关注危险，失去好机会的风险大，但比较稳妥；而乐观型认知认为危险就是机会，容易抓机会，但比较冒进，致命失败的风险大。

（2）胜任能力，如果只注重感觉而没有识别人的胜任能力，会导致对人的判断出现偏差，这会浪费组织资源，甚至导致更大风险！

（3）风险意识，从对事物的乐观态度认识，人和组织分为两种情况：乐观和悲观。乐观的人风险意识弱，悲观的人风险意识强。比如华为始终以过冬的风险心态经营企业，所以能由小到大地发展。

（4）关联分析，即使运营上失败的企业，在发展过程中也考虑过风险，但是往往缺乏深入的、系统的关联影响分析。很少有企业能用汽车行业的FMEA（潜在失效与后果模式）一样去设计和分析自己的产品和工艺，即使是有 FMEA 文件的企业，多数也是在形式，应付客户。在这样的情况下，要想系统地识别、控制质量风险、运营风险、物流风险、人力风险、市场风险等，难度是比较大的。

（5）物性了解，这里的物，泛指一切事物。比如夏天在一辆封闭的车内，1 小时内车内温度就可以上升到 50~60 度，所以才造成很多儿童在封闭车内休克甚至死亡的严重事件。因此，任何一个关联事物的物性一定要了解清楚、准确，避免无知风险。

---

① 彭国良：《企业国际化经营的风险分析》,《中国经贸》, 2003 年第 6 期。

（6）防错机制，尽管人可以充分考虑各种风险及其应对方案，但是"智者千虑，必有一失"，因此需要防错机制。比如监督就是一种防错机制，很多公司有制度，但执行力很差，一部分原因就是缺乏自企业主开始的层层监督和激励。风险机制的系统性、有效性是降低风险影响大小的决定因素之一。

3. 进行风险防范，将风险次数减少，危害程度减轻，为此，必须履行以下防范过程：

（1）风险识别，即识别所有潜在的所有风险源和风险因素，对它们的特性和关联影响进行理解、认识，并按可控性与非可控性进行分类。常用的风险识别方法有：专家法、检查法、故障树分析法、头脑风暴法、实证法、访谈法、逻辑推理法等。

（2）风险评价，是指在风险识别和估计的基础上，综合考虑风险发生的概率、损失幅度以及其他因素。得出系统发生风险的可能性及其程度，确定风险等级，由此决定是否需要采取控制措施，以及控制到什么程度。[①]

（3）风险规划，针对风险源和风险情况，应确定具体的应急计划并予以公示。应急计划包括：控制对象、控制方式、控制频次、责任人、控制标准等内容，需要强调的是：任何组织，从其成立之日开始，就应该设法建立和填制其事故数据库，这个数据库应该记录企业经营管理过程中的任何重要或细节性失败，这是对企业发展历史、管理风格、认知模式进行判断的重要依据，也是企业改善的根本调研内容。需要说明的是，组织应对其风险规划进行及时修订、公示、培训，以不断完善企业的管理。

（4）风险监控，监控的内容包括：

① 监控人。要监控人的风格、习惯、专业度、理解力、改善度等风险因素，其中任何一个人不胜任或不匹配，都有可能会造成系统的、连续的风险。比如设备维护，如果一个没有设备维护能力的人去维护设备，只要设备出现故障，就要找外部协助维修，造成一种生产永远受制于人的情况！

② 监控管理体系。管理体系是一个由若干内容组成的完整闭环系统，

---

① 邓伟：《论检验检测机构风险管理体系的建立》，《中国检验检测》，2020 年第 5 期。

如果没有形成闭环或者是关键内容没有被识别并引入管理架构，组织在运营上是有风险的。比如，如果只对供应商降价要求、拔高质量要求，而忽视供应商的成本，供应商的配合意愿将会逐渐被弱化。

③ 监控市场和客户的变化。外部需求是组织发展的原动力，对企业来讲，市场和客户需求是推动着企业技术创新和管理变革的原动力，比如手机，原来只能通话，现在可以上网，相信未来可以替换计算机，远期相信可以缩小成可穿戴的智能控制终端。如果不能正确识别这些趋势，难免会被淘汰！

④ 监控自己的核心竞争力。核心竞争力是组织存在的基础，故步自封、夜郎自大的组织终会被淘汰，组织应时刻监控自己的核心竞争力在全球产业链中的位置，维持并努力提高自己所处的位置。

⑤ 监控自己的运营模式。绝大多数的企业规模几年甚至十几年都不会明显增长，这是由于他们不能突破运营模式。因此组织应当监控自己的经营模式是否符合市场发展的方向或者能否引导市场方向。组织应当在稳定的基础上尝试新的运营模式，以确保组织可以持续地打破成长瓶颈。

⑥ 监控自己的认知模式。成功的人永远是少数，这是由于只有少数人的认知模式是成功的。我认为成功的认知模式核心之一就是"知不足"，只有"知不足"才会去学习、提升、开拓进取。比如华为成功的部分原因来源于咨询公司的助力，而根源则是任正非作为企业舵手的两点特质：一是知道自己的不足；二是愿意改变！

⑦ 监控技术变革。中国改革开放的总设计师邓小平讲过"科技是第一生产力"。工业革命以来迄今不足三百年，人类所创造的社会财富已经超过了之前的几千年，这充分证实了技术的重要性。实际上，技术是实现社会进步的根本驱动力。技术变革往往会带来革命性的颠覆，甚至导致组织的衰亡。比如柯达的衰落就是由于数码相机的发展，诺基亚的衰落则是由于操作系统的发展。所以不监控技术的发展或者是不基于技术的发展趋势而做出正确的决策，代价有可能是毁灭性的。

⑧ 监督监督体系。监督体系从古到今都有，比如中国历史上的监察制度，现在的纪委监察制度。但是腐败依然没有杜绝，这是"逐利"的人性

使然。企业组织中也是如此，如果没有形成监督体系，或者监督体系只是形式化而缺乏权威性，必然会导致组织效能降低甚至腐败，也必然会导致组织利益受损！

4. 风险应对和规避，虽然风险可以识别、监测，但是风险总是或大或小地落到组织或个体，这时就要学会合理的应对和规避风险，管理者可以采取以下措施：

（1）理性分析。任何时候，管理者应理性分析：风险是什么，影响程度有多大，影响范围有多广，然后再进行后续行动。如果没有掌握事实，不了解后续影响的情况下，应当先收集信息，冷静思考，理性分析和判断。比如客户投诉时，冷静地和客户沟通，尽可能收集客户端发生问题时所呈现的所有现象，并结合所有已有数据或信息进行综合判断，尽量避免和客户争吵、激化矛盾，才能够获得客观且最有利于自己的结果。分析风险，需要理解并掌握风险分析的常见工具，主要包括的工具有：

① 逻辑法：是人们认识推理事物的一种思维方法，它包括比较，分析与综合，论证推理等，即根据事实材料，下定义，形成概念，做判断，以逻辑规律进行推理，构成理论体系的方法体系。管理者应该通过逻辑法将概念、本质、适用范围、条件等理解透彻，从而使得管理者在各种情况下都能保持清醒的认知。比如招聘人才，管理者首先要关注的是该职位所需要的胜任力是什么，不能仅关注人才经历的"名牌效应"，否则可能会导致"能力过剩"而留不住人，或者是"能力不足"而对组织造成损伤。

② 问题树：即将复杂的问题逐层分解、每层拆散、由大变小，并用问题树形式表达和显示出来，以形象、直观的识别所有的风险内容或因素，以找到问题点和关联关系。使用问题树可以采取的步骤是：首先找出"核心问题"，然后确定"核心问题"的主要原因；第三步确定"核心问题"的主要后果；第四步就是逐层分解，根据因果关系画出问题树；最后就是反复审查、修改、补充问题树。

③ 流程图：流程图是流经一个系统的信息流、观点流或部件流的图形代表。在组织中，流程图主要用来说明某一过程。这种过程既可以是生产

线上的工艺流程，也可以是完成一项任务必需的管理过程。[①] 它能够揭示和掌握封闭系统运动状况的有效方式。它能够让管理者清楚地知道，问题可能出在什么地方，从而确定出可供选择的行动方案然并辅助决策制定。

④ 检查表：又称调查表、统计分析表等，它用容易理解的方式，制成图形或表格作为进一步分析或核对检查之用。它在系统科学分析的基础上，找出各种可能存在的风险因素，并将这些风险因素列成表格，它可以监测、检查每个具体要素的现状，与标准对比并辅助确定风险处理方式。

⑤ 潜在失效模式与后果分析（PFMEA）：用来分析当前和以往的失效模式，识别和控制所有活动的失效及后果，探究失效的所有起因，并给出探测方法、控制方法，以防止这些失效模式重复发生的结构化的程序。

⑥ 危害及可操作性分析（HAZOP）：通过识别、分析生产运行过程中工艺状态参数可能发生的 7 个变动 ( 偏差 ) 及其影响，分析原因，采取纠偏措施的风险控制方法。[②]

⑦ 试错。

⑧ 系统分析法：即从多角度、多领域认识和分析可能的风险。比如从人、机、料、法、环、测等方面认识和分析风险；从价值、时间、经济性、规律性、闭环性、层级性、频次性、预防性、分散性、转移性、降低性等角度认识和分析风险等。它能在复杂环境和各项因素不确定的情况下，协助决策者确定问题的本质和起因，找出各种可行方案以规避风险并做出科学决策。

（2）做出预案并行动。比如在地震频发的日本，政府和公益组织会组织一些活动让人们亲自体验一下虚拟的地震，以降低人们的恐惧和紧张感，以便在地震的时候，做出正确地反应。如果不遵守预案，乱喊乱叫会加速新陈代谢，增加氧的消耗，使体力下降，耐受力降低；同时，大喊大叫，必

---

① 百度百科：《流程图》，2019 年 6 月 12 日，https：//wiki.mbalib.com/wiki/%E6%B5%81%E7%A8%8B%E5%9B%BE，2020 年 12 月 8 日。

② 屈威，刘亚贤：《HAZOP 危险性识别研究》，《石油化工安全环保技术》，2011 年第 1 期。

定会吸入大量烟尘，易造成窒息增加不必要的伤亡。[①]

（3）寻求帮助。当无预案，也不知道如何应对时，就要保持冷静，寻求帮助。

（4）回避风险。即主动避开全部或部分风险。比如接受任务时，回避自己不胜任的任务，以免承担责任或不利；寻找工作时，不涉足自己不熟悉的行业或工艺等等，都是回避风险的体现。

（5）转移风险。比如通过某种安排，把自己的风险全部或部分转移给另一方，从而得到保障，这是应用范围最广、最有效的风险管理手段。汽车保险就是转移风险的风险管理手段之一。企业给员工购买意外伤害保险也是转移风险的手段。[②]

（6）预防风险

① 当风险已经造成损失，就要赶紧补救，以减少损失或影响程度。如出现质量事故时，立即对在途、库存和制造过程的产品及类似产品进行一次全面的检查，防止发生更大的损失。

② 预防风险涉及一个现时成本与潜在损失比较的问题：若潜在损失远大于采取预防措施所支出的成本，就应采用预防风险手段。以兴修堤坝为例，虽然施工成本很高，但考虑到洪水泛滥将造成的巨大灾害，就极为必要了。[③]当多次发生时，就要反思改变自己的行为模式、习惯或处事方式。

③ 建立警示库。所有发生过的风险，建立警示库，以在以后的操作标准、流程、方法、体系、意识中引以为戒。如对设备故障、质量失效建立案例库，以改善设备管理、产品或过程设计的质量，防止风险复发。

④ 形成规律。众多的风险案例，一定蕴含组织或个体自身某种胜任力、匹配力的严重短板规律，这个规律需要识别、转化和应用。比如当一个只管维修，不懂预防的人去管理设备时，表现出来就是问题复发。当一个缺乏理性的人去做管理时，表现出来就是组织氛围紧张，合作性差。

---

① 地震来了，安全逃生避难手册编委会：《地震来了：安全逃生避难手册》，北京：地质出版社，2008 年，第 19 页。

② 彭国良：《企业国际化经营的风险分析》，《中国经贸》，2003 年第 6 期。

③ 百度百科：《纯风险》，2017 年 8 月 9 日，https://wiki.mbalib.com/wiki/%E7%BA%AF%E7%B2%B9%E9%A3%8E%E9%99%A9，2021 年 3 月 5 日。

## 第五节　监督

组织通常都会设立监督的职能，却做得未必很好，或者业绩无法提升，或者不能适应变化，因此，我们完全有必要从以下方面重新认知监督。

### 一、建立系统监督的信念

如前文所述，管理的基础和前提包含人性假设，而人性有投机心理和贪欲心理，这个人性是确定的。因此，组织应当建立在充分信任与授权制度的同时建立起规范的监督制度，因为监督的失效，必然引发人的私欲和乱为，从而引起整个系统的乱象！重视监督的程度是要有系统的监督意识并养成监督习惯，在任何时候都要有监督行为。可以说，系统监督的习惯是决定实施有效的决定因素。下面我们举出几个常见问题的分析，以加深系统监督的信念并让其深入到每个管理者的思维和行为基因！

组织执行力差的原因有很多，比如：企业主对高管监督不到位，缺乏绩效管理及问责机制，缺乏合作的氛围与机制等等，这样的领导文化怎么可能有执行力？这一点，可以学习解放军的管理模式，有党支部、政治委员制度的思想监督，有三大纪律八项注意的纪律监督，有批评和自我批评的组织思想监督，有联系各民主党派的统一战线监督等等，正是这些监督机制的有效，才保证了革命团队的思想一致并能取得最广大的群众支持。

为什么团队凝聚不起来、干劲激发不出来？因为企业主对价值观和认知监督不到位。毛主席领导革命成功，靠的是为人民谋利益的众志成城，革命者们价值观一样，有矛盾靠组织、靠政治委员、靠批评与自我批评、靠民主党派和人民群众的监督，所以大家信念一样，思想相通，这样的队伍不可能没有干劲！但在企业里面，如果都打自己的小算盘，以挣钱为目的，钩心斗角，凝聚也就无从谈起！

无须多言，不理解系统监督的信念有多么重要，不形成系统性的监督模式，那么最终的管理结果就是衰败！

二、监督的对象

有监督的信念，未必监督就可以做好，主要有两个原因：一是监督对象有遗漏；二是监督的方法低效，缺乏对风险的管控。这里我们先了解监督的对象。

通常情况下，有形的因素比较容易被监督，比如：绩效、项目进度、工艺流程、资金、固定资产等。但是，无形的因素却容易被忽略，比如：认知、方法、动机、意识、习惯、价值、民主、风险等。需要注意的是，单纯在有形的因素上进行实践、总结是难以解决根本问题的，这是因为无形的因素决定了有形的因素。有形因素是无形因素在具体环境或个体身上的表达。比如有的管理者总是强调细节，却有时让人难以适从；而另一种管理者则总是强调节点和结果，给人以自主发挥的空间。两种方式都有其优势和劣势，这种体现实际上是管理者无形的习惯因素所起的结果。

比如罗伯特议事规则，是关于如何开会的规则，大多数管理者不知道，因此也就缺乏对会议准备以及开会时的控制，往往导致会议没有任何的结论。再比如，一些企业的人员流动率高，这是结果，但是什么样的原因导致流失率高，这是对管理认知或逻辑监督缺失导致的。实际上，多数基层员工流失率高是由于薪酬原因或工作环境原因所导致，多数技术人员及中高层流失是由于个人发展原因导致的，如果管理者不能正确识别并监督这些因素，流失率高是必然的。因此，我们识别监督的内容。监督的内容包括但不限于以下内容：

第一，内心哲学与假设。哲学是判断的标准，假设是判断的结果。比如你内心崇尚的是金钱，那么你的行为就是挣钱。

第二，逻辑与思维方法。比如压铸件有比较大的飞边时，管理者如果仅采取打磨返工的方式，说明其逻辑与思维仅仅是处理而没有预防。实际上，压铸件飞边比较大的可能是模具或设备的问题，只有从这些方面入手，才会预防或减小飞边的产生。

第三，正确的方法。正确处理事物的前提是采用正确的方法，比如我们不能用管理基层员工的方法去管理高层员工，这是由于他们的工作内容、认知以及对整个组织的影响是不同的。实际上，理解、判断和转换任何一个理念、工具、事物都需要正确地应用一些方法，这个方法的有效性直接决定了理解的广度、深度和精度。

第四，适用性。比如阿米巴模式在京瓷运行得很好，其基础是日本人的规则意识、服从意识，以及其基于终身制的雇佣文化。这些因素目前在中国比较缺乏，因此在中国成功实施阿米巴的企业比较少。因此组织需要监控一种方法或方式的适用性，如果基于现有条件不适用，那么是否可以通过调整条件使其能够适用。

第五，组织。有的企业主不愿管事，但是又不从组织上授权，仍然保持下级的分工关系；有的企业主随机性强，无组织形式的观念，遇到问题随意安排，今天让这个人看看，明天又安排另一个人做做，没有形成正式的工作，导致很多事情进展缓慢或不了了之。很多公司开会缺乏会议规则的识别和应用，会议、沟通不讲逻辑，你说结果性质的话题，他说原因类别的话题，结果嚷嚷半天也没有形成结果和决议，是为沟通无效！这些不都是组织问题吗？

第六，变化和风险。变是绝对的，但是问题是很多人的思想、认识、知识、方法、流程、模式等仍然自己被自己温水煮青蛙。比如看到认知模式，看到哲学，一般人都会认为那是高大上，是空洞和虚无。那么我们的每个假设、判断、信念从何而来？由何种过程决定？靠什么严谨的证据证明其确定？其确定的条件是什么？这些都来自哲学，因此决定的过程如下象棋、围棋，每一步都是险棋，一着不慎，满盘皆输！当你看到阿米巴的独立核算形式就贸然实施而不顾其应用条件时，你也许忘记了汉代分封诸国、七国之乱的故事，也许忘掉了尾大不掉的成语，也许忘掉了明争暗斗的事实！实际上，每一步变化，都蕴含风险，假如忽视这些风险，那就必然承受后果！

### 三、监督的方式

人的本性是存在惰性的，也是追求个体舒适的，并且对多数人而言，更是缺乏自律的。因此监督就变得非常重要，如果仅从专业的角度认识监督的价值和内容，那只是到了"知"的层次，只是完成了全部工作的1%。

而更重要的"行"这个阶段并未涉及，而行则决定了结果，也就是组织的目标能否实现，因此"行"是更重要的99%。可以说，监督对业绩起决定作用，它决定了决策是否被执行，遇到变化能否及时响应并处理。通常情况下，监督主要包括以下方式：

1. 组织监督。为了使监督更好地运作，从组织形式上设置监督部门，如上市公司监事会，以及各管理委员会都属此类。

2. 制度和流程。通过制度和流程的设计，形成各职能的监督和制约，任何一个环节违反了对应的制度或流程，都有可能导致被后流程环节拒绝。

3. 咨询诊断和参谋。在发达国家，咨询行业比较成熟，组织经常邀请咨询公司对自身进行审计以避免内部因素对监督的干扰，力求监督的客观公正。并通过审计的结果了解自己的不足并向咨询公司寻求建议，这就是组织自我监督方式的一种。

4. 工作评审。通过管理流程设计的防错，以避免策划和决策的不系统、不专业、不匹配，是一种管理防错。主要通过其他个体或群体按照一定的规则对工作通过评审的方式加以控制。

5. 稽核。即按照一定的规则对执行状态进行稽核，包括：质量、数量、成本、进度、影响、不良后果及响应等。

6. 公示。将内容在公开场合或网站予以展示，以确保能够受到群众的监督。

7. 定期分析报告。通过定期分析、总结，包括对重点的分析与总结，可以将总体情况和重点情况监督起来，这是对工作过程和工作业绩的监督。如质量月度分析会、交期月度分析会、销售月度分析会等。

8. 匿名投诉监督。比如警察局中证人指认嫌疑者的单向审讯室，组织可以通过匿名投诉监督的形式，确保外部对组织的有效监督。

9. 批评与自我批评。通过经常性的批评与自我批评，不断地自省，将组织成员的思维、诉求、方式表达出来，不断纠偏，这是对思想意识和行为的监督。

10. 专项总结会。针对具体问题，可以开专项总结会，总结出成功的经验，寻找失败的教训。而现在的很多企业，仅仅是出一个奖罚公告，没有深入分析和监督事情成功或失败的过程中有哪些值得警惕和学习，有哪些值得借鉴和改善，通俗地说就是知道自己痛，但是不知道痛的规律和病因是什么，长此以往企业失势也是必然！

11. 工作分析。将战略分解为有价值的职责与活动，去掉无价值的职责与活动，以最小的投入产出最大的价值。比如一些组织中地部分职能重复，就会严重降低组织的执行效率。

12. 心理访谈。人性是复杂的，认知科学规律告诉我们，人的心理和行为是可以影响、可以引导、可以控制的。现在有社会心理学、组织行为学等心理学研究并将其用于心理咨询、心理引导、工作纠偏、经验与知识识别，但是多数组织基本上都是管理者将自己的想法强加给下属的单向式沟通，而忽略了下属的心理反应，最终可能会导致人岗不匹配、员工绩效低下。因此，心理访谈是管理者对员工进心理疏导，并提升组织绩效的有效手段。

13. 信息监督。任何团队或组织，都有其自身的人、财、物、语言、行为、政策、措施、过程参数、结果等等数据信息，这些信息监督能够直观、形象、简洁的表达管理的过程和结果，因此对信息的监督就成为必然，这能够大幅提高决策的效果，因而有很大价值，这也是为什么 ERP、MES、SAP 等软件系统受欢迎的原因，也是大数据快速发展的原因之一。

管理者需要注意的是，以上所有监督的方式，并非是为了制造矛盾，而是为了关注矛盾并最终解决矛盾。矛盾是普遍存在的，关注它，分析它可以促使我们发现问题背后的规律。从人性角度说，人由于惰性或认知不足而倾向于远离矛盾，也因此不能识别出矛盾背后的规律。矛盾的根源包括但不限于以下类别：

1. 名利不均。组织内外存在着各种各样的名利，比如：职位高低、权力大小、收入多少等。名利是导致组织斗争的根本原因，严重时甚至导致组织分崩离析。

2. 认知不同。每个人都有自己的认知模式，比如有的是技术思维，有的是管理思维；有的是底层思维，有的是宏观思维；有的偏重过程，有的偏重结果。这都是认知角度的不同，如果方向不同，沟通或合作必然会产生问题。

3. 信息不对称。比如上下级之间，不同部门之间由于信息来源不同，信息的完整度及侧重点都是不同的。

4. 角色不匹配。组织中各有各的角色，比如组织中的总经理助理，其角色就是辅助总经理的日常事务，并给予参谋、建议，而并非决策，但不少总经理助理却经常出现越俎代庖的行为而误导其他人的工作。实际上，正确识别并做好自己的角色，是管理者首先需要做的事情。

5. 信任不足。信任是组织良好运行的基础，如果组织成员处处受到监视和质询，必然会造成组织内部的冲突。

6. 责任分配不当。组织需要从流程的角度，正确地规划各职能的"权、责、利"，比如制造型的组织由计划部门负责生产计划的排产，但是相当一部分企业却是计划部门仅将销售订单转给生产部门，由生产部门自行排产，这就是典型的权责不分，也就是机制不当。

7. 兴趣与价值差异。

当然，矛盾的根源并不局限于上述七种，但是对组织来说，重要的是从多种维度去监督从而避免矛盾的产生，比如从思想、流程、机制、方法、业绩、行为、组织形式、胜任能力、信息等不同维度。以此来及时发现问题并纠偏，不断构建属于自己的核心管理能力。

## 第六节　激励

管理是人管理，因此从某种意义上来说，人力资源管理相对于其他职能，具有更加重要的价值，因为人是一切事物的中心。而在人这个因素中，激励又是核心，激励失效的组织会出现士气低迷、组织混乱、效率低下的状况。这样的组织是难以适应时代的变化和发展的，因此我们需要重视激励理论的现实意义。

### 一、激励谁

在激励这个问题上，首先要解决"激励谁"的问题。我们一般认为组织中越高层的角色其责任也越大，同样给组织创造的收益也越大。这是由于越往上层越偏向于经营战略，越往下层越偏向于具体事务管理。那么根据责权利对等的原则，越高的层级应该享受到越大的激励。但是不管如何进行激励，其基本原则就是客观公正，只有这样才会最大程度激发组织成员的积极性。经营需要管理作为基础，客观公正的激励手段则是管理稳定的基础。当然，激励并非一定是物质激励，也包括精神激励。实际上，真正管理好的组织都是重视激励的，并能够将激励作为有效激发员工创新、成长的重要手段。一般情况下，激励应考虑以下原则：

1. 业绩原则：目标导向，对业绩优秀的个体或团体予以激励。

2. 及时原则：有业绩就应当立即给予激励。但在现实中有相当一部分组织管理者为了所谓的"留住"员工，故意延迟给予员工激励，这是极大挫伤员工积极性的行为。比如某些组织存在年终奖，却忽视了季度、月度激励。

3. 扁平化原则：激励应直接给予对应的个体或团体，尽量避免层层分发、雨露均沾。比如在某个企业中员工王某的创新给组织创造了巨大收益，但在真正授予激励时其先后顺序却是：部长李某、主任赵某、组长何某、指导闫某、实施王某，最终王某的物质激励及精神都受到了极大弱化。毫无疑问，这种方式会严重影响激励的效果并挫伤其他创新人员的积极性。

4. 成长原则：对持续学习、并不断挑战更高目标的个体或团体给予激励。

5. 执行原则：对执行力强的并能够有一定业绩的个体或团体予以激励。

6. 忠诚原则：对忠诚于组织并能够继续扩大组织影响力的个体或团体予以激励，鼓励他们与组织共存共荣。

7. 监督与控制原则：组织应当持续监督激励的有效性，并能够通过岗位调整等手段控制人的流动，为组织的发展留住真正的人才。

如果能够把握以上原则，就会创造组织吸引人才的天然引力和持续创新的环境。支持这一结论的案例包括华为的任正非仅持股1%，而华为整体却很卓越；马云持股不到5%，却凝聚了其余的成千上万人。另据美国职工所有制中心对45家实行了职工持股的公司和225家没有实行职工持股的公司进行的对比调查显示：推行职工持股并允许职工参与管理的公司，一般比没有实行职工持股的公司的增长率高出 8%~11%。[①] 在美国最成功的 100 家公司中，有 46 家实行了职工持股计划。

另外，管理者需要认识到基层员工是组织的主体，是激励的重点也是最容易实现激励的，同时也是成本最低的。但是在相当一部分组织中，对基层员工的激励则是被忽略或弱化的，这严重影响了组织的效能及发展，这是管理者需要重点关注的。

二、如何激励

合理的激励是明智的，这是历史发展和创新的规律以及人性的分布规律使然。然而人性复杂，针对具体哪个人该具体激励什么？该激励到什么程度？该以什么方式激励？这些问题的答案却是抽象的、隐含的、复杂的、个性的、系统的，需要我们有足够的识别功底。这些答案只能从激励的不同维度上去寻找、组合、匹配。

1. 激励内容。从激励内容的维度来看，知道了用什么激励，才能做好激励，包括但不限于：

（1）激励内容的层次：马斯洛的需求层次理论可以识别激励的内容。这些内容包括生理、安全、社交、尊重、自我实现五个方面，这五个方面从价值的角度说明不同内容的重要性。[②] 而且，从人性的角度说，五个方面呈现以下分布特征：一是低层次的需求得到满足以后才会追求高层次的需求；二是每个层次的需求只要满足到一定程度，就可以产生更高层次的需求动机，而不必是全部满足；三是各个层次的需求及程度构成了每个个体的复杂的需求或动机系统。管理者仔细理解，灵活运用的这三个特征。

（2）激励内容的类别：赫茨伯格的双因素理论可以识别激励的重点和非重点：属于工作范畴的内容，激励效果最强，甚至可以抵消非工作范畴的内容；属于人际关系等非工作范畴的内容激励程度也很强，但处于次要

---

① 张小宁：《员工持股与企业效率》，《经济管理》，2001 年第 3 期。

② MBA 智库百科：《马斯洛需求理论》，2018 年 3 月 2 日，https：//wiki.mbalib.com/ wiki/%E9%A9%AC%E6%96%AF%E6%B4%9B%E9%9C%80%E6%B1%82%E7%90%86%E8% AE%BA，2020 年 5 月 3 日。

地位、促进地位，如果工作范畴的激励不强，非工作范畴的激励也不强，肯定会引起员工抱怨、斗争甚至离职。工作范畴的内容包括职责的多少（丰富）、操作难易、责任大小、环境好坏、流程复杂程度、学习与成长等。

（3）激励内容的效果：戴维·麦克利兰的成就动机理论则告诉管理者要善于识别那些高成就动机的人、机会和事件，因为越是高成就动机，越能激励那些成功欲望强烈、坚持性强的人的参与和正确行为。尽管很多人都有成功的机会，但成功与否还取决于是否具有成功的因素以及时机的把握，而大多数人在认知、参与、行为、反思、规律探讨、意志坚持等成功因素方面都会被筛选掉。因此，管理者在选拔人才时去识别其成就动机，在重大机会中鼓励其他人主动请缨，在重大事件中总结个别人的动机等。

2. 激励时间。从激励的时间来看，奥尔德弗的 ERG 理论 (E 即生存需要、R 即相互关系需要、G 即成长关系需要 ) 概括了激励的变化性：人在某一时间段如果几个层次的激励同时到位，这时候激励程度最高；如果较高层次的激励没有满足，较低层次的激励需求就会有所扩大。因此，激励应该随着人的需求结构的变化而做出相应的改变，并根据每个人不同的需求制定出相应的策略。<sup>①</sup> 比如，想实现个人价值的管理人员如果感到没有机会，对企业主的尊重就会弱化；同样，如果企业主对管理人员不尊重，就会大大打击管理人员的积极性。

3. 激励结构。从激励的结构维度来看，费罗姆的期望理论概括了激励结构的两个因素：任何激励内容，都有可能性和效价两大特性，两大特性共同决定该内容的激励效果，用公式表示就是：激励 = 可能性 × 效价。比如一个质量缺陷是材料性因素长期影响，或者属于行业工艺性难题，则很少有人愿意去承担这样的职责，这与成就动机的少数化特性完全一致。期望理论告诉管理者的如何评价和确定一个具体激励效果的大小。

4. 激励匹配性。从激励的匹配性维度来看，道格拉斯·麦格雷戈的 "Y" 理论概括了如何做到匹配：基于对人性和行为动机的判断，通过工作本身的兴趣、挑战性、丰富性等方面，让个体从事更多具有匹配性的工作，或

---

① 百度百科：《ERG 需求理论》，2020 年 2 月 9 日，https://baike.baidu.com/item/ERG%E7%90%86%E8%AE%BA/10032815?fr=aladdin，2020 年 4 月 21 日。

者担负更多的责任，或者增加其才干等，以使其工作有成绩、有回报、有价值认同感，满足其自我实现的需求。从认知的角度说，这是一个复杂、高级、个性化的要求，很少有人可以达到，但是通过这个条件的筛选，才能找到像任正非、稻盛和夫等人一样的卓越管理者。

5. 激励立场。从激励的立场维度来看，亚当斯的公平理论告诉管理者如何处事：让个体获得与其付出相同的报酬，即"按劳分配"；同时，相同的标准适用所有人，不能存在歧视或不公，即"同工同酬"，否则将直接影响激励效果。如果进一步研究还会发现：公平是动态变化的，因时、因势、因事、因人而变，是交易双方根据外部环境不断调节的关系；公平是人的主观感受，因人而异；一定程度的信息不对称可减少不公平感等等。这都是公平的特性，了解这些特征有助于管理者针对不同的问题、不同的个体采取不同的对策。

以上是从个体的角度认识了激励，管理者更加需要从组织整体的角度认识激励。从整体的角度来看，组织需要塑造一种让个体积极创新、勇担责任、诚信合作的组织文化。要实现这种组织文化，组织可以采取：

1. 健全机制：就是要靠管理体系、流程、标准等正确地引导人、约束人，真正实现"流程清晰，权、责、利明确，绩效制约"。

2. 鼓励创新：就用物质或精神的方式鼓励所有个体创新、上进并卓越。

3. 人员培育：培育员工精细化、专业化的技能以及解决问题的能力。

从激励结果的维度来看，管理者也应该了解行为主义理论，该理论认为：管理的实质是激励，通过激励，诱发人的行为，通过行为产生组织需要的结果。比如：通过销售提成激励销售员努力开拓市场；通过期权激励高层管理关注组织的长期发展；通过达标奖励激励员工提高生产效率等等。所有这些都是通过激励，激发员工向组织目标迈进。

在诱发行为的因素上，美国心理和行为科学家斯金纳指出：人的行为是外部环境刺激和内部思想认识相互作用的结果，只有改变外部刺激与改变内部认识相结合，才能达到改变人的行为的目的。[①] 比如一个经济条件较

---

① ［美］B.F. 斯金纳（著），方红（译）:《超越自由与尊严》，北京：中国人民大学出版社，2018 年，第 73 页。

好且不想担任更大职责或风险的人，从事高风险工作的可能性会很低，即使担任，短期内离职的可能也大。在诱发因素的影响程度上，心理学家勒温的场动力理论指出：环境刺激只是导火线，而需求则是决定性的驱动力，行为方向决定于内部需求的强度与外部引线之间的相互关系。如果内部需求不强烈，那么，再强的引线也没有多大的意义。[①]

斯金纳又提出：对一种行为的肯定（正强化）或否定（负强化）在一定程度上会决定这种行为在今后是否会重复发生，这就是强化理论。比如绩效考核就是强化的一种形式，不断通过考核评价其从事工作的好坏，进而促使员工趋向于与组织目标趋同。

管理者也需要了解，无论好或不好的习惯或文化都是没有及时强化形成的。比如某个员工犯了错误，而管理者并没有纠正员工的错误来维护规则的严肃性，那么这个错误不仅不会避免，反而会促使更多员工去挑战规则，进而会造成组织纪律的丧失。

以上内容共同构成完整的激励框架，是设计、执行和评审（诊断）一个激励系统是否完整、有效的科学框架，是有效激励的实施指南。

---

① 李华绯：《A公司竞聘上岗问题研究》，硕士论文，内蒙古大学人力资源系，2018年，第36页。

# 第五章　管理对象

上述章节，解决了管理的假设、定位和行为问题，如同我们要运作一个产品的市场，只是知道了目前市场是什么情况、机会在哪里、什么方式可以实现之类的宏观问题，具体做什么产品，做到什么程度，也需要深刻理解，才能真正启动市场。具体做什么、做到何种程度的问题在管理上统一归集到管理的对象。一般说来，管理的对象包括人、财、物、产、供、销、研、信息、资源、风险、价值、关系、效率、组织、方法、系统、因果、变化等很多维度，这些对象从不同的维度体现了管理对象的系统性和复杂性，但任何一个都不可缺失。

## 第一节　人

人是管理的核心，但是如何认识这个核心，就需要一些专业知识来深入挖掘。人用不好，即使是其他事物策划得再好、再科学，因为缺乏载体和执行的人员，也是无效的。因此，我们需要了解人。

### 一、胜任力

人之所以能做或能做好某件事，是因为其胜任力的存在。很难想象一个仅擅长销售的人能搞好研发设计，因为他根本不知从何下手，更不要说做得有多么严谨。关于胜任能力，我们既要识别显性的部分，更要识别隐性的部分，因为从心理学规律来说，显性部分是隐性部分的结果和表达，隐性部分是显性部分的原因和本质。一般说来，胜任力包括以下方面：

1. 动机与意识。动机与意识个体行为的内驱动力，具有隐蔽性、个性化、动态变化的特征。比如面对尚未解决温饱问题的人，不能够和他们谈论奉献与付出；而面对财务自由的人，不能够和他们谈论如何解决自己的温饱。但是一个从温饱还没有解决到财务已经自由的人，其行为的动机也是逐渐变化的，也会逐渐地去承担更多的责任。

同样，作为管理者也需要正确识别基层普通员工与管理层的动机和意识，简单来讲：基层的普通员工是为了生计，让他们去为组织做无私的奉献是不现实的。但是高层管理人员，他们在一定程度上已经超脱了生计的范畴，可以和他们讨论奉献的话题。但是，很多国内的企业主并没有正确地识别这个问题，一味地向基层员工强调奉献，实际上这是变相的索取，员工离职率高也是必然的。

动机和意识作为一种隐含的、内驱性要素，影响了性格、能力、知识、行为、角色定位等其他要素。比如，如果一个人的动机是成为学术泰斗，他必然会虚心好学；如果一个人的动机是成为一个外交家，即使是其内向型的性格，也会在这种动机的驱使下逐渐形成外向性格。

所以，动机和意识极为重要，它能够影响个体在组织中的所有活动，所以组织需要正确的识别和探测。组织可以提问、长期观察、评价等方式，将个体在事务中所展现的行为、能力、知识、结果等逐渐归纳概括，逐渐发现其深藏的系统动机与意识。正确地识别动机和意识也是组织挖掘人才的核心任务之一。

2. 人格。也叫品格、品行，是指人系统的、多维度的、习惯性的行为倾向。这里面包含三个意思：

（1）人格是系统的，由多方面组成，每个方面都体现为不同的程度或等级，所有的方面共同构成人格这个大系统，构成一个人的品格系统。

（2）人格有很多维度，不是单一维度，不能单从某个方面或某几个方面判断人，而是要从多个方面完整地判断人，这是人的复杂性。

（3）行为有习惯倾向，难改变，但是可以预测，可以由其人格预测行为，也可以根据行为判断其人格。比如《三国演义》中诸葛亮唱空城计，就是看准了司马懿的多疑、谨慎人格。

3. 能力。是指人具备的系统的、多维度的、基础性的天赋、知识或技能。比如沟通能力，是对表达知识、影响知识、理解知识的加工技术的总称。一个表达简明扼要的人懂得珍惜时间和效率，对表达的主要特点知识是有过深入思考和反复提升的；一个啰里啰唆的人时间观念、效率观念和尊重观念会很弱，对表达的知识思考和提升都不够，这是直接相关的，有很强的因果关系。又如学习能力，是接受知识、理解知识、运用知识的加工技术的总称。

4. 知识。知识有很多学科，比如人文社科类的哲学、历史、逻辑学、心理学等等，自然科学类的数学、物理、化学等等，但无论应用哪种学科，都应该注意以下三个要素：

（1）思维。比如稻盛和夫深信敬天爱人的准则，这才有阿米巴模式，也就有了京瓷的哲学。任正非坚持走技术路线，这也是准则，也造就了今日的华为。

（2）层次。每个学科都有不同的层次，作为管理者来讲，有些需要大概了解即可，有些则需要非常熟悉，比如专业的销售人员往往对情报学、心理学、广告学等学科以及企业内部的产品特点及工艺就非常熟悉，否则就不能因客户需求设计营销方案和策略，也不能很好地向客户介绍自己的产品，最终就是不能很好打开市场。但是销售人员对于纯技术的知识，比如具体的设计参数及工艺参数，则只需要能解释一般性问题即可。

（3）精准性。各类知识需要根据组织的实际情况合理应用，也就是精准。而在实际的管理中，不少管理者常犯的错误就是盲目照抄标杆企业，而忽略了企业的实际情况。比如很多学习目视化管理，就把各种标语、标准张贴得到处都是，却没有认真地思考目视化真正的目的。实际上，目视化的目的是直观地显现组织的正常和异常，其核心目的是控制异常。如果不能精准地了解这个目的，那么做越多的目视化也就浪费更多的组织资源。另外，识别问题、解决问题也需要精准地使用对应的知识，比如当处理人际问题的时候，我们需要从人性的知识去思考，而不能单纯地用对事的知识去思考，否则很有可能激化矛盾。为了说明知识的精准性，让我们看一下钱学森对思维科学体系的解析，解析的背景是钱学森认为科学需要精准思维和推理。

基础科学　思维学　逻辑思维（抽象，微观）　形象思维（直感，宏观）　创造思维（微观 +宏观）　信息学

思维科学体系

技术学科　科学方法论　情报学　数理语言学　结构语言学　模式识别　知识系统学

工程技术　密码技术　软件技术　情报技术　文字学　模拟与仿真　人工智能

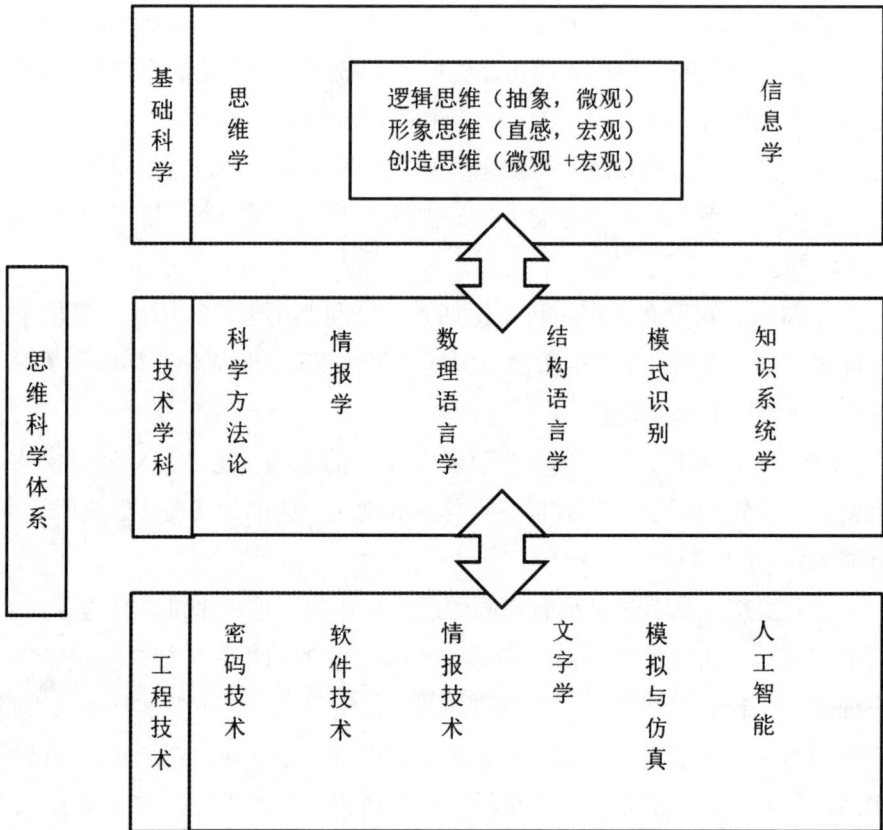

图 5-1　钱学森思维科学体系结构图

在这一结构图中，钱学森首先将思维科学分成基础科学、技术科学、工程科学三大层次。[①] 然后运用解析方法识别了每个层次的各门具体学科。在这个结构图中，基础科学包含逻辑思维和信息学，信息学让我们学会搜集、筛选、提炼、对比、统计，逻辑思维让我们能正确分析这些信息，整个基础科学层次贯穿技术科学、工程科学的一切活动，承担规律性、原理性、指南性的作用，这就是"基础"二字的含义。技术科学相当于加工用的工具和设备，比如知识系统学，如果不掌握这门学科的系统理论和方法，

① 邵元溥:《关于思维学和情报学的思考》,《天津师范大学学报》, 1987 年第 5 期。

遇到新事物时就会一筹莫展；不掌握情报学，就不了解如何准确收集信息。实际上，多数管理者在应用各种管理理论、管理方法时都止步于框架、理念的层次，却缺乏更基础，可以实际操作性的方法。实际上，由于每个组织都有其特点，组织管理者在宏观的框架、理念之外，更应关注那些可以实际操作的方法，并将其实现标准化，从而真正转化为组织的核心竞争力。

5. 角色与行为。如果管理者上述四项条件都齐备，也不一定完全胜任，这是由于角色与行为会在事实上决定结果。比如作为组织的领导者，如果了履行策划、执行、监督的角色，却没有发挥协调的角色，导致内部资源调配不合理、内斗不断，必然会影响组织的运营。再比如，一个组织的上层管理者，总是当着基层员工指责其下层管理者，那么其下层管理者必然没有足够的权威去管理基层员工，这个上层管理者也就没有发挥领导者的角色。这些都是缺乏系统的角色和行为认知，是不理性的行为，对组织的发展是不利的。因此，管理者需要理性认识和扮演自己的角色，才能够逐步优化和理顺组织内外部矛盾。

6. 形象。包括穿着、肢体语言、气质、语言、态度等，在此不做详述。

上述六个方面基本概括了从内到位、从核心到表象的胜任力要素。其逻辑关系是：动机和意识是原点性要素，决定了其余五个要素；人格是习惯性动机；能力是人格的表现；知识则是能力的体现；角色和行为是综合结果；形象则是角色与行为的外在表现之一。

管理者如果能正确理解上述六个方面，结合哲学、逻辑学、心理学、行为学、社会科学、历史学等学科，就可以识别甚至构建一套具有可操作性的人才测评、匹配方法。

## 二、人的培育

每个个体都是具有不同胜任力要素以及不同程度胜任力要素的复合体。但是在具体岗位上，都有其优势和劣势。即使是胜任力完全匹配，那么也需要为组织及个人的长期发展进行知识及技能的储备。因此，在组织中进行人的培育是必不可少的。这里的培育并非单纯的培训，而是如何有确保其行之有效，真正落地的培育。

（一）学习规律

作为组织的培育者必须了解人的学习规律，这些学习规律主要包括：

1. 建构主义。是一种关于知识和学习的理论，强调学习者的主动性，认为学习是学习者基于原有的知识经验生成意义、建构理解的过程，而这一过程常常是在社会文化互动中完成的。[①] 它是个体对各类信息和知识的自主建构，也就是以环境和自己的假设、需求等选择性的接纳、采用。建构主义的主要假设包括以下内容：

（1）知识是人们对客观世界已有认识的总结，不一定是问题的终极事实，它会随着认识程度的深入而不断接近事实，甚至推倒重来。比如精益的核心思想是浪费与价值，历史上一直存在，但只有丰田对浪费进行了系统性思考。

（2）理解、建构过程是以原有知识、经验为作为基础的。比如虚拟数字货币，"虚拟"两个字足以让人感觉有风险，但实际上重点在于"货币"两个字，它可以消费结算，并且有银行背书。

（3）每个人对知识的理解会有不同，甚至差异巨大。比如有的管理者把 5S 理解成干净整齐，而有的管理者则理解为提高效率，而实际上效率才是目的，干净整齐只是手段。

（4）教学不是简单的知识的传递，而是知识的处理和转换。对培育者来讲重要的是在原有知识或经验的基础上，引导学习者产生新的知识和经验，因此培育时应当注意：

① 以学习者为中心，教师是引导者，最终是要促使学生达到独立学习的程度。在组织管理上，我们倡导通过认知将组织中的各种规律识别出来，构建组织自身的管理模式（组织之间有共性也有个性），并使组织成员正确理解和应用这些规律，以促使组织成员更多关注并解决这些实质问题，这可以增强组织适应变化的能力。

② 提倡情境性教学，包括情境、协作、交流和建构四个学习环境的基

---

① 百度百科：《建构主义》，2015 年 8 月 17 日，https://baike.baidu.com/item/%E5%BB%BA%E6%9E%84%E4%B8%BB%E4%B9%89/1428706?fr=aladdin，2020 年 12 月 3 日。

本要素。[①] 以培养解决实际问题的能力为目标，通过各类实际问题的分析、解决来构建组织自主的管理体系。

③ 不能够机械式教学，而应当科学展示解决问题的思路、框架及过程，以引导探索为主。解决问题需要对管理活动本身以及管理对象的规律深刻理解、灵活运用，做到具体问题具体分析，它是系统化的过程。因此，培育应当完整、准确、充分地识别问题发生背景、面临的环境、需求的条件、问题的本质、利益关系、所有问题关联关系等众多内容并结合培育对象的认知进行合理培育，因材施教使学习者不断获得新的、多角度理解，逐步形成一套可用的应用规律框架。

2. 认知主义。认知主义认为学习是人们通过感觉、知觉得到的，是由人脑主体的主观组织作用把各种资料加以储存及组织，形成知识结构。建构主义从个体与环境的关系的角度假设了知识、学习与教学规律，属于整体性识别和解释；而认知主义则深入到个体挖掘和构建了知识、学习与教学规律。其中的主要假设有：

（1）掌握学科的基本结构、基本方法是最为重要的。另外，学习的基本态度（比如怀疑精神）则决定了是否能够真正学到东西。学习的一般规律是：难—简单—难—简单，如此反复。所以当我们学习一个新的知识时，初期虽然觉得会了，但多数是没有深入。有位企业主经过一段时间的精益推行后，感觉效果挺好，他曾经问我：精益生产的流程是什么？毫无疑问，这个企业主虽然推行精益，但还是没有深入理解精益。我的回答是："精益是一种思想，它没有流程。"

学科的基本结构要用逻辑和思维的方法整体认识，才能清楚理解具体内容之间的逻辑关系、现实价值、内在实质、因果决定等要素。基本方法是学习的重点，它是识别、分析、解决问题的工具，比如逻辑中的归纳法、演绎法，自然科学的实验法、验证法，数学的量化法，心理学的访谈法，社会科学的调查法等等。掌握了这些方法，在实际解决问题时就会事半功倍。

---

① 张瑜：《基于建构主义理论的会计学教学思考》，《现代商贸工业》，2016 年第 1 期。

学习的基本态度更加重要，没有认真的态度、解析的态度、怀疑的精神也不会有突出的成就，在管理上来讲，如果缺失了这些基本的态度，那么组织就会陷入盲听、盲信、盲动的状态。比如盲目学习某些标杆企业，而不去探究其具体的成长背景、组织结构等等，很有可能会导致失败。

（2）学习动机则主要包括以下几种：

① 个体认知驱力：渴望探究、理解和应对外部环境的强烈程度。没有高成就欲望的人，不会有很强的认知动机，更不会有对应的态度和行为。

② 自我增强驱力：因为对知识、荣誉、权力或地位等的追求而学习。这种动机相比个体认知驱动力要弱。

③ 服从驱力：为了被认可而学习，这主要是由周边环境决定。

需要注意的是：三种内驱力在不同年龄、不同性别、不同社会阶层、不同文化和不同人格结构的人中比重各不相同，也随着这些因素的变化而变化，需要管理者具体识别和匹配。[①] 管理者需要了解：认知是一个过程。因此，认知专家加涅将培育分为九个小过程，为策划和提高培育效果提供了实施指南和框架：

① 引起注意：目的是刺激兴趣。

② 告知目标：目的是激起期望。

③ 刺激回忆：目的是了解旧知识、经验、假设、习惯等。

④ 呈现证据：比如面对新员工讲述成功老员工案例；面对老员工，讲述他们自己崇拜的成功人士的真实案例等。

⑤ 提供指导：帮助学习者掌握正确的框架、过程、方法、态度、程度、标准等。

⑥ 诱引行为：促使主动参与，积极做出反应，即参与和落地。

⑦ 及时强化：及时反馈，给予好的强化或偏向的刺激。

⑧ 检查评价：验证学习者的努力程度、理解程度、学习效果、方式方法等的有效性，给予其更大的强化或改进刺激。

⑨ 促进迁移：识别出规律，给予正的强化，培育灵活运用和总结、匹

① ［美］班杜拉（著），缪小春（译）：《自我效能》，上海：华东师范大学出版社，2003年，第46页。

配的能力。

上述过程比较完整地识别了培育的活动，是按照人的认知规律逐步呈现，按照细节和具体性逐渐展开，或者说是由简单到复杂逐步深入。

另外，在改变原有假设和知识的影响因素上，奥苏贝尔提出了三点：

① 旧知识的可利用性、数量。可用性越好、数量越多，越难改变；反之，越容易改变。比如牛顿力学定律，在地球上无须去做过多的怀疑和探索。

② 新旧知识间的可辨别程度。比如品格、人品、品德等词汇含义相似，无须做过度区分。新旧知识间也存在类似情况，如果能将新旧知识的关系、本质区别、应用条件等差异性内容识别和比较清楚，那么会避免很多无效的学习，培育效果会相对好。

③ 旧知识的稳定性和清晰性程度。旧知识如果是具有特定的条件、短暂性或较多条件性知识，则具有不稳定性，会产生人的天然拒绝或反感。比如人力资源测评需要很多专业知识和深厚的社会阅历，属于多条件性知识，所以很难构建，因此人们更愿意直接应用一些人力资源测评的工具。另外，越是清晰、具体、形象的内容越容易被理解、接受；越是模糊、抽象、概括的内容越难以被理解、接受，容易被认为是务虚，所以在培育中一定要注意旧知识的稳定性和清晰程度。

另外，管理者需要注意培育的目的是为组织的战略服务，即让人具备为组织贡献价值的能力。单纯的培育本身为是让学习者理解内容的本质、重点、价值、关系、条件等要素，以使学习者在遇到具体的人或事时能据此分析、判断和匹配准确，从而解决组织发展的问题，本质上并没有致命的关键性风险。但是，如果组织的管理者对培育的内容理解错误，则有可能会造成巨大的管理浪费。比如一些组织管理者执着于具体的形式而没有去思考培育内容的本质，结果是今年做阿米巴，明年做精益，今年做绩效考核，明年又推崇人性管理，让组织成员无所适从。实际上所有这些并没有冲突，无论采取那种形式，都是为了避免组织中的浪费，因此管理者需要具有底层思维，找到认知短板，改变认知模式，才是改变的根本。

3. 行为主义。行为主义是主张对人的行为进行研究的观点。而在人的培育上，行为主义即确保培育的目的不仅在于确保被培育者知道培育的内容，而是要确保培育的内容真正落地，真正为组织产生价值。因此，培育的结果应该以行动计划及实际的业绩体现出来，否则培育是无效的。行为主义的假设主要包括：

（1）观察学习假设：即由于人有通过语言和非语言形式获得信息以及自我调节的能力，使得个体通过观察他人（榜样）所表现的行为及其结果，不必通过亲身体验而学到的复杂的行为。比如可以通过观摩其他组织的精益行为及结果来促使正确理解和掌握精益思想。另外，管理者需要了解人的问题行为多数是由错误认知与学习导致，行为改善的着眼点应放在改善认知与学习层面。[①]

（2）自我调节假设：即通过将自己对行为的计划和预期与行为的现实成果加以对比和评价，来调节自己的行为的过程。它由自我观察、自我判断和自我反应三个过程组成。自我调节可以确保效益最大化。在此过程中可能会产生替代性知识，如果替代性知识的效果大于原有知识，且经过多次实践证明是有效的，则说明原有知识应当改变。衡量知识的效果可以通过对比替代性知识及原有知识的成功机率。

（3）自我效能假设：自我效能本质上是自我生成的能力，深化到组织则能成为组织效能的信念，即组织自我能力判断的认知，这也是培育的核心目的。一般来讲，影响自我效能的因素主要包括：行为的成败经验、替代性经验、言语劝说、情绪的唤起、情境条件。[②]

（4）条件强化假设：应持续培育组织所期望的行为，并持续强化这种行为，反之则应停止。比如人格和行为的关联，如果在培育中持续地通过事实展现某种人格会有什么常见行为，或者哪些常见的行为会预示某种人格。那么被培育者再次遇到类似问题时自然就会主动将人格和行为关联起来，而一旦关联起来，该方法论就掌握了。

（二）培育的系统框架

一套完整、有效的培育系统包括但不限于内容体系、教师体系、方法

---

① 周秉澄：《校园经济论》，北京：人民教育出版社，2000年，第128页。

② 郭本禹：《西方心理学史》，北京：人民卫生出版社，2013年，第106页。

体系、测评体系、对象体系、评价体系六大部分，分别是：

内容体系主要表达各门学科的详略程度、类别、层次、匹配程度和精准程度传达完整、本质的知识点和规律框架。

教师体系主要表达培育者的选拔、培育等内容，确保其人格、知识、角色、动机、形象、能力等重要因素能匹配各类培育的需求，即确保培育者的胜任力。合格的培育者，不但能够讲透所培育内容的本质、规律和应用方法，能够和学员做好互动，让学员积极参与而不是单调地说教，并且也能够带领学员真正解决问题。可以说培训者的胜任力决定了培育效果。

方法体系主要表达培育的方法，综合考虑培育对象与培育方法的匹配性，包括培育的工具、形式和案例。具体的培育应该因人而异，比如 TTT（Training the Trainer to Train，即培训培训师）就是一种很好的针对培训的教程，但是这种方式较为格式化。而对一些管理者或潜在管理者，则应该因人而异，比如对没有管理经验的人，需要培育管理的定义、关联、立场、逻辑等基础，让其理解和接受管理的本质、系统、出发点及灵活运用的方法。当然，培育应讲究方法以确保受训者真正理解掌握，并能够应用，比如在培育时可以按照假设、假设质疑、前提和条件、充分条件、应用环境、规律提炼等逻辑。

测评体系主要表达如何发现所需要培育的主题或内容，以其提问、判断、归纳等被培育者对知识、规律、资源的掌握状况，包括类别的多与少、层次的高与低、掌握程度的深与浅、理解的对与错等，以便于针对性地进行个性化培育。比如充分授权的假设是个体都具有积极主动、诚信可靠、勇担责任、积极创新，且都以组织利益的最大化为高优先级等等特质。这些特质就需要系统的测评体系来评估并进行针对性的培育，但实际上即使测评认为有这样的胜任力也需要组织有系统的监控手段以确保组织风险的最小化。

对象体系主要是识别、构建和匹配培育对象与培育内容的关系，并进行归类。比如高、中、基层员工，不同工作内容的员工，不同知识层次的员工等等，应当进行适当的分类，以确保培育者能够因材施教，并能够有条不紊地执行培育计划。

评价体系主要评价培育的内容、过程、效果等方面，通过评价来发现培育过程、培育内容及培育者的不足，以不断改进和创新培育的系统框架。评价体系的构建过程中，需要将各种评价因素反复验证和构建，才能逐步形成符合组织和个体需求的客观培育评价体系。

（三）培育内容系统

从学科类别的维度来看，一个大的组织管理都需要涉及哲学类、经济学类、法学类、行政学类、新闻传播学类、心理学类等等数十个学科。比如，如果组织高层不懂经济学也就无法把握宏观经济走向，那么在实际决策中很有忽略经济走向给组织自身带来的影响，比如 2020 年以来，由于中国和美国之间的经济争端、新冠疫情、美元超发等多种因素的影响导致中国国内原材料成本大幅上涨，不少前期已经做过材料储备的企业赚得盆满钵满，但也有相当多的企业却是发现由于原材料涨价根本无法按照原来的协议向客户供货。这就是经济学规律带来的不同的结果。

从具体的岗位维度来看，要根据岗位所需要的学科体系来构建胜任力框架。比如人力资源岗位需要涉及心理学、行政学类、教育学类、社会学类等学科。财务岗位则需要涉及会计学（成本会计、管理会计等）、财务管理、税务、审计、微观经济学、宏观经济学、管理学、计算机等等。了解岗位所涉及的学科，那么在人员的胜任力上就会有选择以及确立培育的方向，当然组织需要视其发展阶段合理确定对人的要求，否则一味地拔高对人的要求，无论对个体的发展还是对组织的发展都是不利的。

管理者需要了解，构建岗位学科类别只是第一步，还要识别、构建和优化所需要学科中知识点的掌握程度，比如将知识点划分为了解、熟悉和精通三大层次，其中：了解层次即仅知道大概，深入思考也并未应用；熟悉层次即不但理论理解，还有过一定程度的应用；而精通层次则是已经了解了其该学科的本质，能够熟练跨领域运用。

从个体匹配的角度来看，培育需要综合考虑个体需求、人员类别和兴趣三大要素与组织需求的匹配程度。其中：个体需求，比如为了个体成长而培育，或者是为了解决问题而培育。通常来讲，为了解决问题的培育会比较简单，这是由于其有明确的针对性，因此易于组织，也易于个体接受、运用，而解决问题的过程也是强化，因此一般效果会比较好。其中的人员类别即指对培育对象进行归类，比如：按照层级归类，如高层、中层、基层；按照岗位分类；按照认知能力及发展潜力归类；按照兴趣爱好归类等等。其中的兴趣主要是指被培育者的喜好，如果受训者能根据自己的喜好选择适合的培育计划并加以实施，那么其积极性更高，效果会更好。

（四）培育的有效性

从关键性、结果性维度考虑，下表具体表达了培训有效性评价的维度：

表5-1

| 满意评估 | 评估被培训者的满意程度 | 受训人对培训的印象，包括对讲师、内容、设施、进度等方面的看法，在培训结束时通过问卷调查法、访谈法、行为事件分析法等分析 |
|---|---|---|
| 学习评估 | 测定被培训者的学习程度 | 评价受训人对培训内容的理解和掌握程度，可采用笔试、提问、实地操作和情境模拟等方法实现 |
| 教学方法评估 | 测评教和学的方法有效程度 | 指教和学两个方面在具体方法方面的有效性，可以通过差异分析、因果分析等方法实现 |
| 行为评估 | 考察被培训者的知识运用程度或工作表现变化 | 培训结束后，行为、措施在培训前后是否变化、是否运用了培训中学到的知识，可以通过行为事件分析法、因果分析法实现 |
| 成果评估 | 评价培训创出的经济效益、业绩变化 | 指是否给经营成果带来具体而直接的贡献，可以通过行为事件分析法、因果分析法实现 |
| 规律评估 | 评价组织培育体系适应变化的能力 | 指组织整体通过分析培育活动与所获成果之间的因果关系，找到比较完整的规律框架、适用条件框架，以能敏感、正确地适应变化，为变化做好准备，可以通过、行为事件法、因果分析法、逻辑思维法实现 |

通常情况下，可以按照定性与定量来评价培育的有效性。比如定性可以用高、中、低或者是好、一般、差等程度等级来进行评价。定量可以用分值、百分比等数据来评价，只有以上各个维度都有比较好的表现，才能够确认培育的效果是成功的。培育的目的不仅在于培育内容需要受训者掌

握，同时也是为了为组织选拔优秀的培育者以及培育对象。通过上述维度的定性及定量评价可以确定培育者及受训者的优劣及具体排名，可以优化培育者及受训者的选拔及匹配标准，可以不断提高培育的有效性。培育的有效性主要包括以下几种方式：

1. 强化自主建构的能力。要想办法将培育效果的责任分摊到教与学两个方面，在教的方面要重点培育好解决问题的系统性框架和方法；在学的方面要提升受训者自主学习、自主建构的能力。

2. 培养假设性和条件性习惯。知识都是一种假设，任何假设都有应用条件，因此遇到任何问题都应该有质疑、提问、解析和求证的思维并养成习惯。

3. 养成整体思考的习惯。知识都有其结构、应用方法或思路、知识点之间的关系与脉络以及其应用价值，因此对任何知识都应该整体思考并养成习惯，而不能将各环节割裂单独考虑。比如学习了全员生产维护（TPM），那么就应该了解购置设备时，不仅考虑设备单价，还应考虑设备的稳定性、精度、供应商的服务、零部件的更换及购买的难易程度、未来的扩展性等等。只有从整体上考虑，那么系统的性价比才会最高。

4. 选择性学习。著名教育家陶行知曾在一次教育大会上做过一个生动的演示：他强制一个公鸡去吃放在旁边的米粒，结果公鸡的反抗性很强，拼命挣扎，就是不吃。等到他放开公鸡的时候，公鸡就开始自由吃米了。通过这个演示，他告诉现场观众：做教育也是这个道理，要让受训者选择自己喜欢的内容和方式。这一点在组织的培育中同样适用，如果能够让受训者根据其兴趣有选择性地学习，那么就会起到事半功倍的效果。

5. 正确的培育方向与合理的精度。培育需要确保内容的方向以避免误导受训者认知，培育者应该正确引导受训者理解其本质，并将逻辑关系、前提、应用条件、应用环境和判断方法等内容讲全、讲透。另外，对组织而言，并非所有培育的知识都需要受训者从深层次掌握，因此培育者应当提示受训者需要掌握的程度，比如是了解、熟悉还是精通，是掌握定义、内涵还是外延等逻辑维度的一个方面或多个方面，这就是培育的精度。培育者应做到合理掌控培育精度，以避免浪费组织及个体资源，为个体快速掌握培育内容创造条件。

6. 理解多样性。每个个体都是不同的，无论是培育者还是受训者，因此需要正确理解多样性，即作为培育者来讲，其培育的方法和套路、对内容理解的深度、解决问题的能力都是不同的；同样作为受训者同样有其不同，因此无论是培育者和受训者都应该尝试跳出自己的思维模式，养成具体问题具体分析、灵活应变的习惯。在应用知识的层面上，也需要考虑多种维度去理解知识的适用条件，比如时间维度、价值维度、效率维度、规模维度、层次维度、安全维度、可靠维度、专业维度等等。

实际上由于人的多样性，培育的内容也应该有所区别。比如绝大多数人都喜欢具体的知识和案例；而只有不到 5% 的人喜欢系统性、抽象性的规律知识（如哲学、逻辑等知识），这是由于他们可以从规律与知识的关联或移用中看到规律和具体之间的内在联系，而这部分人才是组织重点的培育对象，他们也将是组织的潜在领导者。

7. 运用关联性。培育者需要对培育背景和需求进行分析，就要系统、准确地沟通、定义出当时面临的问题及其本质，然后与培育课程进行关联性匹配，这样识别出来的培育课题，就能最大限度上满足受训者的兴趣，也能提升培育的效果。

另外，培育者也要引导学习者从原有知识生长出新的知识，或者跨知识思考，跨层次思考，整合为一个系统框架，只有这样才能具备系统思维。比如思考精益思想、约束理论、阿米巴等不同管理理论之间的共性、关系。

8. 识别与培育方法论。一个系统的培育主题应包含背景、本质、概念比较、前提假设、适用外延、内在结构、充要条件、匹配方法、关联要素及影响、作用机理、作用过程、作用方法等内容，这些是解决问题的方法论框架和过程。专业的培育者应该能够将这些内容能讲解透彻。当然为了避免疏漏，培育者可以采用检查表的方式逐条检查评审。

9. 把握学习过程。从个体学习的逻辑顺序来看，背景与需求分析、培育、分享与交流、自我构建是任意个体学习的过程。我们可以用解析法将每个大过程划分为若干子过程，这样培育的有效性、科学性和可操作性会更强。比如可以划分为如下过程：

（1）引起注意（背景与需求分析），以刺激兴趣。

（2）告知目标（背景与需求分析），以激起强烈的期望。

（3）刺激回忆（背景与需求分析），以理清假设和旧知识，找到突破点。

（4）呈示材料（培育），以引起对假设和旧知识的质疑。

（5）提供指导（培育），以让受训者掌握分析的框架与方法。

（6）分组讨论（分享与交流），以让受训者知道不同维度、深度和精度的理解。

（7）诱引行为（自我构建），以促使主动参与、自我行动、及时反馈。

（8）及时强化（培育），以推进正向进度，防止负向行为。

（9）检查评价（培育），客观的纠正、评价、反馈行动后果，刺激持续改善的决心。

（10）促进迁移（自我构建），以构建规律和系统，达到灵活运用的标准。

其中的自我构建是学习的最终过程，但是初级学习只知道重要的概念和事实或者对示范行为简单模仿，而高级学习则可以从他人的行为中获得一定的行为规则、规律、框架、方法论，而创造性学习则可将各个不同榜样行为特点组合成一种新的行为方式。不同的认知决定不同的经营模式，比如阿米巴、丰田模式都是成功的模式，也是不同的模式。实际上，他们都是系统性学习和反思其他组织的知识与经验，并结合其自身的特点，而创造出的经营模式。这就是创造性学习所带来的成果。

10. 强化知识。在不同情境下重复性地应用培育内容，以达到强化的目的，也才能促使受训者多角度认识概念或事物。这也是发现和构建规律的最重要条件，因为只有反复强化才能促使受训者思考，并逐步培育关联思维以及本质与形式的逻辑认知习惯，也才能实现自我构建。

11. 把握学科规律。每种学科都有其规律，比如数学有量化特性，自然科学有实证特性，管理学有综合、抽象、隐含、变化等特性。培育者及受训者都需要充分理解掌握学科的基本结构、基本方法、基本态度（比如质疑精神）是发现规律框架的最重要充分条件，也决定了个体能否跨学科、跨领域、跨部门、跨层级创新。

12. 内容刺激性。人都有猎奇与追求刺激的心理，因此内容和角度越新奇，受训者印象越深刻。但是在培育中，多数人都会采用经典的案例，但是那些案例往往已经给出了固定的假设和解释，已经被某种认知占据，因此培育效果往往并不明显。因此，要学会从最新的真实案例，新的角度，新的思维模式等方面加强内容的刺激性，以避免受训者的思维疲劳。

13. 团队分享与交流。大多数人仅能思考与理解有限的维度、深度和精度，如果单纯以自己的理解为行事准则，会产生争议而导致规则的破坏，所以培育最好引导团队分享和交流，以帮助组织成员能更全面系统地理解培育内容，更能接近事物的本质。

14. 终身学习。任何认识或判断，都是对已知世界的解释和假设，都有适用条件。所以，随着历史发展、认识加深、技术创新、价值观改变，已有的解释和假设可能会发生改变，所以我们要终身学习和跟踪外界知识的变化。

以上知识的目的是让培育更有效，但是这么多知识的逻辑关系和结构也许并没有被识别和构建，所以我们首先要确定过程，然后每个过程有内容，每个内容有二级模块和影响因素（以及影响程度），每个因素有对应的处理方法和内在关系。按照这个逻辑结构方法、解析方法去理解和构建一个培育框架，培育的结构、关系就清楚了。

### 三、人岗匹配

（一）人岗匹配的本质及条件

应当承认人的多样性，不同人的兴趣、经历、风格、知识、能力、认知、动机、生活环境等是不同的，因此胜任力的框架维度、层次、程度、阶段都不完全相同。因此，若想让人在某个岗位上发挥价值、创造业绩、达到预期，必须讲求人岗匹配，人岗匹配的本质主要包括两点：

第一是个体具备的胜任力与可变性。比如不少组织的创业一代都面临着一个瓶颈期，其创业时的独断、坚持、勤劳以及机会的把握能力促使其成功创业，但是当组织发展到一定规模的时候，却怎么也做不大。曾经有一位企业主找我做咨询时和我说道："我这家公司一个亿的产值已经维持了快五年了。现在我想明白了，我只有把企业做到一个亿的能力。"实际上，随着其组织的发展，组织所面临的环境更加复杂，他的胜任力已经不够了，如果他不寻求变化，那么他的企业规模就不会再有成长的空间。

第二是不同胜任力和可变性如何相融。同样基于上述案例，如果该企业主引入了一个高度专业的职业经理人，那么是否这个企业就会再度成长呢？也不一定，如果这个职业经理人不能够和这个企业主的特质融合，不能够因地制宜地应用其管理思路，那么失败是必然的。在这个环境中，企业主有其胜任力，职业经理人有其胜任力，只有他们胜任力的成功融合才能够确保组织与内外部这个环境的融合，组织才能够再度成长。管理者需要理解一个没有创新、变化和发展的组织，是自己对自己"温水煮青蛙"，注定没有未来。

需要强调的是，任何人都是一个具备完整胜任力要素的人，只是每个个体在每个要素的程度上略有不同，因此构成了个性化的胜任力。在胜任力这个大要素上，组织需要辩证地、系统地、完整地看待胜任力的每个要素及其影响，而不能只看某些因素而忽视其他，以避免将员工放在不合适的岗位上，这就是倡导系统性、关联性，抛弃狭隘性的最初本意。目前管理界有一句话"没有不合格的员工，只有不合格的管理者"，一方面说的是管理者没有做好员工的引导；另一方面说的就是没有正确识别员工的胜任力，而安排到合适的岗位上。当然管理者要做到人岗匹配，就需要审视和创造对应的条件，这些条件主要包括：

1. 信任。如果将信任划分为五种层次：即怀疑、条件性怀疑、客观、轻度信任、盲目信任，那么人岗匹配的基本要求是客观信任。所谓客观信任，就是以"人性本善"作为假设，也就是相信人是诚信的，但同时要保持监督，以避免人性中"恶"的影响。

2. 正确理解胜任力的系统框架。准确识人、用人的基础是正确理解胜任力系统框架，并且对其中的每个要素都建立判断的方法和标准。人不可能做到100%判断准确，因此需要反复地将抽象的规律与具体事实或信息联系起来，查找错误的根源以逐步提高判断准确率，当所有的要素都被识别出来时，人性和胜任力就可以清晰地展现，胜任力的系统框架也就搭建起来了。

3. 包容。人无完人，所以要包容。在包容这个维度上，要反对两种倾向：一是无原则、无控制的包容，二是过度苛求和控制。过于苛求，会压抑人性，其后果是要么造成人的离开，要么造成人的死板而缺乏创新。因为，在服从和创新这个维度上，完美趋向的人倾向于要求服从，具备高服从度的人在风格上与之匹配，而这个风格客观上会压制人的创造力和自主性。但是无原则的包容只会损害自己利益，因为任何人在无控制的前提下都会欲望膨胀，其结果显而易见。

4. 变化。人性是多变的，因此学会在变化中识人、用人，这是"变化"这一条件提醒管理者要注意的地方。为此，要做到首先识别背景、问题和需求发生何种变化？其次，条件发生了什么变化？再次，重要的人以及人的胜任力发生了什么变化。如何应对变化？最后，采取何种方法应对？按照这个逻辑去思考、判断、修订下列要素：人、岗位、胜任力、要素、方法，这样才是一个合理的适应变化的方法论。比如，当电商兴起时，对生产商和贸易商而言，如何最大压缩渠道成本就是主要需求。而满足这种需求，首先要有互联网思维，通过网络将自己与消费者直接交易就成为必然趋势和条件。这时候理解互联网是决定以后销售、服务和生产政策及工艺的必然胜任力及要素。假如互联网思维仅仅理解到通过网络或电商销售的层次，就会降低成本，取得一定优势；假如互联网思维理解到产销一体的程度，就会形成智能化、网络化一体的生产经营模式；假如互联网思维理解到互联一切有用资源的程度，就会打通上下游产业链和相关产业链，协同发展，提高行业整体竞争力，而这个才是真正的趋势，这是思维不同造成的运营模式和趋势不同。理解了真正的胜任力要素，企业主和高管才知道自己和下属的胜任力短板以及如何补足。比如聘请创新思维、技术思维更好的人，或者合并部门和岗位职能、组织扁平化，或者去培训互联网思维，或者聘请外部顾问辅导等等。

5. 培训和指导。在变化中发现不足，在培训和指导中补足不足。比如建构主义规律告诉我们学习者是主体，但是多数顾问是以授课为主；认知主义规律告诉我们要重视受训者收获多少，但是多数培训几乎挖掘不到学习者掌握了什么，掌握到什么层次、何种程度、具体哪个知识点；行为主义规律告诉我们培训要落实到行为，通过行为产生预期业绩或改善，但是多数培训几乎不落实，更不会分析与业绩多少、业绩变化有什么关联、关联到何种程度。又如，培训和咨询中有知识假设、教学假设、学习假设，但不少人仅仅在推广自己的理论而不是教会大家质疑，也不会告诉大家方法论，更不会关注学习者个体究竟理解到何种情况，因此难有实质效果。

6. 认知。人的胜任力再好，假如管理者认知不到，也不会做到人岗匹配。对认知来说，最重要的是诊断和改善个体的认知模式或认知习惯。华为余承东因为 P10 机型不同规格、不同等级的闪存芯片混用影响读写速度的问题进行了自我批评和担责，这是华为责任心以及以客户为中心理念认知模式的体现。不同的人、团队和组织对每个事物、问题都有认知习惯，找到它，并予以监督纠正，就是认知的成功。

7. 固化。人有惰性，环境有变化性和影响性。人的惰性让人懒于思考，疏于坚持。环境的变化性和影响性让人迷失，掌握不到真谛，随大流，这就是人性。这样的人性要求我们必须固化。华为请 IBM、人大教授等第三方做咨询，就是秉持先僵化，后优化，最后固化的态度和行为。华为的"僵化"就是先不打任何折扣的执行，然后针对问题优化，最后提炼出规律和理念进行固化，比如以客户为中心，狼性精神等等。组织若想成功或持续卓越，不断提炼规律、固化规律是必不可少的，这是组织的管理模式、管理标准，其价值类似于产品或工艺标准。

（二）人岗匹配的内容

我们知道了匹配的前提条件，那么接下来的疑问是匹配什么？

1. 胜任力匹配。所谓胜任力匹配就是精确测评个体在每个细节维度的胜任力，并与岗位胜任力标准比较，进行岗位匹配。比如一个销售经理，如果测评出其不愿学习，或者没有掌握科学的学习方法，他在洽谈客户时就难以展示严密的逻辑分析和所推介产品的价值以及注意事项，那么这种风格的销售经理谈客户的效果不会很好！

2. 培训匹配。胜任力匹配，做不到完全符合岗位要求，仅能在某种维度上做到程度匹配。在这种情况下，就要通过培训的方法加以弥补。比如，我们测评出某人具有分析风格，善于分析问题，但是他不一定有分析的工具和技术，比如排列图、鱼刺图等，如果没有这些具体的技术、方法和工具做支撑，也不能精确地定位问题和原因，所以必须用培训的方法加以弥补。

3. 解决问题匹配。知道问题和原因，不一定能解决问题。培训了，也未必可以解决问题。比如不少管理专家，反复强调要自主管理、要重视企业文化、要转型升级等管理论点，但是面对怎么实现自主管理、怎么实现企业文化、怎么实现转型成功等问题却无实操、有效解决方法的情况比比皆是，这也算不得解决问题。从人性角度说，解决问题是我们想要的，但是能做到的不多，所以解决问题匹配是岗位匹配不可缺少的。

4. 团队匹配。上下同欲，协作良好的团队是每个组织和个人都追求的。很多企业内斗不止、员工冲突、貌合神离，是为没有文化。文化的真正实质和唯一标准是团队匹配。

5. 方法匹配，实现管理预期的匹配方法包括但不限于以下方面：

（1）兴趣一致。

（2）知识匹配。比如做质量的一定要懂技术才能有效分析和解决实际问题，这是技术和质量的知识匹配。刘邦善用人，韩信善用兵，这是政治和军事知识的互补。

（3）人格匹配。有的人善妒，就要约束其人格，组织内部才能匹配，否则只能匹配能力更差的人，组织竞争力日渐式微。蔡元培讲究"兼容并蓄"，一改北大之前做官发财的学风，因为它是自由精神。相反，因为教育部等官僚、行政行为不匹配蔡元培的风格，所以两年半后蔡元培辞任北大校长。所以团队匹配、工作匹配讲求人格匹配。

（4）角色匹配。有的管理者，只能发挥执行和强势角色，但解决问题和领导角色是弱项，这样的角色只能匹配初级管理者岗位，一旦放到更大岗位，将造成组织文化的全面破坏。

（5）能力匹配。通常情况下，个体的能力与成功的程度是匹配的，即越大的成功越需要匹配更大的能力。很多企业家之所以有大成就，是因为其具备诸如抗压、创新、包容等能力，这种能力高管却未必具备。比如海尔的张瑞敏敢于打破常规，实行小微创业体制，树立以客户为中心的"人单合一"、强调个人利益的价值分配体系等做法更是需要魄力和意志。

（6）动机匹配。中国的造城运动造就了大批"拆二代"，这批"拆二代"原来各方面情况可能不好，他们也许具备不错的成就动机，但是因为拆迁一下子拥有了很多财富，他们的成就动机开始变得不那么强烈了，你如果以金钱激励，效果并不理想。在岗位匹配时，管理者就要充分识别这些动机，匹配其真实需求。

（7）权变匹配。人永远是变化的，人的变化有时也会导致管理的变化。所以管理者必须学会识人、知人，并且是动态的、具体环境和场景下的识人，这就是权变匹配。

（三）梯队建设

认知管理下的梯队建设是基于胜任力的，包括胜任力的质量和数量两个角度，不是单指基于人数或后备力量或干部培养方面，更强调人的全面自主发展，以此刺激人的更大狼性和更大胜任力。从组织发展和胜任力发展的角度说，人力资源的梯队建设无比重要。但是，如何高效策划和执行梯队建设方案，产生预期的效果，却是管理者专业运作的事情。

1. 关注和分解组织发展战略。组织的发展战略需要定期更新，以适应变化和不断创新，保持持久成功。同时，梯队培养也一定要适应和服务于组织战略，这个定位一定要清晰，管理者对此定位的落实能力是组织发展的关键。我们分析以下几点，并在整个系统做对应的改变：

（1）胜任力需求的变化。比如，原来不需要设计人员，按照客户要求生产即可，但是现在市场发生突变或者是企业想独立自主，需要增加设计职能，于是设计能力成为需求。很多企业，包括华为，都是基于后备力量或干部进行递补，忽略了基于胜任力进行递补的实质，所以才有部分员工因为收入较高失去驱动力的情况。

（2）需求数量的变化。比如产品有减产、停产、扩产的，必然导致需求变化。

（3）角色定位的变化。比如原来仅仅能满足执行角色就可以，现在需要能有效策划、统计分析、创造的能力。比如海尔的小微体制就是员工角色由"要我干"变成了"我要干"，因为员工是为自己创造价值。角色定位变化后，传统管理模式的分工理论就会越来越失去市场，因为每个专业都雇佣人员所支付的成本会大大高于聘用具有综合能力的精干人员的成本，而这一点企业主们是无法接受的。

（4）管理体系的变化。战略变化以后，要从整体到局部、从企业主到基层都要重新考虑企业的价值观、文化、流程、组织结构、制度、工作方式等组织体系。华为由最初的代理模式转型到研发模式时，组织变得庞大、复杂，任正非才引入 IBM 等咨询机构对管理体系进行梳理，才有了后来的《华为基本法》。

2. 基于胜任力的梯队需求确定。基于胜任力的梯队培养则日益成为组织发展的需求，因为他会精准测评人的综合水平，在需要的时间，随时提供需要的能力或人员。传统的人力资源更多依靠经验判断，可靠性不强，那么，需要用什么方法进行梯队需求的确定？

（1）职能确定：组织应该根据价值大小，确定哪些职能必须做，哪些职能可不做。哪些职能当前做，哪些职能延后做。哪些职能自己做，哪些职能别人做。哪些职能重点做，哪些职能兼职做。比如芯片产业，是做设计还是研发，还是都要做？职能确定不同，工作定位不一样，对胜任力的需求不同，尤其对初创企业和待转型的企业而言。

（2）职能确定需以价值判断为主要方式和标准，这在下文会有详述。

（3）组织设计。包括组织文化、组织结构、流程、运作机制、治理结构等若干方面的设计，将影响梯队培养的顺序、流程、方法、权限等方面。当然，组织设计之后还需要专业的工作调研和工作分析，以确定岗位数量、定员人数等。

（4）胜任力构建。组织应该根据自己的核心价值观不断识别和构建适合组织自身的胜任力体系。

（5）胜任力测评。结合现有岗位、职能、组织设计情况重点测评每个人的胜任能力现状，再对标岗位说明书明确每个人的梯队培养内容。需要说明的是，梯队培养在胜任力测评对象上是基于全员或基本全员的，而不是仅针对关键岗位、高管岗位的，因为组织是一个系统，基层员工的发展不利，会像人的神经末梢一样，让组织失去第一信息收集源和第一有效抗体，留给组织的会是前方作战效能不利。当然，在培训方式、激励程度等方面可以区分对象和重点，比如对当前短板或急需发展的岗位、经营风险大的岗位、候选人获取困难的岗位优先保证培养时间或机会等。

明确了以上几点，企业就可以针对重要岗位、胜任能力、工作时间协调等情况统筹安排培养计划，按照层级培养原则逐级实施起来。

3. 人才梯队培养。在梯队培养方式上，需要关注以下方面：

（1）从培养层级的角度来看，应该逐级培养，向下培养。每个成功的帝王都会培养臣子们如何演好角色，比如像汉武帝、唐太宗、成吉思汗、康熙等无一例外。

（2）从培养方式来看，可以采取个性化培育的方式，这是符合人性的做法。比如：头脑风暴、述职、点评、顾问辅导、轮岗、角色扮演、替代、挂职等，以便于每个阶段都能发现培养对象的短板和改进机会，逐步完善培养对象的系统、专业胜任力。

（3）从培养权限来看，当需要跨部门、跨系统培养时，则需所跨部门与系统相关的委员会或授权人进行批准，相关部门应予以落实。

（4）从培养过程说，要做到如下几点：

① 岗位（职能或角色）匹配：根据胜任力测评结果、兴趣和轮岗情况做岗位匹配并初步定岗。

② 岗位（职能或角色）培养：对本岗位工作系统培养，对关联岗位工作定期关注，两方面系统认识本岗位工作，定期总结、改善。

③ 岗位（职能或角色）轮岗：按照"精深、系统地认知每个岗位、每个职能、每个角色、每项工作"的原则在相关岗位轮岗。

④ 岗位（职能或角色）晋升或激励：当确定岗位（职能或角色）达到胜任力要求时，采取晋升、激励、轮流、创业支持等方式实施激励，始终保持最大狼性刺激，类似于华为的"以奋斗者为荣"文化。管理者一定要相信：猛将发于卒伍，宰相取于州郡，威信和能力只能不断累积，不断提升。

（5）从培养的内容来看，首先要关注胜任力，这是核心和基础。其次要注意系统培养，包括：

① 哲学、心理学、历史学、逻辑思维学、艺术科学、社会科学等人文类基础科学，这些学科从不同方面告诉了人们认识世界和信息的角度。

② 科学方法论、情报学、知识系统学等工具类科学，这些学科是认识世界和信息的工具。

③ 计算机与软件、人工智能等工程技术科学，这些学科可以告诉管理者如何将管理通过计算机或智能设备固化出来，达到防错、少人化、高效化、低成本化、管理柔性化。

（6）从培养的方向来看，管理者应该将培养方向界定在：每个人都能自主管理这个角度。这将大大提高管理的效率和效果，真正实现德鲁克提倡的卓有成效的管理者，真正实现华为主张的"向市场一线提供精准、强力的炮火支援"。而要实现这一点，就要遵循人性假设改变的三大规律：构建主义、认知主义、行为主义，将具体事物总结出规律模型，精准分析清楚模型的应用条件和场景，不断训练，不断构建，最终形成自成体系的管理模型，并能灵活运用。

# 第二节　价值体系

所谓价值体系，是指组织对管理诸要素、诸行为、诸人员、诸资源等一切因素的价值定义、执行、分配激励等系统活动。价值体系在管理中起着指挥棒的作用，是认知的外在形式。

## 一、组织的价值定义

组织对价值认识多少、认识的精准程度，决定了组织的成就。美国火星小学将教育的价值定位在培养学生解决问题与创新思考上，这所学校的创办人就是特斯拉的创始人马斯克。因为他发现，很多学校仅传授知识，却无法教授为什么会有这些知识？也就是这些知识产生出来的方法论是什么无法被培养，授之以"鱼"，而不是"授之于渔"。而在这所学校，采用了个性化培养的方法，重点培养解决能力和系统创新能力。个性化培养也是历史以来就有的方法，是正常的人性诉求，孔子等人就用过。蔡元培时期的北大，在思想包容领域采取了"兼容并蓄"的价值准则，获得很好的发展。我们认知价值，需要从以下方面思考。

（一）行业价值定位

纯投资者，遵循资本逐利的本性，哪里挣钱投向哪里，无所谓确定做什么行业，只需要根据精准的信息分析，及时或短期内炒卖股票即可。但对做实体的企业而言，需要审慎选择自己的行业。当光伏行业成为热点，很多人一窝蜂上马的时候，未经严谨价值分析的企业注定会成为行业的匆匆过客。汽车行业、手机行业等无不如此。要想精准确定行业价值，可以分析以下几点：

1. 持久性：一些行业，如吃喝玩乐是永久性的，只要有人，就有这种需求。

2. 通道性：比如每个行业都会用到汽车，因此汽车行业是各个行业里面通道性的。

3. 系统性：比如某个系统具备某项功能，人们就会较少去消费只具备单一该功能的产品，比如智能手机和相机。

4. 自动化。

5. 模块化：即将一些基础性功能整合成大的模块，比如软件的Java语言。

6. 人性化：即行业定位要紧跟市场需求。

（二）产业价值定位

任何产业都有上中下三个层次，越是上层，越有话语权和优势，越是下游产业越会受制于人。但是，下游产业并非没有机会。比如德彩做热带观赏鱼饲料，拥有全球50%意思的份额。伍尔特，只生产螺丝、螺母等连接件产品，年销售额70多亿欧元。高度专业化，向深度进军而非广度扩展是"隐形冠军"公司的一大典型特点。我们认为：产业层次仅是必要条件，更重要的是产品优势。

产业价值如果定位不好，比如在西班牙、意大利和许多东欧国家，中国商品批发店、零售店随处可见。但是在德国就比较少，以慕尼黑为例，中国商人曾多次试图在慕尼黑开设类似商贸中心，都没有成功。因为德国人的消费心理是品质至上，而不仅仅是价格便宜。一把切菜刀、一个饭锅可以用几十年而不坏，以低价的中国商品去德国开拓市场而不考虑品质很少有大市场。

这也告诉我们一个真理：必须将你的产业定位在品质与当地消费习惯匹配上，而不是盲目开发产品或市场。

（三）企业宗旨

相当多的企业在价值定位为利润最大化，股东利益最大化。这种价值定位在驱动力上会引导你走向贪多、求大、快速发展，这种驱动力会让你想办法压缩成本而不是提高成本的产出价值。这种成本控制手法会让组织逐步失去基层员工，失去产品竞争力。正确的认知是要平衡。要认识到：利润是"种瓜得瓜，种豆得豆"的自然结果，如果先种下"利润"的种子，就会产生失去产品竞争力的"果子"。法国《费加罗报》《世界报》等多家媒体曾持续关注丰田汽车持续召回事件，并分析认为是对成本的严格控制导致了汽车质量问题频发。日本钢铁企业又爆发造假丑闻，也是对利润追求导致"工匠精神"失落的案例。

从管理宗旨说，传统管理不论其形式如何，都属于分工理论的范畴与形式。围绕分工理论，产生了泰勒以提高效率为宗旨的科学管理理论，韦伯的行政组织理论，法约尔的职能管理理论。

现在是互联网时代，物质相对丰富，用传统的管理理论和模式已经无法满足新生代的人性需求，他们并不愿意再去生产线从事以分工为前提的枯燥的劳动，也不会轻易地尊重权威、按层级处理事情，相信很多管理者已经感受到。这个时代最大的特色是去中心化、分布式、去中介化。美国人杰里米·里夫金在他的《第三次工业革命》一书中已经论证过。

在人性假设上，传统管理将人视为经济人或社会人，目前看来还需要补充，比如华为的很多员工收入很高，于是出现了员工不思进取的现象。一部分人靠出租房屋或拆迁一夜暴富，在公司里面虽然有工作，但却失去了创新和卓越的动力，这在管理上是致命的。所以华为树立了以奋斗者为本的文化，并且坚定不移地清除掉那些失去驱动力的人。海尔的人单合一系统强调人是自主人，你能创造价值就有价值，不能创造价值就没有价值。所以，我们主张：将人当成自主人，组织和管理者帮助自主人实现个人价值，自主管理是管理的最终本质和驱动力，管理大师德鲁克也早就倡导过。

（四）职能定位

传统企业喜欢搞 KPI（关键绩效指标）考核，但是这种考核一般是由人事组织实施，仅仅关注结果，因为人事不懂业务，比如不懂市场、调研、产品设计等，所以考核的结果是仅仅评价职能得以履行。对组织来说，实际需要的管理是通过考核加以解决，提高绩效。但是因为企业对职能价值的定义和认识并不完整和专业，所以未将考核解决问题的职能专业运作起来，这就是考核职能的价值定位有问题。比如海尔更关注增长、占有率和盈利能力这样的内涵指标而不是绝对销售额这样的外在数据，同时也关注生态圈数量、质量和产品变化的情况，这样的考核关注点更贴近消费者人性需求，更满足消费者体验，更容易促进市场扩大，因为其种下了好的种子，才有好的收获。

这种组织结构的优势在于最大程度接近自主管理、更贴近市场、更激励人、减少人的惰性、自动淘汰不适应的人、自动吸引具备胜任力的人、消费圈生态化、客户黏性更强，总之管理投入大大减少，产品竞争力大大增强，更容易出现隐形冠军，基本上规避了应付企业、监督无效等情况。

企业的产品如果能切实为客户带来利润或价值，其价值无疑是大的。德国很多企业充分将产品做到了精益化、智能化，比如：依诺信公司的工业自动化控制系统、工业自动化控制设备等是智能化设备的标杆；赛威传动公司已经通过精益管理和智能化组装线，实现了不同模块和不同系统之间的无缝连接。

因此，企业应以为客户创造价值来以引导自身的产品与服务创新，这将更有助于市场竞争力和持久创新能力的提升。

从效益角度说，企业要界定好每种职能的投入产出形式及效益，界定清楚每种职能的价值。阿米巴经营模式中有内部核算，主要靠企业最终决策人对不同阿米巴单元的内部核算来平衡各种职能、各个部门、各个岗位的价值。海尔的小微体制也要界定好内部价值。

从职能角度定义自己的价值、核心能力或持久创新力，还有其他方面需要考虑，如责任观、人际观、物质观、友情观、工作观、金钱观、人性观、领导观、幸福观等，这里不再赘述。

## 二、价值执行

真正具备组织文化的不多，因为文化是组织价值定义的外在形式。组织文化的定义简单，但是要真正做成，也就是让团队绝大多数成员感受到组织文化的影响并能够实实在在地去执行却非常难。这需要靠日常行为的每个细节去固化成习惯。从这个角度说，组织文化等于行为和细节的综合体。但是对大多数组织来说，文化与行为却是严重脱节的，文化落实不到行为。其原因主要包括：

1. 管理者没有成为文化的实践者。很多管理者感情用事、识人用人不专业、人岗匹配不合理，事情处理不及时，这就造成了一种散漫、人情化的组织文化，而不是专业、理性管理，导致有能力的人受到排挤出走，失去人才的组织必然逐步走向衰败。三国时袁绍不听许攸之言，出走曹操，带走袁绍的底细，最后导致袁绍官渡之战失败，彻底失去竞争优势。李世民在实践他的包容文化，所以房玄龄、杜如晦、魏征、长孙无忌、徐茂公等不同性格的人各得其所，开创一代盛世。毛主席团结大多数，纠错误，治病救人。这些领导都是好的文化实践者。作为企业主或管理者，既要树立自己的专业权威，也要树立自己的人格权威，这一点对新生代员工尤其重要，而人格权威比专业权威更加重要。

2. 缺乏整风。很多管理者，遇到矛盾或冲突事项，往往息事宁人，大事化小，小事化了，终无下文，是中国式的"和为贵"价值观，是文化的劣根性。而组织文化也就在这样的模糊处理中逐渐失去员工信任和激情。这就好像带小孩子，当小孩随机任性、使小性格时，很多家长往往觉察不到，几次下来，成为宠爱，习惯养成再难改变。西方文化的二分法在此值得借鉴。在西方文化中，遇到矛盾和冲突，要辨明是非，确定对错，以警示他人。西方科学、西方哲学、欧美法系、西方管理都是这样文化。春秋战国时期的法家也是如此治国，秦国据此体制一统天下。毛主席也是靠整风运动净化认知，统一思想，形成强大组织凝聚力；华为靠狼性文化强制整风。

3. 缺乏专业的固化，不能与行为挂钩。比如海尔砍掉一万多中层，通过固化企业的文化落地。华为通过坚决淘汰、全员重签合同等形式进行固化，这是文化的体现。

4. 团队成员诉求不一致。红军作为一个创业团队，经过湘江战斗、遵义会议、飞夺泸定桥、过雪山草地等重重洗礼、筛选，到达陕北时只剩8千多官兵，相对从中央根据地出发时的8万多官兵可谓损失惨重。但是，这8千多官兵确是意志、诉求完全一致的团队。华为树立了以奋斗者为本的价值观，凡是因为高薪失去奋斗诉求的员工，华为坚决淘汰掉，剩下的都是诉求一致的"虎狼之师"，这样的团队何尝不胜？但是，很多企业从招聘关到组织关都缺乏有效机制和意志，所以其团队成员良莠不齐、同床异梦也就不足为奇了。有148年历史的德意志银行六年更换四位CEO，主因是董事长与CEO在管理风格、发展理念方面不匹配严重。万达电商同样更换过几任总经理，结果因为与王健林的理念不匹配，总是以纯电商的思路运作企业，折腾过几次后，万达电商逐渐失势。实际上，每个组织内部都或多或少存在矛盾，如果放大矛盾，轻视共同利益，团队绝对涣散且分崩离析，很多创业失败的企业都是因为股东矛盾导致关门。如果求同存异，发扬优点而不是揭短，则团结、信任的文化必会结成，文化形成后，个别人的不足必然会被文化环境所弥补。


### 三、分配与激励

以上从逻辑和理论上论述了价值管理的重要，但是要想真正实现价值管理的预期，还是要靠价值分配与激励这个充分条件，因为这是指挥棒、是方向盘。

首先，管理者要清楚员工的诉求是什么，从人性的角度来看，多数人的诉求是金钱，而有个性的人则各有所求：有的诉求尊重和信任，有的诉求才能最大限度发挥，有的诉求人际关系和谐，不一而足。这需求管理者具备系统、有效、精准的人才测评能力和技术。如果缺失或模糊，你分配和激励的方向和方式会无效。比如中国古代传统的知识分子重视气节胜过金钱，所谓"不为五斗米折腰""宁为玉碎，不为瓦全"就是指向这里。

其次，分配和激励要与价值导向匹配。比如宁波一家外贸公司，希望获得高速发展、规模扩大，采用了"对赌"的分配和激励方式，极大地刺激了员工对金钱的追求，企业规模、企业利润、知名度迅速上升。华为也采用了高激励的方式。

再次，随着人性变化和企业发展阶段的变化，管理者要及时把握员工诉求的变化，及时给予满足。比如福建富贵鸟公司最近在走下坡路，重要原因之一是员工流失严重。最初发展的几年，富贵鸟的员工工资相对其他企业高，吸引了大批员工。随着企业发展，工资未及时调整，员工逐渐流失到更高工资的公司，企业员工严重不足，严重影响了企业发展。

最后，每个分配和激励在程度上都要满足到位。

## 第三节　资源

如前文所述，资源包括人、设备、资金、人脉、信息、技术、物料、供应商、客户等可维持企业价值存在、持续的要素。不同的要素有不同的内在规律，需求管理者具体了解、分析和应用，只要分别学习相关学科的基础性、元点性原理类理论和知识，并从系统、结构和本质的角度认识，注意应用条件，基本上可以控制这些要素按期望的方向发展。倘若只看流行性、形式性理论和方法，是无济于事的。这里重点谈谈每种要素的共性规律和方法问题。

### 一、资源的共性特征

首先，资源要靠专业运用才有价值，每个企业都一定面临以下三种情况：第一是不确定性，即决策者对社会、经济、产业、技术等外部环境不可能完全清楚，对竞争者的竞争行为、消费者的偏好把握不可能绝对准确；第二是复杂性，即影响企业外部环境的各种因素的相互作用是复杂的。第三是组织内部冲突，即决策者、执行者、相关利益者在目标上并不一致，各人都从最大化自己的立场出发影响决策、干扰执行。

在这种情况下，管理者要有很好的认知模式，能快速精准地认知未知或新事物，这是每个管理者都要修炼、提升的能力，而这与你是否做人事、生产管理、质量管理等无关。仅是做过某项工作，只是经验的重复，而企业需要的是创新和解决问题，需求的是本质规律的灵活运用或系统提升，所以某项工作做过或者做了几十年，如果不能有自己的方向创新，基本上是普通管理者的层次！

其次，资源要难以复制才可以保持自身的优势。很多企业学丰田生产方式、稻盛和夫的阿米巴经营，然而仅仅看到人家有形的现场，却看不到、看不懂形成这种情况的内在文化和机理，所以即使投入很大成本模仿，也未必成功，因为丰田的资源是难以复制的。

再次，资源要不断创新。设备、人力、技术等资源要不断创新，才能适应客户和市场需求。同时，适应发展需求也要不断挖掘和对接新的资源，以维持竞争优势。杭州中小企业服务联盟就是杭州中小企业服务中心下属的抱团发展机制，该机制下汇集了法律、财税、金融、专利、项目、管理等各个分散领域的专业资源，可以同时向中小企业提供系统的专业服务。杭州有家紧固件生产企业，建立了创业平台式运作机制，为小微紧固件生产者提供销售平台、技术和工艺解决方案以及原辅材料供应，这就扩大了企业的生产资源，在快速、个性化生产中实现了"同步工程"，实现了企业和小微生产者的共赢和最低采购。

## 二、识别和构建资源系统

企业由于不同的产品、模式、发展阶段等因素导致所需的资源种类、数量、质量等各不相同，这个事实决定了企业进入这些状态时能及时识别和构建自己的核心资源。很多企业，在最初创业时因为意识和专业局限，资源管理往往有先天漏洞，是企业发展的隐患。随着企业发展或知名度提升，受临时工作、分工体制和乐观情绪的局限，这些先天漏洞不但未解决，反而被忽视和掩盖，这就像人体有病毒侵入，你不及时治疗，疾病迟早会爆发一样，这些漏洞最终会产生致命危害。

　　需要指出的是，企业除了对有形资源能识别和构建，更要关注无形资源及其影响的识别和构建。比如对国家政策、改革方向、产业趋势、消费升级、替代产品等的识别和构建。因此需要学习如何认知具体资源。每种产品在市场上都有很多竞争者或者替代者，这是市场共存的特性和态势。市场是多样的，因为每个存在的都有自己的核心优势。对企业来说，关键的是要构建、放大自己的核心优势，这就要靠管理者精准、系统的认知，这种认知力是企业拥有的特殊禀赋资源，是其他人不可复制的。打造这种认知力可以从以下几个角度考虑：

　　1. 开拓认知渠道。市场上充斥了大量的管理书籍、管理理论和管理名词资源，让人目不暇接，不知如何选起？运用比较方法和追问方法进行推敲后你会发现，大部分新概念、新名词、新形式是"新瓶装旧酒"，其内容和观点都差不多，如果仔细研究后会发现大多数都是方向性方法论，即描述一种理想状态或理想目标，至于如何具体实现，缺乏描述。所以，管理者要筛选自己的认知渠道，向最基础、最核心的原理或规律寻找解决问题的方法，选择学习诸如《论语》、毛选、哲学原理之类的书籍。然后运用原理和适当方法具体对接到某个具体资源上，才是真正属于自己的东西。

　　假如自己认知有困难，或者有疑惑，怎么办？就要寻找社会的咨询服务机构或资源。比如华为就请人大教授、IBM 等做过咨询。当然，在找外脑的过程中，一定要基于胜任力假设，而不是基于"名牌效应"假设，两者的区别在于胜任力假设是基于严谨认识系统、专业要素的方式、有效性后做出的判断；名牌效应是听到对方资历、背景或出身名门后做出的判断。

　　2. 培养认知习惯。看到一个问题，假如与自己的感觉不一致，你会直接否决？还是仔细了解？还是大概了解？如果选择了某一种方式，在该种方式下面还会继续分解下去吗？用什么方式具体分解？对这些问题的不同习惯，导致了不同的资源认知。认知的不同决定了资源利用价值的不同，最终结果也会不同。

　　3. 摆正认知方向。对资源的认知，要从广度、深度和精度三个方向去判断。

　　广度是资源及其附属影响因素的多少，取决于你是否分解得足够细致，角度是否系统，越细致、越系统，风险越小。比如不仅要从收益的角度考虑，还要从成本、时间、能力、效率、获取资源难易程度、风险等角度认识。

深度是资源及其影响因素的层次高低，比如站在宏观的角度看人事，你会发现人事的局限；站在经营的角度看精益，你会发现纯技术精益的狭隘。

精度是直达资源的本质。比如 5S，不要认为就是做现场、做卫生，而是如何减少浪费，减少浪费的自然结果就是你看到的真正的 5S 而不是为了卫生而特意去做。现在的人力资源和 17 年前的状态差不多，实际上是社会价值观扭曲和人力资源方法不得要领两大本质因素造成的。社会价值观是金钱导向，所以只要能挣钱就可以，没人关注如何更接近本质。比如：不少人力资源管理者仅能在流程、理论和文字上发表些独特看法，缺乏更深入的测评方法、培训模式、绩效改变能力等本质胜任力，这是由于他们仅学过理论且专业比较狭窄导致的。亚里士多德说：在每个系统探索中都存在第一性原理，这是后续问题的基本假设和定义，不能被省略和删除，也不能被违反。

亚马逊创始人贝佐斯在一次演讲中说：人们经常问我，过去十年什么会被改变？但是从来没有人问我未来十年，什么不会变？在零售业，客户想要低价，这在未来十年不会变，不会变的才接近本质。电商不正是低价才赢得市场吗？

三、如何应对具体资源

在应对具体资源的管理上，应认识具体的资源规律，以物料为例，物料必须计划采购、及时供货、最低成本等几个要素综合考虑才能做到最低成本。丰田的 JIT 准时生产模式就是及时供货、零库存物料的体现。

采购价格预测及按计划采购是降低成本的措施。以商业为例，司马迁在《货殖列传》中总结道："百里不贩樵，千里不贩籴。"意思是说：超过百里之外不去贩卖柴草，超过千里之外不去贩卖粮食，因为太远会增加成本，这就是现代"销售半径、采购半径"。又说："贵出如粪土，贱取如珠玉"，意思是说：当货物价高的时候要像轻视粪土那样赶紧卖出去，当货物价低的时候要像珍惜珍宝那样赶紧买进来，就是贵卖贱买规律。

在实际应用中，可以参考如下原则：

1. 减法法则。减法法则不是简单意义上的削减成本或资源，而是站在组织整体的角度，全方位地进行重塑，直到内外部资源、上下游资源匹配并提升组织的核心竞争力。耐克便是一个善于做减法的企业，为了减少成本，耐克进行全面审计，包括简化供应链和减少人员开支，关闭自有工厂和停止向多家工厂下发订单，将生产集中到更少的生产基地。

2. 需要注意的是，做减法意味着企业要具备很好的流程规划与诊断能力，这种能力并不是朝夕之间就可以完成的。通用公司也曾经做过减法，砍掉了很多弱小的产品和部门，保留了具有竞争力的产品。

3. 加法法则。所谓加法法则，就是不断增加资源种类和数量，创造核心竞争力。李嘉诚的发展过程就是不断做加法，横跨很多行业，成为庞大的商业帝国。华为发展初期，仅仅是代理角色，后来不断做加法，自己研发，已经拥有独立话语权，在世界通信市场已经拥有很大话语权了。

4. 连续补充。20 世纪 80 年代，位于美国密苏里州圣路易市的一家沃尔玛超市发现帮宝适品牌的婴儿纸尿布销售旺盛，常常出现断货。于是他们联络宝洁公司，希望架子上一卖完就能自动补到新货，不必每次经过订货手续，而是月结货款。两家公司试验性地将双方计算机联起来，做成一个自动补充纸尿布的系统。此后，超市中纸尿布周转率提高了 70%，宝洁公司销售额也提高了 50%。1987 年，宝洁公司时任副总裁拉尔夫·德赖尔（Ralph Drayer）感到，零售业上下游普遍存在手续烦琐、耗费成本的情况，于是把纸尿布订货模式扩大到宝洁所有的下游经销商和日用品销售商，成为产销联盟的关系，"连续补充"的体制建立。在这样的体制下，上下游数据共享，每个单体企业都可以最小库存、最大流动率生产。

# 第四节　管理信息

　　管理信息是指资源的运动状态和相互作用，这与计算机科学或通信科学里面的信号、数据、字符等概念不同，前者包括后者。比如事情进展、有无矛盾、有无效果等都是运动状态或相互作用的体现。管理信息的具体形式包括：语音、文字、规律、方法、数据、图表、文献、知识等。比如政策宣传、数据统计、市场信号、新技术问世、矛盾突发、意外情况等都属于信息的范畴。了解这一定义，有助于管理者产生敏感意识，刺激管理者养成一种习惯：遇到任何事情都要关联到信息管理的系统里面，运用有关知识点，做好对应分析和判断。

## 一、管理信息的价值与分类

　　一般说来，管理信息主要是向管理者提供认识信息的过程方法，主要有三类，分别是描述性信息、预测性信息以及指导性信息。

### （一）描述性信息

　　所谓"描述性"是指通过不同形式的信息记录主观感受。如培训时听到某个观点新颖记录在笔记本上；出现质量问题时记录下批次号、批量、不良率；面试人员时记录下面试评价等都属于描述性信息，常常具备天然错误：首先，信息是记录者自己的主观判断，记录者的知识、逻辑和结构思维、系统思维、方法论程度，直接决定了信息的多少、真伪、价值大小和程度高低。质量管理的新七大工具中的亲和图法、关联图法等就是对描述性问题进行初步分类、界定的方法。其次，描述性信息是高级管理者、决策者进行认知和决策的最原始信息源，依此进行逻辑推理，所以其真实性、完整性、精准度、范围等属性不能不确定、不能不清晰。因此，丰田的"三现主义"就是为了精准地描述信息以及解决问题而产生的管理理念。

### （二）预测性信息

　　在描述性信息的基础上，人类一定会进行分析和预测，用以辅助利己的各类决策，这是人性驱动力的必然结果。然而，如何精准预测？

预测性信息一般包括两类。一种是由已知信息预判隐含信息、预判可能结果及影响。与人交谈一段时间后，客人提问：您还有什么要交流的吗？其隐含信息是：我们的交流可以结束了。质量问题频发，其隐含信息是：解决问题的方法和质量管理低效。产品有销路，但规模不大，其隐含信息是：产品和商业模式有问题。企业各类管理问题很多，其隐含信息是：认知短板。李嘉诚说：管理团队要知道什么是正确的"杠杆"心态。多数人把这概念理解为四两拨千斤，教人以小搏大，但支点的选择才是结果的核心。这需要倚仗你的专业知识和综合能力，需要洞察出那些看不见的联系和其中的层次、次序。

今天，我们看见很多公司只看见"千斤"和"四两"而忽视了支点的可能性，因过度扩张而陷入了困境。

另外一种是根据历史信息、重复信息归纳出规律、规律库和关键要素。比如管理史，看似"管理丛林""百家争鸣"，但是一言以蔽之，都是效率思想的具体体现。韦伯、法约尔、泰勒等人都是围绕如何分工提高效率展开思考的，精益是围绕成本效率展开思考，阿米巴是围绕组织效率展开思考，质量七大工具围绕分析效率展开思考，无不如此，只是形式不同。大家看现在企业的组织结构，不都是分工吗？但是，过度分工忽视合作也会导致问题，最终导致人力价值体现得不明显，比如设计者不考虑工艺、现场管理者不考虑营销等等，都是缺乏系统视野造成的体制弊端。再如一种新管理方法的引进，不去了解其背景信息，就不知道企业当时的阶段、情形、资源是否匹配该管理方法要求的条件。

关于关键要素，管理者很多假设是错误的。按照现在很多管理者的逻辑，毛主席没有上过军校，没有指挥过军队，学历和经验都不具备，肯定不能指挥军队。但是他却在军事领域世界知名。实际上，经验和学历只是必要条件，胜任力才是充分条件。当人具备胜任力的时候，经验和学历都是必然的结果。即使没有，也不影响成功，比如爱迪生并不是大学生，一样可以有很多发明专利。李嘉诚认为成功的管理者都应是伯乐。伯乐的责任在于甄选、延揽比自己更聪明的人才，但绝对不能仅凭名气选择管理者。

无论哪个领域的历史演化都是有规律可循的，管理也是这样，只有靠系统、精准的逻辑认知对信息精准加工，才能发现学科演化过程中的关键规律，才能不被眼花缭乱的形式所迷惑，华为、老干妈就有定力。李嘉诚说过：我对许多人云亦云的表面专家是尊敬有加，心里有数。说得通俗一点，就是方向正确，耍的却是花拳绣腿。

（三）指导性信息

指导性信息是对预测性信息的综合运用，是运用逻辑认知系统和知识假设两大要素辅助决策的信息。这里从定性和定量两个角度分析下指导性信息的若干问题。

首先，定性信息是指导性信息中最常见、最基础的信息，是定量信息的假设和信息源。比如"销量增长、满意度提高、合格率提升、成本下降"这类信息属于定性信息。定性信息如果不完整、不精准，直接导致定量信息失真和决策失误。李嘉诚说："经济的竞争，是以知识为基础的战争；知识的创造与应用，是企业成败的关键。"

这句话指出了知识运用对信息等资源精准、高效运用的价值。

其次是定量信息，包括两种情况：

第一种是以单一信息为基础的定量分析，其主要特征是从重复性中寻找规律。如统计每月质量事故的复发次数，以此确定改善业绩和改善能力。这种情况下，主要对信息的利用方向、利用程度进行决策。一般来说，这种方式基本可以支持决策。如娃哈哈董事长宗庆后总是习惯到市场调研，通过实地调查产品和服务需求，能基本把握公司运营管理的产品开发方向和优化创新方向，而不必花费大量时间去做统计分析。

第二种是纯数学模型式的定量分析，就是将自然科学、数学的很多方法引入信息分析中，看起来很科学，但因为世界的多变性、系统复杂性、假设的偏见性等原因，这样分析出来的结果有时会具备较大的偏差，经常是投入很多人力、时间和成本统计、分析，却没有效果。麦肯锡基于数据分析，建议乐百氏走"非碳酸饮料"市场，结果失败，而同期的娃哈哈则以"非常可乐"这一碳酸饮料取得一时市场优势。因此，纯数学模型式信息预测要慎用。

## 二、信息管理

在对具体信息的收集、处理过程中，如何具体操作才能得到我们想要的信息价值呢？这就要对以下过程细节进行管理。

（一）信息收集

信息收集最重要的标准是及时、全面、精准、普遍。而决定这个标准是否达到的关键因素包括但不限于以下几点：

1. 信息属性。为了保证信息价值的全面性、精准性，搜集内容要全面。为此，收集之前要充分策划、讨论，要能找出信息的系统认知角度和属性，并以是否与追求的信息价值有强因果关系为取舍标准进行取舍，然后按照一定结构和顺序设计成可以操作的表格形式。何为信息的系统认知角度和属性呢？比如从效率、时间、范围、价值、数量、层次、分布等各个维度去认识信息。因果关系如何取舍呢？要分清是充分条件还是必要条件，要分清是本质还是形式。以销售收入信息为例，很多企业将此作为销售人员、销售部门的绩效评价指标。但是，该信息只是数据性结果，是形式，不是本质。其本质是从核心竞争力角度认知的盈利能力、增长性等内核性属性。海尔就是从占有率、增长性、迭代性三个实质角度评价而不是看销售收入。大家看中国 GDP 总量大于日本，认为中国强于日本，但是日本的创新能力、技术能力、发明专利质量及数量等等在世界范围内远远领先中国。大家可能只看到日本彩电在中国市场的撤出之类的表象，那是彩电行业整体市场的缩减，日本产业已经向新材料、人工智能、机器人、医疗设备、生物、循环利用等高端产业转移。截至 2018 年，日本人获得诺贝尔奖的人数已经超过 26 人，而中国仅有 2 人获得这个奖项，差距不能说不大。中国人如果认识不到日本的经济本质，为一个徒有虚名的体量沾沾自喜，将难以成为一个真正的强国。

2. 信息样本。所谓样本，就是指信息来源的类别和范围。类别和范围按照搜集内容指向的目的确定。样本的选择，主要解决普遍性问题。就是信息的覆盖性要广，否则容易出现局部系统性风险。以市场调研为例，如果仅调查几个省而不是全国市场就设计产品，产品的全国销量通常不会太高。比如毛主席的《湖南农民运动考察报告》，在选取样本时就将支持农民运动、反对农民运动以及中立三种样本全部包括，这就为后面制定政策提供了方向，如果不考虑摇摆群众和反对群众，政策就会有大漏洞。

3. 样本量。样本量是指每个样本类别、范围内的信息数量。一般按照每个范围随机抽样若干的原则选取样板。在样本的覆盖性问题基本解决后，每个范围内的样本量也要适量。单一信息，是个例或偶发情况，重复信息才有代表性，但是样本量也不必太大，太大则不经济，投入的成本费用更高。因此，以一定的分析目的和搜集内容为前提，一般每个范围内有3—4个重复性信息数就可以基本做出判断。

4. 动态跟踪。对有关信息，根据需求，要及时跟踪，了解其最新进展和状态。

（二）筛选

1. 类别区分。就是将分析目的相同或属性相似的信息样本放到一起，以便于后续划分。确定类别有三种方法：一种是用特征作为类别。如成本、税务、银行存款等信息都是财务类；资源、债券、不动产、商品等可以作为资产类。第二种是以部分关键词代替整体，如选取关键词、概要、核心等作为信息的分类依据，将关键词、摘要、核心等类似的信息放到一起。第三种是基于共同的、明显的因素分类。比如按照人、机、料、法、环等要素对信息分类。类别的大小应以满足实际需要为准，比如财务信息可以进一步归类到出纳、成本、税务等不同类别。

2. 分层归类。信息分类后，可进一步分层归类，比如将销售信息划分为集团公司、分公司、区域、个人等不同层次，以掌握每个样本的具体情况和总体的分布情况，最后再从整体总结和考虑，得出全部的信息和判断。分层可以使企业掌握关键信息，从而可以识别影响组织管理的关键事件，从而做出对应的措施，比如战略方向调整、组织调整、政策的变动（如价格调整、区域的重新划分）、市场（预测）突变、自然灾害等情况。

（三）分析

首先，分析每个信息源，应由表及里，能够看到隐含信息、结果信息和影响信息，看到历史和规律信息，分析时应遵循由简单到复杂的原则，分析方法包括但不限于：

1. 比较分析：通过比较，找出合理的解决方法、吸取教训或总结规律。

2. 关联分析：将不同信息的本质联系或属性找出来，分清有无影响和影响程度。

3. 因果分析：分析信息之间的因果关系，充分条件与否。

4. 价值分析：分析信息源对组织的价值，以确定分析优先顺序和重点。

5. 结构分析：将不同的信息源构建成清晰的系统结构，并通过树形图的方式展示出来，便于全局分析。

6. 主客观分析：分析在胜任力范围内是否可控，界定清楚责权利关系。

7. 假设分析：综合考虑立场、利益等因素进行假设，探寻问题及解决方法。

8. 关系分析：分析不同信息源之间的关系，一般来说可以分为阶段关系、层次关系、包含关系、并列关系、交叉关系、独立关系等几种，不同的关系，决定了不同信息之间是否可以替代性表达。

9. 频次分析：弄清信息发生频率。

其次，要构建组织系统的分析体系，以发现问题和改进机会，实现持续卓越。其方法包括但不限于：

1. 构建不同领域的分析内容，各领域的分析包括但不限于：

（1）管理分析：包括管理假设、机制（会议、沟通、决策、责任、执行、监督、时间管理、反馈机制、分配激励机制、思维等机制）、效果（完善性、合理性、适合性、执行率、成功率、满意率、创新性等）等各类分析。

（2）人力资源分析：分析招聘、绩效、培训等工作的方法与效果，以改进胜任力。

（3）市场与销售分析：包括销售额、增长率、占有率、更新完成率、销售利润率、人均销售额、产品结构、产品盈利能力等。

（4）质量分析：分析事故类别、分布、复发性，以确定设计和控制责任到底履行得如何，解决问题的胜任力是否短板。

（5）生产分析：分析生产效率，产能利用情况等表现，并分析成本的状态。

（6）财务分析：分析公司资产安全状况、偿债能力，分析应收账款、存货、流动资产、固定资产经营性情况，分析公司整体盈利情况，分析成长性情况等，比如杜邦分析体系。

（7）其他组织认为有必要的分析内容，也可以纳入。

2.构建不同层次的分析方向，各层次分析包括但不限于：

（1）组织战略分析：包括顾客需求、组织价值与核心能力、学习力、变化力（整合）、经济环境、经济政策、商业模式、竞争对手、技术及替代、重大事件等分析。

（2）部门重点工作分析：要从重点工作效果、原因、方法、组织形式、成本收益、学习成长等角度分析各部门创新与发展情况。

（3）员工支持分析：要从员工发展角度分析训练系统、指导系统的方式方法和效果如何改善。

3.构建不同阶段的分析重点。组织要有一个机制，能提出不同阶段的重要工作和任务，并据此进行策划、执行和效果的分析，也就是进行不同阶段的专题分析。要能够进行系统分析，以掌握全局、发现规律，以增强团队的学习力、解决力，不断构建自主管理体系为目的，其方法包括但不限于：

（1）雷达图分析：通过雷达图分析，找到短板，有的放矢。

（2）趋势分析：通过趋势分析掌握分析对象历史变化的规律，确定切入的时机。

（3）同比分析：通过同比分析，比对优劣。

（4）环比分析：通过环比分析，比较变化。

（5）结构分析：通过结构分析，判明层次、秩序等。

（6）环境分析：通过环境分析，确定变化。

（7）综合分析：通过综合分析，将各个单一分析联合起来再次分析，得出总体、系统规律或判断，用以指导决策。

（四）信息保管

信息保管是指信息的编号、储存、维护更新、检索等方面的管理行为，组织可以根据自己的需求，采取适当的措施或方案，满足信息保管的要求。信息保管需要特别注意的是：重要信息一定要备份，防止丢失或损坏时不影响组织的运营管理。

（五）信息控制

信息控制主要包括两方面，第一是信息安全问题，第二是信息监测问题。

信息安全首先指内部信息不要泄露，非传播性信息不要传播。其次，内部信息不要被泄密、被传播。从安全观念解释，就是不要害人，也不要被别人害，用中国的谚语来说就是"害人之心不可有，防人之心不可无"。

信息监测是指通过检测使信息明显化。比如通过监测设备或仪器让温度、尺寸、材质等特性显示出来，或者通过信息披露展示出来。

当然，信息控制还包括如何让自己认知更精准，而不被迷惑，这需要一套完整、精准的认知系统。毛主席在1960年写了《十年总结》一文，在这篇文章中毛主席对当时指标偏高这类错误做了自我批评。但是通过这篇文章我们也发现毛主席之所以成功，在于他的辩证唯物主义系统方法论，具体包括调查研究、历史研究、辩证思维、分析系统、具体问题具体分析原则等系统要素构成的认知系统。正是这套认知系统使毛主席的战略决策几乎在所有的重大关口都精准有效。因此，要想信息控制有效，需要精准理解和应用两个原则：第一不是所有的"权威信息"都是正确的，"权威"与"正确"并不能画等号。

第二，形成自己的独立习惯，先学会系统的提问和求证技巧，再去评判信息。在此之前，不要轻易地接受信息。

（六）信息配置

信息一定要匹配到需求的职能或人员，才会有价值。比如质量、销售、生产、技术等每个职能都需要知道客户投诉信息，这是信息共享。必要时，每个相关角色都要进行角色分析，分析结果大家共享，这样掌握的信息内容会更多、更精准。

# 第五节　风险

2018 年，美国《纽约时报》和英国《卫报》报道，数据分析公司 Cambridge Analytica 使用从 Facebook 收集的约 5000 万用户数据，帮助特朗普竞选团队进行精准政治广告投放。

消息曝光后，Facebook 被质疑对用户数据保护不够，公司 CEO 扎克伯格的身价缩水超 60 亿美元。该事件也警示我们：在经营中需要审慎审视风险及危害，以及如何规避这些风险。

## 一、风险来源

人类认知的局限以及信息不对称，或者思考不周全，风险总会存在。了解风险的来源，对风险识别具有重要启示作用。一般说来，管理风险主要包括：

1. 管理者胜任力。无论是管理者个体还是管理团队乃至整个组织，当品德、知识、认知、角色定位等方面存在不足，或者管理者与工作不匹配、与文化不匹配，都会带来风险。比如当组织发展到一定规模时，管理者往往会有一种自负的心理，会认为自己的水平很高，做决定都正确。这是一种盲目自信导致的风险认知能力的缺失。

2. 组织体制与管理体系。组织体制中过度分工、过度官僚、流程复杂、治理结构失衡、组织文化缺失等情况对管理效率、效果有严重的制约风险。比如在企业中，技术人员不理解市场需求，人力资源部门不能提供人员缺失的解决方案，工程技术人员不考虑工艺等问题都是风险；而诸如企业主独断专行或者存在小富即安的心态，则是创新发展的风险等等。针对所有的这些风险因素，如果在组织中缺乏有效的制约与发展的机制，都将会对组织产生损失。

另外由于产品设计缺乏验证等管理过程缺失以及管理要素考虑不周等原因造成的失控是管理体系中的风险因素，比如激励不足或不公平以及创新引导不够等。

3. 市场风险。因为客户需求、产品替代、竞争者、恶意诋毁等市场因素造成运营风险。

4. 政策风险。因为国家政策、法律法规、金融政策、行业监管等国家行政力量因素造成运营风险，也要关注。如最近几年中国实施的"环保风暴"给不少企业带来的经营风险。

5. 风险要素。管理过程中存在各种各样风险要素，每个风险要素的运行环境与条件，潜在机理不清晰，就会有风险。所以对人、机、料、法、环、财务、人力、战略、组织、心态、法律等每个风险要素都要及时关注。企业内部的信息统计和评价系统是风险要素识别的主要来源，它可以对企业资金回流、销售业绩、定单积压以及产品和服务质量等问题起到"预警"的作用，因此，管理者应当引起足够的重视。

下图是常见的风险要素来源：

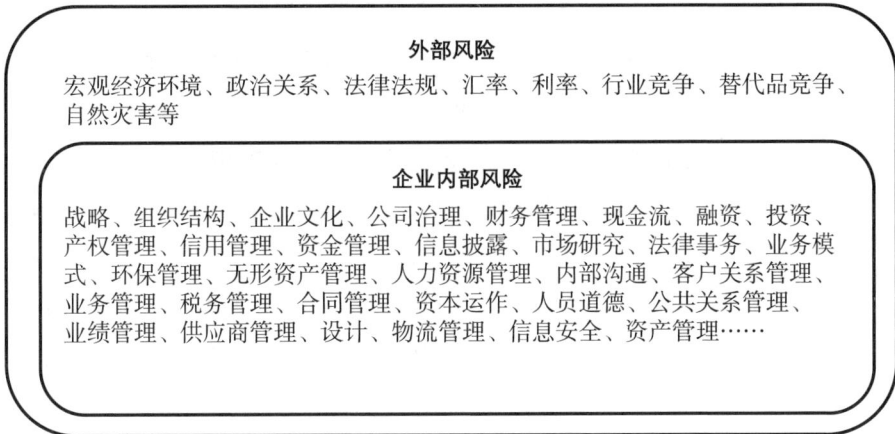

**外部风险**

宏观经济环境、政治关系、法律法规、汇率、利率、行业竞争、替代品竞争、自然灾害等

**企业内部风险**

战略、组织结构、企业文化、公司治理、财务管理、现金流、融资、投资、产权管理、信用管理、资金管理、信息披露、市场研究、法律事务、业务模式、环保管理、无形资产管理、人力资源管理、内部沟通、客户关系管理、业务管理、税务管理、合同管理、资本运作、人员道德、公共关系管理、业绩管理、供应商管理、设计、物流管理、信息安全、资产管理……

图 5-2

二、风险识别

每个组织及个体都应当精准识别风险、掌控风险，因此首先要会识别风险，不要因为自己的无知导致风险发生，应从以下因素考虑风险的规避：

1. 每个人都有很多经验、信仰或思维习惯，这些会影响到思考以及决策，是决策者面临的第一风险。如何跳出旧有的思维模式，是决策者需要考虑的。

2. 建立风险管理的文化，以创造全员识别并预防风险的体制，包括但不限于：

（1）董事会建立绩效、解决问题、评审、督察之类的委员会，包括外部顾问机构，策划、监督风险管理的效果。

（2）建立风险管控小组、有风险识别活动和成果。

（3）有风险预防以及激励体制。

（4）宏观上应审慎，在充分评估的前提下引入新的管理模式或进入新的领域，避免冒进、贪大，造成资金紧张和管理落后。

（5）积极识别并补齐风险分析的短板，通常情况下对风险因素分解不够、理解不够，对影响和后果估计不足，乐观性格等都是风险分析短板。

3. 培养员工识别风险的方法，风险识别的方法包括但不限于：

（1）风险清单法：通过列出清单，引导和明确风险要素。

（2）风险源法：通过归纳不同风险因素的共性，找出风险源头。

（3）标准调查法：按照预先设定的专业模型，依次进行风险调查和判断。

（4）财务报表分析：通过财务报表分析财务及运营风险。

（5）流程图法：通过绘制管理流程、工艺流程图来识别风险影响因素。

（6）因果图法：用因果关系识别风险因素。

（7）事件树分析法：从一个事件开始，自上而下、层层寻找，直到发现事件的根本原因，并用逻辑图把这些事件之间的逻辑关系表达出来的分析方法。[①]

需要注意的是在实际管理中，执行不力是普遍存在现象，谋私、惰性、以次充好等工作风险就会存在，管理者要明辨并做好监督。

另外，当风险发生时如果处理不当，会造成更大风险。如面对客户投诉，如果不能正确理解客户意图并恰当处理，会造成失去客户的风险，这就是市场公关的价值所在。处理机制风险也包括处理完毕后，相关风险源、发生机理、监测机制、控制机制、风险后果等是否得到全面宣传和强化，

---

① 何桢：《六西格玛管理》，北京：中国人民大学出版社，2015 年，第 276 页。

如果没有得到强化，本身就是一种风险。

### 三、风险分析及处理

是否有风险以及风险的严重程度如何，都要靠多角度风险分析。一般来说，风险分析包括但不限于以下几点：

1. 风险性质：正确识别自身资源能影响和控制的以及无法影响和控制的风险，比如人事调整是组织自身能控制的，但是国家政策则无法控制。

2. 严重程度：即一旦发生后，其后果对组织的伤害有多大。

3. 发生概率：即该风险发生的概率，应重点关注概率大及严重程度相对较大的风险。

并非所有的风险都需要处理，在管理中应重点关注潜在的能对组织造成损失的风险并对其加以及时处理，风险处理应关注以下内容：

1. 减少风险：比如通过流程防错，技术防错等手段减少风险发生的概率。

2. 分散监测：比如将复杂的风险分解，由不同的管理者监测。

3. 转移风险：比如通过保险、多元投资、反担保等可以转移风险。

4. 回避风险：专注于自己擅长以及能控制的领域，审慎进入其他领域，比如华为、老干妈不上市，可以避免股东带来的经营压力风险。

5. 增强抗风险能力：比如联合投资是增强抗风险能力的一种手段。

6. 关键事件处理：即能够影响组织经营的事件，这类事件必须审慎、及时处理，并对事件做系统的风险分析及预防。

7. 溯源管理：对任何风险应溯源，直至解决"元点"问题。比如不少管理者总是处于到处救火的工作状态，但问题却是一直在重复出现，这是由于从源头解决。

### 四、建立风险管理体系

对管理者来说，构建全员、全过程、全要素的全面风险管理体系是风险管理的必备工作。美国 COSO ERM《企业风险管理——整合框架》、ISO、《中央企业全面风险管理指引》、《101 条风险管理准则一般准则》等文件提供了操作方法。[①] 下图是 COSO ERM 以及 ISO 的风险管理架构对比：

表 5-2

| COSO ERM 2017 | | ISO | | |
|---|---|---|---|---|
| 要素 | 原则 | 框架 | | 流程 |
| 治理和文化 | 董事会执行风险监督 | 指令和承诺 | | |
| | 建立运营记录 | | 理解组织和其状况 | |
| | 定义所崇尚的文化 | | 建立风险管理方针 | |
| | 展示对核心价值观的承诺 | | 责任 | |
| | 吸引、开发和保留有胜任能力的员工 | | 整合到组织的过程 | |
| 战略和目标设定 | 分析业务环境 | 风险管理框架的设计 | 资源 | |
| | 定义风险偏好 | | 建立内部沟通和报告机制 | |
| | 评估替代战略 | | 建立外部沟通和报告机制 | |
| | 制定业务目标 | | | 沟通协调 |
| 执行风险管理 | 识别风险 | | | 明确状况 |
| | 评估风险的严重程度 | 实施风险管理 | | 风险评价 | 风险识别 |
| | 风险排序实施风险应对 | | | 风险分析 |
| | 发展风险组合观 | | | 风险评定 |
| 评估和修正 | 评估实质性变化 | | | 风险处理 |
| | 评价风险和绩效 | | | 检测和评审 |
| | 企业风险管理持续改进 | | | 记录风险管理过程 |
| | 利用信息系统 | 框架的监测和评审 | | |
| 信息、沟通和报告 | 利用信息系统 | 框架的持续改进 | | |
| | 沟通风险信息 | | | |
| | 风险、文化和绩效报告 | | | |

# 第六节　方法

各类诺贝尔奖成果、机器人、智能制造、物联网等有形的东西让人惊奇且印象深刻，那么这些成就是怎么来的，为什么只有少数人能够做出这些成就？这是由于他们掌握了有效的方法。多数人能感受到外界刺激，但不具备将外界刺激转化为信息，将信息归纳为特性，并最终抽象为规律或方法的能力，所以认识方法在管理中是非常重要的。

---

① 赵爱玲:《我国内部控制建设存在的问题及解决对策》,《财会通讯》, 2007 年第 9 期。

一、基础方法

如同人有基因，生物有细胞，自然科学有概念、内涵和外延，管理也有最基本、最基础的方法，且该方法呈现"二分法"特点，即：实证方法和人文方法两类，这是其他管理方法的基础：

（一）实证方法

法国学者孔德相信"物理学或化学用严格的自然科学方法研究世界。同样，社会学也应该采用类似手段研究社会"。这种方法的判断或假设是：人的行为是由外部力量引起的，而非取决于内部的情感状态，因此探索个人的思想意识和心理倾向是没有必要的。通俗地讲，其假设就是：人是受到外界刺激后，才会做出反应或行动，才会有不同的情感。[①]

实证主义者认为各类事件是随机发生的，只有将大量随机事件统计出来，用数学统计原理才能发现背后的规律，其实质是"量"的研究。主要通过随机抽样方法去搜集信息，包括问卷法、结构性观察法、问卷访问法等；即使用了包括观察、实验、测量、演绎等自然科学的或经验科学的研究方式。[②]也使用了统计的分析方式。比如中美两国的经济学、管理学、决策等很多领域都是用数学模型来论证。

但是，实证法也具有一定的局限性，该方法描述了认知形成以前的诸多事实，但还形不成规律，就像你看到苹果落地、砖头坠落等诸多事实却仍然看不到万有引力定律一样。同时，该方法忽略了人能主动地反作用于外部力量，产生推力或阻力。实际上人是有意识和思想的，因此人与外界环境是交互影响的。因此，以某些要素不变为前提进行分析的模型是不全面的。

（二）人文主义研究方法

德国社会学家韦伯认为社会学是一门深入理解社会行动以便对其过程及影响做出因果解释的科学，主要从因果关系的角度认识和解释人的心理

---

① 陈成文，陈立周：《社会学研究方法论的转向：从实证传统到另类范式》，《社科纵横》，2007 年第 3 期。

② 田时中，田家华，张光进：《基于论文词频分析的中国低碳经济研究评价》，《国土资源科技管理》，2012 年第 11 期。

和行为。[①]

人文主义者认为自然科学研究的物质是没有意识的，而人是有意识的。人对社会不仅仅是被动做出反应和回答，而且在主动在与别人的交往过程中展示自己的价值，构建自己的环境并指导自己的行动。[②]

人文主义者注重社会现象的发生、变化过程和人的意识过程，重视研究互动以及价值的产生过程；注意研究者与被研究者之间的互动能否发生、如何发生、为何发生及如何产生影响。[③] 人文主义方法的实质是"质"的研究，其重点在于确定认识过程的影响因素、影响机理等本质的事物。比如，在韦伯看来，社会现象不仅取决于社会规律，也取决于人有意识行动的结果。实证的方法不足以解释和预测社会现象。要引入人文的方法，比如研究者通过自己的感受和体验，通过对自己的理解，来重构他人的体验并理解他人的行为，并最终来阐释他人的行为及其社会意义。[④]

人文主义方法主要运用实地调查法如观察法、开放式访谈法和深度访问法、实物分析法等去搜集资料，也常运用归纳法、提炼概念和主题；这种方法重视研究者本身的研究能力，强调对当事人的洞察、理解和解释；强调社会行动的主观意义以及研究对象内心的思想、情感、行为目的、动机需求等因素。[⑤]

## 二、高级管理方法与框架方法

### （一）高级管理方法

哲学是高级的管理方法。哲学从运动与静态、整体与局部、本质与形式、主观与客观等不同角度解释了管理的本质，是对管理的全面认知。同时，因为哲学都是从各类事物的共性中提取出来的，是事物运行规律的总

---

① 社会学概论编写组：《社会学概论》，北京：高等教育出版社，2021 年，第 57 页。
② 骆玲：《西方社会学研究方法论的评价及应用》，《社会科学研究》，2018 年第 3 期。
③ 全国社会工作者职业水平考试教材编写组：《社会工作实务》，北京：中国社会出版社，2011 年，第 185 页。
④ 骆玲：《西方社会学研究方法论的评价及应用》，《社会科学研究》，2018 年第 3 期。
⑤ 曲波：《本土化中国社会学的双重理论品格》，硕士论文，东北师范大学管理系，2007 年，第 32 页。

结，所以对任何事物都有指导意义。比如哲学中的整体和局部关系可以转化为组织与员工关系；运动和静态关系则要求组织变化和创新；矛盾对立统一关系可以指导组织冲突、跨文化管理、新生代员工管理、功能设计和成本控制等方面。

管理者拥有哲学思维，有助于提炼管理规律和共性。比如各种管理理论与工具，如果从本质去认知就不容易迷惑。张瑞敏在哈佛大学演讲时曾指出：两百多年来，传统管理理论只有一个，就是分工理论。这可以说是现阶段管理理论的核心之一。

（二）框架方法

在基础方法与最高方法之间，是一系列的框架方法，其中包含几种管理理论，主要包括：

1.管理系统论，从系统的角度认知管理，包括：

（1）建立系统认知的习惯。一切事物和信息都要视为系统，要全面、多层次、多阶段、多角度地看问题。组织、产业、部门、认知、员工关系、质量、信息、高层等都是系统。每个系统都要运用管理的基础方法、最高方法及其他方法去认知。每一个细节都有导致系统潜在失败的风险，这是系统整体与局部关系处理不好的必然影响。

（2）建立系统的知识体系。系统知识体系包括基础科学知识（如逻辑、思维等）、技术学科知识（如语言学、情报学、科学方法论等）、工程技术（如计算机科学、通信学等）三个方面，这是认知和决策的工具。每一件事情追究到深处，往往会需要更多知识才能产生突破。任何系统的正确认知，都需要跳到更高的层次去审视。

（3）系统的分解。从系统的关系、构成、层次、关系、变化、要素、功能等角度去认识。比如人力系统包括组织本身的文化、高管团队文化、外界人力资源文化等方面；其层次包括组织主、高层、中层等；其关系包括组织与员工关系、员工与员工关系等；其变化包括从人事变化、组织结构变化、战略变化等；人员要素包括品格、能力、知识等；其功能包括测评人、控制成本、发展人、激励人、匹配等。

其他的系统论方法包括的线性规划、非线性规划、博弈论、决策论、协同论、运筹学、信息学等知识均能够有效地指导管理。

2. 管理过程论，从系统发展阶段的角度认识管理，包括：

（1）系统的发展过程要清晰。比如组织诊断时要了解其发展历史和关键发展事件。

（2）事件的前因后果要了解清晰，没有调查就没有发言权，这就是"过程方法"。

（3）事件要总结归纳。每个事件都有不同角度的信息，需要归纳为特性，然后将特性归纳为规律或方法。比如，企业主抱怨技术部人多，这是一个抱怨信息，该信息可能指向人员的胜任标准；也有的企业主会提问："技术部为什么要加人？"这是提问信息，可能同样指向现有人员的胜任标准。于是可能的共性特征是：没有技术部的人员胜任力标准或执行不到位，进而推论到或许企业并没有人员胜任力标准或执行不到位。

3. 管理人性论，从系统作用对象的角度认识管理。人性有诸多特点，比如：

（1）人是追求快乐的，消极是因为快乐被破坏或有心理疲倦，管理者有义务将快乐赋予工作或带来直接的快乐。

（2）人性只能引导而不能强制，否则会受到冲击直至被冲垮。

（3）人的表现是人对某种活动符合自己利益程度的行为选择。

（4）人是情感动物，情感的对立容易导致对抗。

随着生活水平的上升，很多国内的管理者明显感觉到现在的年轻人越来越有个性，越来越有自己的想法。在实际管理中对六零后、七零后或许可以采用粗暴式的管理，但是对九零后甚至零零后，粗暴式的管理往往是行不通的，对他们更多的是采用引导的方式而非强制的方式。现阶段，不少企业管理者面临着较高的员工流失率或者招不到员工的状态，除了薪酬待遇外，另一个可能的重要的原因就是忽略了人性。

4. 管理矛盾论，从系统性质的角度认识管理，主要观点包括：

矛盾以"二分法"形式普遍存在，矛盾是对立统一的，矛盾需要平衡，矛盾不断向前发展。比如企业存在老产品和新品的投资矛盾，企业员工关系矛盾等。在企业发展问题上，需要保持核心能力的前提下稳步发展，这是平衡，如果盲目多元化和扩张，这是失去平衡，必然失败。历史、人、认知、企业、家庭、问题解决等无不是在矛盾不断对立和解决中向前发展。

华为的"管理耗散"就来自管理矛盾论。任正非在 2011 年的公司市场大会上说："公司长期推行的管理结构就是一个耗散结构，我们有能量一定要把它耗散掉，通过耗散，使我们自己获得一个新生。什么是耗散结构？锻炼身体，就是耗散结构。这是由于把身体多余的能量耗散了，变成了肌肉；能量消耗掉了，糖尿病不会有了，肥胖病也不会有了，身体也苗条了，漂亮了，这就是最简单的耗散结构。那我们为什么要耗散结构呢？不少人说自己非常忠诚这个公司，其实就是公司付的钱多了，这不一定能持续。因此，我们把这种对企业的热爱耗散掉，用奋斗者，用流程优化来巩固，奋斗者是先付出后得到。我们要通过把我们潜在的能量耗散掉，从而形成新的势能。"[①] 这种耗散理论就是矛盾论的具体体现，是任何系统都有的特性。而矛盾方法用的最好的是毛主席，他将矛盾方法具体分解为很多更细节的方法，具体可以阅读毛主席的名著《矛盾论》。

除了上述四大框架理论外，我们在管理实践中还有以下的管理方法可以参考，主要包括：

1. 管理标准化，明茨伯格曾在中国人民大学讲学时着重讲了指挥协调的五种方式：

（1）直接下达动作指令。

（2）过程标准化，即预设操作规程。

（3）成果标准化，即设定目标但不限途径、手段。

（4）技艺标准化，即将知识和技能预先植入执行主体，由其现场决定行动的目标和路径。

（5）价值观标准化，即靠共同的信念和使命感统一思想，达到高度完美的协调和控制。管理标准化的好处是将已知的风险固化为可以规避风险

---

① 任正非：《越高级的人才，越要看最基本的常识》，2020 年 8 月 4 日，https：//new.qq.com/rain/a/20200804A0OXKQ00，2020 年 5 月 1 日。

的措施。①

2. 解析与统一。解析即分解，比如将一个管理问题持续分解直至分解出最基本的问题，就会找到答案。就像小学生解应用题一样，如果按照老师的引导去思考、分解，任何应用题分解到最后就是简单的加减乘除的问题。

统一即总结规律，比如大家看现在的管理理论和工具，是百家争鸣，但同时也让人目不暇接，如果将有效的理论统一归到管理大系统中某个合适的位置，管理者就能按照管理系统的清晰结构分析、认知问题，有效性就会很多。不仅管理理论需要统一，连物理也是逐步统一的，比如电学和磁学统一、光的波粒二象性统一、牛顿力学与相对论、量子力学的统一等。

3. 抽象与概括。抽象是把事物的共同属性、本质特征抽取出来，舍弃不同的、非本质特征的特点。② 比如，每个人的想法、习惯、品行等都不一样，那么这些事物的共性是什么？我们可以抽象地认为是"品格"。如果说品格是道德范畴，那么动机、格局、知识等非道德范畴的共性是什么？我们可以抽象地认为是"胜任力"。知识好，不代表品德，格局等其他方面也好。继续往上思考，胜任力、资源、信息、风险、哲学、人性等非胜任力范畴的共性是什么？我们可以认为是认知。这样层层抽象，到最后终归统一到"认知"这个范畴，具体地说是对哲学、逻辑、思维等的认知。

概括是把抽象出的共同的、本质的特征结合在一起。概括是以比较为前提的。比较、确定事物诸特征之异同及其关系。比较又以分析为前提，只有被分解开来的特征才能被比较；比较中要确定不同特征的关系。比如小孩不去比较圆圈的大小，就不能在锥形柱上搭成"塔"。经过比较，他们知道了"大圆圈放下边，小圆圈放上边，才能搭成塔"。这是在比较中得到的概括。小孩能"做"到这一点，是在行动中的概括；小孩能"说"出这一点，是在概念和命题水平上的概括。

概括有不同的等级，初级概括是直接感觉，是表面概括、简单概况、

① 腾讯教育：《世界管理学大师明茨伯格的三段中国情缘》，2011 年 8 月 22 日。https://edu.qq.com/a/20110822/000230.htm，2020 年 5 月 1 日。

② ［美］路易斯·拉思斯（著），谭松贤（译）：《价值与教学》，杭州：浙江教育出版社，2003 年，第 357 页。

主观概况，不太符合实际。例如，干净整齐是对 5S 的概括，并不符合 5S 的实质。高级概括抽取事物的本质特征。例如心理即观念这一概括是从许多具体事情抽取的主观感觉并通俗地表达了出来。

概念和规律都是高度抽象、高度概括的结果，鉴于人们抽象、概括有很强的主观性，实际指向并不相同，所以每个人对事物的定义指向也不同，所以要讨论或解决问题时，一般先了解清楚对方的指向或定义是什么，这在沟通中需要注意、理解、把握和包容。

在高水平概括基础上再分类、再概括，就能得到系统化的知识或规律。

4. 行为分析法。心理学研究行为的内在动因规律，行为学研究心理活动的外在表现规律，两者对立统一，共同组成行为分析法，主要通过研究语言、活动、行为、胜任力、关系等要素判断匹配的方法。对个体行为和组织行为两个方面进行研究。

明茨伯格通过对管理行为的观察、跟踪和解释形成管理理论，从角色的角度解释了管理者在指挥协调、分配资源、任免下级、对外发言、谈判应酬等方面的行为，创立了所谓的"经理角色学派"。丰田的"三现主义"就是行为分析方法的成果。行为分析法主要包括：

（1）观察法：通过观察或记录尤其是关键事件、关键语言、关键行为，进行分析判断。

（2）实验法：通过设立或控制条件，得出研究对象和条件之间的因果关系。[①] 如通过研究严谨度与成就的因果关系判断严谨度是否属于胜任力的重要范畴，以及不同层次、不同岗位之间对严谨度的要求程度。

（3）调查法：通过调查发现对管理有用的方法，比如访谈法、问卷法等。

（4）测验法：通过标准化的流程进行测验的方法，人才测评一般常用此法。

（5）案例法：通过建立案例库，在众多案例中找到规律，如 MBA 教育的案例教学法。

---

① 朱文彬，赵淑文：《高等教育心理学》，北京：首都师范大学出版社，2007 年，第 182 页。

行为分析法要坚持用系统综合决定的观点进行判断，比如家庭、环境、经历、学习等要素综合决定人的心理和行为，后三者的影响更显性，而家庭的影响更内在。

运用行为分析法还要善用立场和利益分析法，即站在对方角度、换位思考其利益诉求、价值取向等重要内容。

5. 背景研究法。背景研究法是搜集并分析企业、个人、工作、项目等方面的资料，诸如人员变更、活动安排、操作方式、效果记录等信息，并据此得出规律和结论的方法。

背景研究法的程序包括：先确定研究主题、研究范围；然后搜集信息，剔除不精准信息；再深入寻找可能的影响因素以及每个因素发生作用的条件；再分析影响因素与研究主题是否有强因果关系；再从有强因果关系的要素中归纳、抽象和概括规律或方法，以指导以后。简言之，就是：确定课题—列出影响因素和权重—确定变量—建立假设—进行推理或验证—得出结论的过程方法。

6. 提问法。即通过一系列的提问来发现问题，解决或规避问题。每个人都会犯错误，除了悟性导致的理解错误外，更多的是假设错误，如"反对一党制"常常被等同为"赞成两党制"，在知名企业工作的人常常被认为专业能力强，企业主不能被罚等，如果深入提问会发现这些都是错误的。

李嘉诚的众多产业都运营良好，其中很重要的一点就是他就有提问的习惯，通过提问，他可以对未知产业和问题一清二楚，从而做出正确的决策，避免了跨行业障碍带来的风险和问题。提问的方向包括但不限于：

（1）这个因素与结果是强因果关系吗？

（2）这个因素是必要条件还是充分条件？

（3）有反面证据吗？反面证据多吗？

7. 关联法。很多管理者，听了很多培训课，看了很多管理书，但是仍然做不好管理，为什么呢？因为他们只是被动地接受信息，没有运用关联法和头脑里已有的假设联系起来，也没有提问和验证其正确性，也没有转化成自己的管理知识，最终企业的管理水平止步不前。

8. 演绎法。演绎推理是由一般到特殊的推理方法。与"归纳法"相对。

推论前提与结论之间的联系是必然的，运用此法研究问题，首先要正确掌握作为指导思想或依据的一般原理、原则；其次要全面了解所要研究的课题、问题的实际情况和特殊性；然后才能推导出一般原理用于特定事物的结论。[①] 比如在管理中如果遇到做不好的员工，管理者可以这样劝导："既然大家都做得很好，你也是其中的一员，那么你肯定也能做好！"这样可以避免单纯的批评所引起的员工抵触。

9. 分类法。按照分析需要，可以对信息分层、分类、分等级、分领域、分阶段等，统称为分类法，这是将复杂信息逐步清晰、归类的重要方法。

### 四、方法的来源

为了进一步清晰地解释以上各种方法在学科系统中的位置、作用和关系，便于大家自己寻找和理解这些方法，我们绘制了学科系统结构图：

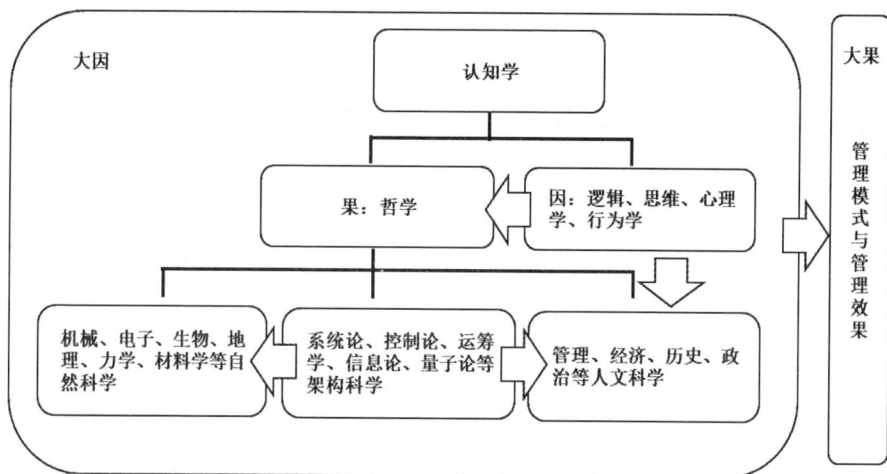

图 5-3 学科系统结构图

大家可以以此图为指导，清晰认知和划分各个学科并据此找到对应的具体方法。以上各类方法要综合运用和灵活运用才可以精准分析，管理者具体使用时可以建立某种形式的评审表，将以上各种方法均纳入评审表中，

---

① 刘洪波，李媛媛，刘潋：《基本演绎法》，成都：四川文艺出版社，2020 年，第 205 页。

这样便于得到更实用的信息。

上述模型认为学科之间的关系是这样的：认知学是最顶层的学科，它解决了人类与宇宙的基本关系问题，即主观和客观的问题。实际上，人类所有的知识、经验、信息及产物等都是主观认识和客观实际在一定程度上相符合，至于在多大程度上符合，则随着人类对宇宙的认知加深而发生变化。比如人类原来认为地心说是对的，后来认为日心说是对的，现在又发现银河系和更广阔的宇宙。

但是，认知学是一个整体，包括因果两面，有点类似于硬币的正反两面，也是矛盾规律的一种形式。以逻辑、思维、心理学、行为学等学科和规律为主体构成了认知学的原因板块，以哲学为主体构成了认知学的结果板块。两大板块共同决定任何个人的认知能力、认知方法、认知过程和取舍标准，最终形成了个人认知。

认知学的因果两面产生了自然科学、社会科学和连接两大学科的架构科学三种性质不同的学科。架构科学是自然科学和社会科学都会用到的共性方法，揭示了社会科学和自然科学的共性、一般规律，就像无论生产部还是质量部都需要做工作计划一样。

但是，因为人类对有形性的实物比较敏感，所以对自然科学等有形的东西更易于理解，但对人文科学、架构科学等隐含性、抽象性的东西往往忽略或看不到其价值，更不愿意去思考、了解和应用，所以才导致了管理成本居多、经营绩效很差的结果。这种设备是用来挣钱的，但是不少采购却总是买价格低廉的备件，但实际使用时却是故障频发，最终导致更大的损失。但是部分采购管理者却不愿意面对或思考设备故障频发的根本原因。

所以我们需要先准确界定分析问题的范围，才能针对具体问题进一步分析其内部的情况和规律，否则一开始走错了方向和路子，就成了"南辕北辙"。

# 第六章　管理的持续成功

当今处于比以往任何时候都复杂、多变、不确定的时代，这是外部的大环境，其对管理的影响是：管理比以往任何时候都需要更系统、更精准、更专业。它不像物质匮乏的时代，由于处于卖方市场，办工厂、做生意不需要太复杂的决策。但是随着物质的丰富以及互联网技术的发展，新生代对产品的诉求不断提高，如果依旧保持物质匮乏时代的思维，失败是必然的！因此管理的持续成功需要提升认知管理的能力并建立良好的商业模式。

## 第一节　提升管理认知能力

作为一个优秀的管理者，我们必须持续不断地提升自己的认知能力，首先正确地识别处于不同时代的管理特征并做好自我诊断以及提升，才能确保管理的持续成功。

### 一、管理的时代特征

基于不同的生产力水平，每一个时代有其不同于其他时代的特征，管理也是如此，时代的管理特征主要包括：

1. 竞争。竞争永远都存在，随着信息时代的到来，竞争变得更加无处不在。如果不能正确认知竞争的残酷，必然会被"温水煮青蛙"。因此，管理者要"战战兢兢"，要随时关注竞争相关方的信息及变化并判断对自身运营的潜在影响，以维护企业的核心竞争力。

需要指出的是，现在的互联网巨头是最大的竞争对手，他们拥有大数据、渠道、宣传、资金等核心市场资源，竞争主体要想在市场成功和持久，需要考虑依托这样的综合体，成为这样的综合体，或者成为某个领域的综合体。

2. 变化。社会是在变化中向前发展的，当前中国市场呈现如下变化：

（1）经济全球化。主要包括：生产技术规范的国际化、交易方式的国际化、质量认证体系的国际化、计量标准的国际化、经济法规的国际化等。国际化有利于产品在世界范围内被接受，降低交易成本。[①]同时也意味着企业之间的竞争逐渐转变为全球竞争，而非区域竞争。

（2）市场竞争重点转向软性竞争。竞争重点的转移必然导致企业营销重点的转移，企业应该在确保产品质量的基础上，更加注重品牌营销、形象营销、文化营销、服务营销、售后服务等软性竞争。软性竞争实际上就是提供给消费者的产品附加价值，产品附加价值越多，其竞争力越强。正如美国营销学家里斯特所说："未来竞争的关键，不在于工厂能生产什么产品，而在于能提供多少附加价值，企业能提供的附加价值更多体现在人文情怀上，即能满足什么，满足到什么程度，以什么方式满足等诸多方面"。[②]

（3）认知成为市场竞争制胜的长远、战略能力。现在企业发展的趋势是：小型化、专业化、柔性化、分工合作以及管理权力下放。新型的柔性生产企业强调工人具备下述素质：能动性、创造性、遇事能解决问题、思想上容易接受变革。在以知识为基础的经济条件下，对生产起更大作用的是学习、创造性和灵活性，而经验与传统的作用则退居次要的地位。同时，在现代经济竞争中，细心的人还可以发现，再好的技术、管理方式都是可以被模仿的，而人们头脑中的知识、创造力却是实难模仿和替代的最具持久性的资源。而知识、创造性、应变力更是由认知力决定。认知力成为市场竞争的核心能力。[③]

---

① 豆丁网：《现代市场竞争的新特点》，2020 年 10 月 26 日，https：//www.docin.com/p-2482457524.html，2021 年 3 月 2 日。

② 豆丁网：《现代市场竞争的新特点》，2020 年 10 月 26 日，https：//www.docin.com/p-2482457524.html，2021 年 3 月 2 日。

③ 豆丁网：《现代市场竞争的新特点》，2020 年 10 月 26 日，https：//www.docin.com/p-2482457524.html，2021 年 3 月 2 日。

3. 创新。熊彼特在《经济发展理论》中提出了动态分析方法，运用此法认知竞争是这样的：竞争不仅从发展过程上看是一个动态过程；从内部变化上看，也是一个逐渐演进的动态创新过程，是一个靠创新与技术进步推动的过程。到了 20 世纪 50 年代，克拉克在创新与动态竞争观点的影响下，提出和形成了现代竞争理论的一个完整理论体系——有效竞争理论。该理论指出：创新先由领先的竞争主体进行创新，运用新技术、推出新产品、开发新市场、实行新的组织形式，从而获得"优先利润"，在竞争中领先。随后，其他竞争主体开始模仿、追随，引起价格战，然后再由领先的竞争主体进行创新……这种循环交替连续不断。[①] 这是从整体上对创新的认知与总结，其意义在于为追求卓越的管理者指出了创新的方向，创新具有以下特征：

（1）创新是变化，因此管理者必须以革命的意志和心态对待创新。

（2）创新必须能够创造价值。

（3）创新是必然的，即存在竞争就必然存在创新。

（4）创新的主体是"企业家"。因此，最高决策者必须担当起组织领导者的角色，以长远、战略、公心的方式推进创新。

在这里我们需要特别说明：企业主和企业家不同的。企业主仅仅是为了盈利，企业主这个群体包括企业家，但企业家是胜任力提升后的企业主。企业家与企业主的差异体现在企业家更多地承担了社会责任，真正为社会、为员工、为消费者担当责任，能够立言、立德。

4. 个性化。生长于物质丰富且经济迅速发展过程中的新生代年轻人，他们的需求是个性化的，这决定了任何运营主体都要认真研究和关注他们的需求和变化，这是赢取市场的关键。

5. 替代。随着技术的快速发展，原有行业的替代品不断出现，这实际上也成为企业存续的一大挑战。但是，多数管理者往往过多关注同业竞争，但却忽略了替代品的出现，所以电话被微信所替代，照相机被手机替代，而目前的电动车正逐步替代油类车市场。所以管理者应关注行业技术的发

---

① 刘兵勇:《试论反垄断的理论基础》，《南京社会科学》，2002 年第 7 期。

展，随时关注市场替代者和潜在的替代风险。

6. 信息化与智能互联。信息即数据，信息化的本质通过提供各种数据为决策提供依据。对信息化来说，需要确保组织充分了解自己的需求，然后根据需求匹配需要的、个性化的大数据软硬件。智能化总体包括三部分：最基础传感器部件搜集信息、网络快速传播信息、智能处理信息。目前在智能化制造的态势中需要重点考虑：

（1）要充分利用智能化设备降低人工成本，比如机械手、机器人的使用；自动收集、统计和分析数据，以提高决策准确性和效率。

（2）每个企业都要需要技术和管理两方面的突破。这是因为未来所需要的产品与服务都具有高度个性化、智能化、连接一切的属性或特征，因而生产管理将是复杂且多变的。如果没有很强的技术及管理能力，是无法驾驭未来的生产或服务需求的。

德国的工业 4.0 概念与中国的"互联网＋"概念已经提出了几年，目前对其有多种维度的解读和认识，但是我认为其中的一个核心就是通过信息技术连接一切。我们在组织的各个环节都应该充分考虑"连接"的问题，比如在产品设计、盈利模式设计、战略设计都要考虑连接什么、怎么连接、何时连接、连接后怎么办的问题，否则难以获得长远发展。近年来手机、电脑、无人汽车、智能汽车、MES、分拣物流设备、智能家居、电商等无不是将不同的产品、信息连接起来向客户提供服务。

## 二、建立统一战线

运用系统思维和认知规律策划和改善组织的管理体系以后，我们还应认识到：所有的工作和事物，不是靠组织自己就能获得成功的，系统论方法告诉我们，在自身与系统关系问题上，自身与系统是交互关系，其指向是组织需要统一战线，组织与其统一战线是交互关系，假如组织是主体，统一战线就是主体的环境，如同自然界有生物，也有生物的生存环境一样。因此，组织在技术、管理、营销等方面要构建自己的统一战线。毛主席在中国革命运营管理的过程中就非常重视统一战线工作，利用各民主党派的资源，团结一切可以团结的力量，最终实现革命管理的成功，至今中央仍设统战部、港澳台事务办公室等统一战线机构，团结各相关方一同推进中华民族伟大复兴和强国之梦。华为也曾邀请IBM、人大教授等外部资源组成其管理统一战线，为其管理变革提供了巨大动力和有效的方法。

一般说来，组织应考虑的统一战线资源包括但不限于顾问或咨询机构、培训机构、合伙人、技术专家、产业联盟、国际视野（合作）、政府主管部门等。

### 三、自我诊断

管理团队需要持续不断地自我诊断，通过自我诊断发现问题和真因，并寻求提升自身管理能力的方法。但是，因为管理复杂及多变，多数管理者并不了解如何诊断，下面分别介绍一些基本的诊断方法：

（一）原因定位模型

任何领域的任何问题都呈现如下的因果关系：原点原因（认知力、认知方法）决定表象原因（运用力和行为方法），表象原因决定共性职能（计划、执行、决策、激励、指挥、监督等）的效果，共性职能的效果决定各领域表面问题的结果，具体见下图：

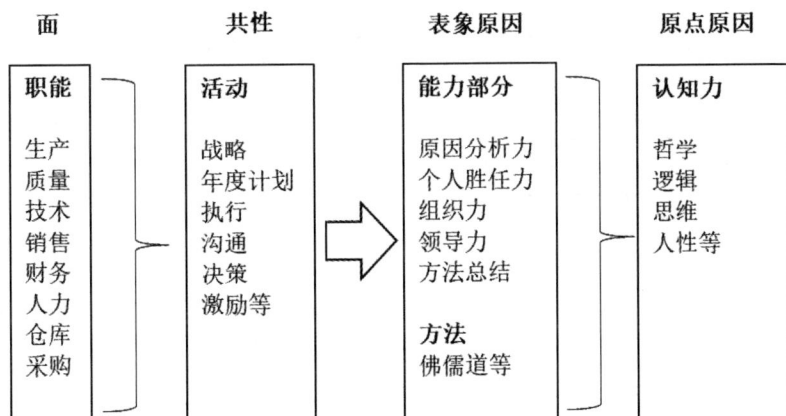

| 面 | 共性 | 表象原因 | 原点原因 |
|---|---|---|---|
| **职能**<br>生产<br>质量<br>技术<br>销售<br>财务<br>人力<br>仓库<br>采购 | **活动**<br>战略<br>年度计划<br>执行<br>沟通<br>决策<br>激励等 | **能力部分**<br>原因分析力<br>个人胜任力<br>组织力<br>领导力<br>方法总结<br><br>**方法**<br>佛儒道等 | **认知力**<br>哲学<br>逻辑<br>思维<br>人性等 |

图6-1　原因定位模型

上图描述了人与事物发生关系的基本逻辑规律，管理者要学会将问题按照该图的逻辑过程逐一建立关联、对应关系，学会不断向上提问，追究其原点才能逐渐找到真正的问题、真正的原因。比如引入阿米巴模式后业绩并没有明显的增长，这是面的问题。其共性问题是：战略、执行、沟通、决策、激励等领域的某项或某几项是有严重问题尚未解决的。而共性问题是因为原因分析力、个人胜任力、领导力、方法理解与运用等表象原因某方面或某几方面有严重短板，结果出现了职能发挥不良或者运用方法不当的情况，最终导致绩效自然就不好。

所有的失败，如果追问到最后一层基本都是因为认知和假设错误造成的。比如人才招聘，企业在招聘时有年龄限制或者行业限制等。其实每个限制条件都是一种假设，并基于这种假设设定的门槛。但实际上胜任力才是最重要的，而非年龄、行业等。门槛固然刷新了不少不胜任的人，但同时也将不少能胜任的人拒之门外。所以很多企业总是感觉招人难、人才难找，这其中大半原因是人力资源错误假设导致的。

（二）深层原因确定

原因定位只是确定了原因的方向，具体是什么原因，管理者并不清晰或并不准确，这时要用新 5WHY（5 个为什么）模型，这个模型告诉我们如何一步一步地找到深层的原因。这个模型包括思考过程和思考方法两部分，请看下图：

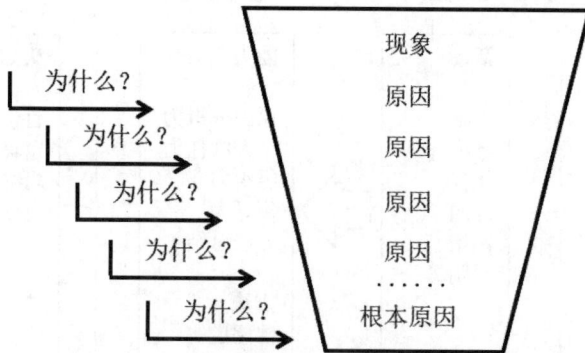

图 6-2　5WHY（5 个为什么）模型 1：思考过程

思考过程告诉我们分析和判断原因的步骤，还需要掌握每个步骤使用的方法，只有两个方面都运用好，才能找到真正的原因。比如注塑工厂，只告诉注塑工艺是不行的，对应工序的参数、调整方法、作业标准等才能真正生产出合格的产品。

进一步思考 5WHY，其思考方法可以分为三层：

1. 准确定义问题，即运用丰富的知识体系判断和归纳问题的"共性"，并将原因定位，实现了问题的准确定义。

2. 界定真正的问题，就是界定"问题的实质或指向是什么"。这就需要确定问题的重点或主要矛盾，然后跳高一层看这个重点问题，所谓"欲穷千里目，更上一层楼"。因为上层决定和影响下层，下层只是上层的形式和体现。这个过程同样要用"原因定位模型"作为标准去关联和判断，要抓住问题的真正指向或本质。否则解决问题的方向可能会出错，会有很多无谓的浪费和牺牲，凡是将阿米巴、5S、精益、质量体系、人力资源、培训、绩效等运作成某种形式的企业都是因为这个原因。这一层中，还有个重要的方法就是"三现主义"，这个方法的实质或指向是要验证真正的问题是什么，要现场调研，不要听人说，也不要自己推理，"没有调查就没有发言权"。

3. 精准分析出更细节的要素原因，那么具体怎么分析呢？可以按照以下思路：

（1）首先以认知的观点解释，所有问题都可以归结为三类要素原因：人、组织（团队）和方法。人指向个体胜任要求，组织指向团队胜任要求，方法指向个体和团队都有精准的、有效的方法。然而，这样解释还是太粗略，还需要细分。

（2）继续往下分解：人是指胜任力的各个要素（包括二级、三级要素），组织包括组织形式、结构、规则（领导力、机制、流程、标准、权限、激励、匹配等）等，方法就是做人、做事的具体方法，主要是方法论体系。

（3）进行过程分析，即将要分析的问题分解为若干过程，然后将过程中的每个细节与已经建立的可选选项系统建立起关联关系并判断这种关联是否是因果关系（充分条件），如果是因果关系，这个选项就是一个要素原因，如果仅仅是影响关系（必要条件），就不列入要素原因。

（4）判断所有要素原因的影响大小或程度，确定出要素原因。

（5）判断主要因素和结果之间是否正向推理和反推理都能成立，判断两者之间是否是必然关系，排除偶然。

4. 最后，不断跳到上一层看，直到归纳出各主要要素原因的共同本质，那么这个共同本质是规律。下表为 5WHY 思考方法的模型：

表 6-1　5WHY（5 个为什么）模型 2：思考方法

| 阶段 | 序号 | 描述 |
|------|------|------|
| 对问题的认知 | 1 | 拆分问题：将问题拆分，相同的放在一起。 |
| | 2 | 提炼主旨：提炼每句话的话题和观点。 |
| | 3 | 分层：按照理解的境界，将话题分成不同的层次。 |
| | 4 | 分类：同一观点的放在一起。 |
| | 5 | 界定关系：界定每类之间的关系，界定每层之间的关系。 |
| | 6 | 归纳：将各观点的共性特征，放在一起。 |
| 界定真正的问题 | 1 | 界定重点：即选择最重要的议题。 |
| | 2 | 升级：即站在最重要话题的上一层看问题。 |
| | 3 | 三现主义：现地、现物、现实，即到现场发现最直接的原因。 |
| 精准原因分析 | 1 | 定性：即将问题定性为人、组织、方法。 |
| | 2 | 定位，即：<br>（1）将人的方面定位到胜任力的各级要素。<br>（2）将组织的方面定义到组织形式、规则、工作标准等具体要素上。<br>（3）将方法定位到具体方法论等方面的内容。 |
| | 3 | 过程识别：通过过程识别，将表象原因分析到深层过程。 |
| | 4 | 因果识别：每个过程的因果分析清楚，细化到输入及输入要素这个层级。 |
| | 5 | 影响识别：界定每个要因的影响程度、投入成本、控制难易度等情况，发现主因。 |
| | 6 | 关联：识别结果之间是否必然存在因果关系。 |
| | 7 | 本质判断：不断跳到更高层级看问题，看是否属于更高层级的本质。 |

一般来说，可供考虑的共同本质包括：从知行合一的角度来看，知是本质，知指导行，行为严重影响结果；从人事关系的角度来看，人的胜任力是本质，会决定和影响组织；在组织和方法的关系中，组织是本质，组织合力的强大与否决定方法是否有效、系统；从事与事的关系说，方法是

本质，好的方法能处理好事，坏的方法会坏事；所有方法都基于人性本质和矛盾原理去设计。这是大的本质，管理者还可以从这些大本质再分解成若干小本质，可以运用系统论从不同角度分别去构建小本质，如从主观与客观、充分与必要、动态与静态、整体与局部、远期与近期、快与慢、共性与个性等角度，这样构建出来的规律体系将成为自主管理的真正基石。

（三）假设挖掘

如果说上面诸行为识别了真因，但是还需要挖掘更深层次的问题，即组织和个体人的假设，才能实现纠偏。这是因为：人的行为和习惯遵循构建主义规律，当其内心假设（观点和信仰）固定不变时，人就难以改变。比如微软曾经有"技术第一"的假设，在这种假设下，微软对营销人员的价值定义就看低。假设改变分为两个过程：假设挖掘过程和假设改变过程。假设挖掘过程可以参照下表问题来找出原来的假设和改变的可能性，要综合分析、判断是否是改变的时机，按照对方"想改变、想突破"的标准判断其改变时机，也可以通过积极搜寻事件证据的方式，建立事件证据与假设观点的必然联系，通过诸多事件证据促成改变。

表6-2　假设挖掘问题

| 序号 | 提问内容 | 解释 |
|---|---|---|
| 1 | 观点是什么？ | 完整、准确、当下的观点是什么？ |
| 2 | 为什么是这个观点？ | 是什么（信息或事件）引起这样观点？其背后的完整、准确、当时的事实、依据或理由是什么？具体思维过程（流程及每个流程的思维要点）是什么？ |
| 3 | 这个观点准确吗？ | 这个观点有条件吗？是普遍的吗？是标准性或原理性吗？有其他可能或情况吗？有可替代性吗？可替代观点用此条逻辑判断能成立吗？ |
| 4 | 其他人如何看？ | 还有其他视角吗？其他人如何看？思考过为什么别人这么看吗？ |
| 5 | 还是原来的观点吗？ | 对大家的看法，你有什么想法？ |
| 6 | 准备怎么改变观点？ | 有新观点吗？你准备改变吗？ |

挖掘到改变的可能后，就要进一步挖掘改变的条件和行动，可以通过以下问题（见下表）确保让改变变得切实可行。同时也让被改变者在思想上逐步改变，并能在行动上通过激励、行动计划、行为分析技术等行动得到巩固和强化，有利于真正改变。

表6-3　假设改变问题

| 序号 | 提问内容 | 解释 |
|---|---|---|
| 1 | 假设是什么 | 通过新5WHY模型，了解其本质假设是什么 |
| 2 | 什么情况下改变假设 | 了解改变假设的机会、时机和条件是什么？ |
| 3 | 资源支持是什么 | 了解需要什么支持或资源才改变假设？ |
| 4 | 知行合一 | 了解其落实到具体行动的激励方法是什么？ |
| 5 | 激励到位 | 激励确实到位了吗？ |
| 6 | 行动计划 | 有改变计划吗？ |
| 7 | 行动分析技术 | 改变的结果能验证假设改变吗？有必然关系吗？ |

# 第二节　商业模式

企业是依托产品和商业模式生存、创新和发展的，如果商业模式有问题，即使其他方面的条件和资源很好，企业也不会持续成功，这是因为顶层缺陷必然带来持续的高运营成本，所以商业模式至关重要。

## 一、商业模式的特征

### （一）成功的商业模式特征

为了确保商业模式的成功，企业应关注销售渠道、低成本、便利性、规模化以及客户体验。从宏观上看，成功的商业模式主要包含以下特征：

1. 能提供独特价值。这个独特的价值可能是新的思想，也可能是产品和服务独特性的组合。这种组合要么可以向客户提供额外的价值；要么使得客户能用更低的价格获得同样的利益，或者用同样的价格获得更多的利益。[1]

2. 难以模仿。企业应具备别人难以模仿的优势来保证自己的利润，也就是行业壁垒。比如技术优势、柔性优势（即灵活交付）、质量优势、成本优势等等。其中的典型比如麦当劳的标准化作业、戴尔的直销模式，这些模式都容易被理解，却很难复制，主要原因是其背后是一整套完整的、极难复制的资源和流程管理。

3. 快速复制性。对一家企业而言，商业模式应该是可以快速复制的，只有这样企业才能实现快速扩张并占据市场的先发优势，并能保证企业的收益。当然，快速复制的同时需要企业量入为出，快速实现收支平衡及盈利，否则终究是昙花一现。

企业应能够快速推广以获取客户，这里不能不提的就是六度空间理论，即一个人要结识地球上任何一个人，只要通过六度空间就可以接触到他。比如 Gmail 是个很多人都在用的邮件收发系统，它原来是谷歌的内部邮箱，它的推广没花一分钱，它是怎么做到的？它给 6 万个员工每人 50 个 Gmail 邮箱的名额，让他们邀请自己的亲朋好友来用，这样就是 300 万人了。这 300 万人收到信，也给 50 个名额，这就完全达成商业化的目标了。[2]

（二）商业模式的误解

一家成功的企业一定有其成功的商业模式。但是受限于人的认知，初期往往会对新的商业模式产生误解，而这些误解将会对商业模式构建及企业发展产生极其不利的影响，比如：

1. 商业模式是奇思妙想。部分人认为商业模式并不严谨，而是灵光一现的奇思妙想或者是经验的产物，这种认识会导致部分企业不会系统地推动商业模式的构建、考察和优化。实际上不管这个商业模式在事后被证明有多么成功，但在未成功之前，仅仅是起点，而不是结果。

2. 商业模式是财务模式。把商业模式当成财务模式，是一些有点财务知识、对企业财务较为敏感、喜欢把自己归为"专业人员"的人的习惯认

---

① 程丽琼：《讨论网络虚拟商品经营的盈利模式的塑造：以好望角信息技术开发有限公司为例》，《中国集体经济》，2013 年第 5 期。

② 杨锴：《商业模式创新相关的理论》，《商业文化：学术版》，2016 年第 8 期。

知和行为特点。他们甚至会用一些财务比率指标等来衡量一家企业的商业模式。实际上财务模式只是一种既定的商业模式带来的结果或表现，它们本身不是商业模式。[①]而商业模式是解决如何产生这个结果的问题，在这个问题上用实证主义的数学统计方法无法保证持续盈利。

3. 商业模式就是企业战略。商业模式就是企业战略，是一些自认为懂得企业战略的人的认知和行为特点。企业战略和商业模式有着本质的区别：企业战略是对企业未来的经营活动进行具体的安排，解决怎么做的问题；商业模式则是对产品（主要是功能）、盈利、成本、渠道等方面的企业顶层设计，是解决做什么的问题。[②]

## 二、商业模式的设计原则

基于商业模式的以上特征，在设计商业模式时应考虑以下设计原则：

1. 用户导向。比如麦当劳是世界快餐行业的标杆，其标准化的制造与管理一直是业界难以模仿的，其口味却数十年不变。但是，现在中国的主体消费者已经是九零以及零零后，他们对用餐口味要求也越来越高，越来越挑剔，所以麦当劳在中国开始逐渐衰落。商业模式一定要以客户为导向进行开发，需要进行严密的、周期性的市场调研以确保不会被市场淘汰。美国人非常喜欢喝咖啡。但是喝咖啡等待的时间长且清洗麻烦，咖啡的口感也单一，而且每次都会有细微的口感差异。针对口味单一，绿山咖啡推出了胶囊式的咖啡杯，它几乎和全球的每一大杯品牌都有合作，提供超过两百种口味的产品并靠胶囊杯获得了持续不断的利润来源，这是以用户为导向的典型案例。[③]

2. 建立生态圈。比如现在的华为、小米、京东等均已经建立了其自身的生态圈，在其中衍生出了大量企业，企业之间也可以通过平台建立社群，社群成员之间可以合作，也可以共创新的项目，而新的项目，反过来又可以通过平台进一步实现规模扩张和产品落地，从而实现生态圈的持续成长。

---

① 李东：《关于商业模式的六种错误认识》，《新营销》，2016 年第 2 期。

② 李东：《关于商业模式的六种错误认识》，《新营销》，2016 年第 2 期。

③ 龚焱：《150 亿美元咖啡的商道》，《经理人》，2016 年第 1 期。

3. 拥有核心能力或技术。小米的雷军说过：其他企业可以模仿小米的网络直销、网络预订、原料采购、不断试错机制、生产外包等形式，却很难将小米选择标准、交流过程、交流方法等复制，所以也就很难从细节差别中获得成功。[①]雷军的观点实际证实了这样一个事实：没有核心能力，靠模仿或许能短期成功，但面对下一个产品、下一个变化、下一个市场时，因为不得要领，同样要付出巨大的成本，因此必须拥有核心能力或技术。

4. 关注客户黏性。商业模式应以客户黏性为出发点展开策划和行动，通过满足客户需求及体验才能够持续维持客户黏性。比如小米手机的定位是用低价格、高配置的手机满足市场低端用户的需求。淘宝在成立初期采用免费的策略维持了客户黏性，并逐步成为中国最大的网络销售平台之一。需要特别注意的是商业模式的建议应以服务社会及客户为出发点设计产品和商业模式，否则即使能够获得短期的利益也定然无法维持客户的黏性及持续成长。

5. 快速迭代。任何商业模式都是先试点，在客户反馈和参与中再不断完善，并快速迭代。这样可以集中力量进行研发并可以真正接受市场检验和反馈，从而为成熟产品的推出打好基础并且能够早盈利以获得企业持续成长的资本。海尔将产品迭代的速度作为绩效评价的主要指标之一，通过迭代，海尔不断推出诸如能洗土豆的洗衣机、自动转向空调等更人性化产品，既满足了多样化的需求也通过新颖性不断获得了市场关注。

6. 优质的盈利能力。无论何种商业模式，必须解决生存与发展的问题，这就涉及盈利能力问题，它关注"凭什么收费""对谁收费"以及"怎么收费"三方面的问题。企业的收入方式有很多种，比如提供软性服务、提供产品、提供平台等形式。百度搜索是免费的，但是百度广告收费，百度一年的广告收入是几百个亿！谷歌的广告收入一度占到总收入的90%以上。在盈利能力方面，商业模式可以考虑的方法包括但不限于：

（1）免费模式，即通过某种免费产品获取客户，再通过其他项目盈利，该模式要重点关注：

---

① 成文，王迎军，高嘉勇，张敬伟：《商业模式理论评述》，《管理学报》，2014 年第 5 期。

① 付费点必须是客户有需求的且不得不付费的项目。

② 必须让客户感觉比付费获得的产品还要好。

③ 锁定长期客户，保持客户活跃度与参与度。

④ 必须自然引发增值产品的销售。

比如腾讯的 QQ 及微信就是免费模式的成功者，QQ 从推出至今一直都是免费使用，当他们拥有 8 亿注册用户时，靠广告、游戏、虚拟道具等盈利都非常容易。微信也采取了同样的策略。①

（2）平台模式，即搭建产业链整合平台，实现多点盈利、共同发展。比如海尔将传统的官僚制组织转化为创客，海尔整体则成为运营平台，依靠各个创客团队的多点发展、自主创新，不必投入过多，就可以产生具有众多核心竞争力或可利用的资源，实现了小投入、大产出。一家杭州紧固件企业也采用了平台模式，建立紧固件产业园平台，通过引入众多中小紧固件生产者进行运营，向各生产主体提供技术、市场与客户、培训等方面的服务，真正实现了共赢发展。

（3）会员模式，即把客户组织起来，通过客户投入一定的成本，形成契约关系。比如很多电商都有会员系统，根据会员交费多少确定优惠等级，这就是会员模式。

### 三、商业模式的注意事项

索罗斯曾说过："世界经济史是一部基于假象和谎言的连续剧。要获得财富，做法就是认清其假象，投入其中，然后在假象被公众认识之前退出游戏。"② 这话比较中肯地概括了经济运行的某些特点，但是管理者并不一定能看清欺骗或经济特点，所以，认真关注商业模式和经济运行中的常见错误并加以预防是商业模式成功的必要条件。在操作中，应关注以下几项：

1. 避免价格战。比如在中国家电领域不少企业都曾陷入过价格战的陷阱，整个家电行业都深受其害。这是由于企业发展遭遇了瓶颈，利润增长趋于放缓，且市场需求几近饱和时不少中国企业所采取的措施。但从长远

---

① 武帅：《免费，最好的商业模式》，北京：化学工业出版社，2010 年，第 132 页。

② 金学伟：《我们能凭借的只有一些框架》，《中国证券报》，2019 年第 7 期。

看，价格战属于杀敌一千自伤八百的行为，并不利于企业以及市场的长远发展。企业应想办法找到新的突破和盈利模式，以技术、品质和服务赢得市场和客户。

2. 科学试错。蜜淘曾是中国跨境进口电商的领头羊，但却倒闭了。蜜淘的倒闭表面看是融资问题，实质上是盲目扩张导致现金流断裂的问题。在经营上，蜜淘选择了频繁促销的策略，比如通过爆款低价、折价销售来获得消费者的关注，虽然迅速抢占了一定的市场规模，但在资金上拼不过京东、天猫等；同时国外厂商库存率较低，而且大多都是现金交易，且物流周期长，频繁打折容易出现大规模断货等问题，最后进出两项资金不能相抵，资金链断裂。[①]

相对蜜淘而言，沃尔玛连锁超市虽然"天天平价"，但是它有自营业务，可以直接定制生产以及成本。如果忽略了这一点，而盲目追求"平价"，那么当然无法与沃尔玛竞争。所以很多超市在与沃尔玛的竞争中失势。如果在大规模连锁投资之前就试错经营，及时调整策略方案，就可以规避无效的大量投资。

3. 时刻关注消费惰性和信息对称度。各种低附加值的加工环节企业在市场的变化中随波逐流，一旦业绩下滑，大家首先就会想着如何寻求更多的渠道和业务去保持原来的业绩，却不想其实环境已经发生变化了。[②] 消费者惰性已经产生，消费需求已经转变或升级，市场的信息也更加对称和透明。企业原有的思维模式和运营模式如果不变，就会处在被淘汰的边缘。一旦出现这种情况，管理者应考虑重新定义产品和商业模式。

我们呼吁所有管理者关注和研究商业模式，正如著名商业模式研究专家林伟贤所讲，如果把"质量竞争""品牌竞争""全球性投融与并购模式"称为企业发展的三个阶段，那么第四阶段就是"商业模式的竞争"。它带来的将是跨行业的整合，包括资源、产品、金融、信息、服务等的全方位整

---

① 豆丁网:《蜜淘，失败的模仿游戏》，2021 年 1 月 25 日，https://www.docin.com/p-2587374514.html，2021 年 6 月 5 日。

② 百度文库:《一说互联网，实体店的后背就发凉》，2019 年 3 月 6 日，https://wenku.baidu.com/view/6d4dc6b1182e453610661ed9ad51f01dc28157ac.html，2021 年 3 月 25 日。

合，这种整合的效能将比传统企业运营方式高出几十倍。大部分企业总是把视野局限在短期的赚钱模式上，热衷于学习"生产管理""节约成本"以及各种花样翻新的销售策略。总的来说无非是推销模式和生产模式这两种赚钱方式，却忽视了企业竞争的根本——商业模式。[①]

　　最后，管理者需要清醒地认识到企业的目的是盈利，管理的目的是帮助企业盈利，所需要考虑的只是短期盈利或长期盈利，是现在盈利还是将来盈利而已。只有盈利的企业才能够实现其社会责任，亏损的企业是不能够长期承担社会责任的。而正确的商业模式则能够确保企业的快速成长，从而获取更多的利润。因此我们选用商业模式作为本书的最后一个章节，在此非常感谢您的阅读，也欢迎您能够给我们更多的建议以及支持。

---

　　① 杨中强：《经济战略论》，北京：经济日报出版社，2017 年，第 127 页。

# 参考文献

一、研究专著

1. ［美］赫伯特·西蒙:《管理决策新科学》，北京：中国社会科学出版社，1982 年。

2. 曲玉波:《管理逻辑学》，大连：东北财经大学出版社，2006 年。

3. 林根祥:《管理学基础》，武汉：武汉理工大学出版社，2006 年。

4. 刘书庆，杨水利:《质量管理学》，北京：机械工业出版社，2004 年。

5. 高尚全、迟福林:《再上新台阶:中国转型时期农村经济改革与发展》，北京：中国经济出版社，1996 年。

6. ［日］稻盛和夫（著），曹岫云（译）:《稻盛和夫经典系列:经营十二条》，北京：中信出版社，2011 年。

7. 全增嘏:《西方哲学史》（上册），上海：上海人民出版社，1985 年。

8. ［美］德鲁克（著），余向华（译）:《管理:任务、责任、实践》，北京：华夏出版社，2008 年。

9. 邓大松，李珍:《社会保障问题研究》，武汉：武汉大学出版社，2001 年。

10. 杨静平:《非寿险精算》，北京：北京大学出版社，2006 年。

11. 林跃之:《管理学原理》，北京：人民邮电出版社，2012 年。

12. 吕国荣:《影响世界的 100 条管理名言》，北京：人民邮电出版社，2005 年。

13. 易益典:《社会学教程》第 2 版，上海：上海人民出版社，2007 年。

14. ［美］罗伯特·S. 平狄克，鲁宾菲尔德:《微观经济学》（第 8 版），北京：中国人民大学出版社，2013 年。

15. 吴溪：《会计研究方法论》，北京：中国人民大学出版社，2016 年。

16. 金振邦：《从传统文化到网络文化》，长春：东北师范大学出版社，2001 年。

17. 曾仕强：《中国式管理》，北京：北京联合出版公司，2015 年。

18. 傅有德：《犹太哲学史》，北京：中国人民大学出版社，2008 年。

19. 李木子：《简单做人，成熟处世》，北京：长安出版社，2005 年。

20. 陈波：《思维的魔方，让哲学家和数学家纠结的悖论》，北京：北京大学出版社，2014 年。

21. ［美］尼古拉斯·雷歇尔：《悖论：根源、范围及其消解（悖论研究译丛）》，北京：中国人民大学出版社，2021 年。

22. 杨国荣：《哲学引论》，北京：高等教育出版社，2015 年。

23. 杨鑫辉：《心理学通史》第三卷《外国心理学思想史》，济南市：山东教育出版社，2000 年。

24. 古河：《人生随时可以从零开始》，北京：中国纺织出版社，2004 年。

25. 李瑞环：《辩证法随谈》，北京：中国人民大学出版社，2007 年。

26. 裴娣娜：《教育研究方法论导论》，合肥：安徽教育出版社，2006 年。

27. ［美］托马斯·索维尔（著），吴建新，张莹（译）：《经济思维方式》，南昌：江西人民出版社，2018 年。

28. ［法］勒内·笛卡尔：《笛卡尔主要哲学著作选》，上海：华东师范大学出版社，2020 年。

29. 梁满仓：《中国魏晋南北朝习俗史》，北京：人民出版社，1994 年。

30. ［德］恩格斯：《自然辩证法》，北京：人民出版社，2018 年。

31. 教育部政治思想教育司：《辩证唯物主义和历史唯物主义教学大纲》，北京：中国人民大学出版社，1983 年。

32. 任康磊：《人力资源管理工作手记》，北京：人民邮电出版社，2020 年。

33. 冯平：《现代西方价值哲学经典》，北京：北京师范大学出版社，2009 年。

34. ［英］罗素：《哲学问题》，北京：商务印书馆，1959 年。

35. ［美］马克·拉沃（著），王鹏（译）：《后凯恩斯主义经济学》，济南：山东大学出版社，2009 年。

36. ［德］恩格斯：《自然辩证法》，北京：人民出版社，2018 年。

37. ［美］杰拉尔德·温伯格（著），王海鹏（译）：《系统化思维导论》，北京：人民邮电出版社（译），2015 年。

38. 杨颖秀，程凤春：《学校管理理论与实践》，长春：东北师范大学出版社，2009 年。

39. 肖前：《马克思主义哲学原理》，北京：中国人民大学出版社，1994 年。

40. 潘静成，刘文华：《经济法概论》，北京：中国财政经济出版社，2000 年。

41. ［美］斯蒂芬·P. 罗宾斯（著），孙健敏（译）：《管理学》，北京：中国人民大学出版社，2017 年。

42. ［美］本·埃肯森，杰·班尼特著（译）：周皓，《改变世界的 120 项神奇发明》北京：北京时代华文书局，2020 年。

43. 刘雨著：《艺术经验论》，长春：东北师范大学出版社，1998 年。

44. 程林辉：《毛泽东的人生哲学》，北京：人民出版社，2013 年。

45. 蓝海林：《企业战略管理》，北京：中国人民大学出版社，2018 年。

46. 毛泽东：《毛泽东选集》（第 3 卷），《在延安文艺座谈会上的讲话》，北京：人民出版社，1991 年。

47. 王来兴：《你不可不知的 80 个心理定律》，北京：朝华出版社，2009 年。

48. ［日］稻盛和夫（著），周征文 (译)：《京瓷哲学：人生与经营的原点》，北京：东方出版社，2017 年。

49. 刘墉：《成长比成功更重要》，北京：新华出版社，2016 年。

50. 中国社会科学院：《中国大百科全书》，北京：中国大百科全书出版社，2016 年。

51. 苏东水：《管理心理学》，上海：复旦大学出版社，2014 年。

52. 姜正冬：《哲学思辨录》，北京：中国社会科学出版社，2008年。

53. 张雷生：《马克思主义基本原理及概括》，北京：中国人民大学出版社，2018年。

54. 郭咸纲：《人性假设》，广州：广东经济出版社，2003年。

55. 刘泰来：《近平总书记对外话语体系研究》，博士论文，南京师范大学英语系，2016年。

56. 毛泽东：《毛泽东选集》第2卷，北京：人民出版社，1991年。

57. ［美］H. 伊戈尔·安索夫（著），邵冲（译）：《安索夫战略管理》，北京：机械工业出版社，1999年。

58. 刘桔：《会计学基础学习指导》，大连：大连出版社，2010年。

59. ［美］米尔腾伯格（著），石林（译）：《行为矫正：原理与方法》，北京：中国轻工业出版社，2015年。

60. 晓山：《领导的智慧》，北京：党建读物出版社，2020年。

61. 许激：《效率管理：现代管理理论的统一》，北京：经济管理出版社，2016年。

62. ［美］阿尔伯特·爱因斯坦（著），刘佛年（译）：《物理学的进化》，商务出版社，2019年。

63. ［美］艾伦·巴克（著），吴明会（译）：《极简问题解决法》，北京：人民邮电出版社，2019年。

64. ［日］松下幸之助：《经营管理全集》第5卷，沈阳：春风文艺出版社，1999年。

65. ［美］罗伯特·K. 默顿（著），唐少杰，齐心（译）：《社会理论和社会结构》，南京：译林出版社，2015年。

66. 汪民安，陈永国，马海良：《城市文化读本》，北京：北京大学出版社，2008年。

67. ［美］布洛切等（著），高晨（译）：《成本管理：计划与决策》，北京：华夏出版社，2002年。

68. （西汉）司马迁：《史记》，北京：中国文史出版社，2014年。

69. 秦秋莉：《新产品营销策划》，北京：中国纺织出版社，2006年。

70. 刘静：《家族管理职业化经营与家族企业传承》，北京：中国商业出版社，2018 年。

71. 刘松：《卡莉·菲奥莉娜：想做总统的女人》，北京：中国华侨出版社，2016 年。

72. 地震来了，安全逃生避难手册编委会：《地震来了：安全逃生避难手册》，北京：地质出版社，2008 年。

73.［美］B.F.斯金纳（著），方红（译）：《超越自由与尊严》，北京：中国人民大学出版社，2018 年。

74.［美］班杜拉（著），缪小春（译）：《自我效能》，上海：华东师范大学出版社，2003 年。

75. 郭本禹：《西方心理学史》，北京：人民卫生出版社，2013 年。

76. 周秉澄：《校园经济论》，北京：人民教育出版社，2000 年。

77. 吕国荣：《团队管理的 49 个细节》，北京：企业管理出版社，2005 年。

78. 马向群：《管人心理学》，广州：暨南大学出版社，2004 年。

79. 杨德明：《信息披露、投资者行为与市场回报：针对盈余惯性与价格惯性的研究》，北京：经济科学出版社，2009 年。

80. 张良卫：《全球供应链管理》，北京：中国财富出版社，2008 年。

81. 李博恩：《李嘉诚的人生智慧》，北京：中国纺织出版社，2016 年。

82. 甘莜箐：《庐山文化大观》，南昌：江西人民出版社，2009 年。

83. 李博恩：《李嘉诚的人生智慧》，北京：中国纺织出版社，2016 年。

84. 高德：《怎样有逻辑地说服他人》，北京：北京出版社，2015 年。

85. 何桢：《六西格玛管理》，北京：中国人民大学出版社，2015 年。

86. 社会学概论编写组：《社会学概论》，北京：高等教育出版社，2021 年。

87. 全国社会工作者职业水平考试教材编写组：《社会工作实务》，北京：中国社会出版社，2011 年。

88.［美］路易斯·拉思斯（著），谭松贤（译）：《价值与教学》，杭州：浙江教育出版社，2003 年。

89. 朱文彬，赵淑文：《高等教育心理学》，北京：首都师范大学出版社，2007 年。

90. 刘洪波，李媛媛，刘潋：《基本演绎法》，成都：四川文艺出版社，2020 年。

91. 武帅：《免费，最好的商业模式》，北京：化学工业出版社，2010 年。

92. 杨中强：《经济战略论》，北京：经济日报出版社，2017 年。

93. 史璞：《管理咨询：理论，方法与实务》，北京：机械工业出版社，2004 年。

94. 中国企业联合会：《企业管理咨询理论与方法新论》，北京：企业管理出版社，1999 年。


二、期刊、论文集、报纸等

1. 明茨伯格：《中国企业家应寻找适合自己的做事方法》，《创新科技》，2007 年第 7 期。

2. 丁军：《德鲁克管理思想剖析》，《工业技术经济》，2006 年第 5 期。

3. 蔡恩泽：《美国数字超级公司倒闭的警示》，《管理与财富》，2002 年第 9 期。

4. 曾仕强：《什么是管理与管理是什么》，《中国式管理》，2016 年第 9 期。

5. 张心宇：《浅析平衡计分卡在企业中的运用》，《中外企业家》，2013 年第 1 期。

6. 王珍珍：《浅析平衡记分卡》，《大众科技》，2008 年第 3 期。

7. 俞雷：《管理的本质是管理利益》，《现代营销》，2007 年第 6 期。

8. 尹卫东：《企业家要懂哲学》，《读书》，1996 年第 3 期。

9. 袁秀华：《日本管理哲学模式探析》，《经济要参》，2001 年第 9 期。

10. 王瑞清：《让注意力为我们领航》，《心理健康》，2002 年第 12 期。

11. 梁莹莹：《"穷人"牛根生》，《当代经理人》，2006 年第 18 期。

12. 王瑶：《德鲁克的失败与伟大》，《商周刊》，2005 年第 6 期。

13. 杨利民，王俭平：《信息经济时代的人力资源开发》，《陕西经贸学院报》，2002 年第 12 期。

14. 郝棠棣：《拿什么留住你，80 后和 90 后》，《全球瓦楞工业》，2011 年第 8 期。

15. 张小翠，王杰：《权变管理理论下开放式实训室的管理研究与探索》，《中国市场》，2016 年第 2 期。

16. 金岳辰：《坏的管理论搞垮了好的管理实践》，《北大商业评论》，2005 年第 5 期。

17. 胡世良：《速度模式——移动互联网的制胜关键》，《邮电经济》，2013 年第 3 期。

18. 林夕：《诺基亚的经营战略与投资战略》，《中外企业文化》，2001 年第 2 期。

19. 杨晓静：《日本丰田窥视全球汽车业头把交椅》，《市场报》，2004 年第 27 期。

20. 许一：《目标管理理论述评》，《外国经济与管理》，2006 年第 12 期。

21. 刘成：《过分娱乐将使我们无美可赏》，《中国教育报》，2008 年第 6 期。

22. 卢秋田：《外交官亲历——趣味中西思维》，《中国经贸导刊》，2001 年第 9 期。

23. 陈宏友：《制度化与人性化的融合——高校教师管理的理想选择》，《教育与职业》，2008 年第 8 期。

24. 连淑能：《论中西思维方式》，《外语与外语教学》，2002 年第 2 期。

25. 丁雪枫：《伦理引导战争观念探析》，《武陵学刊》，2016 年第 16 期。

26. 武林双：《西方形而上学思想的演变》，《河南师范大学学报 ( 哲学社会科学版 )》，2013 年第 9 期。

27. 霍春涛：《中国传统科学精神和传统文化对科技的影响》，《中国海洋大学学报 ( 社会科学版 )》，2002 年第 8 期。

28. 孟海明：《中国小家电叫板国际品牌》，《企业家信息》，2005 年第 6 期。

29. 杨宁芳：《悖论分类及其产生原因探究》，《武汉科技大学学报 ( 社会科学版）》，2007 年第 6 期。

30. 李亚楠：《浅析现代西方哲学的历史演变与基本特征》，《天津职业院校联合学报》，2010 年第 7 期 。

31. 涂纪亮：《语言哲学研究新进展》，《国内哲学动态》，1986 年第 7 期。

32. 郭贵春，贺天平：《方法论研究（国外）》，《出版人：图书馆与阅读》，2011 年第 7 期。

33. 何轩：《方法论课程在本科教学中的重要性——以经济类专业为例的讨论》，《学理论》，2010 年第 6 期。

34. 王伟光，《中国近代以来第三次伟大历史变革的发起者和领导者》，《中国社会科学》，2014 年第 2 期。

35. 郭淑新，臧宏：《朱熹敬畏伦理思想及其现代意蕴》，朱熹伦理学与晋江文化学术研讨会发言稿，2007 年 8 月。

36. 傅林：《理解灾难——由汶川地震反思学校安全教育》，《教育发展研究》，2008 年第 10 期。

37. 石云霞：《怎样讲授"马克思主义科学性与革命性的统一"》，《思想理论教育导刊》，2009 年第 5 期。

38. 袁贵仁：《马克思主义价值学研究的构想》，《北京师范大学学报》，1990 年第 6 期。

39. 孙景民，于鹏：《对社会主义核心价值体系建设几个问题的探讨》，《中国环境管理干部学院学报》，2012 年第 5 期。

40. 曹应梅：《略述新闻媒体弘扬社会主义核心价值观的使命感》，《中国报业》，2016 年第 12 期。

41. 恩蓉辉：《狼什么时候来？》，《商学院》，2008 年第 3 期。

42. 梁洁：《实证主义史学与马克思主义史学比较研究》，《济宁学院学报》，2003 年第 7 期。

43. 丁飞洋，谢扬林：《IT 教父们的管理哲学》，《中国经营报》，2007 年第 9 期。

44. 马君：《危机下的管理变革》，《企业管理》，2009 年第 12 期 。

45. 陈杜鹃：《论"人生观、世界观、价值观"的树立与自我人生价值的实现》，《金田》，2011 年第 5 期。

46. 葛少卫：《高校学科生态系统分析与管理》，《价值工程》，2015 年第 12 期。

47. 钟平艳，阳立兵：《论大学生人际交往中心理障碍的成因及排除》，《云南社会主义学院学报》，2013 年第 6 期。

48. 孙晋：《竞争性国企市场支配地位取得与滥用以及规制的特殊性》，《法学评论》，2016 年第 5 期。

49. 张华：《发挥心理效应，构建和谐校园》，《小学德育》，2011 年第 2 期。

50. 饶惠霞，吴海燕：《京瓷 & 华为：殊途同归的经营哲学》，《企业管理》，2014 年第 5 期。

51. 罗桂芳：《论企业创新型人才的人性假设及其激励》，《湖南商学院学报》，2012 年第 6 期。

52. 刘湘顺：《新世纪我国利益关系状况、原因及其治理路径探析》，《武汉理工大学学报 ( 社会科学版 )》，2011 年第 5 期 。

53. 李平忠，《张丽旌：知识管理在生物制品 GMP 管理中的作用》，《现代预防医学》，2006 年第 3 期。

54. 赵勇，王金情：《人的需要差异与思想政治教育的针对性》，《江苏社会科学》，2012 年第 5 期。

55. 石仲泉：《毛泽东哲学活动的基本思路和他的思想方法论》，《南京社会科学》，1991 年第 5 期。

56. 毛泽东：《毛泽东延安时期文稿两篇 ( 一九三八年三月——一九四一年十月 )》，《党的文献》，2002 年第 5 期。

57. 李建平：《企业销售目标制定方法的改进——层次分析法和模糊综合评价法的结合》，《经济管理》，2005 年第 2 期。

58. 逢增辉：《国际直接投资理论的发展与演变》，《经济评论》，2004 年第 11 期。

59. 王明寿：《基于企业资源理论的企业档案工作思考》，《档案》，2015 年第 8 期。

60. 罗群辉，宁宣熙：《企业并购整合中的协同效应研究》，《世界经济与政治论坛》，2008 年第 6 期。

61. 崔保国：《传媒经济学研究的理论范式》，《新闻与传播研究》，2012 年第 8 期。

62. 金笑萍：《集团企业持续改进和整合管理模型探索》，《集团经济研究》，2006 年第 5 期。

63. 骆良彬，张白：《企业信息化过程中内部控制问题研究》，《会计研究》，2019 年第 3 期。

64. 孙东：《世界顶级公司是如何倒掉的》，《中国商人》，2008 年第 2 期。

65. 黄建东：《有效决策的七要素》，《中外管理》，2006 年第 5 期。

66. 孙伟：《如何有效开展人工成本控制管理》，《中国商贸》，2013 年第 3 期。

67. 木林：《比知识更重要的十种思维》，《青年博览》，2015 年第 1 期。

68. 张文泉，李泓泽：《组织理论的演进与发展》，《工业工程与管理》，2000 年第 5 期。

69. 寇明月，张国红：《谈谈低年级寓言教学》，《甘肃教育学院学报（社会科学版）》，2001 年第 5 期。

70. 刘爱军：《中国古代七大人才管理经典》，《南方企业家》，2009 年第 3 期。

71. 石健：《马克思列宁主义社会学的现象、理论和方法论》，《国外社会科学》，1979 年第 2 期。

72. 张瑞，蔡建，陈伟强：《民营企业的传承》，《中外企业家》，2006 年第 7 期。

73. 史道敏：《产教融合背景下高职院校组织变革研究》，《现代营销》，2016 年第 1 期。

74. 黄力华：《协同商务平台》，《科技经济市场》，2009 年第 3 期。

75. 彭国良：《企业国际化经营的风险分析》，《中国经贸》，2003 年第 6 期。

76. 屈威，刘亚贤：《HAZOP 危险性识别研究》，《石油化工安全环保技术》，2011 年第 1 期。

77. 张小宁：《员工持股与企业效率》，《经济管理》，2001 年第 3 期。

78. 邵元溥：《关于思维学和情报学的思考》，《天津师范大学学报》，1987 年第 5 期。

79. 张瑜：《基于建构主义理论的会计学教学思考》，《现代商贸工业》，2016 年第 1 期。

80. 杨佩昌：《为何德国全球隐形冠军最多》，《理论与当代》，2017 年第 2 期。

81. 李锦魁：《令人脱口而出的第一品牌是如何打造的》，《销售与市场》，2018 年第 16 期。

82. 夏京春：《从〈货殖列传〉看司马迁的经济思想》，《北京商学院报》，2015 年第 12 期。

83. 李嘉诚：《管理者首先要管好自己》，《IT 时代周刊》，2010 年第 7 期。

84. 陈留平，花微：《美国〈企业风险管理整体框架〉对我国企业的启示》，《工业审计与会计》，2008 年第 3 期。

85. 赵爱玲：《我国内部控制建设存在的问题及解决对策》，《财会通讯》，2007 年第 9 期。

86. 陈成文，陈立周：《社会学研究方法论的转向：从实证传统到另类范式》，《社科纵横》，2007 年第 3 期。

87. 骆玲：《西方社会学研究方法论的评价及应用》，《社会科学研究》，2018 年第 3 期。

88. 田时中，田家华，张光进：《基于论文词频分析的中国低碳经济研究评价》，《国土资源科技管理》，2012 年第 11 期。

89. 管维立：《明茨伯格——批判并年轻着》，《南方周末》，2017 年第 11 期。

90. 刘兵勇：《试论反垄断的理论基础》，《南京社会科学》，2002 年第 7 期。

91. 邓伟：《论检验检测机构风险管理体系的建立》，《中国检验检测》，2020 年第 5 期。

92. 程丽琼：《讨论网络虚拟商品经营的盈利模式的塑造：以好望角信息技术开发有限公司为例》，《中国集体经济》，2013 年第 5 期。

93. 杨锴：《商业模式创新相关的理论》，《商业文化：学术版》，2016 年第 8 期。

94. 李东：《关于商业模式的六种错误认识》，《新营销》，2016 年第 2 期。

95. 龚焱：《150 亿美元咖啡的商道》，《经理人》，2016 年第 1 期。

96. 成文，王迎军，高嘉勇，张敬伟：《商业模式理论评述》，《管理学报》，2014 年第 5 期。

97. 金学伟：《我们能凭借的只有一些框架》，《中国证券报》，2019 年第 7 期。

98. 张小翠，王杰：《权变管理理论下开放式实训室的管理研究与探索》，《中国市场》，2016 年第 2 期。

## 三、研究论文、网络资料

1. 赵春艳：《比较优势与竞争优势的关联机理及转化机制研究》，博士论文，武汉理工大学管理系，2010 年。

2. 吴丽敏：《中国资源型企业海外拓展战略研究》，硕士论文，厦门大学管理系，2008 年。

3. 黄朝钦：《公共性视域下社会化媒体的公开表达研究》，博士论文，华中科技大学传媒系，2017 年。

4. 曲波：《本土化中国社会学的双重理论品格》，硕士论文，东北师范大学管理系，2007 年。

5. 李华绯：《A 公司竞聘上岗问题研究》，硕士论文，内蒙古大学人力资源系，2018 年。

6. MBA 智库百科：《林德尔 . 厄威克简介》，2017 年 10 月 9 日，https://wiki.mbalib.com/wiki/%E6%9E%97%E5%BE%B7%E5%B0%94%C2%B7%E5%8E%84%E5%A8%81%E5%85%8B。

7. MBA 智库百科：《会计假设》，2016 年 3 月 7 日，https://wiki.mbalib.com/wiki/%E4%BC%9A%E8%AE%A1%E5%81%87%E8%AE%BE。

8. 百度百科:《玛氏公司》，2015 年 5 月 22 日，https://baike.baidu.com/item/%E7%8E%9B%E6%B0%8F%E5%85%AC%E5%8F%B8/5446093?fr=aladdin。

9. 搜狐财经:《严介和:"酒后箴言"谈管理和哲学》，2007 年 10 月 10 日，https://business.sohu.com/20071010/n252582962.shtml。

10. 腾讯新闻:丰田总裁在美国国会听证会上就安全问题道歉，2010 年 2 月 25 日，https://news.qq.com/a/20100225/000963.htm。

11. 百度文库:《一个足疗管理者的自我批判案例》，2011 年 11 月 1 日，https://wenku.baidu.com/view/96ffb62ecfc789eb162dc806.html。

12. 百度百科:《仿生学》，2016 年 7 月 10 日，https://baike.baidu.com/item/%E4%BB%BF%E7%94%9F%E5%AD%A6/98918?fr=aladdin。

13. 百度百科:《笛卡尔》，2020 年 11 月 8 日，https://baike.baidu.com/item/%E7%AC%9B%E5%8D%A1%E5%B0%94/85475?fr=aladdin。

14. 百度百科:《辩证思维》，2018 年 6 月 12 日，https://baike.baidu.com/item/%E8%BE%A9%E8%AF%81%E6%80%9D%E7%BB%B4/2571331?fr=aladdin。

15. 百度文库:《由"春秋五霸"论企业用人之道》，2020 年 6 月 22 日，https://wenku.baidu.com/view/e2a414baaf51f01dc281e53a580216fc710a5374.html。

16. 百度文库:《由"春秋五霸"论企业用人之道》，2020 年 6 月 22 日，https://wenku.baidu.com/view/e2a414baaf51f01dc281e53a580216fc710a5374.html。

17.MBA 智库百科:《深圳华为技术有限公司》，2020 年 11 月 17 日，https://wiki.mbalib.com/wiki/%E5%8D%8E%E4%B8%BA。

18. 中国青年网:《除了董明珠还有哪些老板已经给员工分房了》，2019 年 1 月 1 日，https://baijiahao.baidu.com/s?id=1560070333493299&wfr=spider&for=pc。

19. 知乎:《关于执行力的 10 个小故事》，2017 年 11 月 3 日，https://zhuanlan.zhihu.com/p/31547635。

20. 腾讯科技：《任正非 2012 实验室讲话》，2012 年 9 月 11 日，https://tech.qq.com/a/20120911/000164.htm。

21. MBA 智库百科：《协同管理》，2016 年 3 月 2 日，https://wiki.mbalib.com/wiki/%E5%8D%8F%E5%90%8C%E7%AE%A1%E7%90%86。

22. 百度文库：《胜任力》，2015 年 6 月 12 日，https://baike.baidu.com/item/%E8%83%9C%E4%BB%BB%E5%8A%9B/2199566?fr=aladdi。

23. MBA 智库百科：《马斯洛需求理论》，2018 年 3 月 2 日，https://wiki.mbalib.com/wiki/%E9%A9%AC%E6%96%AF%E6%B4%9B%E9%9C%80%E6%B1%82%E7%90%86%E8%AE%BA。

24. 百度文库：《全球供应链优化三法则》，2019 年 8 月 25 日，https://wenku.baidu.com/view/744263f0a4e9856a561252d380eb6294dc882205.html。

25. 腾讯科技：《美国联邦贸易委员会就数据泄露事件调查》，2018 年 3 月 20 日 https://tech.qq.com/a/20180320/033477.htm。

26. 任正非：《越高级的人才，越要看最基本的常识》，2020 年 8 月 4 日，https://new.qq.com/rain/a/20200804A0OXKQ00。

27. 百度文库：《组织成长阶段模型》，2016 年 7 月 9 日，https://wiki.mbalib.com/wiki/%E7%BB%84%E7%BB%87%E6%88%90%E9%95%BF%E9%98%B6%E6%AE%B5%E6%A8%A1%E5%9E%8B。

28. 腾讯教育：《世界管理学大师明茨伯格的三段中国情缘》，2011 年 8 月 22 日，https://edu.qq.com/a/20110822/000230.htm。

29. 百度百科：《建构主义》，2015 年 8 月 17 日，https://baike.baidu.com/item/%E5%BB%BA%E6%9E%84%E4%B8%BB%E4%B9%89/1428706?fr=aladdin。

30. 百度百科：《流程图》，2019 年 6 月 12 日，https://wiki.mbalib.com/wiki/%E6%B5%81%E7%A8%8B%E5%9B%BE。

31. 豆丁网：《现代市场竞争的新特点》，2020 年 10 月 26 日，https://www.docin.com/p-2482457524.html。

32. 豆丁网：《蜜淘，失败的模仿游戏》，2021 年 1 月 25 日，https://www.docin.com/p-2587374514.html。

33. 百度文库:《一说互联网，实体店的后背就发凉》，2019 年 3 月 6 日，https://wenku.baidu.com/view/6d4dc6b1182e453610661ed9ad51f01dc28157ac.html。

34. 百度百科:《纯风险》，2017 年 8 月 9 日，https://wiki.mbalib.com/wiki/%E7%BA%AF%E7%B2%B9%E9%A3%8E%E9%99%A9。

35. 原创力文档知识共享存储平台:《为什么放弃绩效考核》，2020 年 3 月 27 日，https://max.book118.com/html/2020/0327/8066013037002104.shtm。

36. 百度百科:《萃智理论》，2018 年 12 月 7 日，https://baike.baidu.com/item/%E8%90%83%E6%99%BA%E7%90%86%E8%AE%BA/2401863?fromtitle=%E8%90%83%E6%99%BA&fromid=4099187&fr=aladdin。

# 后　记

非常感谢读者的耐心阅读，也非常感谢在本书编写过程中给予指正的各位顾问老师。

在近两年的编写过程中，笔者查阅了大量资料，在本书中也引用了不少观点。在此，向这些观点的提出者表示敬意：我们是因为站在这些巨人的肩膀之上才完成了本书。我们也期待通过这本书向各位读者朋友传递我们的理念。

截至 2021 年，中国目前的 GDP 已经处于世界第二位，也是全世界唯一具备所有工业门类的国家，因此整个社会普遍存在着盲目的乐观甚至是自大情绪，认为中国已经是世界强国。但是，本人在日、美、德制造业从业 20 年，同时由于工作关系先后给近百家国内各种类型的企业从事过管理咨询业务。在这个过程中，我深切感受到国内制造业与日、美、德在企业管理领域的巨大差距。也正是因为看到这个差距，促使我产生了强烈的危机感，也产生了对提升中国企业的管理水平的强烈欲望，也因此促成我完成了本书。

本书力图从系统、结构、逻辑、科学、认知等多个角度来阐述管理，同时将本人在企业管理 20 年中所实践到的管理知识融入本书中，试图更接近管理的本质。但因为笔者经验和经历有限，认知难免会有短板，在此也欢迎各位读者指正。

本书各章节结构设计基本按照人的认知规律来阐述。希望读者在阅读本书时，注意各个细节观点之间的逻辑关系。同时，大道至简，管理者如果能够从人性的角度去考虑问题，自然会获悉很多管理问题的本质；如果从认知的角度去思考管理，解决管理问题自然是水到渠成。

同时，希望有兴趣的读者能参与进来，将自己的观点、方法、知识及经验补充进来，形成更为系统的管理理论体系，共同为提升中国企业的管理能力贡献自己的一分力量。

最后，特别感谢安建新老师提供了一些新颖的观点及部分参考资料。

张　胜

2021 年 9 月 22 日